14.95

LE
RÉSEAU
DE LA
TERREUR

Sur simple envoi de votre carte nous vous tiendrons
régulièrement au courant de nos publications

Éditions J.-C. LATTÈS — 91, rue du Cherche-Midi, Paris 6^e

CLAIRE STERLING

LE RÉSEAU DE LA TERREUR

enquête sur le terrorisme international

Traduit de l'américain par Jacques Deschamps

pour Tom

Vous trouverez absurde que j'aille tuer un homme simplement parce que j'en ai reçu l'ordre? C'est à cause de votre mentalité bourgeoise. Ne trouvez-vous pas absurde de recevoir l'ordre d'aller écrire un article?

Un membre anonyme des Brigades Rouges
à l'hebdomadaire romain Panorama

PROLOGUE

Comme j'écrivais les dernières pages de ce livre, quelqu'un
lança une bombe dans la gare de Bologne. C'était un samedi matin
d'été et des milliers de voyageurs allaient, venaient ou attendaient.
Quatre-vingt-quatre personnes furent tuées et deux cents blessées.
Depuis la fin de la dernière guerre mondiale, c'était le plus grave
attentat terroriste d'Europe ; et l'œuvre de terroristes noirs — ou
de droite. Six semaines plus tard, une autre bombe noire fit douze
morts et plus de deux cents blessés à la grande fête de la bière à
Munich. Une semaine après, une autre bombe encore éclata
devant la synagogue de la rue Copernic à Paris. Il s'agissait
presque sûrement de coups préparés et orchestrés par une
organisation terroriste noire internationale qui ne s'était pas
manifestée en Europe depuis 1970.

La réapparition spectaculaire de ces néo-nazis, de ces fascistes et de ces antisémites professionnels ne manqua pas d'éveiller en
nous des souvenirs de cauchemar.

Mon livre ne parle d'eux que par allusions. Le terrorisme noir
reculait depuis longtemps quand je décidai d'écrire un livre sur les
terroristes de gauche, ou rouges, qui occupèrent la scène mondiale
au cours de l'angoissante période de 1970 à 1980. La distinction
est importante mais pas cruciale.

De nombreux jeunes gens mentionnés dans cette étude se
lancèrent avec l'ardeur du néophyte dans l'action révolutionnaire,
mais durent progressivement admettre qu'ils s'étaient dramatiquement trompés. Ils voulaient améliorer les choses et ils les
rendaient pires. Finalement ils s'aperçurent qu'ils avaient une
étrange identité de vues avec les Noirs, l'horrible image de leur
double que leur renvoyait le miroir.

Ils avaient tous deux pour objectif d'abord de désarticuler,
puis de détruire, l'ordre démocratique partout où il existait. Plus
ils étaient haut placés dans la hiérarchie, plus ils percevaient
clairement que leur propos était le même. Ils eurent même à ce
sujet des réunions au sommet.

Cela aurait été plus facile pour moi de parler des terroristes noirs, ce qui est toujours bien vu et qui à l'heure actuelle redevient d'actualité. Ecrire une étude sur les terroristes de gauche ne m'a pas donné l'impression d'accomplir une action vertueuse : cela m'a attristé.

Peu d'entre nous, dans ma génération ou dans celle de mes enfants, peuvent s'empêcher de penser que la gauche est toujours et forcément bonne. Le sentiment est particulièrement fort dans les cas où la droite est manifestement mauvaise. Il ne manque pas de situations de ce genre en Amérique latine, en Afrique ou en Asie, où de monstrueuses dictatures de droite ne semblent pouvoir être renversées que par des mouvements aussi sauvages qu'elles-mêmes. Plus d'une fois, d'authentiques mouvements de libération de gauche sont insensiblement passés de la résistance organisée à la violence terroriste. Bien souvent aussi — mais heureusement pas toujours — le régime oppressif qu'ils avaient réussi à renverser a été remplacé par un autre qui lui était tout à fait semblable. Rouge ou noir, pour la population, c'est du pareil au même.

Dans ce livre, je n'ai pas essayé d'indiquer où et quand la violence terroriste pouvait être justifiée ou non. Plus je me familiarisais avec le sujet, plus il m'a paru impossible d'établir une telle distinction. Je dirai, rouge ou noire, gauche ou droite, il n'y a pas de bons ou de mauvais tueurs : simplement des tueurs. Au lecteur de tirer sa propre conclusion.

En octobre 1980, alors que je terminai ce livre, cinquante-deux Américains, pris en otages en Iran au mois de novembre précédent, se trouvaient encore pour quelques mois aux mains de gens se dénommant étudiants. On ne savait que peu de chose au sujet de ces étudiants, même pas s'ils étaient rouges ou noirs ou bicolores. Mais, quelles que fussent leurs idées politiques, ils firent réaliser un peu aux Américains ce que pouvait avoir été la décennie terroriste. Il s'agissait essentiellement de déstabiliser l'Ouest, en étendant la définition classique de la guerre donnée par Clausewitz : une continuation de la politique par d'autres méthodes. Le terrorisme, pendant la 1re décennie de la terreur, devint, par d'autres méthodes, la continuation de la guerre. Méthodes moins onéreuses, moins dangereuses, mais non moins sinistres. A Téhéran, un seul bâtiment mal gardé, occupé par cinquante-deux Américains, et pris d'assaut par des « étudiants », devint non seulement une machine de guerre réelle sinon officielle contre les Etats-Unis, mais un instrument de gouvernement, de politique islamique, de finance internationale et de contre-diplomatie planétaire.

Les otages de Téhéran traumatisèrent l'Amérique, tout comme l'Allemagne de l'Ouest l'avait été par l'enlèvement (et le meurtre subséquent) de l'industriel Hans-Martin Schleyer par la bande à Baader, le 5 septembre 1977, cinquième anniversaire du massacre, par les Palestiniens de Septembre Noir, de onze athlètes israéliens aux Jeux Olympiques de Munich ; l'Italie, par l'enlèvement et le meurtre (dans des conditions exactement semblables) de l'homme d'Etat chrétien-démocrate Aldo Moro par les Brigades Rouges au printemps suivant ; l'Angleterre par l'assassinat du héros de guerre octogénaire Lord Louis Mountbatten sur un bateau de pêche pendant l'été de 1979. L'Autriche avait eu droit à son traumatisme vers Noël 1975, quand, à la tête d'un commando germano-palestinien, « Carlos le Chacal » avait forcé la porte du quartier général de l'O.P.E.P. à Vienne et pris en otages onze ministres du pétrole, représentant la plus grande quantité des approvisionnements d'or noir du monde occidental. Le traumatisme de l'Arabie Saoudite se déclencha en décembre 1979 quand sous la conduite de guérilleros professionnels impeccablement entraînés — dans l'Etat satellite russe du Sud-Yémen, selon certains rapports apparemment dignes de confiance — trois cents pieux musulmans arabes saisirent et occupèrent le plus sacré des édifices islamiques, la Grande Mosquée de La Mecque.

La plupart des pays opposés au terrorisme et situés dans le croissant stratégique de l'Ouest furent tôt ou tard les victimes d'un traumatisme. S'ils mirent du temps à réaliser la nature de la menace, ils commencèrent néanmoins, vers la fin de la décennie, à serrer les rangs devant l'avance inexorable de l'ennemi.

Certains prétendent que c'est la C.I.A. qui ne cessait de provoquer l'ennemi. A l'étranger, un nombre surprenant de personnes pensent qu'à cet égard les pouvoirs de la C.I.A. sont sans limites. Comme il est interdit aux agents de la C.I.A. de parler aux journalistes à l'étranger, je n'ai eu de contact avec aucun d'entre eux pendant que je rassemblais ma documentation pour le présent livre. Je ne pourrais jurer, par conséquent, que la C.I.A. n'ait jamais eu de relations avec les terroristes dont j'ai décrit ici l'action planétaire. Mais ce n'est certainement pas la C.I.A. qui, à Cuba, en Algérie, en Libye, en Syrie, au Liban, au Sud-Yémen, en Corée du Nord, en Allemagne de l'Est, en Hongrie, en Tchécoslovaquie, en Bulgarie et en Union Soviétique dirigeait les camps où s'entraînaient des dizaines de milliers de guérilleros.

La C.I.A. n'aurait évidemment pas pu fournir — et non moins évidemment n'a pas fourni — les énormes quantités d'armes nécessaires aux terroristes des quatre continents, les refuges pour leurs fugitifs, les renseignements pour leurs exécutants, comme elle ne leur a pas donné l'immunité diplomatique aux Nations unies.

Ce qui suit n'est pas de la fiction.

Ce livre s'appuie sur des faits.

1

LE COMMENCEMENT

— J'en ai tué deux, dit la fille en jetant un coup d'œil satisfait sur son volumineux compagnon.

— Bon ; moi, j'en ai tué un, répondit-il.

Elle demanda lequel était Sheikh Yamani et d'un mouvement de tête il désigna le ministre de l'Energie de l'Arabie Saoudite qui s'était réfugié sous une table et était en train de sortir de sa cachette. Ils étaient satisfaits de la manière dont les choses s'étaient passées (mais elle serait moins contente le lendemain, quand on lui ferait savoir qu'après tout on ne tuerait pas Sheikh Yamani. « Merde », laisserait-t-elle tomber alors).

La scène se déroulait au quartier général de l'O.P.E.P., l'Organisation des pays exportateurs de pétrole, où une équipe mixte de six militants était venue kidnapper onze ministres arabes du pétrole afin d'obtenir d'eux l'engagement absolu de détruire Israël. La fille était petite, mince, élégante ; elle portait une veste de laine grise garnie de fourrure ainsi qu'un bonnet tricoté assorti, enfoncé jusqu'aux sourcils et qui lui donnait l'air d'une enfant perdue dans ses pensées. Son pistolet automatique Makarov était encore chaud. Elle l'avait déchargé dans l'estomac d'un garde iraquien et, avant cela, dans la nuque d'un agent de la sécurité autrichien en civil. « Etes-vous un policier ? » lui avait-elle demandé et, sur sa réponse affirmative, elle l'avait tué à bout portant, avait poussé son corps dans l'ascenseur, puis appuyé sur le bouton « descente ».

Son nom de guerre pour la journée était « Nada ». Celui de son compagnon, vêtu (comme il convenait à un chef de groupe) d'un imperméable blanc à ceinture et qui portait un béret et des lunettes noires, « Salem ». Normalement elle répondait au nom de Gabriele Kröcher-Tiedemann, de la R.F.A., et lui à celui de Ilich Ramirez Sanchez, du Venezuela, mieux connu sous celui de Carlos le Chacal. « Vous savez qui c'est ? » avait-il demandé à ses prisonniers de l'O.P.E.P. d'un ton satisfait. Ils ne le savaient que trop.

L'affaire de l'O.P.E.P., qui à l'époque — décembre 1975 —

avait fait sensation, est depuis longtemps enterrée sous une pile de dossiers sans cesse plus sensationnels. Même l'affaire de La Mecque, avec ses trois cents tireurs d'élite — conquérants de la mosquée la plus sacrée du monde musulman —, est tombée dans l'oubli. On n'a jamais plus vu Carlos dans le feu de l'action. Il tente peut-être de se faire oublier à Moscou, ou bien il se cache à Bagdad, à moins qu'il ne se repose sur ses lauriers en Libye, dans la villa que lui offrit, après le coup de Vienne, le colonel Kadhafi, son patron reconnaissant, qui ajouta au cadeau en nature un paiement en espèces de 2 000 000 de dollars. Quoi qu'il en soit, nul ne semble plus s'occuper de lui. Cette génération de terroristes appartient au passé.

Gabriele Kröcher-Tiedemann, qui, plus tard, se servit encore une fois de trop de son fusil Makarov, se trouve actuellement dans une prison suisse, où les juges l'ont condamnée à demeurer jusqu'en 1993. Elle ne compte plus non plus. Il en est de même de son ex-mari, Norbert Kröcher, dont les projets — en ce qui concerne la ville de Stockholm — auraient sans doute fait oublier Vienne si la police suédoise n'avait pas été plus habile que lui. En Allemagne de l'Ouest, les Kröcher, qui n'étaient que de la petite bière quand Carlos devint le grand homme du crime international, sont maintenant considérés comme des terroristes de la seconde génération, et la troisième et la quatrième génération les ont déjà largement dépassés. Cette révolution a de dures exigences et dévore vite ses jeunes adeptes.

On leur trouve toujours des remplaçants. Les très importantes défaites infligées au terrorisme mondial au cours des dernières années ont amené de nombreux changements d'orientation, de méthodes, de cibles. Cela étant, les révolutionnaires sont plus nombreux que jamais. Rien dans l'histoire ne peut être comparé au réseau de tueurs professionnels qui, à l'heure actuelle, sèment la mort violente dans environ quarante pays et quatre continents.

Méthodiquement entraînés, fortement armés, immensément riches et assurés de puissants protecteurs, ils franchissent avec un sang-froid remarquable une frontière après l'autre, passant d'une scène brillamment éclairée à la suivante, capables sur un signe de fixer l'attention haletante de la planète entière. Un avion rempli de passagers captifs, un homme d'Etat kidnappé, une ambassade assiégée, une cathédrale occupée et barricadée peuvent leur apporter de l'argent, de la considération, l'immunité, l'absolution, contraindre un gouvernement après l'autre à mettre genou en terre devant eux. Les gouvernements aussi d'ailleurs, ont appris à se servir d'eux, en tant qu'instruments de leur diplomatie, ou afin de livrer des guerres par procuration : utilisant le pouvoir de l'impuissance afin de prouver l'impuissance du pouvoir, pour reprendre l'expression d'un diplomate occidental à propos de la capture des cinquante-deux otages américains à Téhéran.

Au cours des dix dernières années — de 70 à 80 — on a vu s'écrouler les barrières légales que les siècles avaient érigées, et cela non seulement — ni surtout — dans les pays où la légalité est pratiquement inexistante ou qui subissent le bon plaisir des dictateurs les plus absolus du monde : ceux-là, en fait, ont été laissés absolument tranquilles. Mais toutes les dernières démocraties, ou presque, ont été touchées, aussi bien les Etats-Unis que le Canada, la Grande-Bretagne, l'Allemagne de l'Ouest, l'Italie, la Suède, la Hollande, la Belgique, la France, l'Espagne, le Portugal, l'Autriche, la Suisse, la Grèce, la Turquie, le Japon. Depuis 1968, plus de la moitié des attaques internationales des terroristes ont eu lieu dans les démocraties industrialisées du nord de l'Amérique et de l'Europe de l'ouest. Les plus meurtrières se sont produites en suivant un arc de cercle allant de la mer Noire à l'océan Atlantique, en passant par la Turquie, l'Espagne, la Grande-Bretagne, l'Allemagne fédérale et encerclant en fait la moitié du continent européen. Les terroristes sont les premiers à dire qu'ils espèrent bien un jour arriver à fermer le cercle.

Il n'y a rien de fortuit dans cet assaut concerté contre cette partie du monde sans cesse plus rétrécie, où fonctionne encore un régime démocratique. Non seulement il est plus facile d'être un terroriste dans un pays libre que dans un Etat policier, mais intellectuellement la chose est également bien plus satisfaisante. En Italie, les Brigades Rouges aiment à croire qu'elles sont les interprètes d'un grand nombre, pour ne pas dire de la majorité. Les organisations semblables ont fait savoir sans le moindre détour qu'elles se battaient pour la destruction de la démocratie occidentale. Elles ont été jusqu'à publier un véritable calendrier de l'action terroriste.

Dans la résolution sur la stratégie opérationnelle de 1978, il est nettement indiqué que l'Italie et l'Allemagne de l'Ouest sont respectivement « l'anneau le plus faible et le plus fort de la chaîne démocratique occidentale », en d'autres termes les pays qui viennent en première ligne. Pour autant que les circonstances le permettent — autrement dit si les gouvernements et les peuples assiégés n'arrivent pas à arrêter le mouvement —, l'étape suivante devrait être la formation d'une « organisation continentale communiste de combat » destinée à frapper les « centres les plus sensibles de l'impérialisme international ». Après quoi viendrait le dernier assaut contre les forteresses impérialistes : à savoir, les Etats-Unis, objectif suprême de la gauche internationale révolutionnaire, qu'Ernest « Che » Guevara suppliait ses partisans d'entreprendre.

C'est trois ans avant l'ouverture de la décade terroriste (1970-1980) que le compagnon d'armes de Fidel Castro est mort misérablement, oublié de tous dans les Andes de Bolivie. Le dernier des vieux *guérilleros*, Guevara, était à la fois un super-héros pour une génération en révolte et un raté romantique. Sa tentative de soulèvement populaire en Bolivie était depuis le début vouée à l'échec — il n'arriva jamais à recruter plus d'une quinzaine de Boliviens — et après qu'il eut aidé Castro à s'emparer de Cuba, rien de ce qu'il fit n'aboutit à grand-chose. Mais son dernier avis était bon : « Il faut avant tout que nous gardions notre haine vivante et que nous la maintenions à son paroxysme », et en 1967, peu avant sa mort, il écrivait : « La haine est un élément du combat, la haine farouche de l'ennemi, une haine qui peut faire sortir un être humain de sa nature même et en faire une froide, violente, sélective et efficace machine à tuer[1]. »

Ses successeurs ont pensé que la chose était possible. Gabriele et Norbert Kröcher, et d'autres qui leur ressemblent fort dans les Brigades Rouges et la Première Ligne italienne, dans l'Armée de libération turque, dans l'I.R.A. irlandaise, dans l'E.T.A. militant espagnol, dans le Front populaire pour la libération de la Palestine, sont tous des porteurs de haine qui ont transcendé les normes de la nature humaine : le Palestinien qui, après l'avoir mitraillé au Caire, s'agenouilla pour boire le sang du Premier ministre de Jordanie Wasfi el-Tal est franchement anachronique[2].

Ils ne tuent pas par colère : la colère est le sixième des sept péchés expressément mentionnés par Carlos Marighella dans son *Mini-manuel des guérillas urbaines,* le nouvel « officiel » du terrorisme. Ils ne tuent pas non plus sous l'emprise d'une impulsion soudaine : hâte et improvisation figurent au cinquième et au septième rang de la liste de Marighella. Tuer est pour eux une chose normale, car donner la mort est « la seule raison d'être des guérillas des villes ». Ce qui compte ce n'est pas l'identité du cadavre, mais l'effet qu'il produit sur le public. « L'objet de la terreur est le terrorisme », fit une fois remarquer Lénine à ses disciples. Leur emploi de la violence est délibéré et sans passion, soigneusement préparé en vue de son effet théâtral.

Les opérations comme celles de l'O.P.E.P., de la prise des otages de Téhéran, ou de l'occupation partielle de la mosquée de La Mecque ne seraient jamais venues à l'esprit de Guevara avec ses feux de camps et sa milice montée sur mulets. Les terroristes des années soixante-dix ont carrément abandonné l'environnement rural du « Che » avec ses paysans arriérés, illettrés, généralement hostiles — et dont la plupart s'enfuyaient à la seule vue du

Chef. Ils ont préféré le climat politique et les avantages logistiques des grandes villes. Ils ont été pris dans une fièvre d'achats : voyageant dans des voitures de course, des yachts, des hélicoptères, et n'ayant qu'à décrocher le téléphone pour envoyer des messages autour du monde par satellite.

Des machines à écrire électriques I.B.M., du matériel électronique, des walkies-talkies, des oscilloscopes, des transistors de haute puissance branchés sur les longueurs d'ondes de la police, des chambres insonorisées pour kidnappés, équipées de téléphones intérieurs et d'appareils de vidéo-télévision, des missiles terre-air à tête chercheuse de chaleur que l'on porte sur l'épaule et qui peuvent frapper un avion à une distance de six milles forment la base de leur équipement. Leur formation est complétée par des cours intensifs d'armement, de tir de précision, de karaté, de tactiques de commando, de fabrication d'explosifs, de faux, de déguisements, d'exploration photographique, de recherche de renseignements par interrogation des prisonniers et de rudiments de la guerre psychologique.

A l'heure actuelle, ils sont produits en grande série. Le mécanisme est si bien rodé que celui qui veut devenir un terroriste peut toujours y arriver. Mais ce n'était pas si facile lorsque commença l'histoire de cette terreur. On apprend beaucoup lorsqu'on cherche à savoir comment une armée secrète aussi redoutable a pu être mise sur pied en moins de dix années.

Ceux qui vivent dans cet « univers noir » n'ont pas pour habitude de parler beaucoup. L'obscurité même de leurs propos montre leur incapacité à se faire comprendre autrement qu'au moyen d'un canon de fusil. « Le terrorisme est la forme de campagne la plus dégradée », a dit un criminologiste français résumant en quelques mots leur triste asservissement au vocabulaire primitif du fusil. Ceux qui en savent le plus sont rarement pris et, s'ils le sont, ils parlent plus rarement encore. Les rares qui seraient prêts à le faire ont la plus grande chance de recevoir une balle dans la peau ou, en Irlande, de voir une chignole de chez Black et Decker leur transpercer la rotule. Le voile du mystère dont ils s'entourent est une nécessité pratique pour les hommes pourchassés qu'ils sont. Mais ils font également partie de tout un système qui leur donne une stature quasi surhumaine.

Dans tous les pays cibles, il y a des gens qui préféreraient laisser les choses en l'état : parce qu'ils peuvent tirer un avantage politique de la violence terroriste, parce qu'il leur manque ce détachement olympien nécessaire pour traiter par le mépris les menaces de l'inévitable colonel Kadhafi en Libye ou celles d'autres producteurs arabes de pétrole, ou celles des groupes de tireurs d'élite palestiniens, ou des Russes dans ce qui reste de la détente, de Salt II ou de l'Ostpolitik. J'ai entendu un bon nombre de pieux mensonges dans chacun des dix pays que j'ai visités pour écrire ce livre, et venant de sources « absolument sûres » : telles que le bureau antiterroriste du département d'Etat américain, le Bureau criminel de l'Allemagne fédérale à Wiesbaden, le ministère de l'Intérieur à Ankara, le ministère de la Police et de la Justice à Berne. Les mensonges étaient le plus souvent du genre émollient. On espérait arriver ainsi à ce que le journaliste renonce, le journaliste en qui l'on voyait volontiers un facteur de troubles, voire un animal nuisible. « Vous ne croyez quand même pas toutes ces histoires sur le terrorisme international ? » m'a demandé le conseiller sur le terrorisme du président Carter au Conseil national de sécurité juste avant qu'il ne soit pris dans l'engrenage de Téhéran.

Eh bien, oui, j'y crois.

Pour un homme dans sa situation, le conseiller du Président essayait d'être aussi sérieusement persuasif qu'un promoteur immobilier sicilien jurant que la Mafia n'existait pas. Le fait qu'il y a un circuit terroriste international, ou un réseau, ou une fraternité si vous préférez, davantage qu'une multitude disparate de groupes terroristes s'aidant les uns les autres et recevant l'aide d'organisations extérieures qui y trouvent plus ou moins leur intérêt ne peut plus guère être considéré comme de l'information. En revanche, que l'on puisse affirmer l'existence structurée d'une organisation devrait suffire à assener un rude coup au lecteur. Mais cela ne fournit pas la preuve d'une conspiration mondiale soigneusement montée et commandée à partir d'un noyau central. Quoi qu'il en soit, même si des bandes de terroristes ne sont pas toutes soudées entre elles, elles sont en tout cas étroitement liées.

D'après les calculs de la C.I.A. — et il serait difficile de trouver une source plus incertaine — en 1976[3] cinquante-trois des cent cinquante groupes terroristes connus dans le monde étaient d'une façon ou de l'autre reliés entre eux. Il y en a probablement un plus grand nombre aujourd'hui. Le fil d'Ariane passe des camps d'entraînement des guérilleros aux vols et aux envois d'armes, aux documents volés ou falsifiés, aux maisons refuges à l'étranger, aux réunions régionales au sommet, au « blanchissage » de l'argent noir, aux transferts normaux d'argent, à l'échange des cadres et au recrutement de tueurs mercenaires dans les bas-fonds du crime. On ne saurait les suivre dans ce profond labyrinthe souterrain. Mais, avec le temps, il devient moins difficile de voir où commencent et où finissent les grandes lignes.

Les terroristes dont nous parlons ne sont pas du genre néo-nazi d'extrême droite. Ils sont nombreux, éparpillés à travers le monde entier, et la plupart d'entre eux se livrent à un jeu de cache-

cache et de guérilla compliqué avec leurs adversaires de gauche. Mais les dix dernières années appartiennent aux forces grandissantes de la gauche radicale, que ce soit en Afrique, en Asie, en Amérique du Nord et du Sud, en Europe ou au Moyen-Orient. Ils sont issus de la génération de cette extraordinaire année : 1968.

Au cours de cette seule année, les manifestations, organisées d'abord par les étudiants de Berkeley, traversèrent les Etats-Unis comme un feu de prairie, puis gagnèrent l'Europe et l'Orient. Le spectre de l'université de Columbia fit trembler la nation sur ses bases. Robert Kennedy fut assassiné de même que Martin Luther King. Le Vietnam organisa l'offensive du Têt, qui marqua l'apogée troublée du mouvement contre la guerre aussi bien aux Etats-Unis que dans le reste du monde. Le président Lyndon Johnson réclama la paix et renonça à se représenter. Les étudiants de Paris célébrèrent le 1er Mai par des barricades et faillirent renverser la 5e République de Charles de Gaulle. La République fédérale d'Allemagne arriva au bord même de l'insurrection quand un jeune déséquilibré de droite abattit de trois coups de feu dans la tête, la gorge et la poitrine, l'étudiant Rudi Dutschke, leader de la nouvelle gauche. Un étrange jeune Allemand du nom d'Andreas Baader incendia son premier grand magasin à Francfort.

Des émeutes irrépressibles se déchaînèrent à Tokyo, sous l'impulsion de l'organisation extrémiste de gauche Zengakuren, qui devait plus tard devenir le Rengo Sekigun, l'Armée Rouge du Japon. Emeutes et batailles de rues éclatèrent en vagues successives dans toute la Turquie jusqu'à la proclamation de la loi martiale en 1970 et sa reconduction pour deux ans en 1971. Une soudaine éruption de violence éclata dans les provinces basques du nord de l'Espagne, obligeant le général Franco à y proclamer l'état d'urgence. L'Irlande du Nord arriva au seuil de la guerre civile, à l'occasion d'une marche pour les « civil rights » des catholiques qui provoqua l'intervention armée de l'I.R.A. provisoire. Les Tchèques envoyèrent au diable le stalinisme pendant le bref Printemps de Prague, interrompu par les tanks soviétiques. En Chine, pour la première fois, Mao, le Grand Timonier, sanctionnait officiellement les Gardes Rouges de la Révolution culturelle.

Il y eut également cette année-là un certain nombre d'événements dont on a moins parlé, mais dont la signification n'est pas moins profonde. De Beyrouth, un physicien palestinien chrétien du nom de George Habash exportait pour la première fois le terrorisme du Moyen-Orient en Europe, en envoyant ses commandos attaquer un avion d'El Al à Rome. A Rome aussi, un de ses amis italiens, éditeur, grand voyageur — et milliardaire —, du nom de Giangiacomo Feltrinelli, publiait pour la première fois en Europe un appel à la guérilla armée. A Rio de Janeiro, un expert de ce même terrorisme nommé Carlos Marighella, dont le père était italien et la mère une noire brésilienne, terminait le texte de son mini-manuel et l'envoyait à l'impression. A La Havane, Fidel Castro, le chef de guérilla, qui avait montré au monde ce qu'une bande armée faible par le nombre mais implacablement résolue pouvait faire, faisait perdre à l'île ses derniers vestiges d'indépendance ; mais les Russes avaient d'abord arrêté les livraisons de pétrole et d'équipement industriel indispensables jusqu'à ce que Castro eût accepté de suivre leurs directives. Puis ils chargèrent cinq mille techniciens soviétiques de surveiller sur place l'économie cubaine et le colonel Viktor Semenov — du K.G.B. — de superviser le Service secret cubain, le D.G.I. Depuis 1968, toutes les nouvelles, ne l'oublions pas, pouvaient être transmises par satellite.

Il n'y a pas de méthode simple pour résumer cette remarquable succession d'événements. Pourtant, 1968 fut l'année où la génération née après la dernière guerre déclarait sa propre guerre à la société, avec un impressionnant — encore que bref — étalage de force. Pendant quelque temps, la planète entière sembla glisser irrésistiblement vers une révolution dont le caractère restait néanmoins imprécis. Et puis, presque aussi brusquement qu'il s'était levé, le rideau tomba sur cet interlude dramatique de découverte mutuelle et de révélation messianique. Les neuf dixièmes de ceux qui ont fait cette expérience la considèrent depuis longtemps comme appartenant au passé. Mais, tant qu'elle dura, les individus qui avaient une vocation véritable pour la violence avaient eu le temps de se reconnaître entre eux ; après quoi d'autres la découvrirent à leur tour.

On n'a pas besoin de fouiller beaucoup les recoins de la politique pour deviner que la gauche radicale allait être infiltrée de tous côtés : par le K.G.B., la C.I.A., le M.I. 6 anglais, le S.D.E.C.E. français, le B.N.D. allemand et ainsi de suite. La force colossale déchaînée par une poignée de jeunes beatniks, d'abord considérée avec un certain dédain comme une bande de jeunes fous, avait coupé le souffle aux Conservateurs du monde entier. Non seulement ces « écervelés » avaient chassé le président Johnson de la Maison-Blanche et de Gaulle de l'Elysée, mais avaient transformé la défaite militaire du Vietcong après l'offensive du Têt en une conquête politique qui avait mis fin à la guerre du Vietnam. Incontestablement, c'était une force à surveiller ; peut-être pouvait-elle être domptée. Tous les pays qu'avait secoués le typhon de 1968 éprouvaient le besoin de savoir. Et singulièrement l'Union soviétique, surprise par le violent coup de vent de Prague. En fait, elle avait encore plus besoin que les autres d'approfondir la question.

De nombreux indices viennent démontrer que les Russes ont opéré un changement significatif de leur politique étrangère « officieuse » après 1968. Officiellement, ils continuaient à témoigner un souverain mépris pour une bande désordonnée et infantile de gauchistes qui avaient la prétention de menacer l'équilibre du monde, sans parler de la quiétude remarquable des différents partis communistes orthodoxes. Officieusement, cependant, le Kremlin portait un intérêt fraternel à ces « aventuriers » terroristes de toutes nuances. Rien n'était trop bon pour les mouvements armés de « Libération nationale », quelles que fussent leurs imprécisions géographiques ou politiques, qu'ils fussent dominés par des anti-stalinistes viscéraux ou pis encore par des trotskistes, lesquels, dans les milieux communistes conformistes, étaient depuis longtemps considérés comme rituellement impurs, pour ne pas dire fous à lier. Pratiquement toutes les guérillas dont l'objectif était de détruire les centres vitaux de l'impérialisme multinational ont pu, depuis cette époque, compter sur la sympathie sincère de Moscou.

Cette ligne de conduite fut exprimée très crûment pour la première fois en 1971 dans *Kommunist,* de Boris Ponomariev, le directeur des affaires communistes internationales au Kremlin [4]. « La nouvelle gauche, déclarait-il, n'était " homogène ni quant à l'idéologie ni quant à l'organisation ", étant donné qu'elle comprenait " des types variés d'aventuriers, et parmi eux des maoïstes et des trotskistes " ; ses membres se laissaient " facilement influencer par la phraséologie révolutionnaire ", et " n'étaient notamment pas à l'abri de tout préjugé anticommuniste ". Toutefois leur " orientation générale anti-impérialiste était évidente ". Les négliger entraînerait un " affaiblissement du combat anti-impérialiste et de la perspective d'un front uni contre le capitalisme monopoliste " ». Il terminait en rappelant notamment que « le communisme demeure le parti de la révolution socialiste, un parti qui ne tolérera jamais l'ordre capitaliste et sera toujours prêt à mener le combat pour assurer le pouvoir politique total de la classe ouvrière ».

Les perspectives semblaient particulièrement bonnes du point de vue de Ponomariev, car le hasard — ou la prévoyance — avait aidé le jeu des Russes bien avant que 1968 n'éclatât chez eux. Pendant le Printemps de Prague de cette même année cruciale, le général Jan Sejna, de Tchécoslovaquie, s'enfuit en effet aux Etats-Unis, emmenant sagement avec lui des documents réunis pendant les vingt années où il avait été conseiller militaire du Comité central du parti communiste tchèque. Ainsi il révéla, preuves en main, que le Politburo de l'Union soviétique avait décidé dès 1964[5] d'augmenter de 1 000 p. 100 les dépenses relatives au terrorisme à l'étranger. Tous les services secrets des pays du bloc communiste étaient donc désormais occupés à recruter des espions et à infiltrer dans le monde entier les nouveaux mouvements terroristes de gauche; en même temps, des écoles spéciales d'entraînement à la pratique de la guérilla étaient organisées en Tchécoslovaquie, en Allemagne de l'Est et à Cuba au profit « d'une élite de terroristes venus du monde entier ».

Deux années plus tard, en janvier 1966, une conférence tricontinentale s'ouvrit à La Havane, à laquelle assistèrent cinq cent treize délégués représentant quatre-vingt-trois groupes du tiers monde. Depuis la Révolution bolchevique de 1917, on n'avait jamais vu chose pareille et, de fait, après cela, le monde ne devait jamais plus être le même. La déclaration générale de la conférence rappelait à tous les prolétaires le besoin d'une cohésion étroite entre les « pays socialistes » (de type soviétique) et les « mouvements de libération nationale » comprenant providentiellement les « travailleurs démocratiques et les mouvements étudiants » de l'Europe capitaliste et de l'Amérique du Nord. Son objectif était d'élaborer « une stratégie révolutionnaire globale pour s'opposer à la stratégie globale de l'impérialisme américain[6] ».

La conférence n'exigeait pas seulement un Vietnam pour tous les continents. La liste des candidats à la lutte armée pour la libération comprenait l'ex-Congo belge, les colonies portugaises de l'Angola et du Mozambique, la Rhodésie, l'Afrique du Sud, l'Afrique du Sud-Ouest, l'Arabie du Sud (le Yémen), la Palestine, le Laos, le Cambodge, le Pérou, la Colombie, Chypre, Panama et la province indonésienne du Kalimantan septentrional.

La réunion se termina par la mise sur pied d'une organisation africaine asiatique et américano-latine de solidarité (O.A.A.A.L.S.) dont le secrétariat permanent demeurerait à La Havane. Son secrétaire général, Osmany Cienfuegos Goriaran, était depuis longtemps un membre prosoviétique intransigeant du Comité central du parti communiste cubain.

Certains ne virent dans l'organisation qu'un reflet du soin qu'avait Castro d'exporter son type de révolution dans le tiers monde. Mais les soviétologues y détectèrent un mouvement stratégique essentiel du Kremlin, destiné à contrer le succès de pénétration de la Chine rouge en Afrique et en Asie. Quant aux diplomates occidentaux, ils déclarèrent que « la formation de cette guérilla internationale ne signifiait rien moins que le début d'une entreprise massive contre le capitalisme occidental en général et contre celui des Etats-Unis en particulier. Dix mois plus tard, en fait, un nouveau réseau de camps d'entraînement pour les combattants des guérillas sur quatre continents — l'Europe s'ajoutant aux trois autres — s'ouvrait à Cuba sous la supervision du colonel V. Kotchergine, du K.G.B. soviétique[7] ».

Dans les années 70, toutes les bandes de terroristes qui émergeaient dans le monde durent leur survie à cette fourmilière de camps autour de La Havane, organisés par des Cubains et leurs maîtres russes. Sans un minimum d'entraînement préalable, aucun de ces groupes n'aurait pu démarrer, et ceux qui ne s'entraînèrent pas à Cuba furent formés par d'autres qui y avaient été. Ainsi les Palestiniens, qui allaient bientôt devenir un second grand pôle d'attraction pour les apprentis terroristes, commencèrent à envoyer leurs propres candidats à Cuba dès 1966 ; et des instructeurs venus de Cuba enseignèrent dans les camps *fedayin* du Proche-Orient à partir des premières années soixante-dix. Le troisième sommet du triangle était l'U.R.S.S. elle-même, formant des Palestiniens ainsi que des milliers d'autres terroristes sur son propre territoire — Européens, Américains du Sud et du Nord, Africains, Asiatiques, soit en Russie même, soit dans les pays satellites, Tchécoslovaquie, Allemagne de l'Est, Hongrie, Bulgarie, Corée du Nord, Yémen du Sud.

Au cours de cette décennie, la vague des camps atteignit l'Afrique. Des milliers de recrues nouvelles venues du premier, du second et du tiers monde s'entraînèrent en Angola ou en Mozambique — récemment « libérés » — les nouveaux Etats clients de la Russie ; en Algérie, pour la cause palestinienne, avec de l'argent libyen ; en Libye même, toujours au nom des Palestiniens et avec plusieurs milliards de dollars d'armements soviétiques. Dans la plupart des camps, les entraîneurs étaient cubains ; dans d'autres, ils venaient de l'Allemagne de l'Ouest ; dans quelques-uns, de Corée du Nord. On était en famille. La Chine rouge, qui de son côté avait exercé un pouvoir d'attraction semblable au cours des premières années, disparut de la scène quand la bande des quatre perdit le pouvoir.

En outre, durant cette décennie, l'un ou l'autre côté du triangle était toujours là pour fournir l'assistance voulue au moment voulu. Des armements arrivaient où et quand il le fallait, passaient par des itinéraires protégés en Europe de l'Est, voyageaient par la valise diplomatique arabe. Les terroristes doués recevaient un entraînement plus poussé ; les tueurs étaient assurés d'une évacuation rapide et d'un refuge privilégié. Plus les terroristes avaient reçu d'appui, plus leur technologie était avancée. Et plus leur technologie était avancée, plus ils avaient besoin d'aide. A la fin de la décennie, il ne se passait plus grand-chose de manière artisanale.

Tous ceux qui acceptèrent l'aide des Cubains ou des Russes n'étaient pourtant pas à vendre, ou même à louer. Un bon nombre d'entre eux devinrent d'ailleurs un casse-tête pour leurs anciens bienfaiteurs. D'autres ne se souciaient guère de savoir d'où venait l'aide, voire ne se dérangeaient pas le moins du monde pour aller la chercher. Ils se contentaient d'attendre que la formation vienne à eux. Pour les Russes, leur utilité était leur faculté de jeter le trouble en Occident (la manière importait peu), celle-ci étant assortie du soin qu'ils prenaient de toujours s'arrêter aux frontières du territoire soviétique.

A la fin des années soixante-dix, ils constituaient un incroyable mélange : nationalistes ethniques, religieux et séparatistes, patriotes anti-colonialistes et anti-racistes, bandits sardes et hommes de main de la maffia, anarchistes, trotskistes, maoïstes, stalinistes impénitents, marxistes-léninistes de tout accabit. On ne pouvait les grouper sous une étiquette unique, mais ils se considéraient tous comme faisant partie des bataillons d'élite de l'Armée mondiale du Combat révolutionnaire.

Ils sont entrés dans les années quatre-vingts en continuant à se battre pour une société communiste qu'il leur reste à définir. Sollicitant et rejetant alternativement l'appui des partis communistes orthodoxes, ils n'ont pratiquement fourni aucune indication sur le genre de communisme qu'ils recherchent. Ils n'en savent d'ailleurs peut-être rien eux-mêmes, et, en tout cas, ne paraissent guère se soucier de la question. Dans leurs volumineux tracts idéologiques, ils n'accordent au sujet qu'une importance très relative. Les soixante pages de la fameuse résolution stratégique des Brigades Rouges ne comportent en fait que quatre lignes sur le problème.

Partout, leur objectif immédiat est de démanteler la société — quelle qu'elle soit — où ils vivent. Si le propos a évidemment une certaine simplicité, le choix de leurs objectifs est plus complexe. Ils n'ont jamais, par exemple, tenté de démanteler une société sous influence soviétique. Ils n'ont pas non plus levé le petit doigt contre certaines des plus affreuses tyrannies qui aient jamais existé. L'Ouganda, sous la domination sadique d'Idi Amin, ne correspondait pas à leurs objectifs (en fait des guérilleros palestiniens s'étaient proposés à lui comme gardes du corps) [8], pas plus que l'Empire Centrafricain sous le règne cannibale de l'empereur Bokassa (déposé non par les militants de la révolution mondiale de la gauche, mais par la France impérialiste).

Et pourtant le désert, quasiment dépeuplé du Sultanat d'Oman dans le golfe Persique, figurait en bonne place sur leur liste ainsi d'ailleurs qu'une bande de sable saharien où les guérillas du Polisario exigent l'indépendance pour une population de quatre-vingt mille âmes : mais ces deux territoires sont contigus des sociétés industrielles les plus sophistiquées du monde.

Ils ne font aucune distinction politique, économique, sociale ou culturelle entre, disons, le sultan d'Oman et la reine d'Angleterre, ou le bout du Sahara du Polisario et la République fédérale d'Allemagne. Pas plus d'ailleurs qu'ils n'admettent qu'il puisse y avoir une différence entre les riches consommateurs allemands et la population turque soumise à l'inflation galopante, au chômage et aux taudis. Tous sont mis dans le même sac multinational et impérialiste où ils ne se distinguent que par le sort qui leur est appliqué. (Pour les Brigades Rouges, par exemple, l'Italie est la poubelle de l'Europe.) Allemands et Turcs, cavaliers Dhofar du Sultanat d'Oman et guérilleros du Polisario s'entraînent dans les mêmes camps, portent les mêmes armes Makarova et Kalashnikov et poursuivent les mêmes objectifs. La notion qu'ils sont tous des sous-produits de la même société malade a certes cours dans certains milieux progressistes, mais il n'est pas facile de savoir pourquoi.

Bien souvent d'ailleurs, ces groupes armés sont étrangement petits et représentent mal le prolétariat au nom duquel ils prétendent parler. En Californie, quand elle kidnappa Patty Hearst, donnant lieu à un des drames policiers télévisés les plus extraordinaires qui soient, l'armée symbionaise de libération comptait douze membres ; son général commandant en chef était un ancien « stoolie » figurant sur la feuille de paie de la police de Los Angeles, et ses lieutenants étaient des étudiantes ayant des problèmes affectifs [9]. La fraction de l'Armée Rouge allemande, sous-produit de la bande Baader-Meinhof, ne comptait pas plus d'une centaine d'activistes résolus quand elle kidnappa et assassina le magnat de l'industrie Hans Martin Schleyer en 1977, réduisant une nation de soixante millions d'hommes à un état de paralysie totale. Pour « s'en sortir », le seul des membres de la faction qui fût issu de la classe ouvrière s'était fait volontairement arrêter bien avant cet événement. Les Tupamaros uruguayens eux-mêmes ne comptaient que trois mille membres, soit un millième de la population, quand ils réduisirent à néant la république démocratique la plus libérale de l'Amérique latine.

Ces Tupamaros, qui ont inventé le prototype de ce qui est devenu depuis le modèle planétaire de la guérilla urbaine, fournissent une illustration admirable du processus.

Ayant, en 1972, réduit par la terreur leurs compatriotes à

accepter une dictature militaire, ils sont maintenant considérés comme des combattants de la liberté dans une dictature militaire. Or cette transformation n'a qu'un très lointain rapport avec la réalité. Le monde est rempli de contrées qui ont besoin de liberté. Les trois quarts de l'humanité vivent sous un régime colonial ou raciste, sous la domination de l'impérialisme soviétique, voire du capitalisme, dans des Etats policiers autochtones qui couvrent la plus grande partie de l'Amérique latine et presque toute l'Afrique, là encore où s'est installé le socialisme soviétique. Dans de nombreux pays il n'y a pas de combattants pour la liberté, dans d'autres il n'y en a pas assez. La plupart des gens pensent qu'ils reconnaîtraient un de ces combattants s'ils en rencontraient un, mais le cas de l'Uruguay montre à quel point on peut se tromper.

Tenant leur nom du prince Tupac Amaru, qui combattit la domination espagnole au XVIIIe siècle, les Tupamaros livrèrent le bon combat en Uruguay pendant quelques années — mais quelles années ! — Leur *Movimiento de Liberacion National* (M.L.N.) fut fondé en 1963 dans un pays jusqu'alors miraculeusement épargné par la misère et l'injustice criante qui régnaient généralement en Amérique latine. Minuscule république parlementaire coincée entre deux géants turbulents — au nord, le Brésil, au sud, l'Argentine —, l'Uruguay était farouchement fier de sa liberté et de sa politique sociale éclairée. Si les Uruguayens avaient leur part de corruption politique et se trouvaient la proie d'une inflation galopante, neuf sur dix d'entre eux savaient cependant lire et écrire. Leur service de santé était le meilleur de l'Amérique du Sud, leur mortalité infantile la plus basse, leur système de sécurité sociale le plus ancien après celui de la Suède ; et pratiquement tous les membres de la classe ouvrière étaient affiliés à un syndicat.

Les Tupamaros n'eurent ainsi qu'un succès très limité dans les syndicats, bien que ce ne fût pas faute d'essayer. Il y avait en revanche parmi eux des professeurs, des juristes, des docteurs, des dentistes, des comptables, des banquiers, des architectes, des ingénieurs, un modèle, un annonceur de la radio et une actrice [10]. C'étaient des marxistes convaincus, dont l'objectif était un bouleversement révolutionnaire complet et, au début, ils étaient sans aucun doute pleins de bonnes intentions. Vivant dans une société politiquement accueillante et ouverte au changement, habituée à voter pour la social-démocratie de gauche, ils souffraient, comme tous les révolutionnaires bourgeois, d'un complexe de culpabilité sociale et se sentaient mus politiquement par la vision d'un avenir exaltant. Même plus tard, quand ils se mirent à tuer, ils fondaient en larmes en voyant des cadavres.

Mais il fallut attendre cinq ou six ans pour en arriver là. Au départ, les Tupamaros volaient les riches pour donner aux pauvres, rançonnaient une maison de jeu pour un quart de millions de dollars et répartissaient l'argent entre les travailleurs ; ou bien encore, juste pour prouver leur pouvoir, kidnappaient un personnage important et le gardaient prisonnier toute une nuit. Il fallut attendre 1969 pour que leur chef, Raul Sendic, laissât entendre que le temps de Robin des Bois était passé. « Nous avons trois cents kilomètres de rues et d'avenues à notre disposition pour y organiser une guerre de guérillas », dit-il. Ce qu'il fit.

Cela prit tout juste deux ans. A partir de 1970, les Tupamaros bombardèrent, brûlèrent, volèrent, kidnappèrent et tuèrent avec une éblouissante combinaison de sang-froid, d'habileté, de discipline, d'imagination et de panache. Ils démarrèrent avec éclat en abattant Don Mitrione, conseiller américain de la police uruguayenne. Suivirent l'enlèvement d'un diplomate brésilien, d'un conseiller culturel américain et de l'ambassadeur de Grande-Bretagne, Sir Geoffrey Jackson, enfermé pendant huit mois dans une cage de deux mètres sur soixante centimètres. Dès 1971, ils avaient si bien multiplié les enlèvements de diplomates qu'ils avaient battu le record mondial [11].

Avec trois cents autres attentats en deux ans, les Tupamaros saisirent et occupèrent des pistes d'envol, des postes de police, des centraux téléphoniques et des studios de radio ; kidnappèrent contre d'énormes rançons et par bravade politique ; firent sauter des voitures, des magasins, des maisons particulières, des bâtiments publics, et apprirent à tuer avec une lucidité croissante. Après Don Mitrione, leurs victimes de choix furent, en succession rapide, un chef de la sécurité de la prison de Punta Carretas, un ancien sous-secrétaire d'Etat à l'Intérieur, deux officiers supérieurs de la police, un commandant de vaisseau, tous membres des forces armées aux prises avec les révolutionnaires. Ils firent tant et si bien que, terrifié, le gouvernement de gauche fit appel à la protection de l'armée.

L'armée répondit à l'appel. Au cours de l'été de 1970, et de nouveau au mois de janvier suivant, les droits civils furent suspendus en Uruguay jusqu'à ce que vers le milieu de 1972, l'Assemblée nationale proclame l'« Etat de guerre intérieure », livrant ainsi le pouvoir à l'armée, laquelle, entre nous, avait déjà un soutien populaire massif. Quand, en novembre 1971, avait eu lieu en Uruguay, la dernière élection libre, quatre cinquièmes des électeurs avaient en effet déjà voté contre le *Frente Amplio* du parti communiste, qui était appuyé par les Tupamaros [12]. Le même hiver, des milliers de manifestants avaient organisé des marches de protestation contre la vague de terreur. L'armée fit donc ce que toutes les armées du monde font en pareille circonstance : elle procéda à des « interrogatoires professionnels et énergiques des

29

prisonniers », pour employer ses propres termes, qui furent autant de cauchemars. Mais — ou bien « et » — il y eut des résultats. A la fin de 1972, deux mille six cents Tupamaros (authentiques ou imaginaires) étaient en prison. Quarante-deux autres étaient morts ; des centaines avaient fui le pays ; et, bien qu'il ait eu recours à la chirurgie esthétique pour ne pas être reconnu, Raul Sendic, au cours d'une bataille rangée avec la police fut arrêté. Tout était terminé.

En quelques mois, l'armée mit alors à jour une extraordinaire organisation secrète. Elle découvrit des douzaines de « maisons fortes » et de bases militaires remplies de nourriture, de livres et d'appareils de télévision, et garnies de cages humaines dénommées « prisons du peuple ». D'autres installations comprenaient un laboratoire électronique, une fabrique de faux en tout genre, un hôpital muni d'un bloc opératoire et d'une installation de rayons X, une fonderie avec du matériel pour fabriquer des grenades, une presse à imprimer des faux dollars. Les documents saisis indiquaient que les dépenses courantes s'élevaient à 138 000 dollars par mois, soit près de 2 000 000 de dollars par an. Le matériel et les approvisionnements saisis auraient permis d'équiper une unité de combat de quatre mille hommes.

Les nouveaux chefs militaires de l'Uruguay récompensèrent à leur manière cette étonnante contribution en argent et en talent. Tous les membres des partis traditionnels furent privés par décret de leurs droits politiques pour les quinze années à venir.

Aussi forts qu'ils eussent été, ce n'étaient néanmoins pas les Tupamaros qui avaient tout inventé eux-mêmes à partir de rien. Depuis 1968, ils envoyaient leurs gens à La Havane pour s'entraîner. La chose avait été arrangée au cours d'une visite que Raul Sendic avait faite à Fidel Castro — deux ans avant qu'il ait cessé de jouer à Robin des Bois [13]. Et ce dont ils manquèrent à La Havane, ils le trouvèrent dans le mini-manuel à tout faire publié en 1969 par Carlos Marighella, ami intime de Castro et habitué de Cuba. Marighella fut pendant quarante ans un apparatchick dans le parti communiste pro-soviétique du Brésil.

En quarante-huit pages bien remplies, ce mini-manuel explique tout. Il dit pourquoi, en ce qui concerne les actions de guérilla les villes sont préférables à la campagne et quel comportement y adopter : « surtout pas d'allure étrangère » et des occupations « normales » si possible. Il indique comment manœuvrer dans des arrière-cours, comment faire sauter les ponts et les voies de chemin de fer ; se procurer de l'argent au moyen de rançons et « d'expropriations » de banques, pour atteindre le système nerveux du capitalisme ; préparer la « liquidation physique » des commandants de l'armée et de la police ; se comporter avec les espions et les informateurs — à savoir les faire exécuter de préférence par « un tireur unique, patient, seul et inconnu, opérant dans le secret absolu avec un sang-froid total ».

Le manuel souligne l'intérêt qu'il y a à savoir conduire une voiture, piloter un avion, mener un bateau, à devenir technicien de la mécanique et de la radio, à se maintenir en forme, à connaître la photographie et la chimie, à acquérir une « connaissance parfaite de la calligraphie » afin de pouvoir fabriquer de faux documents, à être infirmier, pharmacien amateur et médecin militaire avec « certaines notions de chirurgie ». Il décrit en détail le choix des armes et insiste sur l'importance de « tirer le premier », et à bout portant si possible. « Tirer et viser sont au guérillero urbain ce que l'air et l'eau sont aux êtres humains [14] ».

Il comporte également une étude clinique détaillée des techniques employées par les Tupamaros et de la stratégie de la terreur qu'ils ont utilisée pour détruire délibérément la démocratie dans leur pays.

D'abord, écrit Marighella, le guérillero urbain doit faire preuve de violence révolutionnaire pour s'identifier aux masses populaires et constituer ainsi une base purement populaire. Dès lors, « le gouvernement est contraint d'intensifier la répression en se livrant à des rafles de police, des perquisitions dans les maisons, des arrestations d'innocents rendant intolérable la vie dans les villes. De l'avis unanime le gouvernement se montre injuste, incapable de résoudre les problèmes et n'a plus d'autre recours que la liquidation physique de ses adversaires. De politique, la situation devient militaire. Les militaires semblent de plus en plus responsables de la violence et des erreurs. Quand les pacificateurs et les opportunistes de droite voient les militaristes au bord de l'abîme, ils s'unissent à eux pour les supplier, eux les bourreaux, d'organiser des élections ou de prendre toute autre mesure bidon destinée à berner les masses.

« Rejetant la soi-disant solution pacifique, le guérillero doit devenir plus agressif et plus violent, pratiquant sans répit le sabotage, le terrorisme, les assauts, les prises d'otages et exécutions, *rendant de plus en plus dramatique la situation qui amènera le gouvernement à agir* ». Ces mesures savamment combinées, conclut Marighella, ne manqueront pas de provoquer « le développement incontestable de la révolte urbaine ».

Les Tupamaros furent les premiers à appliquer littéralement les enseignements de Marighella en dehors de son Brésil natal. A l'époque, ce dernier était mort. Tué dans une embuscade tendue par la police peu après la sortie de son mini-manuel, sa fin présente un exemple frappant de sa propre logique. Bien qu'ayant eu recours, sans répit, au sabotage, au terrorisme, aux expropriations, aux attaques, aux prises d'otages et aux exécutions, Marighella ne réussit pas à faire passer dans les faits ce fameux développement incontrôlable de sa révolte urbaine. Avec lui, la révolution ne dépassa jamais le stade de la répression militaire de plus en plus violente, laquelle — en l'occurrence — permit aux militaires de prendre le pouvoir. Ils l'ont toujours conservé depuis.

Certains pourraient être tentés de considérer cela comme un échec, mais pas les disciples de Marighella. Pour eux tous, terroristes de tous pays, riches ou pauvres, retardataires ou avancés, librement gouvernés ou despotiquement menés, le mini-manuel continue d'être une bible révolutionnaire. Traduit en une vingtaine de langues, trouvé dans les voitures, les poches, les cachettes des terroristes les plus célèbres, de Stockholm à Beyrouth et à Tokyo, il constitue leur credo stratégique. Même s'il ne suffit pas à réaliser la révolution communiste — perspective qui d'après eux se réalisera dans trente à quarante années — sa stratégie visant à provoquer une répression intensifiée et une prise de pouvoir de droite est incontestablement l'idée qu'ils se font de la meilleure solution intermédiaire possible.

Premiers sur le champ de bataille, les Tupamaros sont maintenant des exilés sans patrie. Nombre d'entre eux se sont réfugiés à Cuba, des centaines d'autres se sont dispersés à l'étranger. Leurs chefs fugitifs voyagent librement dans tout le monde libre, sont les membres honorés de quantités de comités, de commissions, de conseils d'administration, assistent à des réceptions sans nombre, se font les défenseurs d'une politique de rigueur et d'honnêteté. Leurs deux mille ou quelques camarades Tupamaros, enfermés dans des prisons de haute sécurité, figurent parmi les victimes de l'impérialisme américain. Des affiches de protestation s'étalent sur les murs de l'Europe entière.

L'influence des Tupamaros sur le développement du terrorisme mondial a été considérable. Les premiers Allemands à s'être inspirés de leurs méthodes en 1969 ont pris le nom de Tupamaros de Berlin-Ouest. Le premier commis voyageur de la terreur intercontinentale, le milliardaire italien Giangiacomo Feltrinelli, se rendit en 1971 à Montevideo pour les voir au travail. En 1970, l'Américaine Bernardine Dohrn déclara fièrement que son groupe avait adopté « la stratégie classique de la guérilla des Tupamaros ». Quoi qu'il en soit, leur défaite a plutôt fait croître l'attrait de leur politique.

Ils ont des rapports étroits avec les Milices de l'E.T.A. d'Espagne, l'I.R.A. provisoire, les organisations clandestines d'Allemagne et d'Italie, toute l'armée des formations terroristes palestiniennes. En les accompagnant de Montevideo à Buenos Aires et à La Havane, et de là à Paris, Rome, Berlin, Madrid,

Stockholm, Beyrouth, on suit une des lignes de force de la carte terroriste mondiale, et c'est elle qui va maintenant nous guider.

Zigzaguant à travers tant d'autres lignes, notre itinéraire nous permettra de saisir au passage l'évolution des jeunes guérilleros qui embrassèrent la cause pour des motifs à la fois généreux et altruistes, avant de se laisser corrompre : par le pouvoir qu'ils découvrent dans le canon d'un fusil, par des personnages moins altruistes qu'eux, par un sentiment d'éloignement grandissant à l'égard de la société qu'ils rêvaient d'améliorer. Souvent ils sont rejetés par une majorité écrasante de leurs compatriotes, et se trouvent réduits à une proportion si infime que la tragédie se transforme progressivement en humour noir. Leur réaction est alors de tuer avec une férocité croissante : afin de punir le profane, et puis aussi parce que, pour eux, il ne reste plus rien d'autre à faire. Ayant commencé à tuer pour une cause, ils passent progressivement au meurtre égoïstement intéressé. Leur propre liberté est seule désormais à dicter leur conduite.

Le rythme meurtrier qu'ils ont institué a provoqué un changement pour le pire. En admettant même qu'il y ait eu une certaine soif intellectuelle, un ferment de conscience révolutionnaire, un élément moral ou même un vague désir de plaire, chez ces premiers révolutionnaires (Ulrike Meinhof, de la fraction de l'Armée Rouge allemande est morte ; Renato Curcio, des Brigades Rouges, demeurera en prison jusqu'au XXIe siècle), ces sentiments ne se retrouvent plus que rarement maintenant. Les dernières recrues ne sont pas simplement moins âgées — à Belfast, Bilbao, Istanbul, on en trouve de quatorze ou quinze ans, ce qui est tout de même terriblement jeune —, elles sont moins chargées de souvenirs politiques, le passé ne les intéresse pas, elles sont peu sensibles aux beautés de la théorie, de plus en plus abruties par dix années de violence planétaire accrue, frappées par les images que la télévision projette chaque soir dans leur « living » et les possibilités qu'elles suggèrent, fascinées par les machines de plus en plus sophistiquées qui leur permettent de tuer à leur guise, par le pouvoir qu'elles leur donnent. Leur génération est celle de la haute technologie et du risque maximum.

2

FELTRINELLI, LE PATRON

Le 15 mars 1972, alors que les Italiens se préparaient à subir
de longues semaines de discours avant les élections générales du
mois de mai, les journaux du matin annoncèrent la découverte
d'un corps brûlé et mutilé au pied d'un pylône à haute tension à
Segrate, dans la banlieue nord de Milan. Le pylône, éclaboussé de
sang et de lambeaux de chair, avait été ceinturé de quarante-trois
cartouches de dynamite. Une autre cartouche semblait avoir
éclaté dans les mains de l'homme, le jetant brutalement à terre. La
force de l'explosion avait projeté l'une de ses jambes à neuf mètres
de distance et des morceaux d'os à quarante-cinq mètres. C'est un
paysan, alerté par les aboiements de son chien bâtard Twist, qui
avait découvert le corps.

Sur le moment, la mort de « Vincenzo Maggioni » (nom
inscrit sur les papiers visiblement faux trouvés sur le corps) ne fit
pas beaucoup d'impression. Bombes et explosions étaient monnaie
courante en Italie à l'époque, et il peut évidemment y avoir des
accidents. Mais vingt-quatre heures plus tard, le pays apprit avec
stupéfaction que le corps avait été identifié et qu'il s'agissait en fait
de nul autre que Giangiacomo Feltrinelli. Editeur du célèbre
Docteur Jivago et du *Guépard,* membre d'une famille milanaise
immensément riche et lui-même un des hommes les plus riches
d'Europe : Feltrinelli était quelqu'un avec qui il fallait compter.

La machine de l'Etat se mit immédiatement en mouvement.
Dans le Nord, on bloqua toutes les routes. Douze mille carabiniers
et policiers passèrent la région au peigne fin, faisant des descentes
chez tous les extrémistes de droite et de gauche à Milan, Turin,
Gênes et Rome. Les interrogatoires se chiffrèrent par douzaines ; la
police découvrit de sinistres documents codés, des cartes couvertes
d'indications chiffrées destinées aux terroristes et d'énormes
dépôts secrets d'armes : plusieurs milliers de mitraillettes, trois
tonnes d'explosifs, un demi-million de cocktails Molotov. Au cours
de sept semaines consécutives et jusqu'à la date des élections, de
vigoureux défenseurs de la loi et de l'ordre démocratique veillèrent
à ce que le cas figure à la « une » des journaux. Vivant, Feltrinelli

avait été obsédé par l'idée de détruire l'ordre établi, et il avait fait tout ce qui était en son pouvoir pour y arriver. Mort, il en assura le triomphe dans une élection cruciale. Finalement, il mourut pour la patrie. Comme il aurait détesté cette épitaphe !

Les Italiens étaient certains qu'ils ne découvriraient jamais ce qui s'était passé. « En Italie, nul crime touchant au pouvoir politique ne peut atteindre les rives de la vérité », dit le romancier bien connu, Leonardo Sciascia ; et un brouillard impénétrable semblait bien entourer celui-ci. Tous ceux qui avaient un nom et figuraient dans la liste du radicalisme de bon ton — universitaires, journalistes, juristes, politiciens, habitués cossus des salons du *Milano-bene* — étaient absolument sûrs qu'il avait été exécuté soit par la C.I.A., soit par les Services secrets italiens, soit par quelque groupuscule de droite, soit même encore par les trois organisations travaillant de concert.

Certains racontaient qu'il avait été tué ailleurs et déposé sur les lieux de la découverte, d'autres qu'il était tombé dans une embuscade. Le quotidien communiste l'*Unita* parla de « soupçons dramatiques » et « d'infiltration fasciste » probable de la gauche radicale. Le journal communiste dissident *Manifesto* laissa entendre que l'on se trouvait en présence, dans ses « aspects les plus sordides », d'une des conséquences atroces que devait fatalement déclencher une structure politique dominée par « le système capitaliste américain ». Le plus grand écrivain italien, Alberto Moravia, écrivit : « Qu'est-ce qu'une provocation ? Pour la gauche, c'est une forme d'action qui semble révolutionnaire, mais dont l'objet est en réalité de justifier des mesures répressives. » Un grand nombre d'intellectuels éminents envoyèrent une lettre à l'hebdomadaire socialiste l'*Espresso*, déclarant sans ambages qu'il s'agissait d'un « assassinat monstrueux » perpétré par la « réaction internationale [15] » « Quelle preuve avons-nous ? » demandait la grande journaliste Camilla Ceterna à l'une des signataires de la lettre. « Qu'importe ? La preuve viendra plus tard [16] », répondit-elle.

Une preuve d'une nature quelque peu différente vint en effet, mais seulement beaucoup plus tard. Alors, en tout cas, il ne fut plus possible de se tromper sur les intentions de Feltrinelli. Quand il s'était rendu à Segrate, c'est pleinement conscient, non drogué, qu'il avait grimpé sur le pylône jusqu'à une hauteur de trois mètres : les empreintes digitales et les taches de sang le prouvaient. Il avait alors nettement eu l'intention de le faire sauter. Ce n'était là que le commencement.

A San Vito de Gaggiano, de l'autre côté de Milan, la police trouva un autre pylône électrique à haute tension sur lequel avait été collé le même genre de cartouche de dynamite (un produit appelé Dynamon), qui, par suite d'un défaut de la minuterie, n'avait pas explosé. Dans la Volkswagen dont Feltrinelli s'était servi pour venir à Segrate on trouva des cartes du nord de l'Italie où des croix et des flèches indiquaient d'autres pylônes, des ponts, des aéroports, des casernes. Cinq « maisons fortes » furent découvertes dans la banlieue ouvrière de Milan ; elles cachaient un arsenal d'armes et de munitions, encore de la dynamite, de faux passeports, tout le réseau des systèmes de communication des carabiniers pour toute l'Italie, de la correspondance codée, ainsi qu'une longue lettre adressée à une mystérieuse « Saetta », annotée par Feltrinelli et proposant l'établissement d'un haut commandement mixte pour une armée secrète de libération nationale.

Peu de temps après, juste avant le lever du jour, la police fit un raid spectaculaire sur deux autres cachettes. L'une contenait un autre arsenal, avec assez d'armes pour équiper une petite armée. Dans la seconde, se trouvait le véritable passeport de Feltrinelli — il y en avait également cinq faux — ainsi que des centaines de cartes d'identité ; quatre récepteurs de radio réglés sur les longueurs d'onde de la police ; un assortiment de documents chinois ; un gros dossier contenant les noms des candidats au kidnapping dans le milieu politique, industriel ou financier ; et, sous une trappe, une « Prison du Peuple », de deux mètres sur trois, solidement bâtie, capitonnée et insonorisée, équipée d'un microphone caché, d'un œil magique et de menottes. L'arrestation de plusieurs personnes arrivant avec les clefs voulues indiqua que ces deux dernières caches appartenaient à un groupe qui avait à peine un an d'existence et encore presque inconnu ; ils avaient pris le nom de Brigades Rouges.

Les révélations qui suivirent fournirent un indice non négligeable de ce qui attendait toute l'Europe de l'Ouest. Mais personne ne le croyait à l'époque.

En Italie, en 1972, il aurait fallu avoir le cœur bien accroché pour oser prétendre que la violence pouvait venir d'ailleurs que de la droite néo-fasciste. Les rotules transpercées, les enlèvements et les meurtres qui allaient bientôt faire connaître les Brigades Rouges au monde entier n'avaient pas encore commencé. En Italie, les seuls actes de violence qui avaient jusque-là attiré l'attention — une succession d'attentats sanglants à la bombe en 1969 — étaient généralement considérés comme ayant été habilement montés par l'extrême droite dans le but de faire porter la responsabilité à l'extrême gauche et de faire ainsi basculer l'opinion publique vers la droite. Comme on pouvait s'y attendre dans un pays qui — et non sans raison — se méfiait de la gauche, cette « stratégie de la tension » eut pour seul résultat de faire pencher l'opinion publique vers la gauche. Jusqu'à la mort de Feltrinelli, rien ne pouvait suggérer qu'à gauche tout n'allait pas non plus pour le mieux dans le meilleur des mondes.

Encore plus à gauche que l'extrême gauche que l'on connaissait déjà en Italie, on s'aperçut qu'il y avait d'étranges bas-fonds, où d'anciens communistes, communistes orthodoxes, anarchistes, maoïstes, trotskistes et marxistes-léninistes de tout acabit célébraient le culte de la terreur avec des fascistes et d'anciens fascistes, des prolétariens de toute espèce et de vulgaires crapules. On n'en finissait pas de les dénombrer : les Brigades Rouges à Milan, le Groupe du 22 octobre à Gênes, le Cercle anarchiste du 22 mars à Rome, la Justice prolétarienne à Padoue, le F.A.R.O.-M.L. (Front d'action révolutionnaire ouvrier-marxiste-léniniste) à Turin et à Rome. Le plus actif et celui qui faisait le plus de bruit était le Groupe d'action prolétarienne, G.A.P. préparant « la lutte armée contre les patrons... et contre les cochons de fascistes [17] ».

Implantés à Milan, Turin, Trente et Gênes, les membres du G.A.P. étaient armés jusqu'aux dents, maintenus en forme par un camarade médecin qui leur prescrivait un régime spartiate et de longues marches au pas accéléré ; entraînés dans des camps des lointains Apennins par d'ex-partisans et des instructeurs allemands, en s'inspirant des exercices et des instructions du mini-manuel de Carlos Marighella ; et formés à jeter des bombes, à rançonner et à voler, à kidnapper, à dynamiter et à assassiner, soit dans un but d'expiation, soit simplement à titre d'exercice et de formation. Tel était le groupe de Feltrinelli.

Personne n'aurait pu s'imaginer que ce dernier ait eu un groupe à lui, jusqu'à ce que le semi-clandestin Pouvoir ouvrier (Potere Operaio, plus familièrement Potop) l'ait annoncé. Dix jours après la mort de Feltrinelli, son journal également appelé *Potere Operaio* et subventionné par lui comme on devait l'apprendre plus tard) déclara fièrement qu'il avait bien trahi la classe à laquelle il appartenait. Il était « Oswaldo », un « communiste militant » avec le grade de commandant de colonne au G.A.P. auquel il s'était adapté « comme la peau à la chair ». « Un révolutionnaire tombé au combat », titra *Potop* en noir. Ce fut la seule voix radicale à le dire en Italie, à l'époque, et pendant longtemps encore [18].

Sept ans plus tard, quand l'actualité terroriste ébranla si dangereusement l'Italie, les démocrates quelque peu désillusionnés regrettèrent qu'un pays entier ait ainsi fermé les yeux sur la vérité. « Quelques heures à peine après la mort de Feltrinelli, l'intelligentsia démocrate-progressiste et toute la gauche se livrèrent à une opération destinée à dénaturer complètement les faits, retardant ainsi notre découverte de la vérité », écrit le démocrate-progressiste *Espresso* en 1979. « Au cours de ces années-là, nous autres journalistes ne comprenions rien à la gauche armée », ajoutait le célèbre journaliste socialiste Giorgio Bocca.

« Quand ces incroyables maisons-fortes du G.A.P. furent découvertes avec tous leurs fusils, cela nous parut plutôt comique. Et pourtant, c'était la pure vérité : ces maisons fortes existaient bien, les fusils aussi, et le jeu tragique de Giangiacomo Feltrinelli, lui non plus, n'était pas le fruit de l'imagination. »

Jusqu'au jour de sa mort, Feltrinelli n'était jamais parvenu à convaincre ses amis ou ses compatriotes de le prendre au sérieux, ni à les persuader qu'il était un vrai professionnel. Ardent, oui vraiment ; la chaleur de son dévouement à la cause avait précipité les battements de bien des cœurs dans les salons élégants aux quatre coins du continent ; Rolls et Bentley avaient amené à son enterrement nombre de ses camarades, traîtres comme lui à leur classe. En dépit du succès spectaculaire remporté par des livres comme le *Docteur Jivago,* les comptes de sa maison d'édition étaient toujours déficitaires, et cela parce qu'il s'obstinait à publier tant de tracts explosifs rigoureusement invendables.

En Italie, il fut le premier à publier le mini-manuel de Marighella en italien et le premier en Italie à publier une méthode simple pour fabriquer un cocktail Molotov. Il avait été longtemps le papa gâteau de groupuscules d'extrême gauche qui le traitaient comme on traite un vrai papa gâteau. Il avait un culte pour Fidel Castro et Che Guevara, aimait les slogans (comme « Dans chaque coin d'Italie, un Vietnam ») et, vers la fin de sa vie, avait adopté le genre de costume des Tupamaros. Cet habillement, joint à son regard grave de myope et à sa grosse moustache en brosse, était tout ce qu'il fallait pour faire de lui un personnage de bande dessinée. Pour l'Italien moyen, c'était un millionnaire de gauche, tant soit peu cinglé, et rien de plus.

Et pourtant, en dépit de l'état de confusion où il était, Feltrinelli pouvait se permettre de vivre ses phantasmes avec une si extraordinaire désinvolture qu'une grande partie d'entre eux vint à se réaliser. Certes, la fortune qu'il dilapida ne put jamais lui procurer la place qu'il rêvait d'occuper dans l'Histoire ; tout l'argent du monde n'aurait pu faire de lui un Fidel Castro. Mais il se glissa entre les pages de l'Histoire comme un Tolstoï aurait pu l'y placer : un homme plutôt ordinaire qui, au moment voulu et dans l'environnement voulu, était de par sa fortune et ses illusions en mesure d'agir, sans bien s'en rendre compte, sur le cours des grands événements.

Et c'est ce qui arriva. Il fut un personnage risible, une « vache à lait », comme le dit de lui un camarade peu charitable, mais néanmoins le premier à établir en Europe un réseau terroriste pleinement opérationnel, le premier à lui faire franchir les frontières nationales, le premier à planter le décor et à fournir les accessoires nécessaires à la brillante compagnie de tueurs internationaux qui allaient bientôt faire une entrée fracassante sur la scène mondiale.

On aurait eu du mal à trouver un personnage plus mal fait pour ce rôle. Le « Giangi » que connaissaient sa famille et ses amis n'avait rien d'un guerrier intrépide. Né dans une des grandes familles du pays et disposant d'un compte en banque illimité, condamné à une jeunesse frigorifiée passée sous la férule d'une succession de gouvernantes teutonnes et toujours à portée du regard glacial de sa mère, sexuellement impuissant, intelligent mais dépourvu de dons réels, mû de toute évidence par un complexe de culpabilité social de Dieu sait quelles furieuses répressions personnelles, il était, pour reprendre les termes de Leonardo Sciascia, « très habile, très cyclique, très désarmé ».

Dès sa naissance, en 1926, on l'avait condamné à vivre dans la solitude et à se soumettre aux lois de l'étiquette. Les Feltrinelli avec leurs immenses réserves de bois dans l'Europe de l'Est, leurs vastes ranches et leur bétail au Brésil, leurs énormes avoirs bancaires, industriels et immobiliers (à Milan en particulier), vivaient sur un grand pied. L'écrivain Luigi Barzini Jr, qui avait épousé la mère de Giangi, Giannalisa, après son veuvage et demeura quelques années son mari, a décrit son propre malaise dans « une grande maison remplie de domestiques, réglée et menée comme une véritable petite cour ».

« Au cours des premières années de sa vie, Giangi fut toujours maintenu éloigné des autres enfants de son âge comme autrefois un prince de sang royal », écrivit, après Segrate, Barzini dans *Encounter*[19]. « C'est moi qui, à Milan, l'ai fait envoyer pour la première fois dans une école publique, le plongeant au milieu de garçons de toutes classes et de tous niveaux culturels. Il attrapait tout le temps des rhumes.

« De sa jeunesse solitaire et soumise à une aussi stricte discipline, il gardait une curieuse incapacité à supporter toute forme de contrôle, à opérer des distinctions entre les gens ou à se conduire comme si les autres étaient ses égaux. Il était déférent envers ses supérieurs et insolent vis-à-vis des inférieurs, rarement courtois et de plain-pied avec ses égaux. A la fin de sa vie, il préférait toujours la compagnie des illettrés, des fanatiques et de ceux qui d'une manière ou de l'autre dépendaient de lui.

« Durant son adolescence, poursuit Barzini, Giangi était un ardent fasciste. Il portait l'uniforme des *avanguardistes* à cheval et couvrait les murs de la maison d'affiches chantant les louanges du *Duce*. S'il m'avait pris en train d'écouter une radio étrangère, je suis certain qu'il m'aurait dénoncé sans hésitation ; aussi, quand les émissions commençaient, sa mère et moi nous nous enfermions dans une petite pièce éloignée.

« Plus tard, un jardinier le convertit au culte de la Révolution et il embrassa sa nouvelle foi avec le même fanatisme aveugle. Ce que le jardinier lui fit découvrir ne fut sûrement ni le marxisme, ni le léninisme mais un socialisme utopique qui l'enthousiasma et qui, lorsque la situation révolutionnaire le permettrait, amènerait d'authentiques bains de sang — purges politiques et meurtres rapides — semblables à ceux que Giangi avait trouvés si beaux, et dont il avait rêvé quand il portait la chemise noire. Il était difficile pour moi, un être de raison, de savoir comment faire face à ce genre d'apocalypse romantique. »

Il paraît impossible de discerner dans quelle mesure les déformations émotives de Feltrinelli le menèrent à la violence politique, fût-elle noire ou rouge. A cet égard, ses difficultés n'étaient que trop évidentes. Orphelin de père, élevé par une mère dominatrice, vivant dans une solitude insupportable et avide d'affection, il était de plus né avec un pénis ratatiné. Tout l'argent des Feltrinelli ne pouvait lui procurer les plaisirs sexuels dont jouissaient son beau-père ou son jardinier. En dépit de ses quatre mariages successifs, sa folie de frustration ne cessa d'augmenter. Sa première femme était une prolétarienne austère nommée Bianca delle Nogare, la seconde une jeune communiste militante du nom d'Alessandra de Stefani, la troisième une jolie Allemande radicale — Inge Schoental (qui lui donna son seul fils et qui dirige encore la maison d'édition), enfin une Allemande quelque peu écervelée, un modèle du nom de Sibilla Melega. Les deux premières demandèrent le divorce pour non-consommation du mariage. Les deux autres ne veulent pas aborder la question et on ne saurait le leur reprocher. Mais quand il mettait un disque de musique militaire ou de canonnades, il paraissait possible d'en déduire quelle était sa vie sexuelle.

Et pourtant ses idées politiques ne dérivaient pas uniquement de son état de tension ou de sa névrose. « C'est seulement plus tard que j'ai compris comment immédiatement après la guerre un garçon comme Giangi avait pu céder à l'attraction d'un parti prolétarien d'extrême gauche », écrit Barzani. « Il n'était pas seul. Il y en eut beaucoup d'autres. Certains d'entre eux avaient peut-être fait un choix délibéré, d'autres y trouvaient des consolations à l'écroulement de leurs rêves juvéniles de victoire italienne, d'autres encore étaient en rébellion contre l'atmosphère suffocante qui régnait dans leurs familles, effrayés du nom qu'ils portaient et du terrible fardeau qu'impose la fortune. »

Le beau-père du jeune Giangi parvint à l'empêcher de s'enrôler chez les partisans quand les armées alliées envahirent la péninsule en 1944. Mais il s'engagea dans l'Armée italienne de libération et fit une belle guerre.

Si l'on en croit les différents rapports (à l'exception d'un seul), il s'inscrivit au parti socialiste en 1946 puis passa chez les communistes en 1948. Mais si l'on croit son journal *Potere Operaio,* dès 1942 il travaillait dans la clandestinité pour les communistes, ne s'inscrivant au parti socialiste que pour y être « agent du service secret du parti communiste [20]. » Cet intéressant petit détail fait plus qu'éclairer les premiers pas de Feltrinelli dans le monde des conspirateurs. Il montre aussi quand et comment il rencontra l'ami de toute sa vie, un communiste d'un genre très particulier, Pietro Secchia.

Secchia était l'un des chefs de la résistance partisane ; après la guerre, il avait dirigé toute l'organisation parallèle des communistes, y compris leur service secret et leur force armée : en réalité un parti armé au sein même du parti. Il chargea son ami milliardaire de plusieurs missions à l'étranger. Dès 1950, une circulaire de la police italienne faisait connaître que Feltrinelli se rendait à Prague, porteur « d'importants documents concernant l'espionnage militaire [21] ».

En tant que membre du parti communiste, payant des impôts estimés à 20 000 dollars par an et circulant dans une petite Cadillac bleue, Feltrinelli ne pouvait pas manquer d'attirer l'attention. On lui demanda de traiter un certain nombre d'affaires strictement financières du parti, ce qu'il fit fort bien. On l'orienta également sur l'organisation d'une fondation qui porte son nom — le meilleur centre de documentation d'Europe sur les mouvements ouvriers — et de là sur l'édition.

Il n'était pas le plus aimable des éditeurs et avait tendance à traiter les auteurs avec insolence et mépris. (Le brillant romancier Giorgio Bassani, un des directeurs de la maison d'édition, fut renvoyé « comme un domestique pris en faute », écrit Barzani, après que Feltrinelli eut forcé les tiroirs de son bureau et lu ses lettres privées.) Et pourtant, c'était un courageux innovateur, qui ouvrait les portes de sa jeune maison d'édition aux nouveaux auteurs de la gauche et leur donnait accès à la Foire annuelle du livre, à Francfort. En 1957, il publia le *Docteur Jivago* de Boris Pasternak après avoir fait lui-même le voyage de Moscou pour voir l'auteur et acheter les droits. Le livre fit sensation dans le monde littéraire, mais les Russes furent furieux et mirent du coup un terme à la carrière de Feltrinelli en tant que membre du parti communiste orthodoxe. Il en démissionna avec éclat, disant à Ralph Chapman, du *Herald Tribune* : « Le parti communiste italien m'a vivement déçu. »

Mais il n'avait pas perdu son temps pour autant. Guidé par son protecteur et conseiller Pietro Secchia, il s'était rapidement faufilé à travers le parti, jusque dans les rangs d'un petit groupe communiste clandestin qui s'intitulait le *Volante Rosso* ou *Peloton volant rouge*. Complètement distinct de la milice secrète du parti que Secchia était censé garder en réserve pour les cas d'urgence, le *Volante Rosso* avait été créé par les partisans combattants qui refusaient d'accepter la collaboration d'après-guerre du parti avec un Etat capitaliste. De 1945 à 1949, ils entreprirent de mener une lutte à l'intérieur du parti contre les illusions constitutionnelles de ses chefs. Après avoir commencé par tuer des ex-fascistes de haut rang et de gros propriétaires terriens, ils se livrèrent à de sinistres manœuvres d'intimidation dans les usines, procédant à des « appropriations prolétariennes » (hold-up bancaires) et au meurtre de camarades communistes dont le zèle bolchevique leur paraissait insuffisant. Ils étaient en fait les précurseurs des Brigades Rouges qui, vingt ans plus tard, allaient rendre la vie impossible au parti communiste ; et ils remplissaient de terreur Palmiro Togliatti, leur secrétaire général de l'époque.

Finalement, ce dernier les envoya en Tchécoslovaquie, où un régime communiste de parfaite obédience stalinienne venait d'être établi (en 1948). C'est là que, vingt ans plus tard, Feltrinelli rendit de fréquentes visites à ses vieux amis du *Volante Rosso*. Il entrait dans le pays soit sous son nom véritable, soit avec un faux passeport au nom de Giancarlo Scotti, se conduisant comme s'il était chez lui. De fait, dès 1971, il avait ouvert sa propre pension de famille près de Prague, où il offrait l'hospitalité à des « amis du monde entier » dont — incidemment — la plupart étaient des fugitifs [22]. Cela se passait trois ans après l'occupation russe, et le K.G.B. n'a pas pour habitude de laisser qui que ce soit inviter des camarades du monde entier sans en avoir été informé et sans avoir donné son accord préalable.

Longtemps, on ne comprit pas qu'un renégat bien connu du parti communiste comme Feltrinelli pût avoir eu des accords avec les services secrets russes à Prague, qu'il ait obtenu l'autorisation, dans un pays placé sous la domination stalinienne la plus rigide, d'avoir pour invités des fugitifs venant d'Italie ainsi que d'autres pays de l'Ouest. En fait, c'est seulement depuis 1980 qu'on commence à comprendre ce qui s'est passé.

L'explication fut donnée par le général Jan Sejna, conseiller militaire communiste tchèque, qui, ayant demandé l'asile politique aux Etats-Unis en 1968, donna une interview à Michaël

Ledeen, de l'Institut d'études stratégiques de Georgetown[23]. Selon lui, en 1964, non seulement les Soviets avaient décidé d'accroître leur budget de financement du terrorisme à l'étranger, mais organisaient des camps d'entraînement pour débutants du K.G.B. à Karlovy-Vary, et une école militaire spéciale des Soviets (G.R.U.) dans un camp de parachutistes à une cinquantaine de kilomètres de Karlovy-Vary au milieu d'une immense forêt de cinq cents hectares à Doupov — où étaient entraînés les principaux terroristes étrangers d'Europe et du tiers monde. Le Tchèque responsable du camp Doupov était le collègue du général Sejna, le colonel Burda, représentant les services de sécurité de son pays (le S.T.B.) au sein du bureau politique du parti communiste tchèque. Le général Sejna avait fourni les noms de treize Italiens admis entre 1964 et 1968 à l'une ou l'autre de ces écoles[24]. Feltrinelli lui-même avait suivi deux séries de cours à Karlovy-Vary et un au camp G.R.U. de Doupov où il avait appris le sabotage, le maniement des armes, les télécommunications et la tactique des guérillas urbaines. Trop impulsif et trop nerveux pour que l'on pût lui faire confiance, il était considéré par ses instructeurs tchèques comme « difficile à contrôler ». L'histoire de sa vie pourrait se résumer en ces trois mots.

Si l'on en croit le général Sejna, le K.G.B. n'était pas disposé à confier aux chefs du parti italien la responsabilité de problèmes aussi délicats que ceux que posait la mise en place d'une politique communiste « alternative ». Les Italiens choisis pour être admis dans les centres d'entraînement tchèques figuraient sur une liste d' « éligibles » choisis parmi les collaborateurs du *Potere Operaio* et les camarades radicaux de *Lotta Continua* (Combat permanent), établie par les communistes italiens « dignes de confiance » désignés par Moscou. Le nom de Pietro Secchia saute à l'esprit.

Que seraient devenus Secchia et son parti armé à l'intérieur du parti ? Ceci est une autre histoire que les Italiens ne connaîtront peut-être jamais. Jusqu'à sa mort mystérieuse (empoisonné — du moins c'est ce qu'il dit en mourant), il demeura un symbole d'activisme révolutionnaire au sein du parti communiste italien[25]. Critique virulent de ses camarades plus soumis au commandement du parti, il resta néanmoins jusqu'au bout au sommet de la hiérarchie. Il demeura aussi dans les bonnes grâces du Kremlin, et cela bien que la révolution à laquelle il se soit refusé de renoncer ait été récusée par Staline en personne. C'est également Staline d'ailleurs qui avait imposé cette renonciation à tout le parti italien après que Churchill et Roosevelt eurent laissé l'Italie du mauvais côté de la ligne de Yalta (en d'autres termes le côté du capitalisme occidental). Et, cependant, jusqu'à la mort de Staline en 1952, personne à Moscou, et qui plus est à Rome, n'obligea Secchia à licencier l'armée secrète du parti italien. Certains assurent qu'elle continua d'exister jusqu'à la mort de Secchia.

Assurément, l'intérêt que prenait Secchia à ce genre de formations ne s'émoussa jamais. Il restait en rapport avec les anciens de *Volante Rosso* et s'opposa même à ce que la rupture fracassante de Feltrinelli avec le parti mît fin à une intimité qui devait durer trente ans. Quand l'éditeur mourut, Secchia fut non seulement douloureusement affecté mais complètement désemparé. A peine avait-il appris la nouvelle qu'il envoya ses hommes de confiance sur les lieux de la tragédie : afin de vérifier pour son compte « l'incroyable hypothèse selon laquelle Feltrinelli était un terroriste » et pour récupérer la correspondance apparemment explosive qu'il avait confiée à la garde de son ami.

Et pourtant ce n'est pas forcément Secchia qui, après l'enterrement, envoya quelqu'un forcer et piller la maison de Feltrinelli à Villadeati, dans le Piémont. L'initiative a fort bien pu venir d'ailleurs. Les funérailles n'avaient pas encore eu lieu que déjà les Brigades Rouges envoyaient des messages en Suisse pour vider le coffre que Feltrinelli y possédait [26]. Les Services secrets d'au moins une douzaine de pays étaient également désireux de mettre la main sur ces papiers, entre autres les Israéliens, les Allemands de l'Ouest, les Suisses, les Français, les Boliviens, les Américains, sans compter ses compatriotes italiens. Ou même l'O.T.A.N. dont le service secret se réunit d'urgence. De son côté, l'ambassade soviétique à Rome était évidemment dans un grand état d'agitation.

Ce même printemps, le S.I.D. — le Service de contre-espionnage italien — exigea l'expulsion immédiate de vingt agents soviétiques accrédités auprès de l'ambassade « en raison de leur collusion avec Feltrinelli ainsi qu'avec les mouvements subversifs qui gravitaient autour de lui [27] ». Pour des raisons qui ne furent jamais éclaircies, le Premier ministre Andreotti mit son veto à la demande.

Il n'y a aucun moyen de savoir exactement ce que fit Feltrinelli pour mériter une telle attention. Mais la piste commence à Cuba.

C'est en 1964 qu'il se rendit pour la première fois à La Havane et qu'eut lieu le coup de foudre. Cinq ans à peine s'étaient écoulés depuis que Castro avait gagné sa guerre de guérilla ; c'était la première fois qu'un triomphe aussi spectaculaire avait été remporté au pays de la doctrine de Monroe et du dollar tout-puissant. Pour Castro, c'était la Grande Epoque. La merveilleuse histoire de sa révolution était encore toute chaude. Les Russes ne savaient pas encore ce qu'il fallait en penser. Le vaillant Che Guevara était encore à ses côtés. Les intellectuels accouraient de toutes parts, pour assister au déroulement d'un des plus fascinants chapitres de l'histoire du communisme. Ayant parlé pendant des heures avec un chef communiste qui incarnait point par point sa conception du héros révolutionnaire, Feltrinelli revint en Italie, dévoué corps et âme à Fidel Castro.

Il retourna maintes fois à La Havane, pour quelques jours, quelques semaines, ou quelques mois. Il y alla d'abord en tant qu'éditeur. Ayant payé à Castro une avance de 20 000 dollars pour son autobiographie, il ne cessait de lui demander où elle en était — jusqu'à ce qu'il comprît qu'il n'avait aucun espoir de l'obtenir jamais. Castro, qui se disait « trop occupé à faire la révolution pour en parler », consacra l'argent de Feltrinelli à l'achat d'un gros taureau reproducteur appelé Rosafé[28].

A partir de 1966 cependant, Castro et Cuba étaient devenus pour l'éditeur plus qu'une distraction romantique. La Conférence tricontinentale venait de s'ouvrir, Feltrinelli s'y trouvait naturellement, rencontrant les protagonistes les plus éminents de la prochaine décennie.

De retour en Italie, l'on peut dire, sans exagération, qu'il alluma un véritable foyer de prose révolutionnaire. Un réseau des librairies Feltrinelli à Rome, Florence, Bologne, Milan, diffusait l'édition italienne de la *Revue Tricontinentale*; publiée à La Havane, c'était la première antenne officielle de Castro sur le continent européen, qui proposait entre autres, en 1969, le texte intégral du mini-manuel de Marighella en italien et en français. Pêle-mêle à l'étalage se trouvaient le propre journal de Feltrinelli, *La Sinistra* (la gauche), ainsi que des douzaines de prospectus pour ceux « qui veulent faire une révolution et pas seulement en parler ».

Feuilletant cette littérature, toute une génération, déjà en train de glisser vers l'énorme mouvement de contestation qui allait éclater deux ans plus tard, pouvait s'initier non seulement aux ouvrages de Guevara, de Mao et de Marcuse, mais aux beautés du bricolage : comment faire soi-même des grenades à main primitives (papier collant, boîtes de fer-blanc, morceaux de métal, poudre noire) ; comment construire un lance-grenades avec un fusil de chasse (recommandé par Guevara pour tirer du haut des balcons, des terrasses et lancer des cours intérieures dans les batailles de rues) ; comment passer un policier à tabac, « comment peindre votre flic en jaune » au moyen de bombes de colorant. Car tout cela, comme par hasard, se trouvait en vente dans les librairies Feltrinelli en 1966[29].

Les jeunes excités assiégeaient les boutiques ; mais quand vint le jour de la confrontation ce n'est rien moins que de la gratitude qu'ils manifestèrent à l'égard de Feltrinelli.

En mai 1968, quand les universités furent occupées par des bandes d'étudiants fanatisés, tandis que des bannières rouges de dix mètres de long flottaient au vent, que des affiches maoïstes couvraient les murs, Feltrinelli fit un discours à l'université de Rome. Au milieu d'un tollé général, parmi les cris, les sifflets, les huées, les étudiants réclamèrent qu'un pourcentage leur soit versé sur ce qu'ils avaient acheté dans le circuit.

— Hé, Feltrinelli au lieu de parler donne-nous donc 1 million de lires !

— Aach, Feltriné, envoie-z-en deux !

— Trois.

— On en veut quatre.

— Eh ! C'est nous qui l'avons gagné ! Ça en vaut dix [30] !

En un sens, il ne l'avait pas volé. Il passait alors pour un éditeur à la mode, ravi des vagues d'indignation qu'il soulevait dans la bourgeoisie, mais ne dédaignant pas pour autant de voir sa photographie publiée dans *Vogue,* présentant la dernière mode des manteaux de fourrure pour hommes (manteau croisé, en astrakan, de coupe militaire, avec bonnet russe assorti). « Je ne suis pas un *commendatore.* Je n'ai pas besoin du bruit des hydroglisseurs pour être heureux », disait-il, mais il avait encore des yachts et, à tous égards, menait toujours le train d'un milliardaire : voitures aux carrosseries spéciales, bureau jaune meublé de fauteuils très van der Rohe, magnifique villa sur le lac de Garde dominant de somptueux jardins et près d'un kilomètre de plage privée, résidence dans le Piémont pour les week-ends, pavillon de chasse dans les montagnes de Carinthie, en Autriche, pour les sports d'hiver. Et malgré tout il était à mille lieues en avant des naïfs étudiants *contestatori* qui le conspuaient.

En janvier de la même année, Feltrinelli avait publié un article intitulé : « Italie 1968. L'action politique des guérillas [31]. » Réservé à quelques cellules choisies du parti communiste au petit mais très snob club des intellectuels de gauche — le San Saba —, c'était en vérité le premier appel public à une force de combat communiste. Et ce ne serait pas avant quelques années qu'il serait rattrapé par les Brigades Rouges italiennes, la fraction de l'Armée Rouge allemande, l'E.T.A. basque ou les mouvements clandestins turc et iranien.

Il est d'une « nécessité impérieuse, disait-il, non seulement d'organiser la terreur, mais de se livrer à une provocation intensive qui va révéler la nature réactionnaire de l'Etat ». Le devoir de la guérilla était de « violer ouvertement la loi, de provoquer et d'insulter de toutes les manières les institutions et l'ordre public.

Puis, quand cette action aurait obligé l'Etat à faire intervenir la police et la justice, il serait facile d'attaquer la dureté de son orientation répressive et dictatoriale ». Carlos Marighella, dont les propres idées n'avaient pas encore été livrées à l'imprimeur, n'aurait sans doute pas été plus clair.

Il se montra également un précurseur quand il poussa les « militants communistes » à travailler avec quiconque tenterait d'ébranler l'Etat, les minorités ethniques et régionales et jusqu'aux terroristes de droite. Ce qui signifiait accepter leurs méthodes, « frapper à l'aveuglette les voyageurs dans les trains », etc.

Comme s'ils avaient voulu s'attribuer ces prophéties, les terroristes de droite commencèrent, un an plus tard, à faire exactement cela, envoyant des bombes dans les banques aux heures de pointe, dans les réunions en plein air et finalement sur l'*Italicus Express,* le *Mistral* italien. Cependant, Feltrinelli avait écrit une suite à son livre, expliquant combien pouvait être utile cette violence gratuite, obligeant le pouvoir à effectuer « un tournant autoritaire à droite... et ouvrant ainsi une phase plus avancée de la lutte [32] ». L' « intervention brutale des forces répressives, disait-il, mettrait un terme aux espérances tenaces de ceux qui pensent qu'une révolution socialiste est possible sans recours aux armes ». La possibilité d'un coup d'Etat de droite en Italie était devenue chez lui une « obsession délirante », écrivit le juge Guido Viola, désigné pour enquêter sur la mort de Feltrinelli. Il l'attendait, la désirait, l'appelait presque, certain qu'une « guérilla de la résistance » la suivrait immédiatement [33].

Mais Feltrinelli travaillait à quelque chose de plus surprenant qu'un simple coup d'Etat de la droite italienne.

Peu après la Conférence tricontinentale, il se faufila dans des cercles internationaux d'une nature assez particulière. En 1967, il avait été voir l'implacable nationaliste palestinien, Georges Habash à Beyrouth et avait réussi à le convaincre « de devenir international [34] ». C'est avec l'argent de Feltrinelli que Habash envoya son premier commando en Europe de l'Ouest (1968), levant ainsi dramatiquement le rideau sur l'ère de la terreur internationale. Il avait également parlé de l'avenir avec Rudi Dutschke, chef des étudiants de la nouvelle gauche de l'Allemagne de l'Ouest. « Feltrinelli vint me voir en 1967 et me dit qu'il était prêt à m'aider financièrement », révéla Dutschke douze ans plus tard. « Nous avons parlé des combats à engager, des problèmes d'organisation et nous lui avons demandé une aide matérielle afin d'établir d'utiles contacts internationaux [35]. » Il avait également commencé à faire des projets avec Horst Mahler qui allait sous peu créer la fraction ouest-allemande de l'Armée Rouge, laquelle, à son tour, allait partir s'entraîner dans les camps de guérilla palestiniens du Moyen-Orient. Pendant l'été de 1967, Ulrike Meinhof et son mari Klaus Reiner Rohl étaient venus faire un séjour idyllique de quelques jours à Villadeati. Là, « dans un château de milliardaire, fourmillant de cuisiniers, de chauffeurs et de domestiques fidèles, écrivit plus tard Rohl, nous fûmes gorgés de caviar et de champagne millésimé pendant qu'Ulrike et Giangi discutaient révisionnisme et révolution. C'étaient des âmes sœurs, dit Rohl, et les exhortations de Feltrinelli ne contribuèrent pas peu à pousser Ulrike à s'engager de manière à la fois finale et fatale sur la voie du terrorisme [36] ».

A peine son mari et elle-même avaient-ils quitté Villadeati pour Hambourg, voyageant en Rolls Royce et en avion privé, que Feltrinelli partit pour Cuba [37]. Après une semaine stimulante au cours de laquelle il visita l'île sous la conduite de Fidel Castro, Feltrinelli s'envola pour la Bolivie. De là, si l'on en croit sa quatrième femme Sibilla Melega qui se trouvait également là, il télégraphia à son bureau de New York de lui envoyer « une somme exorbitante [38] ». L'argent était peut-être destiné à Che Guevara, empêtré dans les Andes de Bolivie au milieu d'une bande bigarrée de guérilleros entraînée et équipée à Cuba (cinquante Cubains, quinze autres Sud-Américains, quinze Boliviens). Mais il n'est pas certain que Feltrinelli se soit rendu en Bolivie pour aider Guevara. Non seulement le côté picaresque de la guerre toute artisanale que menait Guevara était un poids mort pour Castro, mais ses sentiments antisoviétiques commençaient à exaspérer les Russes. (Il fut en fait livré à la police par un célèbre agent soviétique du nom de Tania Bunke.) Après une semaine de conversations avec Castro, Feltrinelli l'aurait certainement compris.

Peut-être était-il simplement allé rendre visite à Régis Debray, le meilleur ami français de Guevara, qui se trouvait à l'époque dans une prison bolivienne. Mais ce n'est pas l'avis de Sibilla Melega, et il devait y avoir eu quelque chose de plus sérieux pour que Feltrinelli passe lui-même deux jours en prison, deux jours durant lesquels il fut soumis à un interrogatoire du chef même de la sécurité bolivienne, Roberto Quintanilla.

C'est en fait ce même homme qui fit prisonnier et tua Guevara au cours du mois de novembre. Et c'est avec le Colt Cobra Spécial de Feltrinelli que Quintanilla fut tué quatre ans plus tard alors qu'il était consul de Bolivie à Hambourg [39]. Le coup fut tiré par une terroriste allemande du nom de Monika Hertl. Mais *Potere Operaio* révéla plus tard que c'était le G.A.P. clandestin de Feltrinelli qui avait décidé la mort du Bolivien ; et que Feltrinelli avait lui-même organisé l'exécution. Ce meurtre marqua le début d'une collaboration terroriste italo-allemande à la fois amicale et efficace[40].

Dans son opuscule « Mes prisons », Feltrinelli décrit en détails son séjour dans une prison bolivienne. Une seule chose n'est pas mentionnée : le motif de son incarcération. On n'en saura peut-être jamais la raison. Mais tout porte à croire qu'il était plongé jusqu'au cou dans ses conspirations révolutionnaires quand commença l'année du Grand Non.

Personne ne pourrait prétendre que Feltrinelli ait eu assez de cervelle pour devenir un des véritables initiateurs des événements extraordinaires de 1968 : « Une tête, c'est précisément ce qui lui manquait », faisait remarquer non sans impertinence l'éditeur-historien Indro Montanelli qui connaissait Feltrinelli depuis toujours. Mais il avait d'autres qualités.

Chacun des pays pris dans le mouvement insurrectionnel de 1968 avait son groupe de jeunes marxistes impatients de passer de la rébellion improvisée à la révolution armée. Mais ils ne possédaient ni armes, ni argent, ni préparation politique, ce que, précisément, avait Feltrinelli ou qu'il était en mesure de leur procurer.

Il était prêt. En janvier 1968, il s'était de nouveau rendu à Cuba pour le Congrès culturel international de Castro. De son luxueux appartement à l'hôtel *Habana*, il était venu prononcer devant les délégués un discours incompréhensible en espagnol. « J'ai cru comprendre », dit Enrico Filippini, un éditeur qu'il avait emmené avec lui de Milan, « qu'il voulait annoncer aux Cubains que son rôle d'éditeur était terminé et qu'il se considérait désormais comme un combattant anti-impérialiste »[41].

Deux mois plus tard, en Allemagne de l'Ouest, il proposait à Rudi Dutschke de faire sauter à Hambourg un bateau américain qui chargeait des approvisionnements pour le Vietnam ; et pour ce faire, il amena avec lui une valise d'explosifs. Dutschke refusa platement, déclarant qu'il « n'utiliserait la violence que contre les choses, jamais contre les hommes »[42].

A Berlin, le 1er mai de cette même année, entouré de Ulrike Meinhof et Horst Mahler, Feltrinelli fit un discours enflammé en faveur de la violence armée. Il y avait à peine un mois que l'on avait tiré sur Rudi Dutschke et qu'Andreas Baader avait incendié ce grand magasin de Francfort. Feltrinelli fut follement applaudi. De là, il partit directement pour Paris afin de se joindre aux étudiants qui, du haut de leurs barricades, tentaient de renverser la Ve République et de Gaulle. Il fut promptement expulsé de France. Furent expulsés du pays presque en même temps que lui cent quinze autres étrangers accusés de s'être infiltrés parmi les étudiants pendant les événements de mai. Trois diplomates cubains étaient si gravement compromis qu'ils furent rappelés en toute hâte à La Havane. « Bien qu'embarrassant pour lui, cet incident n'empêcha pas Castro de faire venir l'été suivant deux mille étudiants français à Cuba pour une session de travail et d'études », en même temps que dix mille autres de différents pays de l'Europe de l'Ouest [43].

En même temps qu'ils expulsaient Giangi, les autorités françaises avertirent sa famille qu'il risquait de s'attirer de sérieux ennuis, s'il continuait à recruter de jeunes Français et Italiens pour les envoyer dans les camps d'entraînement des guérillas de Habash au Moyen-Orient. Clairement, Feltrinelli était dès alors en rapports étroits avec celui qui allait bientôt devenir le chef le plus intraitable du Front palestinien du refus. Vers la fin de 1968, Feltrinelli prit des mesures exceptionnelles pour cimenter cette amitié. Il emprunta 1 million de dollars à un financier italien du nom de Giuseppe Pasquale, officiellement pour produire certains films, en fait pour acheter un chargement d'armes pour Habash à Beyrouth. Les Israéliens ayant intercepté le bateau et saisi le chargement, Feltrinelli déclara finalement à Pasquale qu'il ne voulait (ou ne pouvait) pas lui rembourser l'argent, et Pasquale fit faillite [44].

C'est au cours de la même année qu'il ouvrit sous le nom de Robinson Crusoé son fameux compte numéroté n° 15385 dans une banque suisse [45]. Une enquête judiciaire ultérieure montra que le compte servait surtout à financer une « centrale » à Zurich, coordonnant les approvisionnements des Sud-Américains, des Palestiniens, des Allemands, des Espagnols, des Français, des Grecs et des Italiens. Plusieurs chèques furent adressés à un terroriste allemand qui enseignait la communication radio aux commandos clandestins G.A.P. de Feltrinelli. Des paiements substantiels furent faits au Mouvement allemand du 2 juin, qui collaborait avec la « Bande à Baader ». Les gens du 2 juin envoyaient leur sémillant Michel Bommi Baumann, le lanceur de bombes à Milan. Il n'avait pas plus tôt franchi le seuil du fameux bureau jaune que Feltrinelli prenait son carnet de chèques et demandait : « Combien ? » [46].

Un mandat important fut adressé en France, pour aider à bâtir un réseau continental. Jean-Edern Hallier, gauchiste français et lui aussi fort riche, m'a parlé des efforts persistants de Feltrinelli « après la Conférence tricontinentale » pour financer un tel réseau. Au début de 1970, Hallier me dit avoir reçu pendant trois jours Feltrinelli, Baader, Curcio (sur le point de former les

Brigades Rouges) ainsi que des dirigeants de la *Gauche prolétarienne* « chez lui à Paris afin de monter une organisation européenne ».

Après 1968, Feltrinelli avait aussi du pain sur la planche en Italie... et du pain qui coûtait cher. Non seulement il entretenait une demi-douzaine de vagues formations trotskistes ou marxistes-léninistes, mais il aidait à financer un réseau de publications de gauche qui avaient des problèmes financiers, ainsi que *Potere Operaio,* toujours à court d'argent — mais qui pendant dix ans s'avéra une source de recrues terroristes véritablement intarissable.

Pendant l'été de 1968, Feltrinelli essaya aussi d'aider à provoquer un soulèvement séparatiste en Sardaigne. Il soumit l'idée à Graziano Mesina, le plus célèbre « multi-meurtrier » et kidnappeur de cette île frappée de misère et infestée de bandits. Il alla jusqu'à lui offrir 100 millions de lires (alors près de 200 000 dollars) pour prendre la tête d'une armée révolutionnaire sarde. L'entrevue fut pittoresque. Feltrinelli arriva dans un élégant costume de tweed, avec toute une suite, distribuant de l'argent aux pauvres le long de la route. Mesina était là incognito et tout ce joli monde s'en alla chasser le *capriola,* le fameux chevreuil sarde. Mais Mesina ne songeait nullement à abandonner ses affaires qui lui donnaient toute satisfaction, pour tenter de créer un hypothétique Cuba en Méditerranée, Feltrinelli repartit déçu [47].

La presse se moqua abondamment de cette escapade en Sardaigne, mais c'est le fantôme de Feltrinelli qui eut le dernier mot. Onze ans après cette expédition dans l'île, un groupe clandestin de séparatistes sardes accueillait à Cagliari vingt et une formations étrangères armées clandestines, du moins c'est ce qu'affirme Ruairi O'Bradaigh, le président du Sinn Fein irlandais (I.R.A.) qui assure avoir assisté à la réunion [48].

Cependant l'éditeur milliardaire travaillait avec des lanceurs de bombes anarchistes, les Individualistes. Au même moment, il essayait de convaincre le semi-clandestin *Potere Operaio* de devenir entièrement clandestin et de s'armer. « Que les têtes tombent ! Quand il s'agit de prendre des risques nous n'avons de leçons à recevoir de personne ! », écrivit-il à Antonio Negri son « gourou idéologique » [49]. Quelqu'un, qui assistait à l'un de ces meetings avec les dirigeants de *Potop* — tous célèbres et tous en prison à l'heure actuelle —, m'a dit que Feltrinelli suggérait : de fournir, par le compte Robinson Crusoé, le premier fonds de roulement de l'organisation clandestine qui l'aiderait à se procurer des armes en Suisse ; d'assurer aux fugitifs un asile en Tchécoslovaquie quand le besoin s'en ferait sentir. Ceci se passait en 1969, un an après l'entrée des troupes soviétiques à Prague.

Cet été-là, Feltrinelli passa un mois entier à Cuba [50]. Sibilla, sa femme, s'inscrivit à un camp de jeunesse, « où l'on travaille aux champs », dit-elle, tandis que de son côté, il avait des entretiens avec les dirigeants cubains. Quelques mois plus tard, il entrait pour toujours dans la clandestinité.

Personne ne l'y avait forcé. Un juge l'avait bien interrogé au sujet d'un alibi, apparemment faux, qu'il avait un jour donné pour venir en aide à des lanceurs de bombes anarchistes, mais aucun mandat d'amener n'avait été lancé. Et cependant il allait quitter Milan le 4 décembre 1969. Il n'y retournerait jamais sous le nom de Giangiacomo Feltrinelli.

Il fit alors de fréquents séjours à La Havane sous les noms de Jacques Matras, Jacques Fisher, Andreas Pisani, Giancarlo Scotti, Vincenzo Maggioni ; et ses deux dernières années dans la clandestinité doivent lui avoir paru les meilleures de sa vie. Deux courtes années qui lui suffirent en effet pour fonder le G.A.P. (1970) ; construire une vingtaine de « maisons fortes » ; réunir un énorme arsenal d'armes ; établir des camps paramilitaires dans les montagnes du Piémont ; créer une série de chaînes pirates de radio ; financer trente attentats à la bombe, à la dynamite et par incendie, contre des usines et des casernes.

En outre, il envoya un jeune Suisse du nom de Bruno Breguet dynamiter le port israélien de Haïfa (pris sur le fait, Breguet est encore en prison là-bas) [51] ; puis une jeune Milanaise et un Chypriote faire sauter l'ambassade des Etats-Unis à Athènes (se servant d'un engin dont le mécanisme était une fois de plus défectueux, ils se firent sauter eux-mêmes) [52]. Mieux, il se débrouilla, bien qu'il fût dans la clandestinité, pour organiser une des premières conférences terroristes internationales : au début d'octobre 1971, dans un collège de jésuites, à Florence ; y assistaient seize groupes clandestins de l'I.R.A. à l'E.T.A., en passant par les trotskistes argentins E.R.P. et les Palestiniens [53].

Cependant, il voyageait sans arrêt. De Milan, en décembre, il s'envola pour Le Caire et de là passa à un camp d'entraînement de guérillas en Jordanie. Après quoi il revint à Milan où la Banque agricole venait d'être l'objet d'un attentat à la bombe par les terroristes noirs, causant dix-sept morts. Le soir du réveillon, l'Agence Reuter signalait sa présence à Prague, et bientôt après, en Corée du Nord où, à l'époque, les Russes avaient leurs camps d'entraînement pour étrangers, les plus importants. Après quoi, il devient difficile de suivre ses mouvements.

Il refit, cependant, au moins quatre fois surface en Tchécoslovaquie (après sa mort, la police trouva sur un faux passeport vingt-deux visas d'entrée en Tchécoslovaquie qui avaient été tamponnés) [54]. Une fois, le 30 mai 1971, il partit pour Prague avec le fugitif italien Augusto Vial, qui « avec d'autres camarades », s'installa pour six mois dans la villa de Feltrinelli [55]. Recherché pour meurtre, à propos de l' « appropriation » d'une banque à Gênes, Vial ne pouvait guère se trouver à Prague sans que la police de sécurité tchèque et le K.G.B. ne fussent au courant. En octobre suivant, Feltrinelli vint le chercher à Prague, le ramena à Milan, et l'inscrivit sur les feuilles de paie du G.A.P.

Entre-temps, Feltrinelli faisait des aller et retour à Zurich, où se trouvait sa « Centrale », il descendait alors dans une série d'hôtels de bas étage. Il se rendit aussi fréquemment au Lichtenstein où se tenait le marché d'armes le plus ouvert d'Europe. Passa plusieurs mois à Paris, travaillant avec un maître faussaire dont nous reparlerons plus tard. Se rendit au Chili, puis encore et encore à Cuba, et une fois, en 1971, de Cuba en Uruguay, où les Tupamaros — qui venaient de terminer leur travail de démolition de la République démocratique — lui réservèrent un accueil chaleureux, lui donnèrent quelques bons conseils et, probablement, son dernier équipement militaire.

Vers la fin, il se conduisait incontestablement de manière bizarre. Un ami, qui le rencontra dans l'express Milan-Rome, dit qu'il le vit s'engouffrer comme un voleur dans le couloir du wagon. Un autre, qui lui proposait de le loger un soir, assure qu'il insista pour coucher sous une tente qu'il planta dans le jardin. Il s'était habitué à ne pas prendre de bain pendant des semaines, pour se durcir les mains et se donner les allures d'un travailleur. Il avait toujours sur lui une arme et portait l'uniforme des Tupamaros. « Si vous n'entendez pas parler de moi pendant quelque temps », dit-il à un collègue éditeur, « et voyez ensuite dans les journaux qu'il a été trouvé un cadavre nu et mutilé près d'un pont, ce sera le mien ». Rien d'étonnant à ce qu'on l'ait trouvé un peu cinglé.

Sans doute Feltrinelli souffrait-il d'un déséquilibre nerveux, sans doute aussi était-il sexuellement insatisfait, suffisant, faible, arrogant, exalté, frustré, imprudent, sensible à la flatterie, sujet à des rêves irrationnels et à de folles ambitions. Il n'en reste pas moins qu'il donna pendant cette décennie un nouveau visage à l'Histoire.

L'assaut farouche du terrorisme qui devait se déchaîner sur l'Europe de l'Ouest ne se déclencha pas vraiment avant qu'un certain nombre de conditions n'eussent été réunies : il fallait que les principaux acteurs se soient contactés, qu'ils aient eu un entraînement élémentaire et disposent d'un minimum d'armes, qu'ils se soient formés au travail de reconnaissance et aux méthodes d'un service de renseignements, qu'ils aient trouvé de l'argent et se soient assurés d'un refuge sûr en cas de besoin. Tout cela, Feltrinelli pouvait le leur procurer. L'entrée des Palestiniens sur le théâtre des opérations de l'Europe de l'Ouest était indispensable au démarrage, et là son appui fut inappréciable. Grâce à leur grande expérience révolutionnaire et tous ces camps d'entraînement des guérillas supervisés par le colonel Kotchergine, les Cubains pouvaient offrir une aide unique ; peu d'hommes auraient pu transmettre leur message comme le fit Feltrinelli.

Rien ne prouve vraiment que Fidel Castro lui ait confié des responsabilités directes ou de délicates missions politiques. C'est seulement par certains propos quelque peu étranges de Feltrinelli que nous pouvons entrevoir la nature de leurs rapports.

« Un soir paisible autour de la cheminée, c'était à La Havane, Fidel parle d'un projet de décret pour rééduquer et supprimer les homosexuels, les prostituées et les souteneurs », écrit Klaus Reiner Roll, rapportant ce que Giangi lui dit à Villadeati. « Feltrinelli, dans un élan de courage, dit : " Fidel, je ne suis pas d'accord avec toi " et Giangi d'exposer aussitôt ses raisons. Tout le monde est saisi de frayeur ; Castro a perdu l'habitude de la contradiction. Mais — oh ! surprise ! — il répond : " Peut-être as-tu raison ". Grâce à quoi les artistes homosexuels purent de nouveau exercer leur métier à Cuba [56]. »

Il n'est pas douteux que Castro raconterait l'histoire autrement, à supposer qu'il la raconte jamais. Et cependant, il est abondamment prouvé qu'il y a eu d'intimes et fréquents contacts entre Castro et cet homme plutôt insignifiant. Tant l'argent et les illusions, à ce moment-là et dans ce cadre, pouvaient puissamment aider à répandre sur le continent européen les principes de la Conférence tricontinentale de La Havane.

Sept ans après sa mort, Feltrinelli reçut, du moins en partie, l'hommage qui lui était dû. Les Brigades Rouges italiennes qui étaient, quand il vivait, une toute petite bande de truands désargentés, conservaient une grosse dette envers leur protecteur milliardaire. A peine était-il disparu qu'ils firent main basse sur son arsenal d'armes, tout le contenu de son coffre-fort en Suisse, une quantité d'argent liquide (dit-on), s'annexant en outre la plupart de ses partisans activistes [57]. Au printemps de 1979, ils eurent l'occasion de le remercier.

Trente Italiens passèrent en jugement dans le soi-disant procès Feltrinelli. La plupart étaient déjà en prison pour d'autres motifs. Menottes aux mains comme eux, se trouvait le fondateur des Brigades Rouges, Renato Curcio, ainsi que le protégé sanglant de Feltrinelli, Augusto Vial. Le procès s'ouvrit sur l'avertissement rituel des Brigades aux juges et au jury : « Nous vous écraserons comme des chiens ! Vous n'en sortirez pas vivants ! » s'écria Curcio. Alors Augusto Vial se leva et lut l'éloge funèbre de leur compagnon disparu.

Ils avaient toujours maintenu que Feltrinelli avait été assassiné par la réaction impérialiste. Mais maintenant ils retiraient ce qu'ils avaient dit. « Oswaldo n'était pas une victime mais un révolutionnaire tombé au champ d'honneur », déclarèrent-ils. Il était mort par suite d'une vulgaire « erreur technique » ; c'est l'allumage qui — une fois encore — n'avait pas fonctionné. « Seul authentique révolutionnaire parmi tant d'opportunistes, il était une personnalité de premier ordre dans le " parti du combat communiste ", dont le mérite suprême avait été de créer une stratégie continentale à long terme... d'une importance décisive [58]. »

Les Brigades Rouges témoignèrent d'une louable correction en disculpant enfin tant de coupables présumés, depuis la C.I.A. et l'O.T.A.N. jusqu'à toute la classe dirigeante italienne. Mais on connaissait déjà depuis quelque temps la vérité sur la fin de Feltrinelli. Les Brigades Rouges avaient elles-mêmes enregistré les circonstances de sa mort : la bande sonore en avait été retrouvée dans une de leurs maisons fortes à Robbiano de Mediglia, près de Milan, en 1974 [59].

L'histoire est racontée par deux jeunes Italiens, non encore identifiés, qui étaient avec Feltrinelli à Segrate. Ils avaient rendez-vous devant le cinéma Vox à Milan, et étaient partis avec lui dans la camionnette Volkswagen. « Ce soir-là, Oswaldo est tendu, très nerveux, manque deux fois d'avoir un accident. Il faut se rappeler qu'il a toujours très mal conduit. Il ne faut donc pas s'étonner qu'il ne soit pas au mieux de sa forme ce soir-là... sûrement il va faire quelque chose d'important, seul avec deux gars sans expérience ; les camarades spécialistes qui auraient pu l'aider sont occupés (à poser de la dynamite à l'autre bout de la ville).

« Leurs rapports avec lui étaient singuliers. Oswaldo fait tout pour leur montrer qu'il est plus prolétarien qu'eux. Les deux jeunes sont fascinés par ce personnage, par cet homme important dont le nom est sur toutes les lèvres, mais qu'ils doivent faire semblant de ne pas connaître... Ils arrivent à l'endroit prévu et rangent la voiture à quatre cents mètres. Oswaldo porte un manteau à la dernière mode. Il va seul vers l'arrière de la voiture ; les deux autres regardent de ce côté et sont stupéfaits quand ils le voient revenir. Il porte une tenue de coupe militaire, comme un castriste, disent-ils. Pantalon et veste sont couverts de poches, comme chez les castristes. C'est stupéfiant, mais c'est normal, disent-ils.

« Ils déchargent la voiture ; il tombe une petite pluie fine, la nuit est humide ; ils voient les lumières au loin mais ne savent pas exactement d'où elles viennent. Ils éprouvent des difficultés à porter le matériel jusqu'au pylône, leurs chaussures s'enfoncent dans la boue ; puis les jeunes se mettent à attacher par paquets de huit les bâtons de dynamite autour du pied du pylône. Il y a un fil électrique et Oswaldo s'aperçoit qu'il est trop court pour qu'on le tire jusqu'en haut du pylône. Il est furieux, se met à jurer, décide qu'on fera deux explosions en une seule, quelque chose de vraiment colossal... il retourne à la voiture et rapporte encore du matériel...

« Ils décident d'attacher le " machin " en haut. Oswaldo décide de grimper au poteau. Ce n'est pas facile. Il y arrive pourtant et se juche sur une poutrelle métallique, les jambes pendantes, et les deux jeunes lui montent le matériel à trois, quatre mètres de haut... Oswaldo arrive à percer un trou dans un des montants du pylône, les jambes toujours pendantes, et il s'accroche avec son bras droit, essayant d'attacher le dispositif de minuterie. La minuterie ne marche pas. Il y a quelque chose de défectueux dans la soudure. Oswaldo se met à jurer, jette à terre le dispositif, en demande un autre. Il essaie d'attacher la charge de dynamite en la maintenant avec ses genoux. Il n'est pas à l'aise, essaie de changer de position et se met à jurer parce qu'il est coincé... Il déplace les bâtons de dynamite, qui se prennent sous une de ses jambes... en fait la jambe gauche... et il est dans cette position, essayant de régler la minuterie, d'arranger les fils, et de caler la bombe... A ce moment précis un des deux jeunes gens qui était à mi-hauteur sur le pylône entend une terrible explosion... est secoué, ressent une terrible douleur dans l'oreille et tombe à terre, il se retourne et voit Oswaldo râlant à mort... Il croit qu'il a perdu les deux jambes. L'autre sent une terrible douleur à la cuisse, comme si l'on y enfonçait un morceau de fer rouge, et il tombe. Celui qui est tombé le premier va vers lui et dit : " Oswaldo, Oswaldo est mort, il a explosé. "

« Le problème des jambes... L'un dit : " Il a perdu les deux jambes ", puis ils se souviennent que la jambe droite est sous son corps. La gauche n'est pas là, elle est arrachée. Ils ne peuvent comprendre ce qui s'est passé, ils sont affolés, ils s'enfuient en criant... parcourant dix ou douze mètres, puis retournent auprès d'Oswaldo. Sa respiration est haletante, il râle, respire encore une fois, puis ils n'entendent plus rien. »

Le tout avait pris quarante minutes.

La bande magnétique s'arrête là.

Le juge Guido Viola, lisant le texte intégral de ces constatations, concluait en disant que Feltrinelli avait trouvé la mort en essayant de fixer un engin explosif « d'une main peu expérimentée ». D'où il était on voyait un entrepôt appartenant aux éditions Feltrinelli. La moitié de Milan appartenait d'ailleurs à la famille. Feltrinelli mourut sur ses propres terres.

L'ÉTRANGE CARRIÈRE D'HENRI CURIEL*

« Les révolutionnaires du monde entier, y compris les terroristes, déplorent l'assassinat d'Henri Curiel, dirigeant de l'organisation parisienne d'intervention qui fournissait de l'argent, des armes, des documents, des facilités d'entraînement et autres à de nombreux groupes de gauche. [60] » C'est ainsi, comme s'il s'agissait de l'article nécrologique d'un bulletin d'usine, que la C.I.A. rendit compte de la mort d'un véritable professionnel.

Henri Curiel, personnage grisonnant et paternel, portant lunettes en demi-lune, fut tué le 4 mai 1978 dans l'ascenseur de son appartement de la rive gauche, par deux tireurs dépourvus de signes distinctifs et portant des gants, — seul détail que les voisins aient noté. Juif égyptien il vivait à Paris depuis vingt-sept ans. Et depuis vingt-cinq ans, il était inscrit sous le n° S 531916, comme agent étranger, dans les dossiers de la D.S.T., le service de sécurité français. Toutes les plus importantes organisations de contre-espionnage avaient au moins une fiche sur lui ; et en le voyant, tout homme du métier ou presque aurait pensé qu'il travaillait pour le

* Le personnage d'Henri Curiel a fait l'objet de polémiques avant et après son assassinat.

Un Groupement des amis de M. Curiel défend très fermement sa mémoire en soulignant aux côtés de sa famille qu'il s'agissait d'un homme pacifiste, dévoué à toutes les causes des peuples opprimés qui n'avait aucun rapport avec le terrorisme.

Ce point de vue est soutenu par d'éminentes personnalités françaises et internationales. Nous signalons des articles de :
— *France Soir*, 22 et 23 juin 1976.
— Claude François Jullien *Le Nouvel Observateur*, 28 juin 1976.
— Claude Bourdet *Témoignage Chrétien*, 1er juillet 1976.
— Bernard Thomas *Le Canard Enchaîné*, 23 novembre 1977.
— Maxime Rodinson *Le Monde*, 6 mai 1978.
— Francis Jeanson *Le Monde*, 24 mai 1978.
Nous publions donc ce chapitre en soulignant qu'il s'agit d'un point de vue de l'auteur exprimé sur un problème grave et soumis au jugement de l'Histoire. (*note de l'éditeur*)

58

K.G.B. Pourtant il avait, pour éviter d'être arrêté, un système à toute épreuve. « Mon dossier est le plus gros de la D.S.T., dit-il un jour, mais ils ne peuvent rien faire contre moi. »

Trois mois à peine avant ce meurtre, Curiel avait quitté la petite ville provençale de Digne où il vivait en résidence surveillée. Là, du mois d'octobre précédent à janvier, il avait habité l'hôtel *Saint-Jean* où six fonctionnaires de la D.S.T. et douze policiers en civil le surveillaient vingt-quatre heures sur vingt-quatre. Il lui était interdit de communiquer avec l'extérieur et deux policiers le suivaient de quelques pas dans chacun de ses déplacements. L'un d'eux s'installait à la table voisine de la sienne quand il mangeait à l'hôtel, et à onze heures il fallait qu'il soit couché. Les policiers fermaient alors la porte de l'hôtel à clef et montaient la garde. Toute la nuit. Il n'y avait pas de chef d'accusation contre lui. Il avait simplement, disaient les autorités, été « cueilli » à Paris et expédié en Provence, « suite à des renseignements reçus [61] ».

Le choix de la date est suggestif. Le 20 octobre 1977, soit deux jours avant que Curiel ne fût assigné à résidence, le grand patron et industriel allemand Hans Martin Schleyer avait été retrouvé avec trois balles dans la tête dans le coffre arrière d'une voiture, abandonnée à Mulhouse, près de la frontière franco-allemande. Quarante-neuf lettres envoyées par ses kidnappeurs avaient été mises à la poste à Paris. L'incroyable chasse à l'homme organisée pour les retrouver, comme pour retrouver les tueurs de Schleyer, tous membres de la bande Baader-Meinhof, laissait supposer que ces derniers avaient d'urgence besoin d'un refuge : or, des fugitifs de ce genre savaient, en général, où ils avaient des chances d'en trouver un en France.

Sous le nom d'*Aide et Amitié,* Henri Curiel avait fondé quelque chose de politiquement chic et de vaguement charitable. Il aimait à dire que l'œuvre en question s'occupait de personnes travaillant contre « les pays non démocratiques du tiers monde » et il ne cachait pas qu'il y avait quelque chose de vaguement irrégulier dans cette affaire, à laquelle le fait de violer un tant soit peu la loi pour une bonne cause donnait un certain piment. Une centaine environ de jeunes volontaires de diverses nationalités faisaient partie de son équipe d'assistants et d'amis ; on y trouvait entre autre des prêtres ouvriers et des pasteurs protestants. Un couvent dominicain rue de la Glacière, mettait à sa disposition un local pour ses réunions ; un groupe nommé *Terre d'Asile* dans le haut de la rue lui prêtait des chambres ; la mission protestante d'assistance *Cimade* l'autorisait à utiliser son abri-refuge à Massy-Palaiseau. Les étrangers qui y passaient la nuit — les visiteurs nocturnes, les courriers allant et venant entre des pays lointains, Afrique, Amérique du Sud, Moyen-Orient — attiraient peu l'attention. Tout cela faisait partie de sa bienveillante, encore que quelque peu vague, image d'homme de bien.

Ce n'est pas avant 1976 que le public français put se faire une idée de ce que Curiel faisait depuis vingt-cinq ans. Le couvercle de sa vie fut un instant soulevé par un journaliste respecté du *Point* qui mit trois mois à rassembler les éléments de son article. Un coup d'œil excitant et puis, visiblement sur les instructions des autorités supérieures, le couvercle fut de nouveau refermé. « J'ai l'impression que Curiel ne sera pas arrêté, qu'on ne le trouvera pas si on le cherche, qu'il disparaîtra un certain temps et que son réseau sera mis en hibernation » écrit Suffert à la fin de son article [62]. Il ne se trompait pas beaucoup.

Deux événements avaient mis Suffert sur la piste.

Pendant l'été de 1968, une Parisienne du nom de Michèle Firk se rendit au Guatemala avec un faux passeport au nom d'Isabelle Chaumet. Membre depuis quelque temps du parti communiste français, elle avait évidemment décidé de mener une vie plus active et de combattre pour la révolution. Le 22 août, après plusieurs semaines au Guatemala, elle y loua une voiture. Dix jours plus tard on assassinait l'ambassadeur des Etats-Unis. La voiture qui avait été utilisée pour l'opération permit à la police de découvrir la cache de la F.A.R. (Force armée révolutionnaire soutenue par Cuba) qui s'était attribuée la responsabilité du crime. Plutôt que de subir un interrogatoire, Michèle Firk préféra se suicider. Les camarades de la F.A.R. jurèrent qu'ils ne savaient rien sur elle, sauf qu'elle avait travaillé à Paris avec quelqu'un d'important appelé Julien, ou Raymond.

Sept ans plus tard, utilisant lui aussi un faux passeport, le poète sud-africain Breyton Breytenbach rentra dans son pays après un long séjour à l'étranger ; il venait installer une imprimerie clandestine pour l'opposition secrète sud-africaine et fut vite arrêté en vertu des lois anti-terroristes. Mais au moment même où une campagne internationale se déclenchait pour le libérer, il plaida coupable. La campagne s'arrêta d'un coup, et Breytenbach disparut dans l'oubli au fond de sa prison, il devait y rester neuf ans.

A l'époque, le comportement de ce jeune poète avait intrigué les journalistes ; il paraissait en effet vouloir absolument se faire arrêter. Une fois en sûreté derrière les barreaux, il dit confidentiellement à son frère qu'il commençait à se demander s'il n'avait pas été « manipulé » à Paris. Ardent adversaire de l'*apartheid,* il avait assisté à plusieurs réunions en faveur de « l'aide aux pays sous-développés », après quoi il avait accepté de participer à certaines activités clandestines. Pendant les deux années suivantes, il avait travaillé dans une organisation appelée *Solidarité* (transformée plus tard en *Aide et Amitié*), dont le chef portait le nom de Julien ou Raymond.

Professionnel jusqu'au bout des dents, Raymond avait à sa disposition un nombre impressionnant de faux passeports. Il s'absentait souvent sans motif apparent pendant des jours ou des semaines, organisait de nombreuses réunions auxquelles assistaient un grand nombre d'intellectuels catholiques ou protestants. Peu à peu, Breytenbach acquit la conviction que *Solidarité* couvrait une organisation des plus clandestines destinées à apporter une assistance technique à des groupes terroristes internationaux. Il avait aussi l'impression qu'il s'agissait surtout de recueillir des informations sur des plans que pouvaient avoir les terroristes ; mais il n'arrivait pas à découvrir à qui était destinée l'information ou qui payait la facture, en un mot, pour qui travaillait le personnage. Il ne pouvait pas non plus dire qui était ce Julien, ou ce Raymond. Tout ce qu'il savait c'est qu'il s'agissait d'un juif séphardi d'Egypte, qui avait jadis aidé à fonder le parti communiste dans son pays.

A Paris un homme répondait à la description. Et Suffert rassembla les éléments du premier article jamais publié sur Henri Curiel. Il ne pouvait pas espérer tout découvrir, pas plus d'ailleurs que tous ceux d'entre nous qui ont essayé : la police ne veut toujours pas parler et les témoins n'osent pas. Bien qu'à l'heure actuelle la mission de Curiel ne fasse pas de doute : il dirigeait un réseau de services à triple fond, sans doute unique au monde.

Paris était l'endroit rêvé pour lui. La France est fière de l'asile qu'elle offre aux exilés politiques. Depuis plusieurs siècles des victimes d'oppressions diverses — nihilistes fuyant la colère du tsar, Russes blancs fuyant les bolcheviks, anarchistes fuyant Franco, fugitifs des régimes communistes, fascistes, militaires, monarchistes, coloniaux ou tribaux, opposants aux pouvoirs établis de droite ou de gauche, et même délinquants ordinaires en cavale — se sont tout naturellement dirigées sur la capitale française. En vertu du droit séculaire au refuge politique, ils ont d'ordinaire été laissés libres de livrer leurs batailles nationales à distance, à condition, bien entendu, de ne pas se mêler des affaires françaises.

Pour les groupes armés qui émergeaient de par le monde, en 1968 une ville comme Paris avait un charme quasiment magnétique. Aucune autre capitale d'Europe ne pouvait rivaliser avec elle pour ce qui était de la liberté de se cacher, de se rencontrer, de se mêler, d'échanger des idées, des expériences et de l'équipement, de préparer et d'organiser des actions à l'échelle européenne sinon mondiale. Vers 1975, pratiquement toutes les organisations terroristes et de guérilla étaient représentées à Paris : Iraniens, Turcs, Grecs, Japonais, Espagnols, Allemands, Italiens, Africains, Américains du Sud, Palestiniens étaient là en nombre, mettant sur pied une superbe opération de caractère européen, sous l'autorité flamboyante d'Ilich Ramirez Sanchez, plus connu sous le nom de Carlos le Chacal.

Il n'y avait pas de limites aux possibilités d'une entreprise, capable de procurer des services spécialisés avec discrétion garantie; et à cet égard *Solidarité* était dans une classe à part. L'organisation ne faisait aucun mystère de ses activités illicites. Les statuts spécifiaient : « L'expérience prouve qu'un travail clandestin d'une certaine ampleur ne peut être exécuté sérieusement si ce n'est par une organisation secrète ». Son règlement commençait par l'avertissement suivant : « les activités de *Solidarité* comportent des risques. Il est indispensable que ses membres en prennent conscience le plus clairement possible ». Pour limiter ces risques, l'organisation « s'abstient de toute activité de soutien sur les terrains mêmes où se mènent des luttes de libération. Les exceptions à cette règle non seulement ne peuvent être rarissimes mais ne peuvent être faites — dans des conditions rigoureusement fixées — qu'à travers des membres acceptant en connaissance de cause les risques qu'ils assument ».

Les risques en question découlaient essentiellement de voyages éclairs en Amérique ou en Afrique, avec des messages et de l'argent. Mais les membres qui paraissaient les plus doués étaient invités à assister au congrès annuel de *Solidarité* en vue des épreuves de sélection. On ne leur donnait pas d'adresse. Ils étaient simplement priés de se rassembler dans une gare de banlieue d'où des voitures les amenaient à une maison en pleine campagne. Ceux que le congrès trouvait à la hauteur y suivaient un entraînement d'une semaine. Par groupes de quatre ou cinq, ils rencontraient matin et soir des instructeurs compétents mais anonymes. Un Allemand des plus informés, par exemple, les mettait au courant des dernières méthodes de la police et des combats de libération en Allemagne de l'Ouest, un Brésilien faisait de même pour le Brésil, et ainsi de suite, pour le Chili, le Maroc, la Tunisie, le Moyen-Orient (qui devaient-ils libérer en Allemagne de l'Ouest ? on se le demande). On leur donnait des notions sommaires sur la manière de falsifier un passeport, et de se comporter dans la clandestinité, on leur disait aussi quoi faire des fonds qu'ils emporteraient à l'étranger, comment répondre aux interrogatoires en cas d'arrestation. En fait on leur apprenait à devenir de bons messagers sans pour autant perdre leur précieuse qualité d'amateurs, précieuse puisque, en tant que tels, on les admettait encore dans les milieux religieux progressistes d'où ils venaient pour la plupart, et qu'ils n'étaient pas connus de la police.

L'organisation elle-même vivait comme immergée, et cela très profondément. On y trouvait tout l'attirail familier des organisations secrètes : encre invisible, codes, « letter-drops », déguisements, camouflage. Les membres devaient prêter serment comme soldats de la Révolution. Des spécialistes donnaient des cours sur les explosifs, le sabotage, les armes, la fabrication et la lecture des cartes, les maisons-refuges, l'argent, les faux papiers, le travail temporaire, et la manière de passer sans risque les frontières[64].

L'aide était gratuite et généreusement offerte. Les déserteurs américains du Vietnam étaient toujours bien accueillis dans les hôtels de Curiel. Il en allait de même des pirates de l'air américains s'échappant de leurs refuges en Algérie. Quant aux Panthères noires revenant d'Afrique du Nord, ils passaient quelques nuits à Paris, puis se rendaient aux Etats-Unis avec l'aide du Front de libération clandestin du Québec. A moins qu'ils ne restent à Paris et y suivent un entraînement spécial (réservé uniquement aux Panthères noires) donné par les adjoints de Curiel en 1973 et 1974. En 1976 une équipe mixte de terroristes internationaux se préparant à enlever un ministre à Stockholm et à exiger ensuite une rançon de 4 millions de dollars envoyait un messager à Paris pour y chercher de faux papiers d'identité. D'autres groupes pouvaient se montrer plus exigeants[65].

Les séparatistes du Québec étaient de ceux sur lesquels on pouvait le plus compter ; un assistant de Curiel séjourna des mois parmi eux, passant leur marxisme au crible ; et Curiel cacha un mois entier deux d'entre eux, qui venaient de passer plusieurs années dans la clandestinité à Cuba et qui étaient recherchés pour avoir kidnappé le diplomate anglais Richard Gross. Les terroristes italiens avaient deux maisons-refuges qui leur étaient réservées. Toutes les organisations n'avaient qu'à se « pointer » pour recevoir de l'aide. (Curiel connaissait bien George Habash et Sophie Magarinos, son contact avec les Palestiniens, et également avec les Tupamaros.) Les guérillas d'Afrique du Sud étaient également ravitaillées régulièrement en argent et en équipement clandestin par *Solidarité*. C'est aux guérilleros du *Polisario,* se battant contre le Maroc pour le Sahara ex-espagnol et qui recevaient d'énormes quantités d'armes soviétiques transitées par la Syrie, que le groupe de Curiel fournissait l'aide française la plus importante. (Les directeurs de l'association parisienne des « Amis de la République du Sahraoui » étaient tous rattachés à *Solidarité*.) Et rien n'était assez bon pour les Iraniens en lutte contre le Chah.

Sadegh Gotbzadeh, porte-parole de l'ayatollah Khomeini à Paris et, après la révolution islamique, ministre des Affaires étrangères de l'Ayatollah à Téhéran, était l'un des clients les plus importants de Curiel[66].

Leur liste est impressionnante. Suffert avait réussi à dénombrer vingt groupes, certains étaient terroristes, d'autres pas. Ils comprenaient les guérillas urbaines basques E.T.A. et G.R.A.P.O. en Espagne, les deux partis communistes d'Israël, les partis communistes hors la loi d'Irak, de Haïti, du Maroc et du Soudan, et quatre ou cinq groupes de guérillas d'Amérique latine, dont les Tupamaros. A ces noms les services secrets français et étrangers en ont ajouté d'autres, entre autres l'I.R.A., la fraction allemande de l'Armée Rouge, l'Armée Rouge japonaise, plus tout un assortiment de groupes urbains, en Belgique, Hollande, Suède, Grèce, Turquie, Portugal, Iran, sans compter les groupes séparatistes kurdes en Iran, en Turquie et en Irak grâce auxquels Joyce Blau, le second de Curiel, put se familiariser avec les dialectes kurdes[67].

A l'Amérique latine, Curiel semble avoir proposé non seulement des services personnalisés, mais un arrangement global. En 1976, dans une maison forte de l'E.R.P. trotskiste en Argentine, la police découvrit des documents relatifs à un plan de lancement d'une « brigade européenne » dont la mission aurait été de mettre en œuvre une stratégie de tension en Europe. Décrit au chapitre six, le plan était placé sous les auspices de la junte de coordination révolutionnaire (J.C.R.) formée par les Tupamaros uruguayens et leurs camarades terroristes d'Argentine, de Bolivie, du Chili et du Paraguay. Si l'on en croit les documents confisqués, la brigade devait être armée et financée par Cuba, et organisée à partir de Paris. L'intermédiaire serait en « France » un commode satellite de Curiel[68].

La preuve la plus flagrante de ces relations internationales tant soit peu suspectes fut trouvée par le plus grand des hasards. Le 26 juillet 1974 un inspecteur des douanes de l'aéroport d'Orly particulièrement consciencieux ouvrit le porte-documents d'un élégant passager japonais venant de Beyrouth. Son passeport était au nom de Furuya Yakata. Mais dans le porte-documents on trouva également trois autres passeports tous à des noms différents. Il s'y trouvait aussi 10 000 dollars en faux billets et un certain nombre de messages codés, dont l'un, écrit sur du papier de riz parfumé, portait « Petite Miss Pleine Lune. Je suis malade de désir pour vous. Laissez-moi enlacer une fois encore votre merveilleux corps. Votre esclave d'amour, Suzuki. » Petite Miss Pleine Lune était un membre important de la cellule parisienne de l'Armée Rouge japonaise de Paris, l'une des bandes de tueurs les plus redoutables du monde. Un autre message codé était adressé à Taketomo Takahashi, le chef de la cellule [69].

Quand la police arriva, Taketomo essaya, dans la meilleure tradition des films d'espionnage, d'avaler des bouts de papier portant le pseudonyme « Achème » et « Jean-Baptiste ». Il s'avéra que tous deux étaient en rapports suivis avec Taketomo, l'un fournissait des faux papiers et de l'argent à la cellule de l'Armée Rouge, l'autre des armes.

Il ne fut pas difficile de retrouver « Jean-Baptiste », que la D.S.T. filait depuis des mois. Il s'appelait en réalité André Haberman, était spécialiste de microphotographie; c'était lui, pensait-on, qui fabriquait pour *Solidarité* tous ces merveilleux passeports ainsi que les faux dollars : il était en fait le maître faussaire de Curiel [70]. Aussitôt arrêté, Haberman refusa d'avouer et fut relâché. Malgré cela, quand trois ans plus tard Curiel fut expédié en Provence, le ministre de l'Intérieur déclara formellement que ce n'était pas son organisation qui avait fourni de faux documents à l'Armée Rouge japonaise. Interrogé à l'époque par un journaliste, Curiel répondit en souriant : « Je vois que vous avez vu les documents. Vous ne vous attendez quand même pas à ce que je dise quoi que ce soit qui risque de prolonger mon exil à Digne [71]. »

Il fallut plus longtemps pour retrouver « Achème ». Son nom véritable était Antonio Pereira Carvalho et il était de nationalité brésilienne. Mais sa fonction ne fut découverte qu'un an plus tard, quand une formidable bagarre avec la police obligea « Carlos le Chacal » à s'enfuir de France. Dans sa précipitation, l'homme dont les forces terroristes internationales dévastaient le continent — lançant des bombes, massacrant, kidnappant, se livrant au banditisme d'un bout de l'Europe à l'autre — laissa derrière lui une précieuse collection de notes et de carnets. Une perquisition à son domicile rue Toullier montra que c'était « Achème » qui fournissait toutes les armes que Curiel distribuait en Europe. Plusieurs autres collaborateurs étaient évidemment en contact suivi avec des membres de l'état-major de Curiel.

L'arrestation de Furuya Yukata permet de tracer un fascinant tableau de la manière dont fonctionnait ce circuit international. Le terroriste japonais, arrivant d'une base palestinienne au Liban, se rendait en Allemagne de l'Ouest où il devait kidnapper un riche homme d'affaires japonais, avec l'appui logistique du R.A.F. allemand, avec de faux papiers et de l'argent du groupe Curiel à Paris. Après qu'il eut été arrêté à Orly, il fallut trouver autre chose. De Paris, ses camarades terroristes japonais partirent donc pour La Haye où ils occupèrent l'ambassade de France, faisant prisonniers, à la pointe du fusil, cinq diplomates français, exigeant la mise en liberté de Furuya et une rançon de 1 million de dollars. L'affaire avait été mise au point par Carlos qui avait rencontré les Japonais à Amsterdam et leur avait donné l'argent et les armes dont ils avaient besoin. Les armes comprenaient des explosifs volés par un groupe anarchiste suisse dans un dépôt militaire de Zurich et des grenades à main volées par la R.A.F. allemande dans une base américaine de Mesau. Pour donner plus de poids au message japonais de Hollande, Carlos fit lui-même sauter le drugstore du boulevard Saint-Germain au moyen d'une bombe venant du lot volé par les Allemands. « Si le gouvernement ne fait pas ce qu'il faut, nous ferons sauter un cinéma », dit au téléphone un mystérieux correspondant à l'agence France-Presse. Finalement le gouvernement français libéra Furuya, lui remit une rançon de 300 000 dollars et l'embarqua sur un avion qui, après un long circuit, le débarqua à Damas.

Ni dans ce cas ni dans aucun autre Curiel ne prit l'initiative d'une action terroriste. Il n'aimait pas la violence. « J'ai le terrorisme en horreur », dit-il quand parut l'article du *Point,* ajoutant qu'il avait souvent « réussi à empêcher des jeunes de participer à des actions terroristes ». Il en avait la possibilité, dit-il, en tant que « conseiller de relations publiques sur les problèmes du tiers monde, ce qui signifiait qu'il rencontrait beaucoup de monde ». Son souci dominant, ajouta-t-il, était d'aider « les mouvements de libération qui luttaient pour transformer la société dans le tiers monde [72] ».

Mais le Japon n'est pas le tiers monde. Pas plus que ne le sont les Etats-Unis, le Canada, l'Irlande du Nord, l'Allemagne de l'Ouest, la Suède, l'Italie ou l'Espagne. Dans tous ces pays on pouvait faire appel à ses services, qu'il se fût agi de violence armée éthnique, religieuse, nationaliste ou idéologique. En dépit de quoi il refusa son appui à différents groupements d'allure révolutionnaire appartenant au tiers monde. Ses instructions à ce sujet au personnel de *Solidarité* sont remarquables.

Dans un document rédigé par lui-même en un style des plus directs, Curiel précise les « attitudes que son réseau doit prendre à l'égard des forces pro-chinoises [73] ». « Si nous avons affaire à des groupes pro-chinois qui reçoivent une aide matérielle de la Chine, leur action doit être considérée comme purement intérieure à cet Etat. Aucune intervention de notre organisation ne sera tolérée », dit le document. « D'un autre côté, si les activistes locaux choisissaient d'aborder leurs problèmes d'un point de vue maoïste et cela sur une base purement théorique, l'appui de notre organisation deviendrait parfaitement légitime. »

En conséquence il fut interdit au personnel de Curiel d'avoir quoi que ce soit affaire avec le parti marxiste-léniniste espagnol, le parti ouvrier de Haïti, certaines factions du parti communiste « Tudeh » iranien ou avec n'importe quel groupe similaire de Guyanne ou des Antilles, par exemple — qui recevait « une aide effective » de Pékin. Il n'y a pas beaucoup d'explications à un refus d'assistance aussi catégorique venant d'une organisation faisant par ailleurs preuve d'un état d'esprit remarquablement large et généreux. La plus simple, c'est que la Chine communiste s'est retrouvée, jusqu'à la récente éclipse du maoïsme, le plus grand concurrent de l'U.R.S.S. pour la conquête des esprits et des cœurs des révolutionnaires du monde entier. Inutile de chercher plus loin.

En 1976 quand le nom de Curiel apparut pour la première fois « à la une » des journaux, le quotidien parisien d'extrême gauche *Libération* choisit un singulier moyen de prendre sa défense. L'idée que son réseau pouvait aider les terroristes était aberrante : « Il y aurait de quoi mourir de rire (à la lecture de l'article du *Point*), si le distingué enquêteur ne laissait entendre que le réseau de Curiel ne serait en fait qu'une antenne du K.G.B., montée pour infiltrer les réseaux terroristes de gauchistes indépendants de Moscou. » En fait, cette hypothèse fut émise plusieurs fois au cours des dernières années, parmi différents mouvements de libération, et aboutit à restreindre les activités de *Solidarité*[74].

Incontestablement il y eut des défections. Tout comme le poète sud-africain Breyten Breytenbach, des douzaines de gauchistes demeurés en dehors de l'orbite de Moscou commençaient à se demander s'ils n'étaient de simples instruments. Ceux qui acceptaient d'en parler, et ils n'étaient guère nombreux, pensaient que *Solidarité* avait été habilement monté afin de soutirer des renseignements aux groupes terroristes et aux mouvements de libération nationale en échange de contreparties substantielles. Certains assuraient que les bénéficiaires le savaient fort bien et ne s'en souciaient guère, considérant que l'arrangement présentait des avantages mutuels. En tout cas, d'une manière générale, ils pensaient que *Solidarité* était fortement marqué du sceau de l'U.R.S.S.

Même les plus dévoués des adeptes de Curiel ne pouvaient prendre cela pour une plaisanterie. La plupart d'entre eux paraissaient le considérer comme un homme bien informé et gros travailleur, vieux avant l'âge, usé par la cause à laquelle il avait voué sa vie. C'est la cause elle-même qu'ils n'arrivaient pas bien à définir. Qui pouvaient être ces « Bonnie and Clyde » franchissant le seuil de sa porte ? Pourquoi une Française envoyée dare-dare au Guatemala s'était-elle suicidée plutôt que d'affronter un interrogatoire ? Où allait Curiel quand il disparaissait de Paris pour des jours ou des semaines ? Comment pouvait-il avoir les moyens de dépenser tant d'argent uniquement pour l'amour de l'art ? Et d'où venait l'argent ?

Les services de sécurité de l'Ouest n'ont pas encore trouvé de réponses à ces questions et, aujourd'hui encore, ils ne peuvent pas fournir de preuve absolue de la culpabilité de Curiel. « L'Agence passait son temps à me répéter que c'était un type du K.G.B. Mais moi je ne marche pas », m'a déclaré un des chefs du bureau européen de la C.I.A.

« L'homme était un professionnel ; il savait naviguer, il avait d'incroyables ressources et ne commettait pas d'erreurs. Mais il était du K.G.B., ça c'est sûr », disait un autre, qui avait vu le cas de plus près et qui, à en juger par le genre de preuves dont on dispose — qui ne peuvent être que des preuves indirectes —, était sans doute plus près de la vérité.

L'histoire de Curiel est surtout remarquable par tout ce que l'on en ignore. Cultivé, calme, distingué, sobre (il ne buvait ni ne fumait), il était la discrétion même, et s'entourait d'une protection minutieuse. Et pourtant, tout ce que l'on ne cesse d'apprendre sur lui paraît indiquer que la plus grande partie de sa vie s'est activement et consciencieusement passée au service de l'Union soviétique.

Né en 1915, fils d'un riche banquier juif du Caire, il était devenu communiste vers 1925 : un communiste orthodoxe, strictement dévoué à Moscou, alors et depuis lors, comme il ne manquait pas de le dire à tous ceux qui lui posaient la question [75]. Si, pendant un quart de siècle, il n'alla jamais vivre en Russie où il aurait été apatride, sans gîte ni passeport, c'est uniquement (comme il le dit vers la fin de sa vie à des journalistes) parce qu'il avait l'impression de pouvoir être « plus utile » à l'extérieur [76].

L'Egypte de sa jeunesse, encore sous protectorat britannique, bouillonnait d'idées marxistes, alors toutes nouvelles. Protégé par la situation et la fortune de son père, le jeune Henri invitait à déjeuner dans la villa de sa famille sur le Nil les jeunes bourgeois de gauche privilégiés comme lui, et de là les entraînait dans les cafés arabes bourdonnant de mouches où se formaient les premiers groupes marxistes. Il put compter sur ce double appui quand en 1942 il aida à fonder le parti communiste égyptien.

Dès ce moment il commença à se faire des relations qui, bientôt, allaient lui être des plus utiles. Pendant la guerre, le Caire grouillait d'espions et d'informateurs au service de l'un ou de l'autre des pays de l'Axe, au service des Alliés, ou des deux. A l'époque, le père d'Henri était mort et sa mère avait ouvert une librairie communiste près du Rond-Point. Le magasin devint bientôt l'endroit à la mode pour les écrivains ainsi que pour les radicaux. On y faisait des rencontres imprévues, on y entendait les derniers potins et l'on pouvait y acheter les seuls livres russes disponibles en Egypte, comme sur le pourtour de la Méditerranée. Henri y récolta une énorme quantité de renseignements. Il en faisait profiter l'Intelligence Service anglais. Il fit aussi la chasse aux pro-nazis également très nombreux au Caire, aida à trouver et à sélectionner des recrues pour la mission de la France Libre, un service dont plus tard il devait être largement récompensé.

Maintenu en prison de 1946 à 1948 par le roi Farouk, Curiel partit ensuite pour l'Europe jusqu'à ce qu'une junte militaire dépose le roi en 1952. On ne sait pas grand-chose sur ce séjour en Europe. Il voyagea en tout cas pas mal, et se rendit fréquemment à Prague où les communistes venaient de faire leur coup d'Etat. On pense aussi qu'il passa la plus grande partie de son temps en Italie, où il fit la connaissance de chefs communistes comme Pietro Secchia, chef du réseau « parallèle » secret du Parti et ami intime de Feltrinelli. Il semble également qu'ils ont fait des aller et retour à Paris, au cours desquels il aurait fréquemment rencontré Jacques Duclos, lequel, à l'époque, travaillait pour le Cominform. Des vétérans du parti français se rappellent qu'ils appelaient leur visiteur égyption le « loup blanc » rôdant à droite et à gauche pour le service secret russe[77].

A peine Farouk eut-il été chassé d'Egypte que Curiel y rentra, uniquement d'ailleurs pour en être chassé à son tour. Le colonel Gamal Abdel Nasser — grand ami des Américains (la presse communiste européenne le décrivait comme « un vil instrument de l'impérialisme arméricain ») —, ne voulait rien avoir affaire avec les communistes ; et Curiel partit pour l'exil. Il ne devait jamais en revenir.

En 1950, il fit son possible pour renverser Nasser (comme il le fera vers 1970 pour chasser Sadate). Un chef communiste italien de l'époque parle d'une visite que lui fit Curiel pour lui demander d'urgence des armes et de l'argent afin de venir en aide à certains éléments égyptiens qui préparaient un coup d'Etat communiste. Au cours de multiples rencontres avec Léon Feix, membre du bureau politique, et avec André Marty maintenant disparu[78], il adressa la même requête aux communistes français. C'est au début de ces années troubles en Europe que la police française découvrit les premières preuves incontestables de ses attaches avec l'U.R.S.S. A Casablanca, au cours d'une perquisition au domicile du secrétaire général du parti communiste marocain, on trouva le compte rendu d'une entrevue secrète qui avait eu lieu près d'Alger le 5 novembre 1951. Plusieurs chefs communistes d'Afrique du Nord ainsi que ce même Léon Feix assistaient à cette réunion, dont le président était un « monsieur Marcel », qui représentait Mikhaïl Suslov, le chef de la 4e division du Cominform : le réseau arabe du Kremlin. La discussion portait sur l'entraînement spécial à donner aux officiers anti-colonialistes et aux étudiants d'Algérie, qui trois ans plus tard, presque jour pour jour, allaient déclencher la guerre d'indépendance contre la France. La réunion avait été organisée par Henri Curiel [79].

C'est à cette époque que la D.S.T. attribua à Henri Curiel le numéro S 531916 sous la rubrique d'agent étranger. Vingt ans devaient s'écouler avant que le grand public n'en entendît parler. Et même alors, ce nom vint d'un correspondant étranger de l'*Economist* de Londres et non de la presse française [80].

Peu après cette réunion secrète à Alger, Curiel se fixa définitivement à Paris : il était alors un réfugié sans papiers, sans profession, sans source apparente de revenus, et pendant les neuf premières années, sans adresse fixe, ni permis de travail (et même après 1960, année où il finit par obtenir son permis, il se retrouvait dans l'obligation de le renouveler tous les trois mois). Son expérience personnelle lui servit quand, plus tard, il dut entraîner des recrues à « vivre dans la clandestinité ». Il leur disait alors qu'il était indispensable de savoir « fabriquer des papiers d'identité ». « Quelle est dans un pays la première chose dont ait besoin quelqu'un qui vit en dehors des normes ? déclara-t-il à la presse pendant son long séjour à Digne. Des papiers bien sûr. Ils sont même plus importants que la nourriture, parce qu'on en a besoin pour se procurer de la nourriture [81]. » Il ne dit pas comment il obtenait ces papiers, ni pour qui.

Au cours de la guerre d'Algérie (1954-1962), Curiel apprit évidemment tout ce qu'il avait besoin de savoir sur la clandestinité. A Paris il était l'une des chevilles ouvrières du F.L.N. algérien, lui procurant des renseignements, des cachettes, et d'appréciables sommes d'argent venues de sources suisses non identifiées. Sa vive sympathie pour la cause algérienne le mit tout particulièrement en contact avec des catholiques et des protestants animés d'un profond sentiment religieux. Nombre d'entre eux demeurèrent ses amis et continuèrent de l'aider, que quelqu'un eût besoin d'une nuit paisible, à l'abri de toute curiosité, qu'un digne ecclésiastique fût nécessaire pour faire passer une frontière à un fugitif : le père dominicain Maurice Barth et le pasteur protestant René Rognon furent entre autres ses intimes collaborateurs jusqu'à sa mort.

Comme souvent, ce fut par pur hasard qu'il eut ses premiers ennuis. A l'automne de 1960, la D.S.T. vint l'interroger au sujet de sa collaboration avec le F.L.N. Une perquisition au domicile d'un proche collaborateur permit de découvrir des documents n'ayant rien à voir avec la guerre d'Algérie. C'étaient des photocopies de comptes rendus de conversations secrètes entre le gouvernement français et le gouvernement allemand, qui ne pouvaient provenir que de dossiers du Quai d'Orsay. Curiel, ayant refusé d'expliquer comment il s'était procuré ces documents, fut condamné à deux ans de prison qu'il passa à Fresnes [82]. Après la fin de la guerre d'Algérie, il était de nouveau libre comme l'air.

Il créa *Solidarité* en 1963. Mais l'organisation ne démarra vraiment qu'au cours de 1966, année cruciale. C'est en 1966, en effet, que la conférence tricontinentale de La Havane livrait sa plus violente campagne idéologique et stratégique contre l'impérialisme de l'Ouest et, avec la bénédiction des Soviétiques, ouvrait une guerre de guérilla internationale. *Solidarité* reflétait parfaitement la stratégie arrêtée à La Havane pour les quinze années à venir.

Ce n'était pas une unité de combat, et l'on n'intervenait pas dans les projets stratégiques de la clientèle. Les Russes ne l'auraient pas permis, car tout ce qu'ils voulaient c'était avoir des antennes dans le milieu où se mêlaient toutes ces idéologies. Pour ce qui est de celles-ci, une organisation comme celle de Curiel devait faire très attention à ne pas manifester de préférences. Les mouvements de libération nationale du monde sont truffés d'hérétiques d'une variété inimaginable, où les trotskistes s'opposent aux maoïstes et ces derniers aux anarchistes. Seuls ceux qui ont effectivement accepté de l'argent et des armes des concurrents chinois de l'U.R.S.S. ont été portés par les Russes sur les listes noires.

La similitude des organigrammes aurait dû à elle seule éveiller des soupçons. Au sommet se trouvaient les communistes fidèles à Moscou et leur bande de sympatisants. Les finances du réseau étaient également dans une situation spéciale. A part Curiel, qui avait le cœur sur la main, il y avait deux inséparables adjoints : tous deux avaient de longs états de service dans le Mouvement universel pour la paix, un des groupes les plus figés du Front soviétique encore en existence. Avant d'aller au Guatemala pour Curiel, Michèle Firk avait travaillé à *L'Humanité*, le quotidien français du parti — un journal stalinien s'il en est ; deux autres communistes orthodoxes fournirent enfin la réponse à l'éternelle question de savoir d'où venait l'argent de Curiel.

Car si l'on en croit des sources françaises sérieuses (qui me l'ont personnellement confirmé), il provenait essentiellement d'une maison d'import-export [83]. La compagnie avait un compte courant à la Banque commerciale pour l'Europe du Nord (B.C.E.N.) à Paris, dont le capital appartenait à la Banque centrale de l'Union soviétique. La B.C.E.N., où se trouve également le compte du parti communiste français, est l'organisme par lequel passent les fonds de l'U.R.S.S. destinés à l'étranger. Depuis des années, l'établissement est bien connu pour être l'antenne du Kremlin chargée de distribuer des payements illicites à travers l'Europe[84].

Cela étant, il paraissait inévitable qu'un jour ou l'autre, il y ait des craquements dans le réseau. Au cours des années 1975, des défections comme celles de Breyten Breytenbach ajoutèrent considérablement au peu que l'on savait sur l'organisation de Curiel ; et ce qu'avaient à dire ceux qui avaient quitté le réseau, quand ils voulaient bien le dire, tendit à confirmer ce que l'on pensait de Curiel dans les cercles de l'Ouest. Mais rien de tout cela n'était encore suffisant pour le faire condamner. Plus de vingt années de filatures n'avaient en vérité apporté qu'une très maigre moisson de preuves légales. Bien qu'on eût quand même quelques éléments : ainsi on savait que Curiel avait travaillé avec - ou pour - Mikhaïl Suslov (chef théoricien du parti communiste soviétique, lequel maintient que la *détente* ne doit en aucune manière diminuer la « lutte idéologique » contre les démocraties de l'Ouest) ; en 1960, on l'avait pris avec des documents secrets du gouvernement français qui ne le regardaient pas. Il fut assez léger, un autre jour, pour être vu entrant à l'ambassade des Soviétiques rue de Grenelle. On avait vu plus souvent un de ses fidèles collaborateurs, entrer à l'ambassade de Cuba. Et Joyce Blau, son second, avait fait quant à lui un assez long séjour à Moscou en 1974. Il avait un certain nombre de vieux staliniens à son état-major. Enfin ses seuls revenus connus provenaient d'une compagnie d'import-export avec qui il était en rapport d'affaires et qui recevait de l'argent d'une section des plus particulières de la banque centrale russe. L'un, membre de sa famille se trouvait présenter lui aussi un intérêt tout particulier. Bien que ceci n'apparût que beaucoup plus tard. Au cours de toutes ces années, et en dépit d'une douzaine de services de renseignements occupés à suivre Curiel à la piste, personne, curieusement, ne semble avoir songé à l'associer à ce cousin plus jeune, qu'un jour il avait pris sous son aile. Fils du frère de la mère d'Henri, habitant la Hollande, George Bihar fut envoyé au Caire après le divorce de ses parents en 1936. Les Curiel avaient accepté de l'accueillir et de l'inscrire à l'école anglaise, alors très à la mode. C'était un enfant de quatorze ans, sensible, et on lui avait donné une chambre voisine de celle de son fascinant cousin, alors âgé de près de vingt-deux ans. Ils devinrent bons amis. Henri lui expliquait les subtilités de la politique extrémiste et l'emmenait dans sa tournée des salons de gauche et des cafés arabes. Le jeune garçon était ébloui. Bien plus tard, il avouerait à sa mère que ces quelques années avec le brillant et dévoué Henri Curiel, qui avait su consacrer sa vie à une cause, avaient été les plus importantes de la sienne[85].

Parti d'Egypte sous le nom de George Bihar, le jeune garçon débarqua à Londres sous celui de George Blake, membre du M.I.G. anglais, puis passa au K.G.B. et trahit quarante espions anglais et tous les secrets d'Etat sur lesquels il lui fut possible de mettre la main avant d'être arrêté : en fait George Blake fut le plus brillant agent double de l'Histoire contemporaine.

Nous ne saurons sans doute jamais si Blake prit son premier contact avec le K.G.B. directement ou grâce à son cousin Henri. Le cousin est mort et il y a très peu de chances que Blake, qui se détend aujourd'hui à Moscou au club des espions britanniques en retraite, n'aille tout d'un coup se mettre à parler. Il n'expliqua jamais comment il s'était lancé dans la carrière, tout ce qu'il dit en souriant était qu'il avait fait tout cela « pour rien ». Comme il ne l'avait fait ni pour de l'argent, ni par amour, ni par peur du chantage, il dut être poussé par l'envie, le dépit ou la perversité, ou simplement par conviction politique ainsi que sa femme le laissa entendre après son divorce. Communiste, il l'était certainement, dit-elle, mais on ne sait ni quand ni comment il l'était devenu. D'ailleurs la découverte de sa trahison causa un tel choc à l'Establishment anglais que la question n'a pas seulement été éludée, elle n'a simplement jamais été posée. Interrogé à huit clos, il fut condamné à quarante-deux ans de prison. Jamais une aussi longue condamnation n'avait été infligée. Après avoir passé quatre années à la prison de Wormwood Scrubs, il en franchit le mur grâce à une échelle, faite pour l'essentiel d'aiguilles à tricoter, et s'évada. Après quelque temps, car il n'aimait pas se bousculer, il s'en alla tranquillement à Moscou.

En chemin il fit escale au Caire, d'où il envoya une lettre à sa mère[86]. Curiel n'y était plus depuis longtemps, mais la force du souvenir dut être grande pour George Blake, sinon pour les autres (car même alors, personne n'avait encore associé les deux cousins). Comment oublier aussi dans quelle autre circonstance il avait fait un détour pour s'arrêter dans cette ville ?

C'était en 1948, au cours de sa première mission en Corée du Sud pour le service secret anglais. George Blake avait demandé la permission de s'arrêter au Caire « pour voir son cousin ». La permission avait été accordée; mais en vain : Henri était en prison. Il est cependant difficile d'imaginer, étant donné leur attachement réciproque, que George n'ait jamais cherché à revoir son cousin.

Selon les propres aveux de Blake, c'est en 1951, de Ham-

bourg, qu'il commença à passer régulièrement des informations au
K.G.B. tandis qu'à Paris, à une ou deux heures de distance par
avion, Curiel amorçait son action. Se sont-ils jamais rencontrés,
quelque part en Europe, entre ce moment et celui de l'arrestation
de Blake dix ans plus tard ? (Curiel dit une fois à des journalistes
qu'il allait souvent en Allemagne, « empruntant le passeport d'un
ami dont il changeait la photographie ») [87]. Quand Blake s'évada
de Wormwood Scrubs, ce fut avec l'aide d'un camarade de
l'I.R.A., prisonnier comme lui-même — Sean Bourke. Curiel qui,
en 1965, était devenu l'un des grands bienfaiteurs de l'I.R.A.,
avait-il prêté la main de cette évasion ? Toujours est-il qu'en 1970
George Blake fut décoré à Moscou de l'ordre de Lénine et de celui
du Drapeau rouge. Aucun de ses amis du club, Philby, Burgess,
McLean, n'avait été l'objet d'un pareil honneur, réservé en principe aux civils en service actif. Quels genres de services George
Blake avait-il pu rendre à Moscou ?

On a de la peine à comprendre comment l'Intelligence
Service a pu engager George Blake sans se douter le moins du
monde de l'existence de ce cousin auquel il vouait une admiration
si particulière — l'homme à qui il devait l'expérience politique la
plus importante de sa vie. Tous les autres renseignements sur sa
famille et sur ses amis étaient dans le dossier : ses chefs n'avaient
qu'à jeter un coup d'œil dessus pour les connaître. Le seul élément
qui aurait pu les mettre en garde leur avait échappé — « juste
parce qu'il n'y était pas », fit remarquer Lord Radcliffe, le chef de
la commission d'enquête, malheureusement réunie trop tard. Et
c'est seulement six ans après l'évasion de Blake que le correspondant du *Point* déterra l'acte de naissance de George Bihar, petit-fils
d'un négociant de Smyrne, neveu du banquier cairote Daniel
Curiel et cousin de l'agent étranger S 531916 à Paris [88].

Voilà. On ne peut pas reprocher sa famille à quelqu'un et rien
dans le passé connu de Curiel n'apporte de preuves formelles de sa
culpabilité. Il affirma n'avoir jamais rien su de la double vie
néfaste de Blake, ce qui était parfaitement normal. Il déclara
également que toutes les accusations portées contre lui dans les
journaux étaient absolument sans fondement. Ses associés firent
de même. Bien plus, ils menacèrent de poursuivre les journalistes
en justice. Mais aucun ne le fit avant sa mort.

Trois mois après l'article du Point, *Solidarité* disparaissait. Le
groupe *Aide et amitié* qui lui succéda fut soigneusement épuré. A
peine un an plus tard, une balle liquidait Curiel.

Il mourut en homme libre. Les charges si laborieusement
accumulées contre lui ne furent jamais suffisantes pour que l'on
pût en faire des chefs d'accusation. Même après l'avoir envoyé
quelque temps à Digne, le ministère de l'Intérieur ne rendit jamais

publiques les raisons de son exil forcé. Tout ce que fit le ministre fut d'adresser une note confidentielle à la section du Conseil d'Etat responsable des réfugiés, où étaient résumés les principaux motifs de cette mesure : mise en place d'une organisation clandestine très élaborée « destinée à appuyer » les mouvements révolutionnaires — dont certains participaient à des conflits armés « principalement mais pas exclusivement dans le tiers monde » ; « participation active » à des opérations terroristes par la fourniture de faux documents à l'Armée Rouge japonaise ; « intervention constante et dissimulée dans les affaires françaises et les centres de grande tension, particulièrement au Moyen-Orient » ; « activités des plus dangereuses menées à partir du territoire français » et menaçant de « compromettre » la diplomatie française dans différents pays et de créer une situation... de nature à menacer l'ordre public[89].

Les circonstances de son meurtre, en mai 1978, demeurent enveloppées de mystère. Quelqu'un, prétendant appartenir à un groupe du nom de Delta, fit parvenir un communiqué à la presse déclarant : « le traître Henri Curiel, agent du K.G.B., a cessé ses activités à quatorze heures ». Mais Delta, un groupe d'assassins d'extrême droite qui avait fait partie de l'O.A.S. pendant la guerre d'Algérie, était mort et enterré depuis plus de quinze ans. Qui d'autre aurait pu souhaiter sa mort à ce moment précis ?

Il ne s'agissait pas d'un mort ordinaire. Pour la première fois depuis 1952, Curiel se préparait à quitter la France, non pas en tant que Julien, ou Raymond, mais sous le nom d'Henri Curiel, avec des papiers réguliers. A première vue, on aurait pu croire qu'il disait la vérité en annonçant qu'il partait prendre de courtes vacances en Grèce et qu'il s'en réjouissait ; peut-être aussi s'en allait-il pour de bon. Quoi qu'il en soit, les circonstances entourant son départ ne laissaient pas d'être mystérieuses.

Parmi les traits les plus singuliers de la carrière de Curiel, on doit noter les égards que lui manifestaient les plus hautes personnalités. Surveillé sans répit par la D.S.T. depuis 1950, il avait cependant réussi à poursuivre son travail sans que la presse y fît même une seule fois la moindre allusion.

L'article du *Point* causa une véritable consternation dans certains milieux officiels, et l'on signifia à la presse française qu'elle était priée de laisser tomber le sujet. Il ne fallait rien moins que de l'héroïsme pour chercher d'autres renseignements sur lui. Je peux en témoigner.

Pour trouver une explication à cette attitude singulière des autorités, il nous faut peut-être remonter à la guerre, à l'époque où Curiel faisait partie de la mission française du Caire. Le chef de la mission était un fidèle adjoint du général de Gaulle.

Il n'est pas absurde de penser que se rappelant les services de guerre de Curiel, les chefs de la Résistance le récompensèrent en faisant preuve d'indulgence à son égard. Il n'est pas impossible non plus qu'en échange de cette mansuétude il lui soit arrivé de fournir discrètement certains renseignements. Dans ce genre de business personne ne donne rien pour rien. Il ne paraît pas douteux, en tout cas, que Curiel ait eu des relations très spéciales avec les gaullistes. Quand le Général décida de quitter le devant de la scène en 1969, la position de Curiel « changea du tout au tout », ou du moins, c'est ce qu'il déclara à Robert Moss de l'*Economist* peu de temps avant sa mort[90].

Cela aurait pu suffire à l'amener sous les feux croisés des différents services secrets français — en proie à une incessante rivalité — ou dans l'orbite de la très mystérieuse « police parallèle ». Quelqu'un dans l'un ou l'autre de ces services aurait pu se croire obligé d'empêcher Curiel de quitter le pays : soit pour le faire taire parce qu'il en savait trop, soit pour le punir parce que, par trop visiblement, la justice française ne s'en chargerait jamais.

Dans ce cas, il n'aurait pas été le premier. Personne n'ignore que certains services français ont fait de temps à autre appel aux « barbouzes » de la guerre d'Algérie pour se débarrasser d'un personnage gênant.

Cette utilisation des barbouzes souleva la réprobation générale quand, en 1966, Ben Barka, l'un des chefs de la gauche marocaine, disparut soudain de Paris.

Considéré comme nuisible aux intérêts de certains Français du Maroc et du roi Hassan II, et organisateur de l'imminente Conférence tricontinentale de La Havane, Ben Barka fut kidnappé en plein jour devant la brasserie Lipp sur le boulevard Saint-Germain. On ne devait jamais plus le revoir.

Un bon nombre d'autres ont subi un sort analogue. Au cours d'un des entretiens les plus fascinants que j'aie eus en France, un personnage d'un charme irrésistible et d'une non moins grande expérience me déclara qu'il me désavouerait si je me hasardais à le citer. « Si, un jour ou l'autre, je voyais dans les journaux que la mer avait rejeté un cadavre sur une plage, il pourrait s'agir, me dit-il, d'un terroriste à la fois hautement qualifié et irrécupérable qui, afin de préserver l'ordre public, aurait été envoyé faire un long, long voyage, oui vraiment très long, madame. »

D'un autre côté, les Français n'eurent peut-être rien à voir avec la cessation des activités de Curiel. S'il travaillait vraiment pour les Russes, sa collaboration fort probablement ne les intéressait plus à partir du moment où on l'avait découvert. Et ce qu'il savait pouvait les gêner. Le démantèlement précipité du réseau trois mois après l'article du *Point* semble indiquer combien quelqu'un, quelque part, était soucieux que de telles fuites ne se reproduisent pas. On a fait ce qu'il fallait pour que le seul homme qui connaissait tous les secrets du réseau *Solidarité* ne les révèle jamais.

Il est à peine besoin de dire combien il serait facile au K.G.B. de résoudre un problème de ce genre, si la nécessité s'en faisait sentir.

Maintenant qu'il est mort, un public qui n'eut jamais l'occasion d'apprendre grand-chose sur Henri Curiel va forcément l'oublier. Mais son dossier reste ouvert à la D.S.T., comme il l'est dans tous les principaux services occidentaux. Maintenant, il y est indexé avec celui de son cousin Blake : non pas tant pour faciliter les recherches à venir, que pour marquer le regret de tant d'occasions manquées.

4

ANNABABI

« C'est la terroriste du siècle », déclara la police suisse au moment de l'arrestation d'Anna Maria Grenzi, alias « Marina Fedi », alias « Waltraud Armruster », inscrite sur le registre des naissances de Berlin sous le nom de Petra Krause, et connue de son groupe sous celui d' « Annababi »[91]. C'était en 1975 et la police d'une douzaine de pays en était encore à courir après ses amis. Elle ne tuait pas, comme les autres. Tout ce qu'elle faisait, c'était de veiller à l'intendance.

« Annababi » est à la retraite maintenant et vit à Naples plus ou moins en état de grâce. Il y a bien longtemps qu'elle a pris congé de ses geôliers suisses, sans même passer en jugement, arrachée à la poigne de la sévère justice suisse par un comité de dames indomptables — membres du Parlement italien — qui considéraient qu'elle avait été la victime d'une persécution monstrueuse. Elle avait certainement le physique du rôle et l'interprétait à merveille, et les dames ne demandèrent pas avec trop d'insistance à ce qu'on leur communiquât le dossier. A l'époque, cela aurait été considéré comme mal élevé.

Italienne par mariage, Petra Krause était née juive-allemande ; ses parents avaient péri dans les chambres à gaz. Elle-même avait passé les trois premières années de sa vie dans le camp de concentration nazi d'Auschwitz, à courte distance du laboratoire où les nazis faisaient des expériences scientifiques sur les enfants de son âge. C'est par hasard qu'elle avait échappé à la mort, quand deux mille enfants juifs (dont elle) furent échangés contre un chargement d'acier suédois. Elle dit plus tard qu'elle avait été persécutée pour ses convictions anti-nazies. Il n'aurait pas été galant de paraître en douter.

Elle semblait avoir toujours tenté d'échapper à la police. Quand elle fut arrêtée en Suisse, le gouvernement fédéral allemand, comme le gouvernement italien, avaient déjà lancé des mandats d'arrêt contre elle. Quant aux services de sécurité français, espagnol, autrichien, grec et italien, ils auraient bien aimé lui dire deux mots. Elle avait un air si délicat, si fragile, son petit corps frêle, son visage fin et ses traits tirés, à moitié cachés par d'énormes lunettes noires, son air hagard de femme « au bout du rouleau », qu'elle échappa à tout le monde.

Quand elle fut arrêtée, elle dirigeait un service de livraison d'armes à Zurich. Sa clientèle se composait de l'élite des terroristes européens. Elle travaillait avec les Grecs, les Iraniens, les Basques espagnols, les Irlandais, la bande à Baader, les Brigades Rouges, les gauchistes français, le directoire européen de la Palestine dont le chef était Carlos et qui avait son siège à Paris. Ils passaient leurs commandes ; et la jeune équipe d'anarchistes allait voler le matériel commandé dans les dépôts d'armes suisses, puis les faisait parvenir à Zurich où les clients en prenaient livraison, à moins qu'ils ne l'expédient eux-mêmes en voiture ou par le train. Dans certains cas particulièrement importants, c'est Annababi qui se chargeait elle-même des livraisons.

Le service des anarchistes suisses était loin d'être aussi important que le réseau « Aide et Amitié » d'Henri Curiel. Encore que la bande se soit un peu essayée à tout — depuis les bombes lancées dans les consulats et les banques multinationales jusqu'au projet d'assassinat du chah d'Iran — elle limitait essentiellement ses activités à la fourniture et à la livraison des armes. Les stocks, prélevés pour l'essentiel sur ceux de l'armée suisse, étaient d'excellente qualité mais forcément limités. L'une de ses spécialités était la grosse *Panzermine* qui pouvait faire sauter un char de cinquante tonnes. Elle n'aurait jamais pu continuer à satisfaire les demandes de ses clients qui augmentaient au fur et à mesure que progressait la décennie du terrorisme.

Et pourtant, pour limitées qu'elles eussent été en volume et dans le temps, les livraisons avaient été à l'époque une véritable aubaine ; elles venaient du bon endroit, au bon moment. Nulle part en Europe, les bandes de terroristes qui débutaient ne pouvaient donner des ordres qui seraient exécutés avec une telle compétence. Quand elle mit plus ou moins la clef sous la porte, vers le milieu des années soixante-dix, l'organisation avait fourni les armes et les explosifs de certaines des actions terroristes les plus spectaculaires d'Europe ; et sa mission était terminée. Un système de distribution et de fournitures plus important et plus élaboré, organisé par les Soviétiques, la Libye et le Moyen-Orient, était prêt à prendre le relai et à assurer un abondant approvisionnement en armes aux mouvements clandestins européens.

Bien que figurant sous la rubrique « Bande de Petra Krause » dans le tableau du terrorisme international de la C.I.A. [92], le réseau de Zurich fut fondé avant même que cette dernière n'en fît partie. Quelques jeunes anarchistes suisses avaient créé leur propre organisation en 1970, sous le sigle A.K.O. (Anarchistische Kampforganization). Tous encore adolescents, profondément sérieux et détachés du monde, ils aspiraient en somme à suivre les traces de Che Guevara. Très tôt, ils avaient eu l'idée d'aller chercher dans les arsenaux suisses — alors très peu surveillés — les armes dont avaient besoin, dans toute l'Europe (et particulièrement en Espagne, où ils rêvaient d'aider à renverser Franco), leurs camarades révolutionnaires.

Ils commencèrent par une série de coups d'éclat : volant au cours de leurs trois premières années d'activité une tonne et demie d'explosifs, plus de 200 fusils, 525 revolvers et 346 grenades[93]. Mais jusqu'à ce que Petra Krause vînt leur prêter son concours, les choses allaient médiocrement en ce qui concernait la distribution. Dès qu'elle arriva, l'adresse du bureau clandestin à Zurich devint la plus « chaude » d'Europe[94].

Les complices suisses de Petra Krause racontèrent leur aventure au moment du procès. Comme cette dernière avait été sauvée par les dames-députés italiennes dans l'été 1977, elle était absente. Mais ceux qui furent jugés cette année-là — Peter Egloff, Urs Staedeli, Daniel von Arb — avouèrent tout[95].

C'est en 1971, dirent-ils, qu'ils avaient commencé à livrer des explosifs, avec l'aide d'un jeune anarchiste français, arrêté bientôt en France pour contrebande d'armes. Bredouilles, ils s'étaient rendus à Milan, à la recherche de meilleurs contacts internationaux. Et ils tombèrent sur un anarchiste italien du nom de Roberto Mander. A moins que ce ne soit lui qui soit tombé sur eux.

Travaillant depuis les années soixante dans les milieux d'extrême gauche italiens, Mander était étroitement mêlé à ce qui allait vite devenir le mouvement terroriste révolutionnaire le plus élaboré et le plus avancé d'Europe. La jeune organisation n'avait pas seulement un besoin urgent d'armes pour son propre usage, mais elle travaillait en liaison étroite avec d'autres réseaux qui se trouvaient dans la même situation. Mander avait le sens de la qualité. Et quand il rencontra Egloff, Staedeli et von Arb à Milan, il sut immédiatement qu'il était tombé sur les bons numéros. Quelques semaines plus tard, il vint sans crier gare voir ses nouveaux amis à Zurich. Avec lui se trouvait une jeune Allemande du « comité directeur » de la bande à Baader ; elle s'appelait Brigitte Heinrich[96]. Après quoi tout s'enchaîna.

Mander expliqua que ses camarades italiens étaient à court de fusils et d'explosifs. C'était également le cas des amis de Brigitte Heinrich en Allemagne de l'Ouest, comme celui des amis basques espagnols de Mander, ou d'un groupe activiste marxiste-léniniste de Madrid appelé F.R.A.P. Le service de livraison suisse reçut donc ses premières commandes et ouvrit son bureau.

Mander revint souvent à Zurich, toujours accompagné de Brigitte Heinrich, ils ne repartaient jamais les mains vides. Quand la police ouest-allemande perquisitionna dans deux maisons-refuges allemandes au début de 1974 (à Hambourg et à Francfort), elle trouva un arsenal de grenades, de mines anti-chars, de pistolets automatiques, fusils de chasse, mitraillettes blanches, explosifs provenant du service de livraison suisse[97]. Comparée à d'autres, la découverte était modeste.

C'est au cours de cette même année que Petra Krause s'associa au groupe. En avril 1974, Roberto Mander l'amena à un rendez-vous secret avec le trio suisse à Milan. Agée de trente-quatre ans, divorcée, avec des cheveux blonds tirant sur le roux et un regard plus froid que n'aurait pu le faire croire son allure très féminine, elle n'avait visiblement pas besoin de dessin pour comprendre. Mander la présenta sous le nom de « Anna Maria Grenzi ».

Malgré sa relative jeunesse, elle avait déjà derrière elle un long passé politique. Les conditions horribles dans lesquelles s'était déroulée son enfance l'avaient tout naturellement poussée vers la gauche — une gauche de plus en plus extrême à mesure que passaient les années. « Au commencement, a-t-elle déclaré à *Newsweek* à l'époque de sa retraite, j'étais une marxiste-léniniste orthodoxe, mais quand j'ai vu que cette idéologie n'était qu'un luxe, bon pour les bourgeois, j'ai abandonné la non-violence totale de mes débuts[98]. » Passée en Italie, alors qu'elle n'avait pas encore vingt ans, elle s'était inscrite au parti communiste avant de glisser peu après dans la pénombre de la clandestinité.

Au début, ses missions étaient modestes : elle « prêtait » par exemple son passeport à des réfugiés de l'Espagne de Franco ou du Portugal de Salazar, ou les accueillait dans son appartement de Milan. Puis elle fut envoyée en Afrique accomplir de mystérieuses missions. Au cours des années soixante, l'Algérie et les colonies portugaises d'Angola et du Mozambique avaient un immense pouvoir d'attraction sur ces missionnaires de la révolution. « J'aidais les indigènes à comprendre les réalités de leur pays », a-t-elle dit[99]. De retour en Italie, elle fut engagée par Giangiacomo Feltrinelli en qualité d'interprète-traductrice. Mais à partir de 1968, elle fut entraînée par la puissante vague de la nouvelle gauche : elle était prête à affronter la décennie qui débutait. « La police commençait à s'intéresser à moi, a-t-elle dit à la presse des années plus tard ; je commençais à voir la nécessité de trouver d'autres méthodes pour combattre l'Etat bourgeois, et mes réserves au sujet de la violence s'effondrèrent du même coup[100]. »

Elle passa dans la clandestinité, reçut un nouveau nom et un faux passeport, prit un travail de bureau anodin à Milan et se mit à beaucoup voyager. Le circuit clandestin terroriste d'Europe n'avait donc guère de secrets pour elle quand elle rencontra le candide trio suisse, qu'elle stupéfia littéralement bien qu'il ne lui eût jamais fait entière confiance, comme l'a dit von Arb après son arrestation. Mais ils lui demandèrent conseil et se montrèrent extraordinairement impressionnés par ses contacts internationaux. Ils devaient le regretter un jour. « Les accusés soulignent qu'ils avaient toujours voulu rester indépendants. Mais qu'une fois pris dans les mailles du réseau international, ils n'arrivèrent pas à s'en dépêtrer » écrivit le *Neue Zurcher Zeitung* au moment du procès [101].

Pendant quelques mois, Petra Krause fit des aller-retour entre Milan et Zurich, ne cessant de développer le service. A une réunion, chez elle, à Milan, elle présenta un Grec à ses associés suisses : dès lors, « Alexis » deviendrait leur intermédiaire pour les livraisons d'armes à destination de la Grèce et de l'Espagne. Peu après, c'est « André » qu'Alexis et elle présentèrent au trio suisse. Il s'agissait en fait du Libanais Michel Moukarbal, le principal adjoint de « Carlos le Chacal », qui sans tarder prit le groupe dans la toile d'araignée de son organisation. « Cet " André " nous demanda si nous avions des explosifs en stock et si nous serions éventuellement disposés à lui en donner », a déclaré von Arb au cours de son interrogatoire tandis qu'il décrivait la réunion fatidique dans l'appartement de Petra. « Puis il dit qu'il était en rapport avec plusieurs groupements d'extrême-gauche en Europe pour lesquels il aurait besoin d'explosifs... Il nous dit aussi qu'il travaillait pour les Palestiniens... pour le Dr George Habash [102]. »

Dans la quinzaine qui suivit, « André » — ou Moukarbal — envoya à Zurich des messagers prendre livraison de vingt mines « antipersonnel », une « mine bondissante » et une de ces redoutables *Panzermines* que les anarchistes suisses avaient volées dans un dépôt de l'armée, à Hochfelden [103]. Von Arb leur fit passer lui-même à pied la « frontière verte » à un endroit mal gardé et les aida à introduire le matériel en France. De ce jour, le réseau de Carlos fit régulièrement des achats de mines, d'explosifs et d'armes à Zurich d'où il les faisait parvenir à sa propre équipe multinationale à Paris, à l'I.R.A., aux Basques espagnols de l'E.T.A. et à la section européenne de l'Armée Rouge japonaise.

Quand Carlos envoya ses commandos japonais occuper l'ambassade de France à La Haye — la première prise d'otages vraiment spectaculaire de la décennie —, « André » essaya d'obtenir des Suisses qu'ils s'engagent plus à fond, mais ils se dérobèrent. Trois Japonais, venus d'Aden et de Bagdad pour l'opération en question, et qui devaient d'abord rencontrer Carlos et Moukarbal à Amsterdam, se trouvèrent momentanément sur le carreau en Suisse [104]. « " André " nous demanda de leur faire passer la frontière verte mais nous refusâmes », a dit von Arb à la police. « Puis quinze jours plus tard il vint nous voir pour nous dire fièrement que la prise d'otages de l'ambassade de France avait été un succès. » C'est alors que les Suisses se rendirent compte pour la première fois des ambitions révolutionnaires démesurées du mystérieux « André ». Ce dernier leur avait aussi demandé d'appuyer l'opération hollandaise en plaçant une bombe dans les locaux d'Air Japon à Zurich, « si possible pendant la journée quand il y a le plus de monde dans les bureaux de Pelikanstrasse », dit von Arb. « Mais nous avons refusé. »

Clairement, les candides anarchistes suisses commençaient à avoir des soupçons sur Moukarbal, encore qu'ils n'eussent aucune idée de qui il était réellement. C'est seulement lorsque, un an plus tard, son chef Carlos lui envoya une balle entre les yeux, qu'en voyant une photographie du corps, ils s'aperçurent que leur « André » n'était autre que Moukarbal, le second de Carlos. (Mais Petra Krause, elle, avait été depuis toujours au courant. Bien plus, trois jours avant la mort de Moukarbal, elle lui avait loué une Ford Escort chez Avis à Genève. La police française trouva dans les papiers de Moukarbal le contrat de location, signé « Anna Maria Grenzi ».)

A l'époque, elle avait de nouveau changé de nom. En octobre 1974 une voiture lui appartenant fut trouvée sur les lieux d'un incendie, ayant fait 50 millions de francs lourds de dégâts, qui avait été allumé par les terroristes italiens dans une fabrique d'équipements électroniques de la société multinationale I.T.T. Les carabiniers à ses trousses, elle avait passé discrètement la frontière suisse et s'était installée à Zurich pour de bon. Mais elle était devenue « Marina Fedi » et avait un beau (faux) passeport tout neuf.

Pour von Arb, Egloff et Staedeli, elle fut bientôt « Annababie », le chef reconnu du groupe ; et, vite, cela commença à chauffer.

Un mois plus tard — en novembre 1974 — ils étaient plongés jusqu'au cou dans trois complots de très gros calibre.

D'abord, Brigitte Heinrich refaisait surface. Cette fois elle était venue sans Roberto Mander mais accompagnée d'un étudiant iranien, Mehdi Khanbaba-Teherani, lequel, avec un groupe de compatriotes habitant Francfort, avait formé le projet d'assassiner le chah Reza Pahlevi. Le groupe suisse d' « Annababi » se montra enthousiaste. Il s'ensuivit de longs mois de concertations entre Allemands, Suisses et Iraniens. On allait faire sauter le chalet du Chah à Saint-Moritz exactement comme un an auparavant on avait fait sauter la maison du Premier ministre espagnol

Carrero Blanco : en creusant un tunnel et en y déposant une cinquantaine de kilos d'explosifs. Pour cet attentat-ci, les explosifs proviendraient une fois encore du service suisse de livraison [105]. Les plans, méticuleusement détaillés et déjà très avancés, furent découverts par hasard par la police suisse, quand, en décembre, elle tomba par hasard sur une cache d'armes volées et de documents secrets.

Cependant Petra n'oubliait pas ses amis italiens. Or, à l'automne de 1974, le mouvement terroriste italien allait franchir une étape décisive. En collaboration avec un vaste réseau autonome d'extrême gauche, les Brigades Rouges se préparaient en effet à mener une campagne de violence dans les régions industrielles du nord de l'Italie, d'où naîtrait — du moins on l'espérait — une insurrection populaire armée. La preuve du complot ne devait être publiquement fournie qu'à la fin de la décennie (voir chapitre 11) et c'est alors que l'épisode ci-après prit toute sa valeur.

« Vers le 10 décembre 1974, " Annababi " nous dit qu'elle avait besoin d'explosifs pour ses amis italiens gauchistes et nous demanda de lui remettre certaines des mines que nous avions volées », a dit von Arb aux enquêteurs. « Elle dit que nous n'aurions pas à transporter les mines. Elle s'en arrangerait avec l'aide " d'Andrea ", alias Sergio Spazzali. »

Juriste célèbre et conseiller des Brigades Rouges, Spazzali n'était pas un inconnu pour le groupe de Zurich. L'été précédent, il était venu les voir lui-même pour prendre livraison d'un substantiel assortiment de mines et de grenades [106]. Maintenant, ce 17 novembre 1974, il revenait pour prendre part avec « Annababi » et von Arb à une opération de contrebande, essentielle à la réussite des projets audacieux du mouvement clandestin italien. Ils partirent tous trois dans une voiture chargée à craquer de quarante-deux mines antichars... soit assez pour réduire en poussière une bonne partie de la ville de Milan... mais la voiture ne réussit jamais à passer la frontière.

« Quand nous arrivâmes à Altdorf, près de la frontière italienne, le chauffeur abîma, à un croisement, un feu de signalisation, a dit von Arb. Spazzali et moi, avions réussi à sortir les mines de la voiture avant l'arrivée de la police. Mais on nous dressa procès-verbal et nous ne pûmes plus nous servir de la voiture. » Prévenu par téléphone, un camarade italien arriva en toute hâte d'Italie pour récupérer Spazzali et son précieux chargement, tandis que « Annababi » et von Arb s'éclipsaient en direction de Zurich. Cependant, la frontière à peine passée, Spazzali et son chauffeur tombèrent entre les mains de la police italienne. (Passé en jugement six ans plus tard, Spazzali fut condamné à dix ans de prison. Petra Krause fut condamnée à la même peine mais *in abstensia*, son état de santé ne lui permettant soi-disant pas de se présenter devant les juges. Pour l'instant, en tout cas, aucun des deux n'a encore été en prison pour cette affaire. Au moment où j'écris, les appels des jugements rendus sont encore suspensifs.)

Quelques jours à peine après qu' « Annababi » l'eût échappé belle à la frontière, un autre juriste bien connu venait la voir à Zurich : Siegfried Haag était un des piliers de la Société allemande d'assistance légale rouge *Röte Hilfe,* de même que Spazzali en était un du *Soccorso Rosso* en Italie. Tout comme Spazzali, il s'était apparemment trop engagé vis-à-vis de ses clients terroristes en prison. Et pourtant, le juriste Haag allait bientôt prendre la direction effective de la « bande à Baader » dont il n'était alors que le conseiller juridique. Au printemps de 1975, il deviendrait le premier de la seconde génération de chefs de tout le réseau terroriste souterrain de l'Allemagne de l'Ouest. Le 28 août 1980, l'avocat de Petra, maître Rambert, de l'Aide rouge suisse, fut arrêté pour avoir recélé des « biens volés » (en l'occurrence plusieurs milliers de fausses cartes d'identité) [107].

Il y avait des années que Petra Krause travaillait avec Haag et sa *Röte Hilfe.* A peine s'était-elle installée à Zurich qu'elle contraignit son groupe suisse à donner asile à la terroriste bien connue Astrid Proll qui était recherchée par la police. C'est « Annababi » qui fit le nécessaire pour faire passer clandestinement Astrid Proll d'Allemagne en Suisse, puis en Italie, puis en Angleterre. Et maintenant, en ce mois de novembre 1974, Haag venait de nouveau solliciter son aide et, cette fois, pour des clients des plus distingués. Languissant dans une prison de haute sécurité à Stammheim, en Allemagne de l'Ouest, Ulrike Meinhof, Andreas Baader, Gudrun Enslin et Jan-Karl Raspe exigeaient avec de plus en plus d'insistance que l'on organisât leur évasion.

A peine deux mois auparavant, Carlos le Chacal leur avait indiqué la voie. En prenant comme otage, dans son ambassade, le représentant de la France, il avait obtenu qu'un terroriste japonais soit extrait de sa prison à Paris. L'idée de Haag était de saisir cinq ambassades d'Allemagne : à Amsterdam, Berne, Copenhague, Londres et Stockholm. (Il les avait choisies par ordre alphabétique, dit un terroriste allemand en retraite au *Spiegel* [108].)

Berne étant la capitale de la Suisse, il était normal que Haag demandât aux anarchistes suisses de lui prêter main-forte. Un reste de prudence les poussa à refuser. Plus tard, von Arb déclara : « Ce fut dur pour " Annababi " de laisser tomber ses vieux amis allemands. » Elle accepta cependant de fournir des armes pour ce qui, finalement, s'avéra l'un des plus ridicules et des plus désastreux attentats de la décennie... celui de l'Ambassade d'Allemagne à Stockholm.

Le juriste Haag se rendit plusieurs fois à Zurich entre les mois de novembre et de mars, toujours accompagné, bien entendu, d'Elizabeth von Dick, son inséparable amie de la bande à Baader. Il fit des commandes précises au service de livraisons pour l'affaire de Stockholm. En plus des grenades, des explosifs habituels, un fusil automatique de haute précision et un pistolet-mitrailleur automatique Suomi. Il donna 2 000 francs à « Annababi » pour les acheter sur le marché noir, s'il était impossible de les voler [109].

Le 31 janvier, « Annababi » se rendit elle-même en Allemagne avec ces armes et les remit à Siegfried Haag et à Elizabeth von Dyck à Waldshut. Les deux armes furent retrouvées, six semaines plus tard, dans les ruines fumantes de l'ambassade d'Allemagne à Stockholm [110].

Pendant tout ce temps la police suisse avait exercé une surveillance discrète sur Petra Krause. Elle avait pris de nombreuses photographies d'elle ayant un rendez-vous au terminus des tramways de Bellevue, attendant un appel de Arb au Staedeli auprès d'une cabine téléphonique ou se rendant de maison forte en maison forte. Ses connexions étaient impressionnantes et déconcertantes.

Recherchée par la police italienne, se servant d'un faux nom et de documents falsifiés, elle avait cependant été habiter pendant des mois chez Theo Pinkus, un des chefs du Parti communiste suisse, lequel suivait étroitement la ligne de Moscou. Furent photographiés alors qu'ils entraient et sortaient de la maison : Siegfried Haag, Elizabeth von Dyck, d'autres membres du réseau terroriste clandestin allemand, ainsi que ses complices suisses. Il n'est pas facile de concilier cela avec son adhésion à la nouvelle gauche révolutionnaire et sa rupture déjà ancienne avec le communisme orthodoxe.

De temps à autre, elle avait également habité au-dessus de la librairie Eco-Libro au 42 Engelstrasse que, plus tard, une cour italienne reconnut comme le quartier général d'une organisation terroriste internationale. Succédant apparemment à la « Centrale » de Feltrinelli à Zurich (1971) et au bureau international du *Potero Operaio* (1972), le circuit Eco-Libro reliait, dit-on, la zone de combat européenne (Italie, Grèce, France, Espagne, Allemagne de l'Ouest, Irlande) au Liban, à la Syrie, à l'Irak, au Sud-Yemen et à l'Egypte.

Dans son réquisitoire dans l'affaire Aldo Moro, le 3 janvier 1980, l'avocat général Guido Guasco déclare : « Des rapports de nos services secrets indiquent que des bandes subversives de différents pays, y compris les Brigades Rouges, avaient des contacts entre eux sans doute par l'intermédiaire d'un bureau central situé dans la librairie Eco à Zurich. Par ce bureau, ils firent l'impossible pour récupérer le plus possible d'un " projet européen " à l'étude dans les états-majors terroristes d'Italie et d'Irlande. »

Elle savait aussi comment se procurer trois faux passeports différents pour elle-même ainsi qu'un stock de fausses cartes d'identité pour ses subalternes suisses (apparemment fabriqués à Milan). Bien plus, elle connaissait suffisamment son métier pour entraîner ses collègues vers les sommets les plus escarpés de la profession. Quand on l'arrêta, le service suisse de livraison venait de faire une année record. Rien qu'en 1974, son réseau avait volé 192 mines et mines antichar, 358 pistolets, 123 fusils, plus d'une demi-tonne d'explosifs et plus de deux kilomètres de cordon détonnant.

Ces marchandises — grenades, dynamite, mines, armes à feu — étaient stockées dans les meilleures maisons fortes terroristes d'Europe et surgissaient aux endroits les plus divers : ambassade d'Allemagne à Stockholm, caches du groupe Baader-Meinhof à Hambourg et à Francfort, soute à bagages du rapide catalan « Talgo » roulant vers Barcelone, cache des kidnappeurs aux environs d'Aqui-Terme (où la femme de Renato Curcio, le chef des Brigades Rouges, fut tuée au cours d'une escarmouche avec les carabiniers), rue commerçante dans le centre de Milan (où une terrible *mine antichar* fut posée sur la chaussée, enveloppée dans du papier journal) ; appartement servant aux Brigades Rouges à préparer l'enlèvement d'Aldo Moro à Rome ; appartement de Rome où un des chefs des Brigades Rouges — Valerio X — fut capturé (l'on y trouva des grenades du « service de prélèvement » suisse ainsi que le pistolet-mitrailleur Skorpion ayant servi à tuer Moro, Valerio X avait été lui-même prendre livraison des grenades à Zurich) [111].

C'est le 20 mars 1975 que la police suisse procéda à l'arrestation de Petra Krause. Sur le coup elle se montra indignée quand ils l'interpellèrent en plein milieu de la foule de Bellevue-platz, où elle faisait les cent pas depuis quelques minutes, balançant son sac à main, marchant en long et en large devant le terminus des tramways et consultant fréquemment sa montre. « J'étais avec une amie avec laquelle j'avais rendez-vous quand nous fûmes soudain entourées par un certain nombre d'hommes qui m'attachèrent les bras derrière le dos, s'emparèrent de mon sac et nous séparèrent brutalement l'une de l'autre, a-t-elle dit plus tard aux journalistes. Si cela s'était passé en Italie et si j'avais eu une arme, j'aurais tiré comme une folle. Car cela n'aurait pu être qu'une attaque de fascistes. » Elle n'avait pas d'arme sur elle, mais son amie en avait une. Arrêtée avec elle, sous l'abri de Bellevueplatz, se trouvait Elizabeth von Dyck, la compagne inséparable du juriste Haag. Membre important de la bande Baader-Meinhof elle avait ordre de toujours porter une arme sur elle. En fait, elle mourut plus tard en essayant d'en faire usage après être tombée dans une embuscade que lui avait tendue la police allemande [112].

Petra Krause demeura vingt-huit mois dans une prison de Zurich sans pour autant comparaître en justice. Elle s'employait de toutes les manières à retarder son procès, faisant trois fois la grève de la faim, refusant obstinément d'aller prendre de l'exercice dehors, faisant une tentative d'évasion et étant, de ce fait, l'objet d'une surveillance spéciale ; elle eut également recours à tous les expédients légaux susceptibles d'entraîner la remise de son procès, réussissant ainsi à prolonger de près d'une année son séjour en prison.

Les Italiens venus la défendre — et ils étaient nombreux — ne tinrent aucun compte des faits ci-dessus mentionnés. L'indomptable comité qui exigeait son extradition en Italie parlait seulement d'une femme généreuse et distinguée qui « pendant des années avait milité pour la défense des prisonniers politiques ». D'après eux, ce qu'elle avait subi aux mains de ses geôliers suisses constituait « une violation révoltante des droits de l'homme ». Ses défenseurs étaient persuadés que les juges italiens se montreraient beaucoup plus indulgents, fût-ce en présence d'un chef d'accusation d'incendie volontaire de 10 millions de dollars ; et ils n'avaient pas tort. Accueillie par une foule en délire à l'aéroport de Rome, Petra Krause passa cinq jours en prison à Naples, puis fut mise en liberté. Un an plus tard, elle fut déclarée innocente « faute de preuves ».

Ensuite elle allait demeurer une héroïne pour la plus grande partie de la presse italienne. De longs rapports parlèrent de sa « mort lente... à la suite de la torture psychologique qu'avait représenté son isolement rigoureux » à la prison de Zurich, et le bruit affreux d'une pompe hydraulique « assourdissante » qui se trouvait dans le voisinage. Pratiquement aucun journal italien ne fit allusion aux motifs de son internement en Suisse. Le journal communiste *Manifesto* parla simplement de « vol présumé dans un arsenal militaire suisse ». L'organe officieux du Parti, *Paese-Sera* parla d'intrusions « supposées et non confirmées dans les arsenaux ». De son côté *Lotta Continua,* le journal de l'extrême gauche ne faisait allusion qu'à « des actions subversives qui n'ont jamais été prouvées ».

Ainsi, jusqu'en 1980, la gauche italienne a-t-elle continué à fermer les yeux sur un cas qui aurait pu ébranler certaines de ses convictions les plus chères : à savoir que l'on ne peut haïr le fascisme et être en même temps un terroriste ; que tous les policiers sont des brutes ; qu'il suffit de se montrer contre l'ordre bourgeois pour ne pas être entièrement mauvais.

5

GUIDE TOURISTIQUE DE LA CLANDESTINITÉ

— Seriez-vous d'accord pour que vos camarades tentent de vous sortir d'ici ? demanda un agent de la sécurité suisse chargé de garder Gabriele Kröcher-Tiedemann après qu'elle eut été condamnée pour avoir essayé d'abattre deux policiers.

— Dieu le veuille, répondit-elle en souriant.

— Et maintenant que vous me connaissez tireriez-vous sur moi ? demanda-t-il encore.

— Oui, bien sûr, dit-elle.

Impénitente, inapprochable, implacable dans sa rage contre la société, la femme qualifiée par une victime du kidnapping de l'O.P.E.P. comme « la plus bestiale » de l'équipe de Carlos est, à l'heure actuelle, enfermée pour quinze ans dans une prison suisse. Son ancien mari, Norbert (qui avait préparé un cercueil long de un mètre quatre-vingts et large de soixante centimètres, pourvu de trous d'aération, pour le Suédois qu'il avait projeté de prendre en otage) se trouve, de son côté, dans une cellule allemande à peine deux fois plus grande. Déjà bien avant qu'ils ne fussent sous les verrous, aucun étranger à l'organisation ne pouvait plus établir de contact affectif ou intellectuel avec eux. Celle-ci avait dressé autour d'eux ses propres murailles ; et tous ceux qui ne se trouvaient pas à l'intérieur n'étaient, pour reprendre les termes de Norbert, que de simples morts vivants.

Pris séparément, les Kröcher ne sont pas plus intéressants qu'une centaine de terroristes comme eux. Ils ne sont ni plus malins, ni plus capables, ni plus passionnément motivés, ni même plus froidement violents, encore qu'à cet égard Gabriele mérite une mention particulière. Mais pris ensemble, on n'aurait pu trouver de meilleurs guides pour une visite du réseau international clandestin du terrorisme. Nés à peu près au même endroit et à la même époque, militants dans le même groupe clandestin (en lui-même guère différent des autres) ils se trouvèrent, chacun de leur côté, avoir parcouru d'Est en Ouest toutes les grandes artères de cet univers souterrain. Le chemin de Gabriele conduit directement chez les Palestiniens du Moyen-Orient, ainsi qu'à la république satellite soviétique du Sud-Yémen. Norbert suit un chemin plus touristique : par la Suède, le Danemark, la France, le Mexique, le Chili et l'Argentine, il se rend à Cuba. De Cuba, sa route mène directement à un autre satellite soviétique, la Corée du Nord, en passant par Moscou même.

C'est à Rome au printemps 1978 que j'ai, pour la première fois, entendu parler de Gabriele Kröcher-Tiedemann. L'Italie était au bord de la dépression nerveuse. Aldo Moro, président des démocrates-chrétiens — le parti au pouvoir — et expert sans pareil de la politique italienne, était prisonnier des Brigades Rouges. Ces derniers avaient dressé leur embuscade en plein jour, sur une voie très fréquentée de la capitale, abattant les cinq gardes du corps du Président et échappant pendant les cinquante-cinq jours suivants à une gigantesque chasse à l'homme. Puis ils lui tirèrent onze balles dans le corps : « le plus grand acte d'humanité possible dans cette société de classe », dirent-ils. Du point de vue de la vitesse, de la mobilité, de la préparation, de la logistique, de la résistance et du raffinement, l'opération était incomparable.

La plupart des Italiens pensèrent qu'il ne pouvait s'agir d'un travail national — aucun Italien n'aurait été capable d'une précision pareille, disaient-ils. Mais il n'y avait aucun indice d'une immixtion étrangère et aucune raison de douter que les Brigades Rouges n'eussent pu agir seules. En 1978, elles étaient au sommet de leur puissance, parfaitement capables de consacrer un an d'efforts et 1 million de dollars à une opération qui portait si clairement la marque de leur intervention. Bien plus, elles tenaient à tel point à prouver leur caractère purement italien, et semblaient si outragées à la moindre suggestion du contraire, que l'on commençait à se demander si elles avaient vraiment le moindre lien avec l'étranger.

Or les membres des Brigades Rouges en avaient de nombreux. C'est un fonctionnaire du ministère de l'Intérieur italien qui m'a dévoilé un fait — petit il est vrai, mais néanmoins important — et qui aurait bien pu être oublié dans l'avalanche de ceux qui allaient déferler dans les années suivantes. Trois mois avant l'enlèvement de Moro, me dit-il, une femme allemande du nom de Kröcher-Tiedemann avait été arrêtée en Suisse. Elle portait sur elle une partie de la rançon d'une prise d'otages effectuée en Autriche par des terroristes, allemands comme elle ; une autre partie de cette rançon avait été envoyée aux Brigades Rouges. « Je ne peux pas vous donner de preuve absolue de la chose, ajouta mon informateur. Pourquoi ne pas aller à Vienne et voir par vous-même ? »

J'allai à Vienne, et de là à Zurich, puis à Bonn et dans une demi-douzaine d'autres capitales européennes, suivant une piste qui me conduisit, et de beaucoup, au-delà des frontières italiennes et allemandes. A mesure que j'avançais, le terrain devenait de plus en plus familier. Je tombai d'abord sur Gabriele, puis sur son ex-mari Norbert. Puis je trouvai Feltrinelli et Curiel, aussi bien que Carlos et ses amis palestiniens. Egalement les Tupamaros et l'I.R.A. provisoire, les Brigades Rouges, le Front Polisario dans le Sahara occidental, ainsi que des terroristes d'au moins huit autres nations. Les Cubains et les Russes apparaissaient et disparaissaient. Rien de ce que je rencontrai sur ma route ne paraissait indiquer l'existence d'un plan directeur. Et pourtant, encore et toujours, juste au bon endroit et au bon moment certaines personnes surgissaient.

Les Kröcher s'étaient rencontrés à Berlin alors qu'ils venaient juste l'un et l'autre d'avoir vingt ans. L'entrevue n'eut rien de particulièrement joyeux. Gabriele avait besoin d'une bourse du *Land* de Berlin et Norbert avait le permis de séjour nécessaire. Le mariage était de convenance et ne dura guère.

Tous deux étaient nés en Allemagne de l'Est et, ni l'un ni l'autre, n'avaient eu d'enfance libre ou heureuse. Le père de Gabriele était un nazi convaincu, une brute et un soudard, et sa mère, institutrice au caractère apparemment doux et soumis, l'avait finalement quitté. Selon elle, Gaby était une enfant « gentille et équilibrée » qui faisait des études brillantes et n'avait jamais donné d'ennuis. De plus, elle était jolie, avec ses yeux très clairs, un visage allongé et une lourde chevelure blonde coiffée en bandeaux. Alors que son corps frêle, garçonnier, était demeuré pratiquement inchangé tant qu'elle était restée avec sa mère, ses traits soudain s'épaissirent et son habituelle expression animée céda le pas à des phases alternées de repli et de provocation.

A partir du moment où elle s'inscrivit comme étudiante en sociologie à l'université de Berlin, toute flamme intellectuelle parut s'éteindre chez elle. Quand elle passa à l'immense université d'après guerre de Bochum, une usine à diplômes comptant vingt-cinq mille étudiants et le plus grand pourcentage de suicides de jeunes intellectuels d'Allemagne, elle avait perdu tout intérêt pour ce genre de travail. « Elle n'avait rien d'une brillante élève », dit sèchement un de ses anciens professeurs. « Je ne me la rappellerais même pas si elle ne s'était mise à voler des voitures et qu'on ne l'eût prise sur le fait. » Il pensait que c'était peut-être la conscience insoutenable de son anonymat qui l'avait d'abord poussée à voler. Comme la plupart de ses compagnons terroristes, Gabriele ne termina jamais ses études.

Les parents de Norbert étaient juste à l'opposé de ceux de Gabriele, ce qui semble indiquer qu'en ces matières il est présomptueux de vouloir faire de la psychologie. Son père était un communiste fervent, un anti-nazi actif, mort avant la naissance de Norbert. Sa mère, qui était concierge, avait également des convictions de gauche bien précises. En vérité, elle semble avoir eu des idées arrêtées sur la plupart des sujets. Les principes moraux rigides qu'elle imposait à son fils étaient une torture pour lui, avoua-t-il plus tard. Ils le séparaient de ses camarades et le faisaient se replier sur lui-même.

A en juger par le nombre de filles qui passèrent dans son lit pendant les quelques années où il fut à la fois libre et adulte, il était arrivé sans trop de mal à surmonter ses inhibitions de jeunesse. Mais les filles, d'abord attirées par ses traits marqués, son air songeur, ainsi que l'impression de souffrance intérieure qu'il donnait, finissaient toutes par avoir peur de lui. La mère de Gaby, qui ne pouvait pas le voir en peinture, le qualifiait d'alcoolique et de « grossier personnage ». Un de ses anciens complices déclara qu'à l'âge de vingt ans déjà, il « faisait régner une atmosphère menaçante autour de lui ».

Dès cette époque d'ailleurs, il se considérait comme un socialiste révolutionnaire. Il travaillait alors dans un bureau de poste à Berlin, en qualité de technicien des télécommunications : ce fut à la fois son premier et son dernier travail fixe. Sa première incursion dans le domaine politique l'avait amené à fonder une cellule rouge qui plus tard se rattacha à la bande à Baader dans la fraction allemande de l'Armée Rouge. Ceci se passait vers 1969, alors qu'Andreas Baader et Ulrike Meinhof ne travaillaient pas encore ensemble et n'avaient pas encore commencé à stupéfier la bourgeoisie allemande, alors que les Tupamaros de Berlin-Ouest commençaient juste à lancer des bombes pour la paix, et tandis que des bandes de jeunes chahuteurs se mettaient à parcourir le Kurfürstendamm de Berlin, en portant des panonceaux réclamant des sous-vêtements chauds pour la police et des w.-c. pour chiens. Les Allemands n'avaient encore rien vu.

En 1970, Norbert cessa de travailler pour de bon et se joignit à un groupe d'étudiants, Kommune I. Le hachisch et l'amour ne lui laissaient guère le temps de prendre part, comme les autres, à la pesante quête de soi. Parler ne l'intéressait pas. C'est d'action qu'il avait besoin.

Cependant, Gabriele, par ses contacts avec l'I.R.A. provisoire, passait à vive allure d'un radicalisme vague à quelque chose de nettement plus solide. Bien qu'ils ne fussent pas encore les marxistes d'extrême gauche qu'ils allaient devenir, les Provos de l'Irlande du Nord étaient parmi les premiers en Europe à adopter le dogme terroriste du meurtre « au petit bonheur » ; ils commençaient tout juste à essaimer à travers l'Europe, cherchant à se procurer armes et argent. Maintenant que la guerre du Vietnam était terminée, les étudiants riches et agités de l'Allemagne de l'Ouest cherchaient désespérément une nouvelle cause. L'I.R.A., travaillant en étroite liaison avec les Palestiniens, trouva là un excellent terrain de chasse. Gabriele se rendit plusieurs fois en Irlande — et des centaines d'étudiants allemands firent comme elle (plus tard on rendrait visite aux Palestiniens au Moyen-Orient). A Bochum, elle assurait une page du bulletin incendiaire des Provos, *An Poblacht*. Des croquis montrant comment fabriquer et lancer une bombe en étaient le principal attrait [113].

Quand Gabriele et Norbert se rencontrèrent et s'épousèrent en 1971, chacun d'eux songeait à s'allier à un groupe de vingt à trente jeunes Berlinois qui avait pris pour nom : Mouvement du 2 juin. Moins flamboyant et moins « gratiné » que la très militante bande à Baader, le Mouvement du 2 juin était aussi une formation plus lâche, plutôt « kitsch », et tendant au début à se montrer tant soit peu hésitante quant à la férocité de ses desseins à l'égard de la société. Cependant, dans les meilleures traditions de l'anarchiste Bakounine, elle était sans hésitation pour la « désorganisation et la destruction du régime actuel » ; et, peu à peu, ses membres arrivèrent à ne pas se débrouiller trop mal dans cet ordre d'idées.

Plus d'un séduisant rebelle, amateur de hachisch, avait déjà échoué dans le Mouvement du 2 juin, dont d'anciens Tupamaros de Berlin-Ouest, comme Baumann, dit « Bommi le Bombardier », l'élégant messager qui faisait de petites visites à Giangiacomo Feltrinelli et revenait de Milan avec des chèques substantiels pour le mouvement clandestin allemand. Mais il ne fallut pas longtemps au groupe de Baumann pour rattraper l'étincelante fraction de l'Armée Rouge, la surpasser même, dans un festival sadique de sang et déprédations. Quand « Bommi » quitta le groupe et s'enfuit en Inde, il tâchait de sauver sa peau après laquelle couraient à la fois ses anciens camarades et la police. « L'entrée est gratuite, c'est le principe du groupe, mais il est impossible de s'en aller... si ce n'est par le cimetière », écrivit-il plus tard. A cette époque, l'âme du Mouvement du 2 juin était son chef, Ralf Reinders, qui prépara l'attentat à la bombe contre la Maison juive de Berlin « pour se débarrasser de ce sentiment à l'égard des juifs que l'on ne peut s'empêcher d'avoir depuis le nazisme [114]. »

A peine les Kröcher étaient-ils mariés que Norbert cambriola une banque. C'était la première fois qu'il entreprenait une opération de ce genre : mais pour lui, il s'agissait plutôt d'une « appropriation » prolétarienne. A l'époque, les jeunes mariés écrivaient déjà dans la revue anarchiste *Fizz* : le sujet favori de leurs articles était la fabrication des bombes et autres bricolages. Ils puisaient leur documentation dans la revue *Tricontinentale*, publiée à La Havane; dans *Recettes pour anarchistes* où ils trouvaient les diagrammes que les élèves des écoles de guérilla de La Havane étudiaient sur le tableau noir; et dans le matériel pédagogique venant des librairies Feltrinelli en Italie.

Après quelques autres opérations contre des banques, quelques vols de voitures et agressions contre la police, les Kröcher se rendirent compte qu'un petit séjour en Suède ne pourrait leur faire que du bien. Ceci se passait en 1972 et le mariage allait à vau-l'eau. Quand Gaby retourna à Berlin un mois plus tard, leurs chemins se séparèrent.

Gabriele dut alors se rendre compte qu'elle allait un peu loin. « Plusieurs médecins m'ont conseillé de voir un psychiatre et je crois que je le ferai », écrivait-elle à sa mère au printemps de la même année. Elle ajoutait que, pour l'instant, « il fallait qu'elle cesse d'avoir des contacts avec sa mère ». Ce même été, surprise en train de voler des vignettes de voiture, elle termina une course épique à travers les rues en blessant un policier au pied. (« Elle vise toujours trop bas », dit Norbert à Stockholm quand quelqu'un lui téléphona pour lui raconter la chose.)

En août 1973, elle était en prison pour la première fois et pour huit ans — en principe. Mais ses camarades terroristes se débrouillèrent pour la faire libérer au bout de moins de deux ans. Pour cela, ils firent simplement ce que les terroristes ont toujours fait et feront toujours aussi longtemps qu'existera le chantage. Autrement dit, ils prirent un otage et le gardèrent prisonnier jusqu'à ce que le gouvernement allemand accepte de libérer cinq terroristes, dont Gabriele.

Avec un otage aussi distingué que Peter Lorenz, chef des démocrates-chrétiens de Berlin, les terroristes n'eurent à tenir que six jours. La facilité apparente de leur victoire, l'ahurissante rapidité avec laquelle le gouvernement fédéral se rendit fit surgir une poussée terroriste qui allait bientôt plonger le pays dans une crise telle que l'Allemagne n'en avait pas connue depuis un quart de siècle. A partir du jour fatal — en mars 1975 — où le cabinet du chancelier Schmidt capitula, les Allemands se virent plongés dans une tragédie sans cesse plus sanglante. L'attaque sauvage — d'une folle et barbare cruauté — de l'ambassade d'Allemagne à Stockholm, les meurtres d'un procureur général fédéral, d'un éminent banquier, d'un juge; l'enlèvement et le meurtre de l'industriel Schleyer — le patron des patrons —; le détournement vers Mogadiscio d'un avion de la Lufthansa transportant quatre-vingt-deux passagers, que des commandos de l'armée libérèrent quelques instants avant que l'avion ne saute, tout cela et plus encore remonte aux illusions engendrées par ce premier succès. Comme l'orientation prise par Norbert et Gabriele Kröcher.

Libérés, avec en plus pour chacun une gratification de 40 000 francs en prime, Gabriele et les quatre autres condamnés terroristes furent installés dans un Boeing de la Lufthansa et dirigés sur le Sud-Yémen où le Front palestinien du refus avait ouvert (et dirige encore) un centre de perfectionnement pour guérillas urbaines du monde entier. Tous les cinq, après y avoir terminé leurs études, rentrèrent directement en Europe pour reprendre leur carrière — mais à un niveau plus élevé de la hiérarchie. Ils sont tous de nouveau en prison ainsi d'ailleurs qu'un bon nombre d'autres, lesquels — se souvenant de la facilité avec laquelle le gouvernement s'était rendu la première fois — se livrèrent à une débauche d'enlèvements et de crimes, mais cette fois sans succès.

En 1975, Gabriele n'avait pas eu envie de partir avec les autres. Quelques années moroses dans le Mouvement ne l'avaient pas encore préparée à leurs exigences, ni à suivre le catéchisme révolutionnaire, rédigé par le nihiliste Netchaiev, devenu parole d'évangile pour ses camarades de la fin du XXᵉ siècle : « Un révolutionnaire doit étouffer en lui-même toutes considérations de famille, d'amour, d'amitié, d'honneur même... et ne connaître que la science de la destruction. »

Trouvant difficile de réprimer en elle toutes ces considérations bourgeoises, Gabriele, de prison, envoyait encore des lettres affectucuscs à sa mère. « Chère Maman, je t'envoie mille pensées affectueuses pour ton anniversaire du 12. Félicitations et tous mes meilleurs vœux ! Hélas, je ne sais pas si cette lettre te parviendra à temps. Ne te fâche pas si elle est en retard. Tu sais que je n'y suis pour rien... [115] »

Quand vint la proposition de libération, sa première réaction la poussa à la refuser. Quelques mois plus tard, elle aurait été libérée sur parole et aurait pu refaire sa vie. Pendant cinq heures angoissantes, elle discuta le problème avec sa mère. « Il peut sembler étrange pour une mère de vouloir que sa fille reste en prison, mais je l'ai suppliée de le faire », dit Frau Tiedemann ; et c'est finalement la décision qu'avait prise Gabriele. Mais un coup de téléphone de dernière minute la fit changer d'avis. Un des quatre autres libérables l'appela d'une prison différente (une facilité rarement mentionnée dans les descriptions que les terroristes nous ont données des horreurs des prisons allemandes) et lui exposa sans ambages la situation. De la part du Mouvement du 2 juin il ne s'agissait pas d'une proposition, mais d'un ordre : il fallait qu'elle s'en aille avec les autres. L'année précédente, le Mouvement avait déjà exécuté un renégat, un traître du nom de Ulrich Schmucker. Gabriele était parfaitement au courant du sort qui lui serait réservé si elle refusait de partir.

« Essaie de comprendre, mère chérie. Il faut que je parte »,
écrivit-elle dans un message d'adieu. Les caméras de la télévision
la filmèrent montant dans l'avion en partance ; elle serrait la main
du pasteur protestant Heinrich Albertz et avait l'air affreusement
jeune et terrifiée. L'ancien maire de Berlin, qui accompagnait les
terroristes à titre d'otage jusqu'à leur arrivée à bon port, dit qu'elle
était la seule des cinq à avoir un visage expressif. « J'ai eu
l'impression que si elle était à bord ce n'était pas de son plein
gré », ajouta-t-il [116].

Trois années plus tard, devant un tribunal suisse, une
Gabriele distante et glacée donna une version différente de ce
dernier épisode. « Ma mère essaya de faire du chantage et de me
faire changer d'avis en menaçant de se suicider si je partais avec
les autres. Je ne l'ai jamais revue », dit-elle [117].

Aden allait être néfaste à Gabriele.

En tant que capitale du Sud-Yémen, alors satellite de
l'U.R.S.S. et désormais une de leurs bases militaires, Aden était
alors, et est encore, particulièrement bien située pour les Russes
comme pour les Palestiniens. Des douzaines d'autres régions
auraient pu convenir à des cours sur la guerre de guérilla, et j'en
parlerai plus loin. Mais Aden n'est pas seulement un des endroits
où les jeunes les plus doués peuvent apprendre à se servir d'un
fusil d'assaut Kalachnikov, de provenance russe ou tchèque, ou de
pistolets automatiques Makarov et Skorpion si pratiques pour les
assassinats et les hold-up de banques. Loin des regards curieux et
suffisamment éloignés de la frontière russe, la capitale du Sud-
Yémen a été constamment utilisée pour ce que l'on pourrait
appeler le Service spécial des sales coups de la guérilla internationale.

Les Russes, par exemple, ont entraîné là des groupes de
guérilleros venant de zones qui intéressaient particulièrement la
stratégie de Moscou. Depuis 1968, les hommes de la province
désertique du Dhofar ont leur camp spécial près d'Aden. Jusqu'à
l'échec de l'insurrection de 1975, les Russes les envoyaient, armés
jusqu'aux dents, conquérir le territoire d'Oman, flottant littéralement sur une immense nappe de pétrole.

Dans la même période, depuis plus de dix ans, les marxistes
palestiniens se sont servis du Sud-Yémen pour dissimuler et
entraîner un corps d'élite terroriste multinational. Georges
Habash (dont le Front populaire pour la libération de la Palestine
fut le premier à exporter le terrorisme du Moyen-Orient en Europe
de l'Ouest) a son quartier général officiel à Beyrouth mais ses
meilleurs camps de guérilla à Aden. Il en était de même de Wadi

Haddad, jusqu'à sa mort présumée en 1978 ; celui-ci, en tant que collaborateur intime de Habash, était responsable de l'ensemble de la stratégie du réseau terroriste palestinien en Europe. C'est sous l'habile direction de Haddad que, vers 1975, de son quartier général à Paris, « Carlos le Chacal » dirigea une équipe de tueurs de grande envergure qui sema la mort et la frayeur de la mer Baltique à la Méditerranée. Il se trouve que Carlos fut un de ceux que Gabriele vit à Aden.

Il est impossible de dire combien d'autres personnages importants elle rencontra encore. Dans les camps, les arrivées et les départs se succédaient sans cesse. Des centaines d'Iraniens s'entraînaient là, eux aussi, avant de mettre leur habileté professionnel à la disposition de ceux qui voulaient renverser le chah et installer dans l'Iran islamique la révolution permanente. Turcs, Irlandais, Erythréens, Sud-Américains d'une douzaine de nationalités, habitants des Moluques (qui, du jour au lendemain se rendirent célèbres en prenant en Hollande un train entier de passagers en otage) s'entraînaient là, côte à côte, avec des Hollandais, des Belges, des Espagnols, des Scandinaves, des Suisses, des Italiens et même des Japonais.

Depuis le début, des terroristes allemands avaient élu domicile sur le territoire[4]. Dès 1969, les Tupamaros de Berlin-Ouest allaient dans les camps de Habash ; c'était l'époque où l'éditeur italien Feltrinelli, millionnaire en dollars, commençait à verser de l'argent aussi bien aux Allemands qu'à Habash. L'année suivante le Moyen-Orient vit arriver tous les membres de la bande à Baader. A partir de 1975, ils se rendaient dans les camps spécialisés du Sud-Yémen.

Le premier témoin oculaire de ces camps fut Ludwina Janssen, une aimable jeune Hollandaise qui, en 1976, avec quinze camarades du Secours rouge hollandais, s'en fut au camp Khayat de Habash-Haddad. Arrêtée en Israël au cours de la première mission de son stage, elle fit, sans trop se faire prier, une confession complète. A part un certain nombre d'Allemands, dont Siegfried Haag et Wilfred Böse, chef des cellules révolutionnaires allemandes, elle avait vu là-bas des membres de l'I.R.A., des Iraniens, des Turcs, des Sud-Américains d'origines diverses, des séparatistes érythréens et des Japonais. Les instructeurs cubains jouaient un rôle des plus importants, dit-elle[118].

Tout cela, et plus encore, fut confirmé en 1978 par Hans Joachim Klein, un déserteur des cellules révolutionnaires allemandes, ancien membre de l'équipage de Carlos lors de l'opération O.P.E.P. Après quoi il avait enseigné pendant huit mois au camp d'Aden où il avait eu pour élèves cinq collègues femmes de Gabriele Kröcher-Tiedemann. Quand il retrouva les autres au

Sud-Yémen, il dit : « Ceux qui étaient au sommet vivaient comme des rois, les autres comme des merdeux. Les chefs avaient des cinémas, des discothèques, un restaurant spécial et des monceaux d'argent et nous, les enseignants, nous partagions leurs prérogatives. Les troupes palestiniennes, elles, n'avaient rien. » Les cellules révolutionnaires peu connues en dehors de l'Allemagne, mais non moins meurtrières au dedans, émargeaient depuis des années chez Haddad ; le salaire moyen s'élevait alors à 15 000 francs par mois [119].

Ils étaient peu nombreux cependant à recevoir un salaire régulier. La plupart nageaient dans l'argent des banques et des rançons et payaient leur entraînement très cher : c'étaient les Allemands qui avaient le plus de ressources. Avant qu'un tribunal secret du Mouvement du 2 juin n'eût condamné Ulrich Schmucker à mort comme récidiviste et traître à sa classe, il avait parlé de ce problème à une cour fédérale allemande [120]. Selon lui, le Mouvement du 2 juin avait du payer 10 000 deutsche Marks aux Palestiniens pour former Gabriele Kröcher-Tiedemann : c'était apparemment le tarif normal. Les Allemands en fuite avaient à débourser 3 000 deutsche Marks pour trouver un asile temporaire au Liban ou en Irak ; et Schmucker lui-même, envoyé au Moyen-Orient pour s'approvisionner en armes, avait payé 15 000 deutsche Marks pour des armes légères, autant pour des explosifs et 5 000 deutsche Marks pour les grenades à main et les pistolets automatiques.

Cela étant, on en avait pour son argent. Quand ils revenaient de leur entraînement palestinien, les apprentis terroristes allemands étaient devenus les junkers prussiens des guérillas. Le travail était strictement séparé du plaisir, l'amour du terrifiant devoir révolutionnaire. Le hachisch, le cafard, le « rock » et, d'une manière générale, le plaisir étaient proscrits, la discipline était très stricte. « Quand ils revenaient, avec leurs cheveux courts et leurs faux passeports nous ne les reconnaissions pas » écrit « Bommi » Baumann dans *Come e Cominciata*. L'homme nouveau, disaient-ils, était né l'arme au poing [121].

Le hasard fit, qu'à Aden, Gabriele tomba sur un groupe d'Allemands particulièrement brillant. Trois au moins de ses compatriotes y faisaient fonction d'instructeurs, alternant sur l'estrade des enseignants avec des spécialistes de guérillas cubains et est-allemands. La grande vedette y était Siegfried Haag, le juriste de Heidelberg qui traitait des explosifs et du combat corps-à-corps : son nom de guerre était « Khaled » ; Autoritaire, froid, calculateur, intelligent, à en croire Ludwina Janssen, Haag n'avait rallié le mouvement qu'en juin, cessant d'être le conseiller juridique de la première génération des chefs de l'organisation Baader-Meinhof pour en prendre lui-même la direction.

A l'époque Siegfried Haag nouait, en fait, en Allemagne les fils qui allaient entraîner la déconfiture de Norbert Kröcher à Stockholm, dont le retour en prison précéda de neuf mois celui de son ex-femme.

Il est peu probable que, sur le plan politique, Gabriele se soit beaucoup enrichie à Aden. Elle avait à accomplir d'épuisantes journées de douze heures, se terminant souvent à l'hôpital de campagne où on lui soignait ses blessures ou ses contusions. Il ne restait alors pas beaucoup de temps pour la conservation et, y en aurait-il eue, il fallait une autorisation spéciale de Wadi Haddad pour que les différents groupes ethniques puissent communiquer entre eux. « Je ne me rappelle pas avoir eu plus d'une véritable discussion politique », dit-elle [122].

Mais Gabriele n'avait pas été envoyée au Moyen-Orient pour parler politique. Elle était là pour se préparer et s'habituer aux rudes exigences des luttes terroristes transnationales. Formée par les plus grands spécialistes de la question, elle pouvait enfin se lancer dans l'arène.

Carlos ne s'était pas trompé quand il avait choisi Gabriele pour son raid sur l'O.P.E.P. à Vienne : elle s'y distingua certainement plus que n'importe qui. (Klein, « écœuré » par les « actions folles des terroristes internationaux », quitta peu après. Et les trois Palestiniens qui participaient à l'opération ne se couvrirent pas de gloire). Ses débuts dans le rôle de tueur valurent à Gabriele les chaleureuses félicitations de Carlos et, plus tard, celles de Wadi Haddad — le chef — lui-même, quand il convoqua l'équipe à Aden pour faire la critique de l'opération. Klein fut le seul à critiquer son exploit. Le vieux policier autrichien qu'elle allait abattre avec son Makarov au quartier général de l'O.P.E.P. courait déjà vers l'ascenseur — autrement dit prenait la fuite — quand Gabriele lui avait tiré un coup de fusil dans la nuque. Klein ne voyait pas ce qu'un tel acte de gangstérisme avait à faire avec la révolution.

Son travail accompli, Gabriele s'envola pour l'Algérie avec l'équipe de Carlos et ses prisonniers — les ministres du pétrole —, rejoignit Aden pour sa rencontre avec Wadi Haddad, et disparut dans la nature. Il fallut exactement deux ans aux autorités pour retrouver où elle avait été et ce qu'elle avait fait. Quelques jours avant Noël 1977, elle allait entrer en Suisse par Porrentruy avec un camarade terroriste allemand quand un douanier lui fit signe de s'arrêter. Elle prit quelque chose dans son sac, sortit de voiture, saisit son Makarov des deux mains pour mieux viser et tira. Deux gardes-frontières suisses durent être conduits d'urgence à l'hôpital (l'un d'entre eux restera infirme toute sa vie). Gabriele se retrouva en prison.

Le contenu de sa trousse de voyage en disait long sur son nouveau genre de vie. Elle avait de faux papiers d'identité autrichiens, des cartes d'état-major du nord de l'Italie, un court traité de droit pénal suisse, un rapport confidentiel du gouvernement allemand sur l'affaire Schleyer, un plan au sol de l'ambassade d'Israël à Bruxelles, deux autres fusils et un couteau à cran d'arrêt, des documents codés et 20 000 dollars en espèces.

Parmi les documents se trouvait une feuille marquée « Rome » portant la mystérieuse mention « Al. Mo. » — qui cessa d'être mystérieuse quand trois mois plus tard Aldo Moro fut kidnappé à Rome. L'argent provenait de la rançon de 2 millions de dollars versée au mois de juin précédent par le magnat autrichien du textile Michael Palmer. Telle est la précision que j'avais essayé de trouver en Italie.

Quand j'arrivai à Vienne, la police autrichienne avait recueilli de nombreuses indications sur l'enlèvement de Palmer. L'opération avait demandé des mois de préparation minutieuse, me dit-on, et elle avait été exécutée par trois femmes du Mouvement du 2 juin auquel appartenait Gabriele. Toutes trois — Inge Viett, Gabriele Rollnick, Julianne Plambeck — avaient pris part au kidnapping du chef démocrate-chrétien Peter Lorenz à Berlin deux hivers auparavant, à la suite duquel Gabriele avait été propulsée vers Aden. Après l'opération Palmer, toutes les trois s'étaient rendues à Aden (où Hans Joachim Klein tomba sur elles). La plus grande partie des 2 millions de dollars payés par Palmer n'a jamais été retrouvée. Mais Gabriele Kröcher-Tiedemann en avait une partie sur elle quand elle fut arrêtée en Suisse. On en avait retrouvé aussi sur deux jeunes Autrichiens ramassés à la frontière suisse près de Chiasso, quinze jours avant l'arrestation de Gabriele. Ils amenaient dirent-ils de l'argent aux Brigades Rouges de Milan [123].

Les deux Autrichiens, simples journaliers du business, ne connaissaient certainement pas les plans des Brigades Rouges. Ils ne savaient absolument pas si l'argent contenu dans leurs valises allait être tout simplement réparti en Italie ou, éventuellement, était destiné à constituer le magot de 1 million de dollars dont on avait besoin pour prendre et tuer Aldo Moro. Gabriele, elle, aurait été au courant.

Elle figura pour la dernière fois à la « une » des journaux quand elle comparut en justice dans le château du XIVe siècle de Porrentruy, où avait lieu son procès. Deux cents policiers suisses étaient de faction, armés de mitraillettes. Des hélicoptères surveillaient les lieux quand, menottes aux mains, elle se présenta devant les juges : elle était toute menue, avec les cheveux coupés court, et portait des bottes et des jeans. « Mon Dieu ! Comme elle est petite ! Comme elle est frêle ! », s'écria quelqu'un. Ses avocats essayèrent de prouver que les blessures infligées aux gardes suisses démontraient qu'elle n'avait pas l'intention de tuer : autrement dit qu'elle tirait trop bien pour manquer la tête ou le cœur si elle voulait les atteindre — elle avait dû corriger sa vieille habitude de toujours tirer trop bas.

Elle n'essaya pas de se livrer à une profession de foi politique, mais déclara simplement qu'elle appartenait à la « lutte armée mondiale anti-impérialiste ». Dehors, à bonne distance des quatre rangs de policiers armés, un groupe de jeunes anarchistes suisses se chargèrent d'être ses interprètes. Ce contre quoi ils s'élevaient, disait-ils, — et elle aussi — était « l'emmerdement et la tristesse, air conditionné du capitalisme » [124].

Le rôle de Gabriele sur la route Kröcher s'arrête ici. Nous en venons maintenant à celle de Norbert, plus instructive encore.

6

OPÉRATION LEO

L'opération Leo cessa d'exister aux environs du 1ᵉʳ avril 1977. L'équipe la plus remarquable en son genre qui eût jamais été assemblée en Europe était tout juste prête à démarrer quand Norbert Kröcher, pris au dépourvu et essayant de saisir son fusil, fut maîtrisé et arrêté dans une rue du centre de Stockholm. S'il n'y avait eu les flics, ou les poulets, ou Dieu sait comment on les appelle à Stockholm, il aurait pu avoir une place de choix au panthéon des héros terroristes légendaires. Avec cinquante complices venus de neuf pays différents, il était incontestablement sur le chemin de la gloire.

Ses supérieurs ne lui auraient pas discuté ses lauriers. Et pourtant ce sont eux — et pas Norbert — qui avaient préparé le complot avorté. Les responsables se trouvaient à des milliers de kilomètres, à La Havane et dans la jungle subtropicale du Tucuman en Argentine. Alors que Norbert l'avait baptisée Opération Leo, ils la considéraient eux comme l'Opération Europe : le premier coup d'une formidable partie, dont l'objet était de déstabiliser la moitié occidentale du continent, de la Scandinavie à Gibraltar.

Parmi les nombreux étrangers qui formaient l'équipe transcontinentale de Norbert, il y en avait d'exceptionnels non seulement quant au talent, mais aussi quant à l'origine. S'ils avaient été amenés devant un tribunal, le système d'alarme se serait déclenché dans tout l'univers occidental et l'affaire aurait considérablement embarrassé à la fois Cuba et la Russie soviétique.

Mais ils ne comparurent jamais devant un tribunal. Trois ou quatre jours à peine après leur capture, la Suède avait mis tous les inculpés dehors et classé l'affaire. Ce n'était ni la première ni la dernière fois que dans un cas extrême une nation prenait des mesures exceptionnelles pour sauver les apparences et respecter le code de la diplomatie internationale.

Au moment où Norbert Kröcher fut arrêté, sa bande avait volé deux banques pour se procurer les fonds dont elle avait besoin, établi cinq maisons fortes aux environs de Stockholm, stocké quarante pistolets, des fusils, des mitrailleuses et des masques à gaz, acquis un chargement de matériel électronique sophistiqué, rempli trois boîtes de maquillage, de perruques, de fausses barbes et de fards, et amassé une tonne de dynamite : soit assez pour faire sauter plusieurs groupes d'immeubles [125]. Une partie de la dynamite était placée — prête à l'usage — dans les piliers du pont de Noorbro menant à Gammla Staden, au cœur de la vieille ville du Moyen Age — siège des bâtiments officiels et cœur de la capitale — et (s'il avait sauté) tout le quartier aurait été coupé du reste de la ville [126]. Un cercueil pourvu de trous pour la respiration avait été placé dans une cave insonorisée et attendait l'invité de Norbert. Ses complices et lui n'avaient plus qu'à voler les voitures dont ils avaient besoin : c'était une affaire de dernière minute et qui ne posait pas de problèmes particuliers.

Il avait d'abord pensé enlever une personnalité internationalement assez connue, Olof Palme, l'ancien Premier ministre social-démocrate. Poussé par un désir de vengeance quasiment biblique, il choisit finalement Anna-Greta Leijon, son ministre de l'Immigration. Elle devait être enfermée dans le cercueil et relâchée seulement contre paiement d'une rançon de 4 000 000 de dollars et la libération de huit terroristes allemands emprisonnés non en Suède mais dans leur propre pays, ce qui aurait mis deux puissantes nations dans une situation cruciale. Mme Leijon jouissait d'une grande popularité, elle était jeune et mère de trois enfants. Elle avait déjà reçu des avertissements anonymes et, après l'arrestation de Norbert, déclara qu'elle avait eu « très peur ». Si les conditions n'avaient pas été acceptées, elle aurait été exécutée six jours plus tard, mais six jours passés dans un cercueil.

Tout était noté par Norbert depuis deux ans, chacun de ses mouvements, ses pensées et ses soucis, les projets qu'il avait envisagés et ceux qu'il avait abandonnés, les épreuves qu'il avait mises au point pour constituer son groupe, ses croquis et son emploi du temps pour l'Opération Leo, ainsi que des notes concernant des réunions secrètes dans des caves, les camarades destinés à être isolés ou liquidés, les filles avec lesquelles il avait couché et les médicaments qu'il avait pris au moment de ses attaques de blennorragie, tout cela était soigneusement consigné dans un cahier de deux cents pages manuscrites. Baptisé par ses camarades le *dossier noir*, il était expressément dédié par Norbert « aux membres du mouvement mondial contre les zombies ». Toute personne formellement opposée à l'ordre établi devenait d'office un membre. Quant aux zombies, c'étaient les morts-vivants, tous ceux que les sorciers avaient rappelés à la vie : autrement dit nous.

Norbert n'avait que vingt-deux ans quand, à la fin de 1972, il s'enfuit de Suède, sa carrière révolutionnaire tuée dans l'œuf. Trois ou quatre années passées dans une communauté à Berlin et dans le mouvement du 2 juin ne lui avaient pas suffi pour faire la preuve de son remarquable talent d'organisateur, et moins encore à épuiser sa haine contre la société. A certains moments, il avait songé à disparaître avec une fille, à prendre une identité toute neuve, à s'en aller quelque part où il pourrait disparaître, oublier et être oublié. Mais alors il se rappelait la brutalité des policiers allemands, ou quelque chose qu'Ulrike Meinhof avait dit, et il renonçait à ses projets.

Pendant la première moitié des cinq années qu'il devait passer en Suède, il ne fit guère plus que de plastiquer une banque, et même alors c'était davantage par besoin personnel que par foi politique. C'était un homme traqué, recherché en Allemagne pour vol à main armée et peut-être davantage, contraint de se cacher. Ce n'était pas difficile en Suède, où on le connaissait sous le nom d'Hardy Dohnel, et où on acceptait de le considérer comme une victime de la police allemande, un de ces milliers de réfugiés politiques passant leur vie à courir en tous sens, à la recherche d'un refuge. Le Premier ministre Olof Palme était bien connu pour l'hospitalité qu'il accordait aux fugitifs vivant dans le pays, bénéficiant de subsides gouvernementaux généreux. Pendant la dernière année que Norbert passa en Suède il s'y trouvait 400 déserteurs américains (dont seulement 23 du Vietnam), 4 410 Argentins, 397 Boliviens, 492 Brésiliens, 2 411 Chiliens, 344 Colombiens, 214 Péruviens et 732 Uruguayens Tupamaros [127].

Certains étaient simplement des réfugiés. Pour d'autres c'était plus compliqué. Au temps de Norbert, les terroristes professionnels à la recherche d'un refuge, voire d'aide et de changement, étaient comme chez eux à Stockholm. Une maffia locale pourvoyait à leurs besoins — achetant, vendant, louant et échangeant les armes les plus demandées de la guérilla — et incidemment faisant des affaires juteuses. Des centaines de guérilleros originaires d'Amérique latine étaient arrivés en Suède après s'être installés un temps à Cuba et être passés par Paris, où ils avaient été les hôtes du groupe Aide et Amitié d'Henri Curiel. En 1962, les dirigeants de la bande à Baader avaient commencé à recruter discrètement des déserteurs américains d'Allemagne de l'Ouest. Les terroristes allemands semblaient aller et venir sans la moindre difficulté, comme d'ailleurs les Tupamaros, les Montoneros argentins et les cadres de l'Armée Rouge japonaise.

Tout spécialement pour les Palestiniens, la Suède était un avant-poste. Quiconque était plus ou moins au courant de ces choses aurait pu dire où, à Stockholm, s'abritaient les tueurs de

Septembre noir, avant et après le massacre des onze athlètes israéliens aux Jeux Olympiques de Munich en 1972 par leurs tireurs d'élite. C'est en 1969 que l'organisation militaire officielle de l'O.L.P., Al Fatah, envoya son premier contingent suédois (trois cents jeunes environ) s'entraîner dans un camp en Algérie [128]. De son côté, c'est également vers cette époque que Georges Habash envoya un premier groupe s'entraîner au Moyen-Orient. Son F.P.L.P. avait aussi un arrangement permanent avec un petit groupe de Suédois maoïstes, chargés, disait-on, de « cacher des Palestiniens entre deux missions » [129].

(Le cas de Jun Nishikawa, arrêté en Suède et expulsé en mars 1975 — au moment même où Norbert Kröcher préparait son intervention —, montre comment fonctionnait le refuge suédois. Nishikawa était un membre de l'Armée Rouge japonaise, il avait été entraîné dans le camp de Wadi Haddad à Aden, puis envoyé au quartier général de Haddad à Bagdad pour y attendre les ordres. Le 7 septembre 1974, il fut envoyé par avion à Vienne pour y rencontrer un Palestinien du « service de Liaison » du F.P.L.P. en Suède. Le personnage en question l'envoya à Amsterdam, où Carlos préparait pour le 13 septembre l'occupation spectaculaire par les Japonais de l'ambassade de France en Hollande. Carlos envoya Nishikawa se joindre au groupe d'assaut japonais, et, une fois le coup terminé, expédia toute l'équipe à Stockholm en attendant que la chasse aux coupables se calme un peu. Arrêté par la police suédoise, Nishikawa leur raconta lui-même toute l'histoire [130].)

Dans une ambiance aussi sympathique, un visiteur comme Norbert n'eut aucun mal à trouver quelques Suédois disposés à favoriser son installation. D'un autre côté, les autorités suédoises ne paraissaient pas porter la moindre attention à ce nouveau venu du nom d'Hardy Dohnel, entré en Suède avec une voiture française volée, avec un faux passeport français, ne faisant rien pour gagner sa vie, portant toujours une arme sur lui, et dormant avec un Walther P .38 sous son oreiller. Quand, au début de 1973 Gabriele, son ex-femme, rentra en Allemagne, il se mit en ménage avec une jeune journaliste suédoise, de caractère enjoué et de teint frais, qui avait quelques années de plus que lui (nous l'appellerons Karin), et disparut dans les coulisses [131].

Mais Norbert était un animal politique qui ne pouvait rester à ne rien faire. « J'ai toujours cru au conflit armé et à la révolution permanente, dit-il en prison, en Suède, en Allemagne, partout. » Se débattant avec son mauvais suédois, se disputant avec sa gentille Karin, qui rêvait de l'épouser et d'avoir beaucoup d'enfants, il fut bientôt le centre d'un cercle de jeunes Suédois révolutionnaires qui l'adoraient. On disait qu'il était « le symbole des persécutés du monde entier ». De temps à autre, il disparaissait en Allemagne et en ramenait des provisions (armes, dynamite, faux passeports) ; et des camarades du pays venaient lui rendre visite en Suède. En fait, il installait le bureau suédois du mouvement du 2 juin, qui allait bientôt opérer sa jonction avec la seconde génération du groupe Baader-Meinhof.

Le premier fruit de cette union fut une terrible attaque contre l'ambassade d'Allemagne en Suède le 24 avril 1975. Les plans de l'opération avaient été conçus par les camarades allemands, et, autant que nous le sachions, Norbert n'était pas dans le coup. Mais ce désastreux échec eut pour résultat d'enflammer encore davantage la haine du jeune Allemand.

L'ambassade d'Allemagne fut prise d'assaut et occupée sept semaines après que Peter Lorenz eut été kidnappé à Berlin par le Mouvement du 2 juin, puis échangé contre cinq terroristes prisonniers. Enivrés — exaltés — par la capitulation inconditionnelle du chancelier Schmidt et la remise en liberté de leurs cinq camarades, les terroristes allemands exigeaient maintenant la libération de vingt-six autres prisonniers. L'idée d'un échec ne leur était même pas venue à l'esprit. Dans la prison étroitement gardée de Stammheim, Andreas Baader, Ulrike Meinhof, Gudrun Enslin, Jan-Karl Raspe suspendirent tout à coup leur grève de la faim et de la soif et, pour se remettre en forme, se mirent à faire des exercices physiques. A Hambourg, neuf autres prisonniers figurant sur la liste, avaient fait leurs bagages pour être prêts dès que sonnerait l'heure de la libération. « Je m'en irai demain », dit gaiement un des prisonniers à un gardien stupéfait, la veille de l'opération [132].

A Aden, Wadi Haddad avait donné sa bénédiction au plan d'attaque et à sa mise au point ; son représentant à Paris, Carlos, y avait prêté un concours actif. La stratégie était copiée sur celle que Carlos avait imaginée et appliquée à l'automne précédent en Hollande. L'occupation de l'ambassade de France à La Haye avait été la première opération terroriste de ce genre en Europe : et la mise en liberté de trois terroristes japonais qui avait suivi constituait évidemment un succès éclatant.

Immensément impressionnés, les terroristes allemands allèrent demander à Carlos comment il avait fait. Il ne se borna pas à l'expliquer, mais se rendit personnellement à Stockholm pour inspecter les lieux. Venu avec son inséparable adjoint, Michel Moukarbal, il passa deux jours dans la capitale suédoise puis rentra en Allemagne : on était à deux jours de l'attaque [133].

D'Allemagne, Siegfried Haag, le juriste de Heidelberg, dirigeait les opérations ; mais après l'échec de l'opération il fit ni une ni deux : il s'enfuit à Aden (où Gabriele Kröcher-Tiedmann l'accueillit) avec la police à ses trousses. Haag venait de prendre la relève des fondateurs de la bande à Baader, qui se trouvaient en prison, et il commençait à organiser des opérations combinées avec divers sous-groupes, dont le Mouvement du 2 juin. Pour l'opération suédoise il avait été à Zurich prendre livraison d'armes que lui avaient dûment fournies les anarchistes suisses du service ad hoc (voir chap. 5). Il avait également sélectionné six tueurs de Stockholm dont l'obsession criminelle était médicalement explicable : tous les six étaient membres du groupe socialiste psychiatrique du collectif des malades de Heidelberg : devenus terroristes pour raisons thérapeutiques. Connus dans le business comme formant « la Brigade des Cinglés » et décrits dans l'excellent livre de Jillian Becker, *Les Enfants d'Hitler,* on les avait convaincus que poser des bombes leur apporterait la santé mentale et que tuer leur donnerait la paix intérieure.

Les conjurés déclenchèrent l'assaut contre l'ambassade d'Allemagne à Stockholm le 24 avril à onze heures du matin et vers minuit quittèrent le bâtiment en flammes dans un état de terreur panique. Au cours de ces treize heures, ils avaient maintenu l'attaché Allemand pour les affaires économiques debout à une fenêtre, afin de pouvoir le tuer en présence des caméras de la télévision, avaient tiré trois balles sur l'attaché militaire, jeté du haut du troisième étage son corps pantelant dans la cage de l'escalier et mis dix-huit kilos de dynamite à l'étage supérieur, dont une partie était emballée dans des boîtes de conserves placées dans le réfrigérateur de l'ambassadeur.

Mais un fil électrique défectueux sortant du réfrigérateur et traînant par terre provoqua une énorme explosion qui fit sauter le toit de l'ambassade. Menacé par ce gigantesque brasier, assaillis et assaillants s'enfuirent en hurlant dans la nuit, bousculant au passage le cadavre d'un terroriste qui s'était fait sauter en laissant tomber une grenade à main. Un autre tomba dans les bras de la police et mourut dix jours plus tard de ses brûlures et d'une fracture du crâne, à l'hôpital de la prison de Stammheim. Il s'appelait Siegfried Hausner, un spécialiste en explosifs du collectif socialiste des malades de Heidelberg ; c'est lui qui avait placé les fils électriques et c'est leur pose défectueuse qui avait mis un terme spectaculaire à l'aventure.

Beaucoup de bruit pour rien. Les assaillants avaient lancé un ultimatum exigeant la libération des vingt-six prisonniers de la bande à Baader, plus 20 000 dollars pour chacun d'eux, et un Boeing de la Lufthansa pour les emmener (sans spécification de destination). Ils s'étaient vus opposer un refus formel. Ne pouvant en croire leurs oreilles, ils avaient répété leur message et obtenu la même réaction. « En présence du défi le plus grave lancé à notre démocratie au cours des vingt-six ans de son histoire », le Chancelier Schmidt avait senti l'inexprimable danger qu'aurait constitué une nouvelle reddition. Responsable de la décision de son pays, le premier ministre suédois avait refusé catégoriquement de prendre la demande en considération. Cependant, Anna-Greta Leijon, son ministre de l'Immigration, ordonna l'extradition en Allemagne de quatre des tueurs survivants ainsi que de Siegfried Hausner — qui ne devait pas survivre à ses blessures.

Et c'est ainsi que débuta la mission de Norbert Kröcher.

« Choisir la victime, préparer soigneusement le coup, assouvir sa vengeance, et puis aller se mettre au lit..., il n'y a rien de plus doux au monde », avait déclaré un jour Staline. Assoiffé de revanche depuis son plus jeune âge, Norbert choisit lui aussi sa victime et se mit au travail.

Son obsession était de libérer les quatre tueurs, ainsi que quatre autres prisonniers, appartenant à des groupes différents (une habitude œcuménique de tous les terroristes). Son projet commençait à lui sembler si exaltant — le retentissement en Allemagne de l'Ouest et en Suède en serait si éclatant, l'émission télévisée à une heure de pointe, si excitante — que la clandestinité allemande lui accorda la priorité absolue. Quand, à l'automne de 1976, le juriste Haag fut pris aux environs de Hanovre, le projet de Norbert figurait dans ses documents codés sous le nom de « Margarine I ». L'enlèvement de Schleyer, à la quatrième place sur la liste, n'était prévu que pour six mois plus tard [134].

A Stockholm, toutefois, Norbert garda jusqu'au tout dernier moment ses auxiliaires suédois dans l'ignorance. Dissimulé et maladivement soupçonneux, il hésitait à se confier à qui que ce soit. Au fur et à mesure que ce projet se précisait, il prenait des notes dans le *dossier noir.* « Il est important de continuer à garder secrète ma véritable identité », et, en fait, il ne révéla son propre nom qu'à sa quatrième et dernière compagne suédoise (considérée comme trop collante, Karin avait été larguée il y avait déjà longtemps.) Son personnel subalterne mit plus longtemps encore à apprendre le nom de la victime qu'il avait choisie.

Les vingt-deux Suédois qu'il avait réunis autour de lui étaient tous très jeunes, pratiquement inexpérimentés, et sans idéal bien précis. Plongés un jour dans la préparation d'un complot révolutionnaire, il leur arrivait de partir le lendemain en vacances en Grèce, et ils se chamaillaient sans cesse sur le point de savoir qui coucherait avec qui. Deux ou trois d'entre eux avaient déjà lancé des bombes dans le bureau d'une agence espagnole de tourisme, et Norbert avait forcé quelques autres à faire un fric-frac dans un grand magasin, autant pour avoir prise sur eux que par besoin d'argent. Il n'était pas assez bien secondé. « Il faut que je

109

trouve de véritables révolutionnaires qui ont combattu dans le tiers monde », nota-t-il vers la fin de 1975..., et il les découvrit [135].

Une collègue terroriste allemande — réfugiée comme lui à Stockholm — et qui de temps à autre avait été sa maîtresse, savait exactement quel genre de type il cherchait. Bientôt un Mexicain du nom d'Armando Carrillo se pointa chez lui, suivi quelques semaines plus tard de Maria, son épouse chilienne ; et Norbert fit affaire avec eux. L'amie allemande de Norbert avait découvert Armando (à moins que ce ne soit lui qui l'ait trouvée) au Comité suédois « noir » pour les réfugiés dont les bureaux de Apelbergsgatan avaient été inaugurés environ un mois auparavant (novembre 1975.) Le nouveau comité comprenait les étrangers les plus extrémistes des partis les plus extrêmes, expulsés par le Comité central en raison de leur soutien maladroit aux célébrités du terrorisme international qui se trouvaient parmi eux : le Japonais Jun Nishikawa, par exemple. Quand le réseau de Norbert fut finalement démantelé, la police s'empara de plus de la moitié des membres du Comité noir. Le secrétaire général du Comité devint rapidement l'éminence grise de Norbert.

Quant à Armando Carrillo, il avait été arrêté deux fois à l'aéroport Arlanda de Stockholm et renvoyé, *via* Prague, à Cuba, d'où il venait. Quand, en 1976, il obtint enfin la qualité de réfugié politique, il était muni du document le plus étrange : un passeport mexicain, l'autorisant uniquement à se rendre à Cuba, puis modifié : il avait reçu la permission d'aller de Cuba en Europe, mais pas d'en revenir.

Le porteur du passeport incarnait tous les rêves de Norbert. Armando Carrillo faisait partie du M.A.R. (Movimiento de accion Revolucionaria) qui, en 1971, avait connu sa brève heure de gloire quand les Soviétiques avaient tenté de provoquer un changement de régime au Mexique. Toute l'histoire a été racontée en détail par John Barron dans son « K.G.B. », et il serait trop long de la répéter ici [135]. Ce qui nous importe, c'est que M.A.R. ait été fondé à Moscou sous les auspices du K.G.B. par dix Mexicains inscrits en 1968 à l'université russe pour étrangers « Patrice Lumumba ». Les fondateurs du groupe furent alors renvoyés à Mexico pour recruter des candidats à un entraînement intensif de guérilla en Corée du Nord. Succédant au Sud-Yémen, la Corée du Nord était devenue à l'époque le satellite préféré de la Russie soviétique pour ce genre d'affaires.

En tout, cinquante Mexicains se rendirent en Corée du Nord ; Armando partit avec le premier contingent. Voyageant avec treize autres hommes et deux femmes, il toucha son indemnité de

500 dollars à Mexico, passa par Paris, Berlin-Ouest puis Berlin-Est, où on lui remit son passeport coréen (en échange du sien), et de là prit un train de nuit pour Moscou. Cinq jours plus tard, il s'envolait pour Pyongyang.

Dans un camp situé en pleine montagne à soixante kilomètres environ de la capitale, Armando fut métamorphosé en guérillero professionnel à tout faire, en tous points identique à Gabriele Kröcher-Tiedemann, laquelle avait été formée à Aden. Les épuisantes journées de dix-sept heures de travail se passaient à acquérir la technique des incendies, des explosifs, de l'assassinat, des voyages clandestins, du recrutement, des communications, de l'armement. A son retour au Mexique au début de 1969, il était devenu un technicien vedette.

M.A.R. — le groupe qu'il avait formé — travailla magnifiquement pendant deux ans, sous l'experte supervision de la Referentura du K.G.B. à l'ambassade soviétique. Quand les autorités mexicaines tombèrent par hasard sur les conspirateurs, Armando fut l'un des premiers des dix-neuf guérilleros de la M.A.R. à être arrêté et emprisonné pour vol, meurtre et appel à l'insurrection. (Le chef de la Referentura fut expulsé peu après du Mexique ainsi que quatre autres diplomates soviétiques.)

Il fut libéré de la manière habituelle. Le 4 mai 1973, le consul américain Terrance Leonhardy fut kidnappé, puis échangé contre trente camarades prisonniers. C'était le premier enlèvement de ce genre au Mexique, et le gouvernement céda sans même prendre le temps de réfléchir. Armando fut expédié à La Havane, où il resta sans rien faire pendant deux ans et demi [137].

Il n'a jamais dit pour quelle raison il plia tout à coup bagage et partit pour la Suède, où rien ne paraissait l'appeler. Et sa femme Maria ne consentit pas davantage à expliquer pourquoi, après plusieurs années de séparation, elle décida à la fois d'abandonner son travail au parti communiste clandestin du Chili et de partir pour la Suède en passant par le Portugal — un itinéraire significatif comme nous le verrons plus tard — pour rejoindre son mari. Tous deux trouvèrent très vite du travail au Comité noir pour les réfugiés, et Armando se mit à la recherche de passeports à falsifier pour ses amis mexicains.

Les Carrillo rencontrèrent Norbert à la cafétéria du musée d'art moderne de Stockholm, et cette rencontre le transporta. « Je pouvais à peine cacher mon énorme plaisir à être assis à la même table qu'un véritable combattant pour la liberté qui avait été en Corée du Nord », écrit-il sur son agenda. A leur première rencontre, ils se tinrent tous sur leur quant-à-soi. Mais après quelques soirées passées à boire et à faire de la musique — Maria Carrillo jouait du piano, Armando chantait, Karin faisait la cuisine — ils se mirent à parler business.

Norbert exposa son plan, et les Carrillo parurent le trouver excellent. Armando donna des conseils utiles ainsi qu'une aide précieuse : il proposa par exemple de tuer les gorilles de Mme Leijon, tandis que l'honneur de tuer la dame elle-même (si l'on en venait là) reviendrait à Norbert. Ils furent d'accord sur la nécessité d'effectuer des hold-up dans une ou deux banques pour s'assurer un fonds de roulement suffisant, de compléter leur stock de dynamite et d'armes, de recruter des collaborateurs compétents. « Nous avons tous deux dans le monde entier des amis qui pourront nous aider. » C'était, en vérité, un euphémisme.

Arrivé en Suède depuis à peine six semaines, Armando avait déjà réussi à faire venir de Cuba deux autres « réfugiés mexicains ». Ils voyageaient tous deux avec des passeports plutôt bizarres et avaient besoin de quelqu'un pour « préparer le terrain » à leur arrivée. Norbert envoya sa Karin à Bruxelles, puis à cet endroit si pratique qu'était Paris. De son côté l'entreprenant Armando rencontra par hasard la personne dont il avait le plus grand besoin et qui appartenait à la maffia locale pour la fourniture d'armements. Du coup le problème des armes était résolu.

Quelques semaines plus tard, Armando et sa femme Maria amenèrent une recrue de choix. Il s'agissait de nul autre que de ce fameux Anglais, considéré comme un « élément dangereux » et expulsé du vieux comité des réfugiés de Stockholm. Il avait formé le Comité noir dont il avait pris la direction. Agé de vingt-trois ans, Allan Hunter était un révolutionnaire très bien informé qui, visiblement, avait de nombreuses relations. Il avait été anarchiste en Angleterre, avait travaillé dans un kibboutz en Israël et fait du secrétariat dans les forces armées anglaises à Berlin ; il revenait d'un séjour prolongé en Suisse, où il avait été chercher des armes pour le Front du Polisario au Sahara [138], (cela se passait en 1975, à l'époque où les anarchistes suisses du service des livraisons d'armes étaient débordés de travail).

A Stockholm, Allan Hunter avait réussi au sein de son Comité noir un petit noyau d'hommes bien à lui qu'il dirigeait en liaison étroite avec les Palestiniens, les Iraniens et les Chiliens résidant, comme lui, en Suède. A temps perdu il apprenait l'arabe.

A peine le groupe avait-il commencé à considérer le côté pratique de l'entreprise qu'Armando amena un nouvel homme de confiance. Il s'agissait d'un Mexicain, arrivé, lui aussi, directement de Cuba, et qui allait aider Armando à faire venir davantage de camarades mexicains de La Havane [139].

Thomas Okusono Martinez ne faisait pas partie du M.A.R., le groupe d'Armando. Son frère Jaime et lui appartenaient à la ligue communiste armée et avaient leur propre business à Sinora Hills, à Mexico. Il s'agissait d'une bande de vingt-huit desperados de la Vallée de la mort, qui avaient pris le nom de *Campesinos* et étaient considérés par les autorités locales comme « durs et des plus dangereux ». Quand, en 1972, Thomas fut arrêté à Monterey, au nord du Mexique, la police trouva cinquante mille cartouches et vingt-deux armes de toutes sortes dans sa chambre d'hôtel. Il ne fallut pas plus d'une journée pour le faire sortir comme d'habitude de la prison de Monterey. La *Liga Comunista Armata* saisit un avion se dirigeant vers Mexico City et exigea sa libération. Après quoi Thomas partit tout tranquillement pour Cuba.

De 1972 au début de 1976, Thomas Martinez et son frère Jaime suivirent un entraînement intensif dans un camp à La Havane, dirigé par le D.G.I., le service de renseignements cubain contrôlé par les Soviets. Puis, en avril 1976, ils partirent ensemble pour l'Europe. Thomas partit pour Stockholm et Jaime pour Copenhague. Ils paraissaient savoir exactement ce qu'ils faisaient.

Pendant que Thomas travaillait avec Norbert Kröcher en Suède, au Danemark, Jaime et deux autres terroristes allemands préparaient quelque chose de différent. Le réseau de Jaime projetait de saisir l'ambassade de Suède à Copenhague, comme l'avait été l'ambassade d'Allemagne à Stockholm l'année précédente. (« C » pour Copenhague venait en troisième sur la liste des prises d'ambassades du juriste Haag.) Mais les polices de Suède et du Danemark durent échanger des renseignements : car les deux réseaux furent démantelés au cours du même mois [140].

Quand on le prit, Jaime possédait une collection d'armes impressionnante, ainsi que toute une correspondance codée avec la clandestinité allemande. Il s'avéra qu'il n'avait jamais cessé d'être en contact avec son frère Thomas. Non seulement Thomas était venu lui rendre visite au Danemark, mais un mois à peine après leur arrivée en Europe les deux frères Martinez avaient été arrêtés par la police norvégienne. Cependant, bien qu'ils eussent été porteurs de « matériel mystérieux », témoignant de « contacts réguliers » avec les terroristes ouest-allemands, les Norvégiens ne les inculpèrent pas.

A Stockholm, Thomas Martinez se trouva une amie ainsi qu'un appartement commodément situé à une vingtaine de kilomètres de la maison d'Armando Carrillo à Trollbacken, dans la banlieue de Stockholm. A la poste restante il donna l'adresse de Carrillo ; il se servait du Comité noir pour échanger des messages. Les deux frères se rencontraient en secret, à l'insu de Norbert : sur un banc dans le parc de Vasa ou dans quelque lointaine station de métro, se séparant puis se retrouvant pour éviter d'être découverts. (On finit par les surveiller quand même, ils s'en aperçurent trop tard.)

Quelque temps après, au cours du même printemps, ils demandèrent à Norbert s'il serait disposé à embaucher un autre couple de collaborateurs mexicains. Toujours prêt à rendre service, Thomas Martinez téléphona plusieurs fois à La Havane. Se servant du nom de « Maria de Los Angeles », il organisa le voyage de trois autres Mexicains qui se trouvaient à Cuba. Quand, au mois de novembre suivant, deux d'entre eux arrivèrent en Europe — voyageant sous les noms de Saucedo Gomez et de Maria Nunes — Allan Hunter, toujours serviable, alla les chercher à l'aéroport de Bruxelles et les accompagna jusqu'à la capitale suédoise.

De son côté, afin de ne pas être en reste, Norbert Kröcher amena un compatriote professionnel : l'équipe était au complet. Manfred Adomeit appartenait au Mouvement du 2 juin de Norbert à Berlin et était également en cavale. La police allemande le recherchait pour meurtre : ou en tout cas pour sa participation à la liquidation du renégat et traître à la cause, Ulrich Schmucker, dont le corps criblé de balles avait été découvert l'été précédent par des soldats américains dans la forêt de Grünewald. Quand il sentit la police à ses trousses, Manfred disparut en Suède et s'invita chez Norbert.

Ainsi, en quelques mois à peine, une bande disparate de jeunes Suédois écervelés, dont seul le chef avait de l'expérience, s'était adjoint quatre Mexicains, un Chilien, un Anglais et un autre Allemand, tous hautement qualifiés pour le travail à accomplir. Une force de complément venue du Comité noir comprenait un Colombien, un Tunisien, un Sud-Africain, un Grec et encore des Allemands. Un autre Chilien du nom de Juan Soto Paillacar, qui habitait en Italie, avait été appelé à titre de conseiller à temps partiel. Avant d'arriver en Italie comme réfugié politique, il avait passé deux ans à Cuba dans un camp d'entraînement à la guérilla [141]. Il fut arrêté en 1979 et accusé d'être à la tête d'un groupe terroriste d'Amérique latine — quatre Chiliens, quatre Mexicains — qui furent tous cueillis en même temps que lui — et d'avoir à Rome une école d'entraînement au terrorisme italien[142].

En janvier 1977, Norbert et ses complices d'Amérique latine mettaient la dernière main à leur plan. Le Front du Polisario avait envoyé quelqu'un trouver un endroit au Sahara occidental où pourrait atterrir un avion Hercules C.130 avec les huit Allemands à libérer. Dans le *dossier noir* de Norbert, l'endroit était marqué d'un trait sur la carte. L'arrivée dans ce refuge saharien aurait lieu quand Anna-Greita Leijon serait restée enfermée sept jours dans son cercueil. L'envol était prévu à une heure de grande écoute télévisée, était-il également noté dans le carnet de Norbert.

Mais les jeunes blancs-becs suédois compromirent tout. Celui qu'ils avaient choisi pour symboliser la persécution dans ce monde baissait dangereusement dans leur estime. Norbert ne leur disait jamais rien, les faisait virevolter avec un air de supériorité militaire, les effrayait avec ses manières inquisitoriales et ses regards menaçants, se mettait les filles à dos en les traitant non seulement comme des objets sexuels mais comme des êtres d'une espèce inférieure ; ce qui était, remarquons-le, une attitude étrangement répandue parmi les héros des guérilleros du monde entier. Nombre d'entre eux furent également profondément horrifiés quand ils découvrirent le nom de la personnalité que Norbert se proposait d'enlever.

Epouvantés par l'énormité du risque dont il ne les avait pas avertis, ils exigèrent des éclaircissements. Ceux-ci leur furent donnés fin janvier lors d'une réunion secrète. Bombardé de critiques par ses propres acolytes, Norbert quitta la réunion en proie à une crise de rage ; « Ils se croient donc dans un club d'étudiants, ces petits cons-là ? » écrivit-il avec indignation dans son *dossier noir*. Mais il ajouta : « Il est important de ne pas exiger trop des camarades. Je dois me rappeler que la même force n'est pas donnée à tous. Dire à des révolutionnaires tenus au secret plus qu'ils n'ont besoin d'en savoir est leur faire partager de lourdes responsabilités. En ne leur disant rien, je leur témoigne mon respect [143]. »

Du coup, il décida de licencier certains d'entre eux, de les faire surveiller et d'en exécuter un ou deux si nécessaire ; il alla même jusqu'à leur faire quelques visites pour les effrayer (« l'air était épais de menace, dit l'un d'eux, un jeune de vingt ans, aux enquêteurs, je n'en parlerai jamais devant un tribunal ; il a beau être en prison, Norbert me fait encore terriblement peur »). Mais Norbert était encore soutenu par le réseau du juriste Haag en Allemagne ; et, à Stockholm, il pouvait fort bien se débrouiller avec ses compatriotes allemands, avec les Mexicains, l'Anglais, un ou deux Chiliens et quelques étrangers membres du Comité pour les réfugiés, — ou du moins c'est ce qu'il croyait. Et puis les contestataires se réunirent. Et ce jour-là son destin fut scellé.

C'est un trafiquant d'armes suédois qui vendit la mèche. Il avait été renseigné par un des assistants suédois de Nobert, et la police n'eut plus qu'à tendre ses filets. Ce ne fut pas une surprise pour elle. Il y avait des mois que Norbert et son équipe avaient été pris en filature.

Au début de 1977, la Suède n'était plus un tel paradis pour les terroristes internationaux en cavale. Olof Palme n'était plus Premier ministre. Les mesures applicables aux exilés internationaux s'étaient durcies. La présence d'espions russes, allemands de l'Est ou polonais et de communistes suédois entraînés au sabotage dans les écoles spécialisées de l'U.R.S.S. et de l'Allemagne de l'Est avait aiguisé l'intérêt des services de sécurité pour ce genre d'affaires. De plus, la Suède avait — et possède encore — le dispositif policier le plus avancé et le plus électronisé d'Europe.

Le Comité noir pour les réfugiés avait, dès ses débuts, fait l'objet d'une surveillance discrète. Allan Hunter avait été photographié au cours de ses mystérieuses allées et venues en Belgique et en Suisse.

Du jour où Armando Carrillo avait débarqué à l'aéroport d'Arlanda avec son passeport étrange, le contingent mexicain de Norbert avait attiré l'attention de la police. Les coups de téléphone à La Havane, l'arrivée des camarades réfugiés, les rendez-vous secrets avec Thomas Okusono Martinez ne pouvaient manquer d'être remarqués. Quand toute la bande eut été cueillie, les autorités suédoises eurent toutes les raisons de croire qu'elles avaient affaire à quelque chose de beaucoup plus troublant qu'un simple complot terroriste allemand.

Immédiatement après les arrestations, le ministre suédois des Affaires étrangères convoqua l'ambassadeur de Cuba pour lui parler d'Armando Carrillo. Le gouvernement était soucieux d'éviter un procès spectaculaire avec un tel assortiment de forbans étrangers et voulait les expulser sur-le-champ. Pourquoi, demandait le ministre, Cuba fait-il tant de manières pour reprendre Armando ? Et puis, d'abord, qui a inventé ce passeport à la noix ? Pourquoi, alors que Cuba connaissait le dossier et savait que Carrillo avait été condamné pour homicide terroriste, le gouvernement cubain l'avait-il laissé partir pour la Suède sans le moindre avertissement aux autorités suédoises ? [144].

L'ambassadeur de Cuba expliqua que c'était Fidel Castro lui-même qui avait plus ou moins imaginé le passeport. A la suite d'une démarche de Castro auprès du président Echeverria, dans l'été 1975, le Mexique avait accepté de revoir les mesures concernant les déplacements vers l'Europe de certains exilés mexicains à Cuba — mais pas de tous. Mais la question de savoir pourquoi on les autorisait à aller et non à revenir était restée en suspens ; ainsi que celle concernant la manière dont on choisissait les Mexicains que l'on voulait exporter de Cuba en Europe.

C'est à ce point de l'histoire de Norbert Kröcher que j'éprouvai soudain un choc. J'avais découvert qu'au cours de l'interrogatoire de ses complices d'Amérique latine la police suédoise les avait carrément accusés d'agir sur les ordres d'une formation patronnée par Cuba et nommée Junte pour la coordination révolutionnaire [145]. Evidemment les services de sécurité suédois avaient ressenti un choc analogue.

Depuis le début de 1976, autrement dit depuis qu'Armando Carrillo et ses amis mexicains étaient arrivés à Stockholm et avaient attiré l'attention de Norbert Kröcher, tous les services de renseignements de l'Ouest, les Suédois compris, espéraient découvrir quelque chose de ce genre.

Ce qui les intéressait tous était un dispositif compliqué connu sous le nom de projet du Tucuman.

Conçu en mai 1975, le projet fut découvert l'hiver suivant par la police mexicaine. Les documents révélateurs retrouvés dans une maison forte d'un groupe terroriste trotskiste, le E.R.P., avaient trait à une réunion secrète tenue dans la province argentine de Tucuman par la Junte pour la coordination révolutionnaire (J.C.R.) [146].

Cette junte, fondée en avril 1974, sous contrôle cubain, par les Tupamaros uruguayens et des terroristes de même obédience du Chili, Bolivie et Argentine, avait pour objectif de prendre la tête d'une lutte armée intercontinentale pour la libération de l'hémisphère occidental. Mais le terrain n'était plus aussi favorable quand la junte se réunit à Tucuman. Un mois à peine auparavant, la police argentine avait perquisitionné leur principal quartier général à La Plata, faisant main basse sur plusieurs millions de dollars d'armements, ainsi que sur une fabrique d'armes, un stand de tir souterrain, une imprimerie de faux papiers et de nombreux documents. Maintenant que ses installations en Argentine avaient disparu, qu'un Etat policier se préparait à prendre le pouvoir dans le pays, et qu'une épaisse muraille d'autres Etats policiers (généralement sécrétés par l'action des terroristes) s'était élevée autour de lui, il ne restait pas d'autre solution à la junte que d'émigrer en Europe. Nombre de ses meilleurs guérilleros s'y trouvaient déjà et la formation d'une brigade européenne s'ensuivit tout naturellement.

Une fois le recrutement achevé, la brigade devait compter mille cinq cents terroristes qualifiés d'Amérique latine. La moitié de ceux-ci se trouvait déjà sur place, mais dispersée dans toute l'Europe et le Moyen-Orient. L'autre moitié devait venir de Cuba. Certains de ses membres seraient recrutés parmi les nombreux professionnels exilés qui se mouraient d'ennui dans l'île, tandis que les autres seraient entraînés pour le J.C.R. dans un domaine de plus de mille hectares près de Guanabo [147]. Dans ces conditions on s'explique facilement l'importance qu'attachait Castro à conclure un accord avec le Mexique sur la question des passeports.

La brigade était supposée se modeler exactement sur ce qu'Armando Carrillo et ses camarades mexicains avaient l'intention de faire en collaboration avec Norbert Kröcher : opérer la liaison avec le mouvement terroriste européen ; faire régner un climat de panique sur le continent par des actions terroristes et des prises d'otages ; libérer les prisonniers politiques, et constituer un trésor de guerre, principalement constitué de rançons et de capitaux volés dans les banques [148].

Les opérations devaient commencer en 1976. Les pays visés en premier lieu étaient l'Allemagne fédérale, l'Italie, la Grande-Bretagne et la France. Le planning stratégique aurait lieu au quartier général de la J.C.R. à Paris, et l'organisation d'Henri Curiel s'occuperait de l'intendance.

L'asile privilégié de la brigade serait au Portugal, où le J.C.R. avait tenu sa première conférence de presse, en avril 1975, et annoncé la création de ses antennes de Lisbonne et de Paris [149].

Le choix du Portugal paraissait s'imposer. Au printemps de 1975, ce pays semblait devoir tomber immanquablement aux mains des communistes. Le mouvement des forces armées avait penché lourdement à gauche depuis le coup d'Etat d'avril 1974, et le chef communiste Alvaro Cunhal, qui avait débarqué de La Havane quand la révolution avait éclaté, paraissait avoir l'armée dans sa poche. Il avait toutes les raisons de fraterniser avec le J.C.R. qui, à l'époque, lui tendait la main. Répartis dans des camps situés sur la rive sud du Tage se trouvaient plusieurs milliers de défenseurs étrangers de la gauche révolutionnaire portugaise, et parmi eux des Tupamaros, des Chiliens et des Cubains [150]. Quand, en novembre 1975 la menace communiste fut surmontée, un bon nombre d'entre eux, armés jusqu'aux dents furent arrêtés avant qu'ils ne puissent décamper. En ce même mois, des membres du J.C.R. réussirent, assure-t-on, à se joindre au premier contingent cubain envoyé dans l'ancienne colonie portugaise de l'Angola.

La brigade européenne d'Amérique latine avait un grand ami en Arnold Kalinin, l'ambassadeur d'U.R.S.S. à Lisbonne. Nommé tout juste trois mois après le coup d'Etat de l'armée portugaise, Kalinin arriva le 29 août 1974 à Lisbonne en provenance de La Havane. Auparavant, il avait été conseiller de l'ambassade soviétique à Cuba où, en qualité d'agent du K.G.B., il avait sans aucun doute établi des liens étroits avec le J.C.R.

Le changement de climat politique au Portugal modifia

forcément le plan du J.C.R. Mais il a aujourd'hui encore une base à Paris, d'où il opère selon des méthodes sur lesquelles je reviendrai plus tard.

Autant qu'on puisse le savoir en Europe, les Carrillo et les frères Martinez, munis de leurs étranges passeports, travaillent peut-être maintenant à partir de ce siège parisien. Aux dernières nouvelles, ils devaient retourner à Cuba (c'est du moins le nom qu'ils avaient donné quand les autorités suédoises leur avaient demandé où — en dehors de la Suède — ils souhaitaient se rendre). En quelques jours à peine, tous les étrangers en rapport avec le réseau de Norbert Kröcher furent expulsés de Suède. Le procès des Suédois impliqués fut très court, et ils s'en tirèrent à très bon compte. A part trois d'entre eux, ils furent en effet tous acquittés. Soixante-douze heures après le verdict, Norbert et son principal adjoint allemand, Manfred Adomeit, furent extradés en Allemagne fédérale.

La presse européenne parla un ou deux jours de l'affaire, puis l'oublia.

Dans l'été 1979, Norbert Kröcher et Manfred Adomeit comparurent devant un tribunal allemand et furent respectivement condamnés à quatorze et à douze ans de prison. A la prison de Frankenthal, près de Mannheim, ils occupent des cellules à peine plus grandes que le cercueil destiné à Anna-Greita Leijon, avec d'étroites fentes pour la lumière. Ni l'un ni l'autre n'ont abandonné l'espoir de déchaîner la guérilla urbaine et la révolution communiste.

« Ils payeront, ces beaux messieurs et jusqu'à la dernière goutte de leur sang », écrivit Manfred de sa cellule sur un papier qu'il réussit à passer à Norbert.

« Mon ami ! mon frère ! Oui ! On les aura ! Même si ce n'est que pour assouvir notre haine. Ai-je jamais dit un mot contre le terrorisme ? Si oui, oublie-le », répondit Norbert [151].

7

LES PALESTINIENS EN EUROPE

Cherchons Camarades courageux disposés à s'associer à un groupe d'amis politiquement engagés pour un voyage de plusieurs mois au Moyen-Orient en qualité de correspondants de guerre. Venez voir sur place la
GUERRE DE LIBÉRATION
des réfugiés palestiniens pour reconquérir leur patrie. Si vous avez l'expérience des blindés, posez immédiatement votre candidature. Et si vous n'avez pas l'argent cela n'a pas d'importance. Ce qui importe est l'esprit de camaraderie et le courage personnel. Tous renseignements sur l'Organisation de libération de la Palestine communiqués gratuitement sur demande.

Il se trouve que l'annonce fut publiée par un journal nazi, le *National Zeitung* de Munich, mais à l'époque — 23 octobre 1970 — elle aurait aussi bien pu être utilisée par l'extrême gauche que par l'extrême droite. Toutes deux, en effet, recrutaient alors des volontaires pour combattre l'impérialisme sioniste et soutenaient en commun l'entrée — qui devait être si lourde de conséquences — des Palestiniens en Europe : une double référence — qui ne semblait troubler ni l'extrême droite, ni l'extrême gauche, ni les Palestiniens.

L'idéologie ne jouait qu'un rôle accessoire dans l'exportation de la lutte des nationalistes arabes sur une terre étrangère. Georges Habash, qui était à l'origine de tout, n'était pas encore le marxiste-léniniste inflexible qu'il devait devenir plus tard quand, en 1968, il envoya un commando à Rome afin de détourner un avion pour la première fois. Il s'était tout simplement rendu compte qu'après la guerre des Six-Jours on avait très peu de chances de pouvoir abattre Israël dans une guerre convention-nelle ; il ne faut pas oublier qu'en dix-neuf ans c'était la troisième victoire d'Israël sur la coalition des armées arabes : une terrible humiliation pour celles-ci.

Trois mois après la défaite qui l'avait bouleversé, comme elle avait consterné tous les chefs palestiniens, Habash avait formé son Front populaire pour la libération de la Palestine (F.P.L.P.). Les gauchistes européens comme Feltrinelli le poussaient à internatio-naliser le conflit, à « prendre contact avec d'autres forces révolutionnaires », à se servir du terrorisme « pour semer la panique » non seulement au Moyen-Orient, mais « dans le monde entier [152] ». Habash n'avait pas besoin de Feltrinelli pour comprendre la situation. « Parce que cela attire beaucoup plus l'attention », nous pensons que de tuer *un* juif *loin* du champ de bataille est beaucoup plus important que d'en tuer *cent sur* le champ de bataille, disait-il [153].

La première expérience de Habash à l'étranger fut mémorable. L'avion d'El Al qu'il avait détourné et dont les trente-deux passagers juifs furent gardés cinq semaines en otages par le gouvernement algérien attirèrent toute l'attention souhaitée. L'année suivante, son F.P.L.P. détourna treize ou quatorze avions étrangers, les quatre derniers tous ensemble ; en Jordanie il fit sauter au sol trois des quatre en question devant des millions de téléspectateurs rivés au petit écran, après quoi il fit sauter en plein vol un avion de la Swissair. Surgis du désert, les Palestiniens s'étaient propulsés du premier coup sur le devant de la scène mondiale.

Le reste n'aurait pas pu se produire sans eux : le trafic intercontinental des armes et l'entraînement, les groupes de choc multinationaux, les refuges privilégiés, le chantage diplomatique. Mais à l'époque bien peu de gens prévoyaient tout cela. A la plupart des intéressés au début de la décennie rouge, les Palestiniens semblaient simplement une bonne carte à jouer.

Plus tard, quand Habash et les autres chefs palestiniens furent, par la force des choses, entraînés de plus en plus à gauche, les gauchistes du monde entier se mirent à penser qu'ils avaient inventé le nouveau révolutionnaire. Il n'empêche que l'extrême droite fut la première sur le terrain. Un quart de siècle plus tôt, non seulement l'Internationale noire européenne ne s'était pas contentée de découvrir l'antisionisme, mais l'Internationale noire et l'Internationale rouge avaient travaillé aussi côte à côte pendant des années, se servant des mêmes slogans, offrant un même appui, traitant avec les mêmes agents palestiniens. Cette étrange fraternité dura au moins jusqu'au milieu de la décennie, quand, finalement, les Soviétiques prirent en charge la responsabilité morale et le soutien matériel de la résistance palestinienne. Certains assurent que cette situation se poursuit encore de nos jours.

L'Internationale noire opérait à partir de Paris, sous le nom de « Nouvel Ordre Européen ». L'organisation comprenait des nazis et des fascistes ayant survécu ou étant spirituellement apparentés à l'Allemagne hitlérienne, à la France de Vichy, à l'Espagne de Franco, au Portugal de Salazar, à l'Italie de Mussolini, à la junte des colonels grecs. Ressemblant à s'y méprendre à leurs alter ego rouges, les membres de l'Internationale noire suivaient également une sorte d'entraînement maoïste hautement intégrateur et qui, dans leur intérêt commun, préconisait tout naturellement la collusion ouverte avec l'Internationale rouge. Les deux mouvements avaient des objectifs communs dont le premier était le renversement de l'ordre démocratique établi. Feltrinelli, le communiste militant, et Valerio Borghese, le prince noir fasciste, se rencontrèrent même secrètement en Suisse en 1971 [154] pour évoquer le problème. Ils avaient en outre la même ambition : la destruction totale de l'impérialisme sioniste.

Le premier sommet de l'Internationale noire relatif aux Palestiniens (auquel le général Franco, encore en bonne santé à l'époque, donna sa bénédiction) fut tenu à Barcelone, le 2 avril 1969 [155]. Il y avait là deux représentants de Fatah, la branche militaire de l'Organisation de libération de la Palestine. A ce moment-là, l'O.L.P. — un groupe politique réunissant diverses formations terroristes (la plupart fondées après la guerre des Six-Jours) vivait encore au jour le jour. Arafat pensait aussi envoyer *Fatah* en Europe, suivant l'exemple de Habash, dont le F.P.L.P. devait fusionner avec l'O.L.P. quelques mois plus tard.

Le sommet de Barcelone examina plusieurs demandes de Fatah. Les délégués évoquèrent les points suivants : comment se procurer de l'argent, comment organiser un trafic d'armes efficace et fournir des instructeurs ex-nazis pour entraîner les guérilleros ; comment recruter de jeunes caucasiens pour renforcer les forces de *Fatah* au Moyen-Orient ; et enfin comment « rassembler des éléments disposés à collaborer à des actes de sabotage en Europe ». Ils préparèrent aussi une campagne de propagande, pour laquelle ils utilisèrent des slogans passe-partout. Par exemple : « Vivent les glorieux Palestiniens en lutte contre l'Impérialsionisme ! » qui se combineraient avec les ponts-aux-ânes du répertoire antisioniste classique comme le *Protocole des Sages de Sion* et un livre sur Israël intitulé *L'Ennemi de l'Homme*.

Cette première réunion « noire » au sommet sur les Palestiniens fut suivie de plusieurs autres. L'une eut lieu le 28 mars 1970 à Paris : là, un Belge, ex-officier S.S., mit son parti — le parti rexiste — « à la disposition totale et inconditionnelle de la Résistance palestinienne [156] ». Une autre se tint à Munich le 16 septembre, dix jours à peine après que, dans cette même ville, les tireurs d'élite Palestiniens de Septembre noir eurent massacré onze athlètes israéliens aux Jeux Olympiques [157]. Les six cents délégués qui assistaient à cette réunion nazi-fasciste firent une assourdissante ovation à Septembre noir. Ils distribuèrent aussi des prospectus félicitant le Palestinien Sirhan B. Sirhan d'avoir assassiné Robert Kennedy. « Je l'ai fait pour mon pays ! », pouvait-on lire sous sa photo [158].

Une autre conférence du même genre se tint le 9 mars 1974 au *Hilton* de Rome. Le colonel Kadhafi de Libye, qui fournissait des pétro-dollars là où se trouvait alors son cœur — à des groupes néo-fascistes pro-palestiniens et à plusieurs librairies antisémites — était soucieux d'éviter toute infiltration marxiste dans ce mouvement palestinien et envoya son Premier ministre Ahmed Jalloud à l'hôtel *Hilton* avec les traditionnelles valises pleines de billets pour encourager l'aide noire [159]. Cependant, Kadhafi subventionna également le réseau palestinien de Paris, dont le chef était Carlos, et qui était composé en majeure partie de terroristes internationaux du rouge le plus sanglant. Peu de temps après d'ailleurs, Kadhafi lui-même allait devenir « objectivement » rouge, pour employer le jargon gauchiste.

Cependant, les Palestiniens menaient en Europe une double vie enivrante. « Chouchous » de la nouvelle gauche et de la droite la plus extrême, ils vivaient dans le meilleur des deux mondes. Au nom de la révolution communiste mondiale, Feltrinelli leur achetait des chargements entiers d'armes, tandis que les hommes du colonel faisaient la même chose au nom de l'antisémitisme. L'élite de l'Internationale rouge courait s'entraîner dans les camps palestiniens du Moyen-Orient, tandis que les Palestiniens allaient en masse dans les Pyrénées espagnoles et le haut Adige italien (à Malga Croun) s'entraîner dans les camps internationaux noirs [160].

L'extrême gauche organisa un énorme rassemblement pour Arafat à Milan ; et Franco Freda, le plus flamboyant néo-nazi italien, en présida un autre à Padoue en l'honneur du *Fatah,* le mouvement du même Arafat [161]. Freda, maintenant condamné à la réclusion à vie, était un bon vivant, grand ami du représentant de l'O.L.P. à Rome (un poète du nom de Wael Zwaiter, ultérieurement assassiné par les services secrets israéliens). Ils passaient ensemble des soirées amicales avec la fleur des intellectuels italiens de gauche [162]. Le service de livraison suisse, dirigé par Petra Krause, passait des armes au réseau palestinien de Paris pour être livrées à Carlos, tandis que Carlos, de son côté, envoyait des messagers en chercher davantage au club diplomatique de Rome, le lieu de rendez-vous secret d'un énorme réseau de trafiquants d'armes néo-nazis [163].

Rouges et noirs n'étaient nulle part plus enchevêtrés qu'en Suisse, où le directeur de Septembre noir pour l'Europe avait élu domicile. Depuis que son père avait été tué en 1948 par une bombe de la Haganah juive, Hassan Salameh, connu dans le business sous le nom de Abu Hassan, était voué corps et âme à la Résistance palestinienne. Il était la personnalité la plus captivante du mouvement, ancien étudiant à la Sorbonne, bel homme s'il en fut — les femmes le trouvaient irrésistible — très riche et bon vivant, mondain, charmeur et chaleureux, il était reçu dans les salons les plus fermés de l'avant-garde européenne.

Pour ses centaines d'amis intimes étrangers, Salameh n'était rien d'autre que l'aimable et distingué porte-parole politique du chef de l'O.L.P. Yasser Arafat, qui incidemment se trouvait être son cousin. Peu savaient qu'il avait également été pendant sept ans l'une des principales cibles des services secrets israéliens. (Il sauta finalement sur une bombe à Beyrouth.)

Et même alors, la presse internationale mentionna simplement qu'il était le bras droit d'Arafat pour les opérations militaires du *Fatah*. En fait, en qualité de directeur européen de Septembre noir, il avait dirigé les commandos de choc constitués à la fois d'éléments du Fatah et du F.P.L.P. Constitués après septembre 1970, après que le roi Hussein eut expulsé *manu militari* l'armée de libération palestinienne de Jordanie, ces groupes secrets de tueurs étaient généralement considérés comme dépendants du Fatah. En fait, ils étaient à la fois au service d'Arafat et de Georges Habash et avaient été formés dans les bureaux du journal du F.P.L.P., *al-Hadaf*[164]. Wadi Haddad, qui dirigeait les opérations militaires de Habash, était en Europe un précieux auxiliaire de Hassan Salameh. Certains des disciples les plus doués de Haddad se trouvaient parmi les tueurs de Septembre noir aux Jeux Olympiques, en vertu de quoi c'est le *Fatah* d'Arafat qui s'adjugea la gloire de toute l'opération.

Le massacre des jeux démontra à l'évidence combien fragile et vulnérable peut être parfois un puissant Etat, quand il se trouve en présence de quelques hommes armés résolus. C'est en fait Hassan Salameh qui avait dressé les plans de toute l'opération. C'est également lui qui avait fait mettre en place toute l'organisation de Munich par les Cellules révolutionnaires allemandes d'extrême gauche[165]; qui avait associé pour la première fois la bande à Baader à une opération combinée formidable... en l'occurrence une agression contre un foyer juif du troisième âge à Munich, faisant sept morts[166], qui avait organisé la visite d'Andreas Baader au Moyen-Orient pour des entretiens préliminaires au sujet de l'élargissement de la collaboration bipartite.

Salameh n'avait pas de préjugés politiques particulièrement marqués. Septembre noir avait beaucoup de travail en Europe : pose de bombes, enlèvements, rançons, assassinats, et Salameh acceptait toute aide qu'il pouvait trouver. Un de ses plus proches collaborateurs était Mohamed Boudia, le représentant de Wadi Haddad en Europe, qui avait été communiste depuis les années cinquante [167]. Boudia avait des relations étroites avec la gauche. Pour l'incendie d'un énorme dépôt d'essence à Trieste, par exemple, il s'arrangea pour se faire aider par quelques irréguliers des Brigades Rouges. Quand il mourut en 1973, il était aussi en train de négocier un projet ambitieux avec le K.G.B. et les autorités communistes de Tchécoslovaquie.

Inévitablement, au cours de ses allées et venues entre Genève, Prague, Belgrade, Rome, Milan, Paris, Madrid, Oslo, Stockholm, Salameh rencontra des gauchistes de toutes sortes. Les différentes formations terroristes italiennes, les nationalistes irlandais, les séparatistes basques espagnols et les guérilleros exilés du tiers monde qui avaient planté leur tente à Paris, sur la rive gauche, étaient faciles à repérer, et disponibles. Depuis 1968, toutes avaient été en rapport avec le *Fatah* d'Arafat et, depuis 1969, avec le F.P.L.P. ; et Zurich, siège d'une nouvelle Internationale rouge dont je parlerai plus tard, était à deux pas de la villa de Salameh à Genève. Il fut l'un des premiers Palestiniens à se rendre compte de l'extraordinaire potentiel représenté par toutes les formations européennes de gauche.

N'étant pas gauchiste lui-même, Salameh n'avait aucune raison de refuser l'appui éventuel de formations racistes de droite. Certains de ses meilleurs amis faisaient partie de l'Internationale noire. L'un des plus importants d'entre eux était François Arnoud. C'est lui que Salameh choisit pour être le banquier des Palestiniens en Europe. Arnoud avait contribué à fonder le parti néo-nazi suisse, il avait été également le banquier des nazis allemands qui lui avaient fait entière confiance. Les documents qu'il publia après la guerre, et qui avaient été contresignés par Hitler, venaient, dit-on, des célèbres archives de Martin Bormann [168].

Arnoud, qui avait des relations dans les milieux arabes d'Alger, de Tripoli et du Caire, était en Europe un ferme soutien de *Fatah* et de Septembre noir. Il fournissait des avocats à leurs hommes de main momentanément en difficulté avec les autorités suisses. Il avait également de précieuses relations dans les milieux d'affaires et suggérait certains placements, quand il y avait de grosses rentrées. Et il y en avait. Après le massacre de Munich, encore affilié à l'Internationale noire, le colonel Kadhafi fit don à l'O.L.P. de ses premiers 50 millions de dollars. Il y ajouta une prime de 5 millions pour les hommes qui avaient fait le coup [169]. Impressionnés par les réalisations des Palestiniens à l'étranger, d'autres pays arabes producteurs de pétrole versèrent de leur côté des contributions non moins généreuses. L'O.L.P. imposa dans tous les Etats arabes une taxe « de libération » de 3 à 7 % perçue à la source sur les salaires des Palestiniens ; un cinquième du revenu total était affecté aux opérations européennes.

Nommé directeur de la Banque commerciale arabe à Genève, Arnoud acquit vite une puissance financière considérable. Des dizaines de millions de dollars passaient entre les mains de ce financier néo-nazi pour être ensuite mis à la disposition des Palestiniens. Une grande part allait aux militants communistes qui, à Paris, formaient à l'époque le premier groupe terroriste multinational.

Pour eux, tous les anti-impérialsionistes se valaient.

Bien que le public n'eût rien su de cette bande jusqu'à ce que Carlos l'eut rendue célèbre, ce n'est pas à celui-ci que revient le mérite de sa création. Le plus gros du travail de préparation était déjà terminé quand il fut envoyé à Paris après l'assassinat de son prédécesseur, Mohamed Boudia. (Ce Boudia et son prédécesseur Mahmoud Hamchari avaient fait partie de l'équipe olympique de Septembre noir et de ce fait furent mis à mort par une équipe du service secret israélien appelé « Vengeance Divine ». Hamchari fut tué au téléphone par un dispositif électronique ; Boudia était dans sa voiture quand une bombe placée à l'intérieur explosa ; il sauta avec elle.)

L'antenne de Paris avait d'abord été une base pour Septembre noir, son personnel venant à la fois du *Fatah* et du F.P.L.P. Au début, elle avait plus ou moins suivi les directives initiales de Habash : tuer les juifs à l'étranger et choisir des objectifs directement en rapport avec Israël (agences de voyages, entreprises commerciales, banques). Très vite, *Fatah* surclassa le F.P.L.P. Fort du prestige personnel d'Arafat, de son organisation et du but qu'il affichait, *Fatah* avait plus d'argent, plus de projets, plus d'amis influents et plus de chances de figurer à la une des journaux du monde entier grâce au large champ des opérations qu'il déclenchait : un jour à Copenhague, le lendemain à Téhéran ou à Bangui. Il ne s'agissait pourtant que d'une extension de la confrontation arabo-israélienne qui, depuis des années, se poursuivait au Moyen-Orient. Cela était évidemment limité.

Cependant, lorsque vers le milieu de 1970, Carlos prit la succession de Boudia à la direction du réseau parisien, le terrain des opérations s'étendit considérablement. Et quand, en 1975, il prit sa retraite, n'importe qui en Occident pouvait être descendu n'importe où, par n'importe qui, au nom de la Résistance palestinienne. Qu'importait si Carlos était véritablement un Vénézuélien du nom d'Ilich Ramirez Sanchez, qui jusqu'en 1970 n'avait jamais mis les pieds sur le sol de Palestine. Finalement sa nouvelle incarnation lui fut plutôt utile.

C'est Moscou qui arrangea le premier voyage de Carlos au Moyen-Orient. Celui-ci était inscrit à l'université des amis de Patrice Lumumba, réservée aux étrangers. Il y avait pour camarade Mohamed Boudia, le tueur vedette du F.P.L.P. en Europe. Dès 1970, Habash et Haddad réfléchissaient déjà à une stratégie de violence terroriste plus diversifiée « et toujours et partout ».

Avant même que Carlos eut quitté l'U.R.S.S., ils l'avaient engagé [170]. Il arriva en Jordanie, juste à temps pour prendre part avec les Palestiniens à la lutte fratricide contre le roi Hussein. Depuis des mois la tension montait, au fur et à mesure que les *Fedayin* palestiniens, basés en Jordanie, se montraient plus provocants et plus menaçants à l'égard de la monarchie Hashemite ; et ce même septembre le F.P.L.P. mit le feu aux poudres en exécutant sa quadruple prise d'otages. Juste quatre jours après que les commandos de Wadi Haddad eussent fait sauter trois des avions jordaniens saisis sur l'aéroport de Zarka (non sans avoir auparavant alerté les meilleurs réseaux de télévision), le roi Hussein lança ses guerriers bédouins contre les Palestiniens.

En Jordanie la lutte fut terrible, elle coûta la vie à des milliers de personnes, laissant en son sillage une lourde amertume et faisant comprendre aux chefs palestiniens que seule l'internationalisation de leur lutte contre Israël pouvait aboutir à la victoire.

Après cela, ils virèrent tous à gauche, encore que certains fussent allés encore plus à gauche que d'autres. Ce fut finalement une bonne chose pour les Palestiniens que de « gauchiser » ainsi leur mouvement. Cela eut un effet apaisant sur les chefs arabes — presque tous riches et conservateurs (et plus ils étaient riches et plus ils étaient conservateurs, plus l'effet était apaisant) — qui autrement auraient pu être tentés de limiter l'appui qu'ils donnaient aux Palestiniens ou même de couper les vivres à leurs chefs. Tandis que cela semblait logique pour les pauvres, qui sont la majorité chez les arabes. Cela allait également dans le sens de l'histoire, en cette région si dangereusement exposée à la pénétration impérialiste de l'Ouest. Mais, surtout, cela pouvait déchaîner dans le monde une vague de sympathie analogue à celle qui avait sauvé le Vietnam où l'on avait assisté à une victoire diplomatique, alors qu'aucun résultat n'avait pu être acquis par les armes.

Pourtant les buts de guerre des deux organisations étaient sensiblement différents. Pour les chefs de l'O.L.P. et pour Arafat la liquidation de l'état sioniste était suffisante : « Pour nous la paix signifie la destruction d'Israël et rien d'autre », tel était le point de vue d'Arafat, cependant que Habash disait : « Notre ennemi n'est pas seulement Israël, c'est l'époque. » Car Israël n'était qu'un rejeton, un bâtard de l'impérialisme, et c'est dans le monde entier que la pieuvre impérialiste devait voir ses tentacules coupés. « Nous devons nous rendre compte que notre révolution n'est qu'un épisode de la révolution mondiale : la reconquête de la Palestine n'est pas notre seul objectif, disait-il. Très franchement, ce que nous voulons c'est une guerre comme celle du Vietnam. Nous voulons un autre Vietnam et pas seulement en Palestine, mais dans le monde arabe entier [171]. »

En fait, ce que Habash désirait, ce n'était pas seulement un, mais dix, mais cent Vietnam.

Depuis 1968, le F.P.L.P. penchait de plus en plus vers la gauche ; et en 1970 le Dr Habash n'hésitait pas à le qualifier de « parti léniniste armé ». Il proclama ceci à Pyongyang, capitale de la Corée du Nord, où les camps d'entraînement russes des guérilleros étaient déjà en pleine activité et où Habash était venu lui-même acheter des armes. « Aucune frontière, fut-elle politique, géographique ou morale, ne peut résister à l'assaut du peuple », dit-il à quatre cents délégués enthousiastes, venus des quatre coins du globe à un congrès convoqué pour discuter de stratégie révolutionnaire. « Personne n'est innocent, personne ne peut être neutre dans le monde d'aujourd'hui [172]. » (« Un spectateur innocent, cela n'existe pas », c'est ainsi qu'un siècle auparavant le terroriste allemand Johann Most formulait sa théorie de la guerre civile internationale.)

Habash se montra encore plus explicite à un sommet terroriste secret au camp des réfugiés de Baddawi au Liban. « La Palestine s'est maintenant associée à la révolution européenne, nous avons forgé des liens indestructibles avec la révolution dans le monde entier, expliqua-t-il aux chefs du mouvement présents au congrès. Il y avait là des délégués de l'I.R.A., du Front national iranien, de l'Armée de la libération du peuple turc, de l'Armée Rouge japonaise, de l'E.T.A. des Basques espagnols, de la fraction allemande de l'Armée Rouge, des Brigades Rouges italiennes, des Tupamaros [173]. Cela faisait déjà au moins une douzaine de Vietnam, ce qui ne manqua pas de faire grand plaisir à l'ambassadeur de Cuba au Liban si, comme on le dit, il assistait à la réunion.

Habash n'était certainement pas le seul à entraîner des étrangers au Moyen-Orient. Dès 1969, il y en avait environ deux cents dans des camps organisés par *Fatah,* et cela sans compter ceux du F.P.L.P. (quarante-huit Anglais, vingt Français, dix-huit Allemands, et quatre Américains appartenant à la bande des Panthères noires [174]). En 1972, date de ce sommet terroriste tenu dans le camp de réfugiés de Baddawi au Liban, tout ce qui gravitait autour de l'O.L.P. avait un arrangement de ce genre. On trouvait des non-arabes dans les camps de guérilleros répartis sur l'arc de cercle du monde arabe de Bagdad à Damas et Aden, au Caire, à Tripoli et à Alger.

L'organisation n'avait pas encore les proportions colossales qu'elle devait atteindre vers le milieu des années soixante-dix, quand la résistance palestinienne eut acquis d'immenses richesses, des armements pour ainsi dire illimités, une protection diplomatique à toute épreuve et une influence enviable. Mais même à l'origine, quand s'ouvrit la décade terrible, l'organisation pouvait offrir des facilités exceptionnelles à tous ceux qui n'avaient ni ses camps d'entraînement, ni sa liberté de mouvement.

Pour les services qu'ils rendaient, les Palestiniens se faisaient parfois payer, parfois non ; cela dépendait de leurs idées et de l'état de leurs finances. Le F.P.L.P., qui refusait avec mépris l'argent des magnats réactionnaires du pétrole, était plus enclin que les autres à faire payer cher. En général, cependant, ils préféraient que leurs diplômés étrangers les remboursent tôt ou tard dans la monnaie de l'empire terroriste : la propagande armée, comme on dit dans le business.

« Propagande armée », cela signifiait qu'au sortir des camps, un diplômé des camps devait s'arranger pour attirer l'attention du monde entier aussi bien sur la Palestine que sur ses préoccupations nationales. Un Américain, Nicaraguayen d'origine, aiderait la célèbre terroriste Leila Khaled à saisir un avion de l'El Al à Londres, se faisant incidemment tuer en la circonstance (6 sept. 1970). Des guérilleros turcs revenant d'un camp libanais prendraient en otage et tueraient le consul d'Israël en Turquie ; (nous l'avons fait « pour rembourser en partie les Palestiniens », dirent-ils le 23 mai 1971) ; un commando de l'Armée Rouge japonaise attaquerait l'aéroport israélien de Lod, laissant vingt-six morts dans son sillage (30 mai 1972).

Dans ces trois derniers cas, les diplômés venaient des camps du F.P.L.P. Habash s'était rendu célèbre pour ce troc d'un genre particulier. D'autres groupes palestiniens avaient surtout besoin d'aide pour leurs relations publiques, ou leurs rapports avec les pays non arabes. Habash était en réalité en train de fonder la première force de frappe terroriste multinationale intégrée.

A Baalbeck, Beyrouth et Aden, les camps étaient petits et spartiates — les recrues vivaient d'abord de fèves —, mais entièrement professionnels. Les cours étaient d'un niveau supérieur, les instructeurs des plus compétents (au début, il y avait de nombreux Cubains et Allemands de l'Est, ainsi que des Chinois), les règles imposées par Wadi Haddad extrêmement strictes. N'y entrait pas qui voulait. Non seulement les candidats devaient avoir du sang-froid, être marxistes et engagés, mais il fallait qu'ils viennent des bons endroits.

Dix ans plus tard, la liste des priorités géo-politiques dressée par le Dr Habash vers 1970, stimule encore l'imagination. Il considérait comme particulièrement importants l'Iran (dont la révolution islamique fit basculer l'équilibre du monde à la fin de la décennie) ; la Turquie (accrochée au flanc sud-est de l'O.T.A.N. et de l'U.R.S.S., et contrôlant le détroit des Dardanelles) ; le Japon (partenaire industriel de l'Ouest en Extrême-Orient) ; le sultanat d'Oman (commandant le passage vers l'Ouest des grands pétroliers venant du golfe Persique) ; l'Ethiopie (dominant un tiers de l'Afrique, devenue un Etat client communiste de l'U.R.S.S. à la suite d'une intervention militaire directe des Soviets et de Cuba) et tout un groupe d'organisations terroristes, allemandes, italiennes, espagnoles, irlandaises, encerclant le cœur de l'Europe occidentale.

Dans ses camps, il y avait toujours de la place pour les ressortissants d'une douzaine de républiques d'Amérique latine et d'Etats européens d'importance moyenne. Ils pouvaient, comme les Grecs jusqu'en 1980, rester assoupis pendant des années. Ou bien ils servaient à faire passer des messages ou à livrer des explosifs (c'était les cas des Belges, des Scandinaves, et de la vingtaine de recrues du Secours Rouge hollandais). Mais il n'y avait pas à se tromper sur ses préférences.

Les Iraniens furent parmi les premiers à venir dans ses camps. Ils arrivèrent par centaines, par milliers peut-être. On n'a pas vraiment de précisions à ce sujet, mais ce qui compte ce sont les résultats, et à cet égard les Iraniens se distinguèrent. « La révolution palestinienne a montré le chemin à de nombreux combattants iraniens désireux de s'entraîner à l'usage des armes », écrivait le journal libanais *al-Ahad* le 19 décembre 1971. Les premiers cours d'entraînement eurent lieu en 1968 ; un contingent du mouvement révolutionnaire iranien quitta l'Iran pour les camps du mouvement de la résistance. Après leur retour en Iran, ils se mirent à entraîner d'autres membres ; sous l'influence directe de la lutte armée palestinienne, d'autres groupes révolutionnaires se mirent eux aussi à étudier la technique de la guérilla et à se livrer à des attaques à main armée en Iran même. Combien d'hommes ces groupes comptaient-ils ? Il y en avait en tout cas un bon nombre, puisque, dès 1971, huit ans avant l'explosion de la révolution islamique, on arrêta un groupe de soixante-quinze Iraniens — tous entraînés et approvisionnés par le F.P.L.P. [175].

L'I.R.A. suivit de près. Le premier contingent irlandais arriva également en 1968 dans un camp du F.P.L.P. Jamais le courant ne devait plus s'arrêter. L'alliance des deux organisations fut concrétisée en 1972 par un pacte bilatéral d'assistance mutuelle [176].

Après quoi Habash se mit littéralement à la poursuite des Turcs et des Japonais.

Entraînés eux aussi dès 1968 dans les camps d'Habash, les guérilleros turcs avaient fait régner un tel climat de terreur dans leur pays qu'en 1971 la loi martiale dut être imposée.

Jusqu'à ce qu'un violent coup de force militaire y ait coupé court, hold-ups bancaires, lancements de bombes, enlèvements et assassinats s'y étaient, en effet, quotidiennement succédés de manière terrifiante. L'année suivante, des arrestations massives furent suivies de grands procès publics, le nombre d'accusés pouvant aller parfois jusqu'à deux cent cinquante, la plupart passibles de la peine de mort ou de la prison perpétuelle. Pendant deux ou trois ans, les terroristes turcs furent neutralisés. Puisqu'ils ne pouvaient aller jusque chez Habash, c'est lui qui vint à eux.

« Le Front populaire pour la libération de la Palestine envoie des instructeurs en Turquie pour enseigner à la jeunesse turque la technique du combat de guérilla urbaine, des enlèvements, de la saisie d'avions, ainsi que d'autres formes de combat, déclara Leila Khaled au quotidien turc *Hurryet* le 26 mai 1971. Etant donné que pour les Turcs il est plus difficile que dans le passé d'aller s'entraîner dans les camps du F.P.L.P., le F.P.L.P. entraînera les Turcs comme les Ethiopiens et les révolutionnaires des autres pays. C'est d'ailleurs le F.P.L.P. qui a entraîné la plupart des militants turcs maintenant sous les verrous. » C'était une chose qu'il convenait de garder en mémoire quand, en Turquie, dix ans plus tard, la violence terroriste coûterait la vie à neuf ou dix personnes par jour.

L'Armée Rouge japonaise avait de plus gros problèmes encore. Au sommet de sa gloire, pendant les grands soulèvements estudiantins de 1968 et de 1969, elle comptait trois ou quatre cents membres, tous violemment gauchistes, ayant sur le public une prise en quelque sorte hypnotique. Mais, dès 1972, la prospérité de la société de consommation et l'intervention habile de la police les avaient réduits à une poignée d'hommes indisciplinés. Pourchassés, rue par rue et maison par maison, après une série de vols à main armée et d'exécutions de policiers, les derniers chefs de l'Armée Rouge se retranchèrent avec une femme prise en otage dans un hôtel vide de Karuizawa.

Il s'en suivit six longues journées de siège sans merci. Pris dans un réseau de projecteurs aveuglants, sous l'œil des caméras de télévision, les terroristes tiraient sur tout ce qui bougeait, cependant que la police lançait des bombes lacrymogènes, éventrait le toit avec une lourde boule d'acier (semblable à celles

Le nouvel âge diplomatique exigeait évidemment des hommes d'Etat : plus de prouesses spectaculaires, comme de mettre le feu à 1 million de dollars de pétrole à Trieste ou à Rotterdam, ou de massacrer des athlètes aux Jeux Olympiques. Quelle que fût la valeur publicitaire de tels exploits, ils n'étaient pas bien vu par les gouvernements étrangers, et Arafat le savait bien. (Il prétendit pendant des années avoir tout ignoré du massacre olympique, et cela malgré des preuves formelles du contraire.) Les milieux dirigeants de l'O.L.P. commencèrent à mettre en doute l'intérêt qu'il y avait à exporter le terrorisme palestinien. L'ultime coup de grande envergure assené par *Fatah* à l'étranger fut la prise de l'ambassade d'Arabie Saoudite au Soudan au début de 1973, entraînant la mort de trois diplomates occidentaux dont l'ambassadeur des Etats-Unis. Pour Arafat, la guerre du Kippour, quelques mois plus tard, mit fin à cette forme de combat : il fallait que *Fatah* se replie sur son propre sol et que, malgré le secret dont ils s'entouraient, les escadrons de la mort de Septembre noir à l'étranger disparaissent eux aussi.

Sur le mode aimable et détendu qui était le sien, Hassan Salameh — le cousin d'Arafat — s'arrangea pour que les chancelleries soient informées que Palestiniens et Israéliens s'étaient mis d'accord pour cesser de s'entretuer à l'étranger : ce genre d'opérations ne serait plus pratiqué que sur leur propre territoire. Sans doute les services secrets israéliens nièrent-ils formellement avoir conclu avec Salameh un accord quelconque, on le prit quand même au mot ; dorénavant, les gouvernements d'Europe de l'Ouest ignoreraient officiellement la présence sur leur territoire des Palestiniens qui étaient censés ne plus y être.

En réalité, il y en avait plus que jamais. Bien que Septembre noir eût cessé ses activités, les factions palestiniennes qui y avaient été rattachées, continuaient à se faire la guerre en Europe et à se détruire les unes et les autres : en abandonnant l'Europe, Fatah avait simplement laissé le champ libre à Habash et Haddad.

De toute manière, Arafat n'abandonnait pas grand-chose. Les *Fedayin* continuèrent imperturbablement à tuer des juifs en Israël, et la Charte de l'O.L.P. continuait à refuser à Israël tout droit légal à l'existence. Et pourtant, l'acceptation éventuelle par l'O.L.P. d'une certaine forme d'Etat sioniste ne semblait plus entièrement exclue. Habash ne voulait rien avoir à faire avec ce genre de « solutions politiques ». Faisant état des droits magistraux que lui conférait sa qualité de socialiste scientifique, il insistait sur le fait que l'impérialisme sioniste à caractère universel demeurait toujours l'ennemi qu'il convenait d'abattre sans quartier et de manière universelle. (A la question de savoir si la perspective de déclencher ainsi une troisième guerre mondiale au

Moyen-Orient ne l'effrayait pas, il répondit sans hésiter : « Franchement, non [180]. »

C'est donc lui qui devint le chef du Front du refus. Moitié à l'intérieur, moitié à l'extérieur du groupe et jouissant ainsi partiellement de sa protection, il comprenait de fanatiques révolutionnaires marxistes comme Ahmed Jibril, Naïf Hawatmeh et Abu Nidal ; tous entretenaient depuis longtemps des rapports étroits avec Moscou. Les Etats arabes solidement groupés derrière eux — Syrie, Irak, Sud Yémen, Algérie, Libye — étaient ou allaient bientôt devenir également de bons amis de Moscou. Le colonel Kadhafi, enthousiasmé par l'intérêt que prenaient les Soviétiques à la cause palestinienne, se détacha peu à peu de l'Internationale noire. Il allait bientôt être un des meilleurs clients de l'Union soviétique, distribuant aux bandes des terroristes les plus choisies de l'Internationale rouge, alliées de Habash, l'équipement militaire qu'il y achetait. Quand Kadhafi accepta d'intégrer le réseau européen de Carlos à son organisation, les jeux étaient faits.

A l'automne de 1973, Habash et Haddad avaient mis sur pied un bon club de vieux copains et Paris en était le siège. L'Armée de libération du peuple turc, le Front national iranien et l'Armée Rouge japonaise, en difficulté chez eux, dirigeaient toutes leurs opérations de Paris. C'est là que les Japonais avaient leur plus importante cellule ; Turcs et Iraniens partageaient avec Carlos une villa de banlieue à Villiers-sur-Marne. (En décembre de cette même année, une perquisition faite par les services intérieurs de sécurité français — la D.S.T. — permit de découvrir une quantité d'armes en provenance de Bulgarie, des explosifs, une fabrique de faux documents et un nombre important de projets d'agressions détaillées.)

Si besoin était, terroristes allemands et italiens, irlandais, Basques espagnols faisaient de rapides aller et retour à Paris. Les guérilleros d'Amérique latine y résidèrent longtemps (non seulement les Tupamaros, mais aussi les Colombiens, les Vénézuéliens, les Chiliens, les Brésiliens). Auxiliaires belges, hollandais, scandinaves pouvaient être envoyés en reconnaissance, ici où là, ou être chargés de livrer quelques kilos de dynamite. Henri Curiel tenait toujours son service à la disposition des amateurs. Depuis les années cinquante (quand tous deux travaillaient en Algérie dans la clandestinité), il était l'ami intime de Mohamed Boudia ; quand ce dernier fut assassiné, c'est lui qui le remplaça auprès de Carlos.

Les membres du comité directeur se voyaient souvent pour mettre les plans à jour. Parfois c'était au secrétariat du bureau de coordination à Zurich, parfois ils se rendaient visite à Francfort, à Londres, Amsterdam, Bruxelles ou Milan. Au cours d'une série de réunions secrètes à Dublin, ils mirent au point leurs codes secrets, des itinéraires pour les messages, un système de fournitures et d'échange d'armes, une procédure pour le passage des frontières, et une liste de maisons fortes (à elle seule, l'Armée Rouge japonaise en avait une cinquantaine disséminées dans toute l'Europe). A l'une des réunions, le F.P.L.P. fit la répartition d'un stock d'armes d'une valeur de 1 million de dollars [181] (l'argent provenait, semble-t-il, d'une rançon de 5 millions de dollars touchée par Haddad pour un avion de la Lufthansa qui avait été détourné, et cela bien que le Sud Yémen ait exigé sa part du gâteau pour les droits « d'atterrissage »).

Les Soviétiques fournissaient l'appui logistique. Habash s'était rendu à Moscou en 1972 et avait été reçu discrètement mais bien. Un accord de longue durée avait été conclu pour l'envoi clandestin d'armes d'Est en Ouest ainsi que pour le passage et l'accueil de fugitifs en direction opposée. Les hommes de Habash passèrent quelque temps en U.R.S.S. pour se perfectionner dans la pratique de la guérilla. (Ceux d'Arafat aussi, mais à un endroit différent.)

Il s'ensuivit deux années étonnantes. Personne, à l'époque ne réalisa d'ailleurs à quel point elles l'étaient. Des douzaines d'incidents à la fois mystérieux et sinistres se produisirent, apparemment indépendants les uns des autres. Carlos lui-même approchait du terme de sa carrière quand la police finit par s'apercevoir de son existence. La plupart des quarante ou cinquante professionnels qu'il se vantait d'avoir entraînés personnellement étaient morts, ou en prison, alors qu'on ne connaissait pas encore les liens qui les unissaient. C'est seulement à la fin de cette effrayante décade que les pays visés découvrirent l'importance du réseau de Carlos, qui, même alors, ne fut pas perçue.

Cela aurait pu être pire. Mais il y avait encore les accrocs et les accidents imprévus, les plans extravagants qui achoppaient soudain, les complots savants compromis par quelque policier ou quelqu'agent secret anonyme. Quand même, la bande ne s'était pas trop mal débrouillée. Pendant l'été de 1974, Habash et Haddad envoyèrent quelqu'un retrouver secrètement les chefs de file à Viareggio, en Toscane « pour célébrer le succès de leurs efforts collectifs ». Cette opération de mise en état de siège du continent, tramée à Paris, dirigée par Aden, et appuyée par Moscou avec l'habileté la plus extrême allait avoir de terribles conséquences pour le monde occidental, laisser de graves séquelles.

8

CARLOS

« Quand j'ai vu que j'étais pris au piège, je saisis mon revolver. C'était un Tokarev russe 7,62. Je visai les trois policiers à la tête. Il n'y avait que Michel et moi dans la pièce. Il s'avança vers moi en se couvrant les yeux avec les mains. Il connaissait les règles du jeu : un traître doit mourir. Il se tenait devant moi. Je tirai entre les yeux et il s'écroula sur le sol. Je tirai une fois encore, à la tempe cette fois. J'étais calme. Je sautai d'une fenêtre du troisième étage et m'éloignai comme si de rien n'était... non je ne suis pas un tueur professionnel. Ce n'est pas facile de tirer sur quelqu'un entre les yeux quand il vous regarde en face, surtout si juste avant vous venez de tuer trois personnages en moins de dix secondes comme c'était mon cas... »

Racontant l'incident qui l'avait obligé à quitter précipitamment la France en 1975, Carlos jouait son rôle préféré : celui de l'homme qui, rapide comme l'éclair, prend une décision, punit implacablement le traître, est en proie à un remords chevaleresque et s'envole par la fenêtre... En réalité il était plutôt corpulent et ce jour-là, après une soirée agitée et bien arrosée dans le Quartier latin, il était plus qu'un peu éméché. Ne sachant absolument pas à qui ils avaient affaire, les policiers qui débarquaient n'étaient pas armés. Il demanda à aller aux toilettes, récupéra le fusil qu'il y avait caché et sortit en tirant. Il est douteux que Michel Moukarbal, son adjoint le plus fidèle, se soit tenu repentant devant lui. Quand il le vit tenter de gagner la porte Carlos lui tira une balle entre les yeux — le meilleur endroit pour un assassin, dit-il durant son interrogatoire. Puis il alla dans l'entrée, enjamba un balcon et descendit à l'aide d'un échafaudage.

S'il eut peut-être l'ombre d'un remords au sujet de Moukarbal, il n'en exprima pas le moindre pour les trois policiers, pas plus d'ailleurs que pour aucune autre de ses victimes — par exemple, le garçon dont il avait coupé le poignet en lui lançant une grenade. Tuer les gens ne semblait lui faire ni chaud ni froid. « Je ne peux pas comprendre pourquoi ils n'ont pas tué l'ambassadeur », dit-il, troublé, à propos de la prise de l'ambassadeur de France en Hollande par les commandos japonais. Sincèrement, il ne comprenait pas.

L'Interview (la majuscule est justifiée) accordée en secret à un journaliste arabe de l'hebdomadaire parisien *al Watan al Arabi*, en décembre 1979, est la seule que « Carlos » ait jamais donnée[182]. Déjà alors, la plupart des choses qu'il racontait étaient de l'histoire ancienne. Il semblait désireux de rappeler de vieux exploits (qui autrement auraient pu rester ignorés) tel un ancien combattant évoquant quelque bataille oubliée pour impressionner d'impertinents blancs-becs.

« Alors, quand tout paraissait perdu, j'ai retourné la situation et en ai fait un succès complet... », poursuivit-il à propos de l'affaire de l'ambassade de France.

Il n'aurait pas besoin de prouver qu'il connaissait bien son métier. Au cours de son bref passage à la tête de l'équipe de Paris, on vit quadrupler le nombre des attaques terroristes internationales sur l'Europe. Quand il quitta la scène en 1975, l'Europe de l'Ouest détenait le record mondial des attaques de ce genre, surpassant toutes les autres régions du monde, par l'importance, la portée et le nombre des assassinats, des explosions, des incendies et des attaques à main armée. Il n'y avait pas de doute : il connaissait bien son métier.

La légende de Carlos comprend une bonne part d'affabulation. Encore qu'il aimât lire ce que les journalistes écrivaient sur son compte, il n'était en rien l'Al Capone de la clandestinité terroriste. « Plus les histoires qu'on raconte sur moi sont absurdes, moins les péquenauds auront envie de me courir après », aimait-il à dire. A Paris, son travail consistait à exécuter les ordres que Wadi Haddad lui faisait parvenir d'Aden. On mettait la matière première à sa disposition et on lui disait comment l'utiliser. Il lui fallait orchestrer une force de frappe multinationale autour du Front du refus palestinien, montrer au monde ce qu'était la révolution internationale, bouleverser et démoraliser l'impérialisme occidental. Entraîné, efficace et scrupuleusement consciencieux, il était parfaitement dépourvu de sensibilité. Pour ses supérieurs, sa valeur tenait à la confiance que l'on pouvait placer en lui, à ses connaissances techniques et à son art de la mise en scène. « Je tiens cela de mon grand-père, du côté de ma mère », disait-il.

Carlos remplaçait « Carlos Martinez-Torres » du Pérou, quand ce n'était pas « Cenan Clarke » de New York, « Hector Hugo Dupont » de Grande-Bretagne et de France, « Glenn Gebart » des Etats-Unis, « Adolph Bernal » du Chili, « Hector

Hypodikon », « Salem », ou Ilich Ramirez Sanchez chez lui. Changer de nom, de nationalité ou d'identité n'était pas une problème pour ce jeune professionnel doué, qui arriva à mener trois vies également compliquées durant la plus grande partie d'une décennie.

Entre 1966 et 1975, Carlos était à la fois un jeune Sud-Américain aimable, mondain, jouant de la guitare et courant les filles dans le tourbillon de la haute société européenne, un agent exécutif important du circuit terroriste international, et un communiste orthodoxe travaillant sous le contrôle du K.G.B. C'est seulement quand à vingt-six ans il s'échappa, l'arme au poing de son appartement, rue Toullier, que les autorités commencèrent à soupçonner quelque chose de sa seconde vie, et il leur fallut plus de temps encore pour découvrir qu'il en avait une troisième.

Jusqu'à cette étouffante nuit d'été à Paris, il passait simplement pour un Sud-Américain jeune et fringant menant grande vie à l'étranger. Son père avait fait une fortune de 1 million de dollars dans l'immobilier, sa mère était divorcée, jolie, et reçue dans les milieux diplomatiques de Londres. Et lui était un joyeux luron — un play-boy.

Il avait plus d'argent et plus de temps qu'il ne lui en fallait pour satisfaire ses goûts de luxe et de vacances. « J'aime la bonne chère et les bons cigares », dit-il au cours de l'Interview. « J'aime dormir dans un bon lit et dans de beaux draps frais. J'aime les belles chaussures. J'aime le poker et le blackjack. J'aime les soirées, les bals et, de temps à autre, le théâtre. Je sais bien qu'un jour ou l'autre je me ferai descendre, alors je veux profiter au maximum de la vie. » Il aimait aussi les *Hilton,* les douches chaudes (il en prenait tout le temps) et les jolies filles.

Elles ne l'aimaient pas toutes. Les délicates Anglaises qui allaient à Cheltenham pouvaient être rebutées par ses lèvres sensuelles, ses cheveux noirs aux ondulations serrées, et sa légère corpulence que ses pantalons de flanelle et ses blazers impeccablement coupés ne dissimulaient pas vraiment. (Grassouillet depuis l'enfance, il avait été surnommé par ses camarades : « El Gordo » autrement dit « patapouf ».) Mais il plaisait beaucoup aux Françaises et aux Italiennes et il avait des liaisons avec trois ou quatre d'entre elles à la fois.

Sur ses activités politiques il était la discrétion même, et ce n'était pas lui qui avait choisi son prénom. Son père, que son long dévouement à la cause communiste n'avait pas empêché d'amasser une fortune, avait donné à ses trois fils les noms de son héros favori : Vladimir Ilich Lénine. L'aîné était Ilich, les plus jeunes Vladimir et Lénine (« Vlad » et « Lenny » sur les terrains de jeux des grands collèges anglais). Cependant, son nom n'était pas forcément une image de marque pour Ilich, et aucun de ses amis mondains n'aurait pu croire qu'il s'intéressait plus au mouvement communiste que ne le faisait son dilettante de père. Beaucoup d'entre eux, ne voulurent pas le croire, quand longtemps après sa retraite, il dit : « J'abandonnerais tout pour la révolution », « La Révolution est mon bonheur suprême ».

Dans l'Interview, il se montra particulièrement bavard sur son passé politique : sans doute considérait-il que cela n'avait plus d'importance ; fin 1979, toute précaution était devenue inutile. En passant, et non sans dédain même, il se moqua des journalistes férus d'objectivité et des prudents fonctionnaires qui, pendant des années, s'étaient gardés de prendre position au sujet de ses prétendues relations avec les Soviétiques. Depuis l'âge de quinze ans, dit-il textuellement, il avait été un membre actif du parti communiste et un partisan de l'U.R.S.S.

« Le marxisme a toujours été ma religion, avait-il dit. Cette foi était héréditaire. Elle régnait dans la maison, circulait dans le sang de mes parents. Plus tard, grâce à mon voyage en U.R.S.S., j'ai pu acquérir une culture personnelle. »

Il dévoila qu'il s'était inscrit dès 1964 au parti communiste du Venezuela, lequel suivait la ligne dure de Moscou — ce que son père avait toujours nié. (Ravi de savoir que le fameux Carlos n'était autre que son fils Ilich, le Dr Ramirez s'écria : « Mon fils est général ! », assurant de surcroît qu'Ilich n'avait jamais été membre du parti, qu'il n'avait jamais reçu de l'argent de qui que ce soit d'autre que de lui-même, Ramirez.)

Dès la première année de son adhésion au parti, il avait été — et c'est lui-même qui l'avoua — « un intermédiaire actif entre les différentes sections ».

L'année suivante, il dirigeait à Caracas une cellule clandestine, forte de deux cents membres et « coordonnait de nombreuses manifestations de rues qui effrayèrent même le président de la République ». « Quand, en 1966, mon père m'envoya à Londres, poursuivit-il, avec des camarades anglais et irlandais, j'y fondai la première Internationale d'Etudiants du Monde du Travail. Puis en 1968, j'allai à l'université Patrice-Lumumba, à Moscou. C'est le parti communiste du Venezuela qui finança mon séjour... et c'est à cette époque — pendant mes études universitaires — que j'entrepris quelques modestes opérations dont je ne peux pas parler en détail. »

Plusieurs des détails dont il estimait ne pas pouvoir parler à l'époque sont maintenant connus des services de renseignements occidentaux. A peine s'était-il échappé de la capitale française que la vérité commença à filtrer.

Son nom était dans les dossiers de la C.I.A. depuis 1969.

Cette année-là, les Soviétiques avaient pris le contrôle du service de renseignements de Cuba, le D.G.I., entraînant la défection et le départ précipité pour les Etats-Unis d'un diplomate cubain du nom d'Orlando Castro Hidalgo. Cet Hidalgo en savait long sur le D.G.I. Ses informations sur les camps d'entraînement cubains à la guérilla étaient des plus précises : on y trouvait, pour la première fois, le nom d'Ilich Ramirez Sanchez, qui était encore un parfait inconnu.

Allant de Caracas à Londres, le jeune Ilich s'était arrêté quelque temps à La Havane. Cela se passait en 1966, année de la Conférence tricontinentale à Cuba. Il se trouvait parmi cent cinquante Vénézuéliens envoyés dans l'île par le parti communiste de son pays qui, à cette époque, se livrait à des opérations de guérillas intérieures [183]. Il avait alors deux années d'expérience terroriste à son acquis. Il avait dix-sept ans. Cela promettait.

Au camp de Matanzas, tout près de La Havane, il avait appris la tactique de la guérilla urbaine, tout ce qui concernait les armes automatiques, le plastiquage, le sabotage, la confection et la lecture des cartes, la photographie, la fabrication des faux et l'art du déguisement. Le directeur de son camp était le colonel Viktor Simenov du K.G.B. qui allait bientôt occuper au quartier général du D.G.I. le bureau voisin de celui du directeur. Son instructeur principal (voyageant avec un faux passeport équatorien au nom « d'Antonio Dages Bouvier ») suivit Carlos en Europe et ne le lâcha plus jusqu'à la fin... appartenait au K.G.B. et était son « contrôle » [184].

De Cuba, Ilich fut renvoyé pour deux missions secrètes au Venezuela. Aucune des deux ne marcha bien et la seconde fois son nom fut inscrit sur les registres de la police. Cependant, ses contrôleurs du Parti avaient encore suffisamment confiance en lui pour le recommander et prendre le risque de l'envoyer à Moscou.

L'université Patrice-Lumumba sur laquelle fut dirigé Ilich n'est pas aussi restrictive, ou subversive, que l'institut Lénine réservé aux chefs de partis communistes plus qualifiés, d'Europe ou d'ailleurs. L'université Lumumba fut créée en 1960 par Nikita Khrouchtchev pour élargir les cadres de l'intelligentsia du tiers monde. « La direction comme l'administration et le corps enseignant de l'Université viennent généralement du K.G.B., et la mission de l'école est d'éduquer les étudiants des pays sous-développés de manière qu'ils puissent retourner chez eux et devenir les agents moteurs de l'action prosoviétique. » Après y avoir accompli un cycle d'études, des milliers de jeunes extrémistes s'en retournent, prêts à l'action, dans leurs pays respectifs, de l'Iran au Chili, en Angola et au Mozambique, à la Résistance palestinienne, dans tout le monde arabe, dans toute l'Amérique latine. C'est à l'université Lumumba, pendant le séjour de Carlos, qu'en 1971, le K.G.B. choisit six étudiants mexicains pour travailler à ce qui, comme nous l'avons mentionné dans « Opération Leo », était l'embryon d'un savant complot soviétique au Mexique.

Avec ses vingt mille étudiants, l'université Lumumba comporte des éléments disparates. Il y a nécessairement du déchet. Ceux qui paraissent donner les plus grandes espérances sont envoyés dans d'autres instituts soviétiques pour y recevoir une formation plus poussée. Carlos lui-même retourna en secret à Moscou en 1974, pour y suivre des cours spéciaux d'endoctrinement politique, de sabotage, d'armement, de karaté, de combat [185]. Ce léger détail ne figure pas non plus dans le brillant récit de son existence.

Au cours de sa seconde et dernière année à Lumumba, Carlos se couvrit de honte. Vivant avec son jeune frère Lénine et recevant de généreux subsides de son papa, il clama partout qu'il ne travaillerait jamais dans une organisation aussi empoisonnante que le parti communiste, et qu'en tout cas il ne pourrait jamais accepter de se soumettre à sa discipline oppressive. Il dépensait sans compter, buvait plus que de raison, couchait avec des filles à l'heure des cours. Un jour, il lança une bouteille d'encre sur l'ambassade de Libye quand, fin 1969, le colonel Kadhafi saisit le pouvoir, menaçant de faire basculer le pays dans l'anti-soviétisme. Après avoir fait l'objet d'un ou deux avertissements officiels, il fut finalement considéré comme un impossible chahuteur et renvoyé de l'université. Mais il ne fut pas expulsé d'U.R.S.S. pour autant, ce qui constituait un témoignage d'indulgence remarquable pour quelqu'un d'aussi dissolu que ce chenapan de Caracas. Bien au contraire, il resta encore quelque temps à Moscou, se livrant à ces « opérations modestes » auxquelles il devait faire allusion six ans plus tard. Ce qui réduit à néant l'histoire invraisemblable selon laquelle les Soviétiques se seraient lavés les mains d'un vaurien doublé d'un fainéant..., qui n'était visiblement qu'une invention du K.G.B.

On ne sait pas au juste si à l'Université Lumumba c'est Carlos qui entra en rapport avec les Palestiniens ou si ce sont eux qui firent les premiers pas. Quoi qu'il en soit, c'est à Moscou qu'il rencontra Mohamed Boudia.

Travaillant au cours des années cinquante dans la clandestinité en qualité de chef du parti communiste pendant la guerre d'Algérie, c'est seulement à partir de 1967 que Boudia collabora avec le K.G.B. [186]. Son contrôle était alors Yuri Kotov, un spécialiste soviétique du Moyen-Orient, qui devait ultérieurement devenir directeur du K.G.B. pour l'Europe, avec résidence à Paris. Quand, en 1969, Boudia fut lui-même placé à la tête du F.P.L.P. en Europe, il fut envoyé à Moscou pour y suivre un cours de perfectionnement professionnel. Et c'est sur la recommandation chaleureuse de Boudia, qu'en 1970, Georges Habash et Wadi Haddad embauchèrent Carlos.

Avant d'aller les retrouver au Moyen-Orient, Carlos fit — comme souvent depuis lors — un détour par l'Allemagne de l'Est. Le régime communiste était en train d'y mettre au point son système de transit ultra-rapide pour les terroristes ouest-allemands en fuite, système qui allait être une réelle bénédiction à la fois pour les terroristes allemands et pour les Palestiniens. (La bande à Baader eut une « maison-forte » de secours à Berlin-Est à partir de 1970... en cas de danger il leur suffisait de dix minutes pour échapper aux flics et être en sûreté. Les Palestiniens, qui en 1972 avaient vingt-trois bases en Allemagne de l'Ouest, considéraient Berlin comme une entrée et une sortie de service des plus commodes [187].

Après cela Carlos passa trois mois en Jordanie où il fut traité en invité de marque dans les camps du F.P.L.P., et prit part à l'affrontement de Septembre noir avec les troupes bédouines du roi Hussein. Cette « expérience de la guérilla me fut fort utile », déclara-t-il au cours de l'Interview. Puis il fut envoyé en Europe pour y travailler avec Boudia.

Jusqu'en 1973, Carlos séjourna surtout en Angleterre. Après la France, c'était pour lui l'endroit le plus pratique. Comme la France, la Grande-Bretagne accordait traditionnellement l'asile politique aux réfugiés étrangers. Londres grouillait de guérilleros y mettant au point leurs plans, généralement sans être inquiétés le moins du monde par la police qui ne réagissait que lorsqu'ils s'avisaient d'inquiéter des citoyens anglais. Les Palestiniens, en particulier, étaient aussi libres à Londres qu'à Paris d'assouvir leurs vengeances particulières, de préparer leurs opérations sur le continent. (C'est seulement à partir de 1980, quand les dissidents iraniens occupèrent l'ambassade d'Iran à Londres, que les autorités anglaises intervinrent avec leur efficacité habituelle.)

Entre-temps, à Paris, Boudia travaillait à établir pour Wadi Haddad l'infrastructure de son réseau d'imprésarios internationaux. De temps à autre, Carlos faisait une apparition pour donner un coup de main, comme ce fut le cas à l'aéroport de Lod avec les kamikazes japonais. Cependant, à Londres, il mettait au point son personnage d'aimable écervelé mondain et dans le même temps constituait son propre réseau.

A l'époque le Royaume-Uni bourdonnait d'agents soviétiques. En 1971, le gouvernement britannique en expulsa cent cinq d'un coup — un record qui reste encore à battre. L'ambassade soviétique ayant été du coup pratiquement vidée, son travail clandestin fut pris en charge par le D.G.I. cubain. Pour Carlos, cela était des plus pratiques.

Et bientôt Antonio Dages Bouvier, son ancien instructeur dans l'art de la guérilla et son contrôleur pour le compte du K.G.B., vint du camp Matanzas à La Havane le rejoindre en Angleterre.

Une élégante juriste issue d'une grande famille colombienne, du nom de Maria Nydia Romero de Tobon, devait bientôt compléter le trio. Séparée de son mari, elle vivait à Londres avec ses deux enfants, et travaillait à la Maison de la Colombie. La plupart de ses amis la considéraient comme une femme charmante mais un peu écervelée, au cœur généreux et aux sentiments vaguement maoïstes, qui considérait l'Union soviétique comme trop bourgeoise pour être vraiment prise au sérieux. En fait, elle faisait partie du secrétariat promoscovite du parti communiste colombien, dont son mari était l'un des dirigeants ; et elle entretenait des rapports suivis avec le D.G.I. par l'intermédiaire d'un deuxième secrétaire de l'ambassade de Cuba. (Il s'agissait d'Angel Dalmau, signalé à la section spéciale de Scotland Yard par la D.S.T. française en 1975, après la tuerie de la rue Toullier [188].

Ensemble, le trio se mit à chercher des maisons dans Londres et établit plusieurs « planques » dans le West-End. Dans les agences, Nydia se faisait passer pour la femme de Bouvier, alors qu'elle partageait en fait l'appartement de Carlos (qui en partageait un autre avec une Espagnole, dont on sut plus tard qu'elle cachait chez elle un véritable arsenal d'armes pour lui). Nydia cachait, elle aussi, des armes pour Carlos, ainsi que des papiers confidentiels et des passeports de rechange pour lui et pour Bouvier. Elle prit également l'habitude de faire des aller et retour entre Londres et Paris quand Carlos remplaçait Boudia en France, et de se rendre assez souvent en Allemagne de l'Est. Carlos se servait d'elle à Londres pour transmettre des messages urgents et lui faire garder un peu d'argent. De Paris, il lui envoyait 500 francs par mois à mettre de côté en cas de besoin. (Le besoin s'étant manifesté un week-end, rue Toullier, Carlos ne put se servir de sa caisse noire, pour sa « cavale ».) Pourtant ce n'était pas Nydia de Tobon qui était son véritable banquier en Grande-Bretagne, c'était Bouvier.

Ici encore un détail, disparu dans les archives, n'acquit sa signification réelle qu'après la fuite de Carlos. En avril 1973, les forces israéliennes occupèrent la corniche libanaise de Ramblatt el-Blida et furent momentanément à même d'entendre les messages qu'un fonctionnaire soviétique du K.G.B. transmettait de Beyrouth par la voie diplomatique. Ainsi, tout à fait par hasard, alors que, comme tout le monde, ils ignoraient tout des activités de « Carlos »..., ils apprirent qu'il tirait des chèques sur le compte en banque d'un agent du K.G.B. du nom d'Antonio Dages Bouvier [189].

Jusqu'à ce qu'une brillante promotion l'appelle à Paris, Carlos travaillait d'arrache-pied avec Bouvier à Londres, préparant et mettant au point des listes de juifs et d'autres personnalités à fusiller au nom de la Résistance palestinienne. Quand, après la fuite de Carlos, la liste, quelque peu fantaisiste, tomba entre les mains de Scotland Yard, elle comprenait cinq cents noms. En tête de liste se trouvait un des dirigeants du mouvement sioniste Joseph Sief, président à l'époque des grands magasins Mark & Spencer ; il était suivi par des vedettes du monde musical, littéraire, théâtral, politique et financier. Yehudi Menuhin y figurait en bonne place ainsi que l'auteur dramatique John Osborne, et l'ancien Premier ministre Edward Heath.

Appelé à Paris pour d'autres affaires, non seulement Carlos ne dépassa jamais le numéro un de sa liste anglaise mais en l'occurrence il manqua son affaire. L'opération en question est racontée dans L'Interview. « Pour exécuter un assassinat correctement, dit-il, il faut avoir deux revolvers : l'un muni d'un silencieux, l'autre très puissant pour se protéger en cas de surprise. Ceci est considéré comme le strict minimum pour réussir. Eh bien, vous comprenez, moi je n'avais qu'un seul revolver que m'avait donné un ami, et je ne l'avais même pas essayé. Je le nettoyai, pris une vieille voiture, et allai à la maison de Sief... Je donnai au maître d'hôtel l'ordre de me conduire auprès de son maître qui était dans la salle de bains. Je tirai trois fois mais une seule balle l'atteignit, à la lèvre supérieure. Généralement, je tire trois balles sur le nez et la mort est instantanée. Mais ce gars eut de la chance. Il ne reçut qu'une seule des balles et ses dents amortirent le choc. C'est ainsi qu'il échappa à la mort. »

Etant donné tout le personnel et toutes les armes dont il disposait, il est difficile d'expliquer ce fiasco. Peut-être voulait-il faire le malin. Probablement même, mais on ne le prendrait pas en défaut une seconde fois.

C'est seulement après la mort de Mohamed Boudia quelques mois auparavant, que le réseau parisien avait été confié à Carlos.

Convoqué à Aden par Wadi Haddad, il revint à Paris accompagné d'un adjoint efficace, un Libanais du nom de Michel Moukarbal, et disposant d'une « banque de la terreur » (autrement dit d'un réservoir personnel expérimenté) en ordre de marche; mécanisme extrêmement bien huilé, mis au point par Boudia avant sa mort; bien plus, le colonel Kadhafi lui avait promis de payer les factures. « Mon existence de révolutionnaire marginal avait pris fin. J'étais devenu quelqu'un d'efficace. C'est à ce moment précis que naquit " Carlos ". »

Que faisait exactement Carlos? Un peu de tout en vérité. Mais qu'importe? La seule chose qui comptait vraiment était que le drapeau de la révolution internationale ne cesse pas de claquer au vent!

Son rôle essentiel était de maintenir la discipline parmi les anciens combattants de Wadi Haddad et de leur donner des instructions. Haddad tenait absolument à ce que le commandement reste centralisé, ce qu'il sut imposer. Peu à peu, pratiquement tous les groupes terroristes européens — ou à peu près — devaient avoir affaire à lui pour leur financement et leurs armements; car sans lui, certains auraient été dans une situation des plus difficiles. « On raconte toujours que le groupe Baader-Meinhof, le Mouvement du 2 juin et les Cellules révolutionnaires sont complètement indépendants; c'est entièrement faux. Sans Haddad tout se grippe », dit l'ex-terroriste allemand Hans-Joachim Klein en 1978 [190]. Klein avait quitté les Cellules révolutionnaires en 1975, peu après le raid sur l'O.P.E.P., « parce qu'il était écœuré des opérations démentielles de l'Internationale terroriste ». « Les Cellules en question appartenaient en fait à Haddad qui leur versait une somme de 3 000 dollars par mois », dit Klein. Mais pour tous les autres, aussi, la parole de Haddad avait force de loi. (Après avoir passé un mois à préparer l'enlèvement du pape, le Mouvement du 2 juin laissa tomber l'affaire sur l'ordre de Haddad.)

Ainsi, de nombreuses manifestations terroristes spectaculaires, qui semblaient avoir été conçues sur leur lieu d'exécution, avaient en réalité été inspirées par Haddad, et supervisées par Carlos. Carlos ne dirigeait lui-même que les plus importantes, veillant simplement entre-temps à maintenir vivante la solidarité internationale.

C'est lui, en tout cas, qui organisa les premières prises d'otages diplomatiques en Europe, lors de la prise de l'ambassade de France à La Haye par des commandos japonais. Ce premier succès lui permit d'abord de bloquer le gouvernement français pendant cent une heures, puis de le contraindre à accepter ses conditions. A Paris, il célébra cette scandaleuse capitulation en

146

lançant quelques grenades sur le drugstore du boulevard Saint-Germain, — ce qui le détruisit en partie — tuant deux personnes et en blessant vingt du même coup, affolant ainsi les milieux officiels et une partie de la population. Avec les terroristes allemands, il organisa une opération semblable à Stockholm puis essaya, mais sans succès, de réitérer l'opération de La Haye, à Copenhague et à Berne.

Quelques-uns de ses collaborateurs français se livrèrent également à des attentats à la bombe contre des journaux parisiens : « Cela me valut les félicitations de Beyrouth », dit-il. Il fit aussi surveiller les itinéraires aériens internationaux par des Belges et des Hollandais, s'amusant à faire porter des paquets piégés à bord des avions par des jeunes Sud-Américaines, et persuada la bande à Baader d'ajouter à son propre arsenal soixante grenades volées à l'armée américaine dont il distribua la moitié aux Turcs et aux Iraniens de Paris.

Il avait envoyé Michel Moukarbal se ravitailler au service des livraisons des anarchistes suisses à Zurich, faisant entre autres mettre de côté pour lui vingt-deux de leurs terribles mines antichar dont ils s'étaient fait une spécialité. Et c'est le service suisse qui lui fournit les explosifs avec lesquels l'E.T.A. des Basques espagnols fit sauter l'amiral Carrero-Blanco, dont le général Franco avait décidé de faire son successeur ; et il fit de même pour l'I.R.A. à la veille d'une opération de grande envergure qu'il préparait à Londres ; il tenta aussi, par Moukarbal, de décider les Suisses à lancer quelques bombes dans les bureaux d'Air Japon à Zurich (mais se vit opposer une fin de non-recevoir).

Il distribuait à ceux qui en avaient besoin les faux passeports merveilleusement imités du réseau de Curiel : commandos japonais de passage, guérilleros sud-américains en permission, et jusqu'aux Sud-Coréens qui tentèrent d'assassiner le président Park à Séoul, mais n'y réussirent pas (ils ne tuèrent que sa femme). Il se servit des Brigades Rouges pour se procurer des passeports authentiques volés, des terroristes allemands et italiens pour louer des voitures pour ses équipes de choc, et de « visages pâles » européens pour servir de doublures à ses hommes de main palestiniens un peu trop voyants. Il se servait des Turcs pour introduire des armes en provenance de l'Europe de l'Est, et des Allemands pour distribuer aux différents réseaux des caisses entières d'armes introduites en Europe dans les bagages de quelques diplomates libyens. Il se servit d'un Brésilien pour vérifier ses armes et d'un Grec pour faire passer en Italie sa première fusée soviétique *Strela*.

Le *Strela* fut un de ses échecs les plus cuisants. Cinq Palestiniens avaient déjà pris position sur un balcon près de l'aéroport de Fiumicino, à Rome ; ils étaient prêts à faire sauter un avion d'El Al en partance au moyen de cette fusée à tête chercheuse portative quand, sur un renseignement des Israéliens, la police les arrêta. Carlos, en fait, n'eut jamais de chance avec les autres avions d'El Al. Par deux fois, en effet, à Orly, il tenta de se servir contre eux de fusées R.P.G. de fabrication soviétique et par deux fois l'opération se solda par un fiasco complet.

Dans L'Interview, il parla, non sans irritation, de ces opérations. A Orly également, une tentative antérieure avait elle aussi échoué complètement. « Une grève sauvage du personnel d'El Al fit tout rater : ils refusaient d'atterrir à Orly. » La fois suivante, « tout était minutieusement préparé ». Mais l'homme qui maniait le « bazooka » atteignit par erreur un avion yougoslave et le second coup explosa en l'air. Il était brave mais il perdit la boussole. Nous décidâmes de renouveler la tentative une semaine plus tard, et je me rendis moi-même à l'aéroport pour tout vérifier. Nous avions choisi un dimanche pour l'opération parce que ce jour-là les Parisiens viennent en famille visiter l'aéroport.

« Nous cachâmes nos armes dans les toilettes, mais celles-ci ne désemplissaient pas et quand nous pûmes enfin y rentrer l'avion se préparait à décoller. Il se trouvait déjà à trois cent cinquante mètres d'altitude quand notre homme fit feu : mais trop tard. Quand ils virent arriver la police, mes gens s'affolèrent. Ils ouvrirent le feu, se mirent à lancer des grenades (faisant vingt blessés), se saisirent de six otages (dont une femme enceinte) et les gardèrent enfermés dans les toilettes, jusqu'à ce qu'ils aient reçu un sauf-conduit pour le Moyen-Orient. Déjà je préparais quelque chose pour les libérer... »

En dépit de ces échecs, il ne se débrouilla quand même pas trop mal. Ainsi, quand il quitta la scène, le terrorisme commençait-il à être une véritable profession ouvrant des possibilités d'avenir. Un grand nombre de groupes terroristes avait appris à s'implanter solidement, à communiquer entre eux par des voies souterraines bien balisées, à améliorer et à coordonner leurs minutages, et à se faire livrer par les Palestiniens un armement perfectionné venant de l'Est. Hans-Joachim Klein aimait à évoquer le jour où il rendit visite à Carlos à Paris, et où ce dernier lui montra comment manipuler le mortel, et alors tout nouveau, Skorpion tchèque, qui allait bientôt devenir l'arme parfaite des terroristes pour le travail en équipe. Carlos ne fut que peu de temps le chef du réseau de guérilleros s'étendant d'Europe au Moyen-Orient et de l'Amérique du Sud au Japon ; mais quand il prit sa retraite, un porte-parole du F.P.L.P. déclara qu'il avait été « l'un de leurs plus brillants agents [191] ».

Et pendant tout ce temps-là, la police française ne savait absolument rien sur Carlos. Mais Cuba, tout.

C'est un pur hasard qui amena donc la police 9, rue Toullier. Michel Moukarbal avait été soumis — par hasard également, semble-t-il — à un interrogatoire de contrôle à l'aéroport de Beyrouth ; il fut également questionné quand il arriva à Paris. On hésite à croire qu'il ait parlé de Carlos puisque les agents de la D.S.T., qui avaient filé Moukarbal, arrivèrent rue Toullier sans être armés. Ils étaient juste venus bavarder un peu, dirent-ils à Carlos qui semblait alors avoir bu un coup ou deux de trop. (Et c'était exact.) Mais quand ils envoyèrent chercher Moukarbal pour une conversation tripartite, Carlos perdit la tête et tira.

Par les carnets et les comptes soigneusement tenus trouvés sur le corps et dans les affaires de Moukarbal, la police ne fut pas longue à apprendre le genre d'affaires dont s'occupait Carlos. Ils découvrirent qu'à Paris il avait au moins deux appartements et quatre amies vénézuéliennes qui, sans doute, couchaient à tour de rôle avec lui. (L'une d'elles avait un important stock d'armes caché sous son lit.) Trois d'entre elles avaient des amis se faisant passer pour des « diplomates » travaillant à l'ambassade de Cuba. L'une des filles y travaillait vraiment ; elle était employée par le D.G.I., pour qui elle organisait des « brigades internationales de jeunes », censées aller récolter la canne à sucre à Cuba. Leurs amis étaient tous membres du D.G.I. et l'un d'entre eux — un nommé Paul Rodriguez Sainz — était le chef de la mission du D.G.I. en France [192]. Non seulement ils venaient souvent rue Toullier, mais ils entretenaient des rapports d'affaires étroits avec Carlos soit à Paris, soit à Londres (par Nydia de Tobon), soit ailleurs en Europe. La D.S.T. était certaine que c'étaient les Cubains qui lui avaient finalement permis d'échapper à la vaste souricière tendue pour le reprendre après son évasion.

Dix jours plus tard, les trois « diplomates » cubains furent expulsés de France, non pas comme espions, mais comme agents secrets aidant l'action terroriste et faisant de la propagande pour elle. « L'affaire Carlos, qui jusqu'alors était une démonstration frappante de l'unité d'action des groupes terroristes, a permis de mettre à jour d'importants éléments prouvant l'assistance donnée par certains Etats au terrorisme international, dit le porte-parole du ministre de l'Intérieur Michel Poniatowski lequel figurait sur la longue liste des victimes éventuelles du réseau (alors en France). « De nouveaux éléments confirmèrent les rapports étroits entre les réseaux terroristes et les services d'espionnage de certains Etats... il est troublant de penser que certains agents de l'espionnage cubain travaillent en liaison avec certains pays européens de l'Est, et que ceux-ci jouent un rôle dans cette internationale de la violence [193]. »

Poniatowski mourait d'envie de désigner nommément l'Union Soviétique parmi ces « pays européens de l'Est », mais le président de la République s'y opposa. Toutefois, dans ce cas au moins la collusion directe de Carlos avec les Soviétiques ne pouvait faire de doute.

En septembre 1973, l'opération du château de Schönau, en Autriche, ne fut pas du genre spectaculaire : pas de morts, pas d'incendie ou d'explosion, pas d'enlèvements d'ambassadeurs. Les seules victimes furent trois réfugiés juifs terrifiés, voyageant dans un compartiment de seconde classe : l'objet de l'opération était de montrer à quel point quelques hommes armés pouvaient facilement faire chanter l'Europe. Quelques-uns des numéros les plus brillants du répertoire de Carlos n'auraient jamais pu être réalisés si elle n'avait pas eu lieu.

L'opération avait été préparée en détail par Mohammed Boudia avant que Carlos ne lui succède et aurait été impensable sans l'aide des Soviétiques. « Le château de Schönau était un camp de transit pour les juifs soviétiques qui émigraient en Israël. » Sous la direction de Hassan Salameh, quelque temps plus tôt, Septembre noir avait essayé d'infiltrer le camp, mais ses six commandos armés avaient été découverts par les agents « Mossad » d'Israël et ils avaient eu la chance de ne pas y laisser leur peau.

Arrêtés plus tard, les tueurs avouèrent qu'ils avaient pour consigne de téléphoner « à l'Est »... Prague ou Budapest — afin de signaler le moment où le camp serait plein pour qu'un coup de main ait des chances d'obtenir de bons résultats [194].

Le plan Boudia rendit ces préparatifs inutiles. Les Soviétiques, qui savaient exactement combien de juifs ils laissaient partir — et quand —, n'avaient qu'à indiquer aux Palestiniens postés en Tchécoslovaquie dans quel train ils se trouvaient. Deux Palestiniens y montèrent alors du côté tchèque de la frontière et avancèrent dans le couloir jusqu'à ce qu'ils trouvent les émigrants juifs. Ils braquèrent leurs armes sur un vieux ménage et sur un homme plus jeune, et en arrivant à Vienne n'eurent pas de mal à se faire remettre une Volkswagen, à y faire monter leurs otages, puis à les conduire à l'aéroport. Là, ils attendirent. Treize heures plus tard, le chancelier Bruno Kreisky donna l'ordre de fermer définitivement le camp de Schönau. Après quoi il fit embarquer les Palestiniens sur un avion Cessna mis à leur disposition par le gouvernement autrichien et leur souhaita bon voyage.

Les deux hommes étaient arrivés en Tchécoslovaquie par Beyrouth en passant par Paris. Ils avaient évidemment déjà été dans le pays, puisque leurs passeports (faux) portaient des visas de retour[195]. Ils avaient aussi traîné assez longtemps dans la ville frontière avant de décider quel était le bon train ; cela fait, ils y montèrent portant leurs Kalashnikov et d'autres armes non moins encombrantes en vrac sous leurs manteaux. Quiconque a essayé de passer la frontière de Tchécoslovaquie sous l'occupation soviétique comprendra ce que cela veut dire.

Le chancelier Kreisky parut furieux des protestations que la rapidité de sa capitulation souleva dans la presse étrangère. « Les pays qui sont en guerre et ceux qui ne le sont pas ne peuvent juger ce genre d'événements de la même manière », dit-il, faisant sans doute allusion à la guerre par procuration que l'Union soviétique faisait à l'Ouest, par l'intermédiaire des Palestiniens, par-dessus la tête de l'Autriche neutre. Cependant, suivant les règles de la guerre terroriste, sa capitulation sans condition de 1973 loin de le faire échapper aux difficultés, l'y avait précipité. La faiblesse qu'il avait manifestée alors fut prise pour une invitation cordiale à renouveler la visite, ce que Carlos ne manqua pas de faire, deux ans plus tard, en mettant sur pied l'opération de l'O.P.E.P.

La neutralité bienveillante de l'Autriche une fois assurée, l'opération O.P.E.P. fut la simplicité même. Le colonel Kadhafi pouvait donner tous les renseignements dont on avait besoin. C'était lui après tout qui avait été le premier à penser à cette opération ; ce que Hans-Joachim Klein reconnut, plus ou moins, après l'assaut (ajoutant que les renseignements de Kadhafi « étaient 100 p. 100 exacts ») ; et le ministre du pétrole libyen se trouvait à la réunion avec tous les autres ministres du pétrole. Après s'être réfugié quelque temps sur la côte nord-africaine à la suite de son fiasco parisien, Carlos était parti pour la Libye. Il lui restait six mois pour tout régler avec les hommes de Kadhafi, envoyer ses armes en Europe par la valise diplomatique, et rassembler ses camarades d'équipe (formés à Aden).

Il s'établit à Vienne, juste avant Noël 1975, avec Hans-Joachim Klein, Gabriele Kröcher-Tiedeman, deux Libanais et un Palestinien. Une équipe de renfort des Cellules révolutionnaires allemandes prit livraison des armes et s'installa à une soixantaine de kilomètres dans une villa isolée. Carlos descendit au *Hilton* et alla faire des courses (il s'acheta un béret basque). Le jour venu, ils prirent le tramway jusqu'au bâtiment de l'O.P.E.P., balançant sur l'épaule leurs sacs Adidas bourrés de fusils et de grenades. A la porte, le gardien leur dit joyeusement bonjour et, sachant que la conférence n'était pratiquement pas gardée, ils montèrent tranquillement l'escalier ; trois gardes nonchalants furent exécutés plus pour des raisons psychologiques que pour un problème de sécurité. « Il nous fallait un précédent exemplaire », dit Carlos à Klein après avoir envoyé sept balles dans la tête et la poitrine de ses victimes. (Après l'agression, Wadi Haddad réprimanda sévèrement Klein pour n'avoir tué personne.)

Comme ils l'espéraient, le gouvernement autrichien mit un Boeing à la disposition des agresseurs ; et les voilà partis, faisant de grands signaux aux photographes, avec onze otages représentant les quatre-cinquièmes des réserves mondiales de pétrole. Le reportage télévisé n'aurait pu être meilleur. De la Laponie à la Patagonie, chacun savait maintenant que la Palestine voulait détruire Israël. On avait également vu à l'œuvre une organisation terroriste froidement déterminée, parfaitement efficace et apparemment invincible.

Peu après, Carlos prit sa retraite. Il était temps. Ce même été à Entebbe, Wadi Haddad allait subir une terrible humiliation. Il était lui-même présent quand son équipe germano-palestinienne atterrit en Ouganda dans l'avion qu'elle avait arraisonné. A ses côtés, Antonio Dages Bouvier, le faux Equatorien, fonctionnant avec le compte en banque du K.G.B., dirigeait les opérations [196]. Ensemble ils virent leurs hommes mettre les soixante-dix-huit otages juifs à l'écart des autres cent soixante-huit passagers, juste comme les S.S. le faisaient à Buchenwald. « Schnell ! Schnell ! » (vite, vite), criait la terroriste allemande en agitant son fusil, poussant devant elle ses prisonniers.

Par un extraordinaire coup de chance, Haddad et Bouvier purent tous deux s'échapper, après l'opération de sauvetage éclair des Israéliens. Mais à une exception près, tous les terroristes furent tués. Parmi les morts, se trouvait le chef d'équipe, Wilfred Böse, chef des Cellules révolutionnaires allemandes.

Après Vienne, on vit Carlos partout : dans la villa au bord de la mer, que Kadhafi lui avait donnée en Libye, à Aden, Beyrouth, Bagdad, Londres et Bonn. Il était censé avoir été à Montevideo pour assassiner le dictateur chilien Pinochet, en visite officielle en Uruguay, et à Montréal pour les Jeux Olympiques. L'ayatollah Khomeini annonça solennellement qu'il avait envoyé Carlos au Mexique pour assassiner l'ancien chah d'Iran ainsi que le reste de la famille impériale pendant leur séjour dans ce pays. Les journaux dirent qu'il dirigeait les guérilleros M19 de Colombie, quand ils prirent quatorze ambassadeurs en otage lors d'une réception diplomatique à Bogota. De leur côté, la C.I.A. et son homologue ouest-allemand le B.N.D. disent qu'il se trouvait à Belgrade pour un journal terroriste international. Ce qui, en l'occurrence, était vrai.

Des agents allemands et yougoslaves étaient là le 6 septembre 1976 quand Carlos débarqua d'un vol régulier en provenance d'Alger avec cinq complices dont deux Allemands. La C.I.A. avait averti les autorités yougoslaves de cette arrivée. Mais loin d'envoyer Carlos à l'Ouest, les Yougoslaves le dirigèrent discrètement sur un salon réservé aux plus hautes personnalités, puis le lâchèrent en ville. Quatre jours plus tard, il s'envolait, tranquillement, pour l'Irak [197].

Où qu'il soit allé, on ne le revit jamais.

Certains disent qu'il profita de ce qu'il avait encore le vent en poupe pour disparaître. C'est du moins ce que raconta Hans-Joachim Klein en annonçant sa propre retraite à l'hebdomadaire allemand *Der Spiegel*. Ayant suivi « la route de la merde » jusqu'à l'O.P.E.P., Carlos se retira discrètement. S'il avait attendu davantage, dit Klein, quelqu'un aurait peut-être eu l'idée de le faire partir de force. En vérité, il était au bout du rouleau. En tant que chef de l'équipe de l'O.P.E.P. il était censé « liquider » Sheik Yamani d'Arabie Saoudite et Amusegar, le ministre du pétrole iranien, déclara Klein. « Il avait pour instruction de s'en occuper seulement quand nous aurions quitté Vienne ; autrement on ne nous aurait sans doute pas laissé partir du tout... mais quand nous arrivâmes dans un certain pays arabe (l'Algérie), Carlos accepta un compromis. Ils durent lui verser une montagne d'argent (on parle en général de 5 millions de dollars). Alors il nous dit qu'il décommandait tout : l'opération n'aurait pas lieu et ni Yamani, ni Amusegar ne seraient exécutés. »

Connaissant parfaitement bien le règlement — tout traître doit mourir, avait-il dit pour expliquer l'exécution de Moukarbal —, il prit les plus grandes précautions pour couvrir sa retraite. Il écrivit une lettre de démission en triple exemplaire, dit Klein, dont il envoya des copies en Europe et à Aden, se servant de Böse comme courrier. En bref, « Carlos dit à Haddad de ne pas s'imaginer des choses extraordinaires » et Haddad dit : « O.K. Va au diable ! »

Au diable ? D'après Klein, ce diable-là habitait Moscou.

« Il parlait tout le temps de son séjour en U.R.S.S. J'ai même fini par apprendre la différence subtile qu'il y avait entre le caviar Malassol et le Beluga... il avait toujours espéré retourner à Moscou. Il disait qu'il avait été expulsé de l'université mais pas du pays. »

« Mais qu'est-ce que Carlos pouvait bien faire à Moscou », demanda *Der Spiegel*.

« Il y vivait, ce qui est déjà beaucoup pour quelqu'un qui est recherché dans le monde entier. »

En fait, Carlos n'était pas tellement recherché. Vers le milieu de cette décennie terroriste, à laquelle il avait si brillamment participé, aucun pays de l'Ouest ne tenait à mettre en prison ceux qui travaillaient pour la Résistance palestinienne. Comme nous allons le voir, certains gouvernements allèrent même jusqu'à prendre des dispositions extraordinaires pour l'éviter. Si, en 1976, Carlos disparut à jamais de la scène, c'est sans doute qu'il était devenu encombrant même pour ses propres amis.

Wadi Haddad et Georges Habash ne reprochaient pas seulement à Carlos sa conduite dans l'affaire de l'O.P.E.P. Ils avaient bien d'autres raisons d'être mécontents. Michel Moukarbal était un collaborateur de premier ordre, dont l'exécution ne pouvait se justifier facilement. Le réseau de Paris s'était complètement effondré après cette absurde tuerie de la rue Toullier. De gros efforts étaient maintenant nécessaires pour regrouper les troupes de Haddad en Europe et pour remettre la machine en état. Inutile ; elle était bloquée pour toujours. Haddad lui-même ne put encore réussir qu'un seul grand coup international — le détournement d'un avion de la Lufthansa à Mogadiscio en octobre 1977 — avant d'aller mourir d'un cancer quelques mois plus tard dans une clinique est-allemande.

Une explication plus vraisemblable est que Carlos fut simplement rappelé en U.R.S.S., parce qu'il y était considéré comme une tête brûlée. Sheikh Yamani qui, en captivité, parla avec lui pendant des heures, pensait que Carlos avait « commencé par agir sur les ordres de Moscou, mais qu'ensuite il les avait outrepassés ». Yamani ne croyait pas qu'il était un « communiste convaincu » ou même qu'il s'intéressait particulièrement à la Résistance palestinienne. « Carlos croit seulement à la cause palestinienne dans la mesure où elle constitue un moyen de propager la Révolution internationale [198] », dit Yamani. Sans doute se référait-il à la Révolution maoïste permanente, soutenue par la nouvelle gauche, ce dont le Kremlin s'irritait sans doute vivement.

Il n'y avait pourtant rien de très sensationnel dans l'idéologie de Carlos. Dans l'Interview, il parlait encore comme le communiste orthodoxe de ses débuts. « Nous n'avons pas à nous mêler de la dispute entre les deux super-puissances communistes », dit-il carrément. « La seule guerre qui compte est celle entre le socialisme et le capitalisme. »

« Les Palestiniens avaient leur utilité dans cette guerre, expliqua-t-il, parce que la patrie dont ils rêvaient se trouvait à proximité d'un immense réservoir de pétrole. Ainsi, grâce à la Résistance palestinienne, nous avons la possibilité de faire sauter tous les champs pétrolifères du golfe Persique, de Koweit à Oman, d'Arabie Saoudite et du Khuzestan, peut-être même ceux du Venezuela. Le pétrole est la seule arme qui puisse frapper à mort l'impérialisme américain. »

Boris Ponomariev, directeur des affaires communistes internationales au Kremlin, n'aurait guère pu dire mieux.

9

LA GUERRE LA PLUS LONGUE
— L'I.R.A. PROVISOIRE

Il suffisait à Billy Kelly de prendre quelques verres pour se mettre à dérailler. Une fois, donnant une bourrade à un sénateur américain, il marmonna : « Pas de flingue au moins là-dedans ? » Une autre fois il prétendit que l'Eglise catholique avait été une source de grosses difficultés pour l'Irlande. « Excusez-moi, dit une dame irlando-américaine, que cette déclaration semblait avoir mise dans un grand état d'agitation, vous aurais-je entendu critiquer l'Eglise catholique ? — Merde » ! rétorqua-t-il. Après quoi il fut promptement reconduit chez lui.

Billy Kelly avait été l'un des premiers à descendre un protestant à Belfast et souffrait sans doute d'épuisement nerveux. En 1971 il devait faire une tournée aux Etats-Unis pour recueillir des fonds mais la veille de son départ il passa la nuit à boire et manqua son avion. Bien que présentant des aspects caractéristiques du combattant de l'Armée républicaine d'Irlande, écrit Maria McGuire dans son livre sur la vie chez les Provos [199], il fit un fiasco complet aux Etats-Unis.

Comme tous ceux qui avaient été envoyés aux Etats-Unis pour demander des armes et de l'argent aux Irlando-Américains, Kelly « avait reçu des instructions précises sur la manière dont il fallait aborder un auditoire ». On lui avait notamment recommandé de « faire de nombreuses allusions aux martyrs de 1915 et à la période 1920-1922, celle qui obsédait encore la plus grande partie de ses auditeurs » (l'Irlande a acquit son indépendance en 1922, sauf pour les six comtés en majorité protestants du Nord). « Le thème de la famine, celui du manque de pommes de terre, des Black and Tans (la police militarisée anglaise chargée de discipliner l'Irlande) pouvaient être utilement exploités. Mais à aucun prix il ne fallait dire quoi que ce soit contre l'Eglise catholique. Et toute allusion au socialisme devait être strictement bannie. Dites-leur, bien sûr, que l'Irlande pour laquelle nous combattons sera libre et unie, mais surtout ne parlez pas de la manière dont sera organisée cette nouvelle Irlande libre et unie. »

Et c'est ainsi que quinze millions d'Irlando-Américains furent amenés à financer la guerre de l'I.R.A. provisoire. Ils pensaient généralement qu'il s'agissait d'une guerre classique dont l'objet aurait été de détacher l'Irlande du Nord de la Grande-Bretagne et de l'intégrer à l'Irlande indépendante du Sud. En fait, il s'agissait à la fois d'une guerre contre le Nord et contre le Sud — le « Nord colonialiste » et le « Sud traître » — et son objet était « d'ébranler les assises du capitalisme non seulement dans l'ensemble de l'Irlande » mais en Grande-Bretagne et, qui sait ? à partir de là, dans l'Europe entière. C'est, en fait, exactement ce que les Provos avaient dit à leurs partisans ; (« nous devons donner à nos ouvriers les moyens d'ébranler le capitalisme dans l'Irlande entière ; la lutte armée que nous déclencherons créera un conflit insoluble qui opposera les masses populaires au capitalisme local et à l'impérialisme international », confièrent-ils à *Contro-Informatione,* le journal-maison des Brigades Rouges italiennes[200].

Les destructions et les meurtres se poursuivent depuis plus de dix ans. Au bilan : 2 500 morts, 12 000 blessés ou handicapés permanents, 800 genoux brisés pour désertion ou communication de renseignements, plus de 100 tonnes d'explosifs semant la ruine et la mort dans les six comtés et dans les îles Britanniques. « C'est le Vietnam anglais », devait déclarer ouvertement le sénateur Edward Kennedy à propos de cette guerre — la plus longue, la plus infâme, la plus malhonnête de la décade sanglante. Cela aurait pu être pire encore, car l'I.R.A. espérait porter la guerre dans le Royaume-Uni entier. Mais les efforts dans ce sens furent contrecarrés par une des polices les plus efficaces d'Europe et par le peuple anglais, qui refusa de se laisser ébranler ou même impressionner.

Si, pendant quelques années les neuf dixièmes des armes des Provos et la presque totalité de leur argent vinrent des Etats-Unis, ce n'est plus le cas aujourd'hui. La collecte des fonds se fait maintenant sur place, au moyen du « chantage à la protection », dans les bordels et les salons de massage, grâce à des transports de drogue (quatre hommes de l'I.R.A. furent pris en 1979 avec pour 2 millions trois de dollars de marijuna cachée dans un chargement de bananes[201]) et à des hold-ups de banques (plutôt à Dublin, où la police n'est pas armée). Quant aux armements qui entrent dans le pays, ils sont en majorité de provenance soviétique.

Les premiers hélicoptères et lance-fusées russes étaient dès 1972 entre les mains des « Provisoires[202] ». Bazookas, mortiers, grenades à main, carabines suivirent de près. Les fusils d'assaut Kalashnikov remplacèrent peu à peu les Armalite américains considérés jadis comme les plus efficaces et qui, de fait, ont tué le plus grand nombre de soldats anglais en Ulster. Maintenant les Provos trouvent sans difficulté toutes les fournitures dont ils peuvent avoir besoin, soit chez les Libyens soit chez les Palestiniens ou chez les Soviétiques (qui d'ailleurs fournissent aussi les autres). Tous trois commençaient d'ailleurs déjà à armer et à entraîner les Provos quand Billy Kelley s'embarqua pour les Etats-Unis.

On aurait pu croire alors que les Soviétiques en particulier avaient joué le mauvais cheval. A cette époque, sur le plan politique les « Provisoires » étaient généralement considérés comme des paysans illettrés, sans la moindre idée révolutionnaire en tête. On disait qu'ils s'étaient soulevés uniquement parce qu'ils étaient indignés de voir une minorité catholique désarmée et maltraitée aux prises avec une majorité protestante autoritaire et brutale. Si la doctrine marxiste-léniniste avait des amateurs à l'époque, c'était dans l'ancienne et jadis fameuse I.R.A. officielle qu'ils se trouvaient. En 1969 les « Provisoires » s'étaient en fait détachés d'eux parce qu'ils considéraient les Officiels comme « une bande de Communistes et de trouillards » qui avaient peur de se battre. (I.R.A. I Ran Awayy j'ai f. le camp, écrivaient les catholiques assiégés de Belfast sur les murs de la ville.)

Les Officiels, qui depuis longtemps avaient choisi la « solution politique », avaient renoncé dès 1962 à la lutte armée. Et en 1968 ils étaient tellement persuadés de la victoire qu'ils avaient été jusqu'à vendre leur arsenal à une « Armée galloise libre — les précurseurs du mouvement nationaliste gallois — dont la douzaine de naïfs adeptes furent rapidement arrêtés chez eux.

Quand, en 1969, débuta le conflit, toutes les armes étaient dans le camp des protestants. Les Provisoires catholiques n'avaient pas un seul fusil en bon état. Tout au plus disposaient-ils de quelques malheureuses armes datant de la lutte épique de l'I.R.A. pour la liberté de l'Irlande, un demi-siècle auparavant. (Maria McGuire parlait d'un « vieillard parcheminé venu à Kevin Street, qui avait tiré d'un paquet enveloppé de papier marron chiffonné diverses pièces rouillées d'une vieille mitrailleuse Thompson. « C'est pour les gars de Cork », avait-il déclaré.)

Et quand les fusils commencèrent à arriver des Etats-Unis, ce ne fut que par trois ou quatre, dans le double fond des valises. Aussi quand, en 1971, les Basques espagnols de l'E.T.A. leur proposèrent d'échanger cinquante revolvers contre des leçons de maniement d'explosifs, ils furent accueillis en bienfaiteurs [203]. Pour démarrer, le conseil de l'armée des Provisoires avait désespérément besoin d'un arrivage massif de bonnes armes modernes. Une fois de plus, comme ce fut si souvent le cas lorsque se sont formés les bataillons du terrorisme mondial, quelqu'un, là-bas, entendit l'appel. En automne 1971, les Provisoires furent discrètement informés que quatre tonnes et demie de bonnes armes modernes, fabriquées en Tchécoslovaquie, étaient — ou pourraient être — mises à leur disposition.

Maria McGuire qui accompagnait David O'Connel, des Provisoires, dans cette mission d'achats, assure que personne au quartier général ne savait comment la chose s'était passée. Quelqu'un dont ils n'avaient jamais entendu parler, et qui s'était servi d'un nom d'emprunt, était arrivé un beau matin pour dire que les armes étaient disponibles. En compagnie du mystérieux « M. Freeman », ils traversèrent donc la Manche, puis allèrent à Paris ; de là, ils se rendirent à Berne, puis, de là encore, à Amsterdam, en attendant que les dispositions nécessaires eussent été prises. O'Connell « était certain qu'il était filé par la police secrète tchèque ou soviétique » écrit McGuire. Puis il prit contact avec Omnipol, une fabrique d'armes de Prague dirigée par les services de sécurité tchèques, étroitement contrôlée par le K.G.B. depuis l'invasion soviétique en 1968. « Il revint avec un beau catalogue de l'Omnipol, imprimé sur papier glacé et abondamment illustré, et les armes étaient très, très bonnes », poursuivit Maria. Sur quoi O'Connell commanda quatre tonnes et demie de bazookas, de lance-fusées, de grenades à main, de fusils et de munitions, soit en tout cent soixante-six caisses.

Transporté par avion à Amsterdam et destiné à être passé ensuite en contrebande, ce chargement fut intercepté par la police à l'aéroport de Schiphol. Talonnés par Interpol, les deux Provisoires arrivèrent pourtant à gagner Dublin où ils se réfugièrent. « Le voyage n'aurait pas dû poser de problèmes leur dit Joe Cahill, le commandant des Provisoires de Belfast, après leur heureux retour. Vous n'aviez qu'à aller de Prague à La Havane, puis de là à Shannon : c'était apparemment la méthode traditionnelle pour ceux qui — où qu'ils fussent — se trouvaient dans une situation analogue.

Les Provos furent consternés de la perte de leur première grosse livraison d'armes. Mais là d'où elles venaient, il en restait toujours, et beaucoup [204].

En 1971, l'I.R.A. était devenue un centre de la révolution armée mondiale que seule la Résistance palestinienne dépassait en importance. La guerre civile dans les six comtés était une terrible épreuve pour le Royaume-Uni, mettant en jeu toutes ses structures commerciales, bancaires, industrielles, ainsi que ses alliances militaires dans le monde occidental. Revêtant l'aspect d'un affrontement religieux et nationaliste, ce conflit constituait en réalité une offensive contre les organes vitaux de l'impérialisme international. Et la victoire paraissait assurée.

Les six comtés étaient un vivant rappel des erreurs et des péchés de l'Empire britannique. Depuis des siècles, un million de protestants et un demi-million de catholiques se regardaient en chiens de faïence. La rage et la rébellion des catholiques remontaient, trois siècles auparavant, à Olivier Cromwell, lord-protecteur d'Angleterre, d'Ecosse et d'Irlande, et, deux siècles plus tôt encore, à Jacques 1er d'Ecosse, le roi-colonisateur. L'arrogance des protestants n'avait pas diminué sensiblement depuis qu'avec la bénédiction de Jacques 1er, Ecossais et Anglais s'étaient, par milliers, établis en Irlande. Véritables suzerains de l'Irlande du Nord depuis la « partition » de 1922, les protestants détenaient le pouvoir dans le Stormont (Parlement de l'Ulster) et ne paraissaient nullement disposés à le céder, fût-ce en partie.

Les catholiques étaient pour la plupart des travailleurs manuels terriblement pauvres. Ridiculisés pour leur allégeance au pape, exclus des emplois, des logements, et de tout ce qui était officiel, ils étaient traités en parias.

L'affrontement de 1969 ne fut pas en lui-même une surprise mais la violence de la réaction catholique stupéfia tout le monde. Les moins étonnés ne furent pas les extrémistes protestants — qui avaient été pourtant les premiers à utiliser la violence. Les étudiants catholiques de gauche, qui avaient ouvert les hostilités avec leur marche des droits civiques (Bernadette Devlin et son groupe de la Démocratie populaire à l'université de Belfast) prêtèrent soudain l'oreille. Bien qu'affaiblie par l'âge et l'oubli, l'I.R.A. fit de même. Ainsi firent aussi les organisations étrangères qui observaient la situation.

Les émeutes succédaient aux émeutes. Et bientôt les deux tendances de l'I.R.A. se trouvèrent prêtes au combat. L'Internationale terroriste les accueillit à bras ouverts.

Les premiers contingents de l'I.R.A. partirent cette même année pour les camps de guérilla jordaniens [205]. Invités à la fois par l'O.L.P. et le F.P.L.P. ils firent vite partie de l'entourage immédiat de Georges Habash qui recherchait justement ce genre de collaboration. Deux ans plus tard — en octobre 1971 — à Florence ils étaient les hôtes d'honneur de cette conférence historique qui lança l'Internationale rouge d'Europe.

Réunis par Feltrinelli et son *Potere Operaio*, siégeant sous le toit des naïfs jésuites de l'institut Stensen, des délégués de quatorze pays décidèrent de coordonner les plans du terrorisme international — « ce qui était sans précédent et fort dangereux », firent remarquer les milieux officiels anglais et irlandais de l'époque, tandis que la presse mondiale jetait pendant huit ans un voile discret sur ce singulier congrès [206]. Une division du travail internationale ayant été décidée, l'Irlande du Nord devint le « laboratoire du terrorisme ».

La plus vieille armée de guérilla au monde — elle existait déjà avant la Première Guerre mondiale — avait beaucoup de choses à enseigner aux nouveaux venus. Les délégués passèrent une journée entière à écouter un certain Seamus Costello, de l'I.R.A. officielle, qui analysa pour eux l'expérience irlandaise et expliqua les tactiques du sabotage et de la guerre de guérilla. Pour les blancs-becs qu'étaient les Européens du début des années soixante-dix, ce fut une révélation.

En échange de la fourniture régulière de fusils l'I.R.A. se chargea de l'entraînement des recrues étrangères. On prit des dispositions pour que les armes traversent l'Europe dans de gros camions à remorque. Au sein d'une commission de travail, un des dirigeants de l'I.R.A. — Malachy McGurran, fut chargé des transports.

Hasard ou non, à peine deux semaines plus tard, le premier envoi d'armes en provenance de Tchécoslovaquie était en route par l'aéroport de Schiphol pour l'Irlande du Nord.

Fait étrange également, les armes étaient destinées à l'I.R.A. *provisoire,* ce qui, à première vue, aurait pu paraître surprenant de la part des Soviétiques. Pourquoi pas aux Officiels ? Plus que de simples marxistes, les Officiels étaient des staliniens quasiment paléolithiques : ils avaient approuvé l'invasion soviétique de la Tchécoslovaquie et demandé sans ambages la constitution d'un « Front national de libération » d'une « République socialiste irlandaise alliée à l'Union soviétique ». Bien plus, depuis l'ouverture des hostilités en Ulster, ils s'étaient de jour en jour rapprochés davantage de l'U.R.S.S.

Le Kremlin avait évidemment d'autres chats à fouetter. Depuis sa formation au début des années vingt, l'I.R.A. avait été un sujet de plaisanteries à Moscou : c'était l'époque de la rébellion irlandaise et les émissaires du mouvement étaient considérés comme des hâbleurs et des clowns que personne ne songeait à prendre au sérieux. Mais quand ils virent comment se présentait la situation à Belfast, les Russes firent rapidement volte-face. Peu de temps après, le comité central soviétique envoyait même des représentants du service de Boris Ponomariev conférer avec l'I.R.A. officielle. Victor Louis, le plus célèbre et le plus souple des agents du K.G.B., rendit plusieurs fois visite aux Officiels. Pour les partis communistes anglais et irlandais, le K.G.B. organisa des contacts réguliers. Trois agents du K.G.B. s'installèrent à Dublin : Yuri Ustimenko, correspondant de l'Agence Tass, Yuri Yasnev, de la *Pravda,* et N.V. Glavatsky, de l'Intourist. (Un quatrième,

Vladimir Kozov, correspondant à Dublin de l'Agence Tass, fut identifié en 1975 comme étant l'agent de la section V. du K.G.B., responsable des assassinats et du sabotage.) Par l'intermédiaire du parti communiste anglais à Londres, le K.G.B. établit également une liaison avec le D.G.I. cubain. Etablis sous l'autorité du K.G.B., les plans opérationnels du D.G.I. pour 1972, dirent plus tard des déserteurs, spécifiaient que « Cuba enseignerait à l'I.R.A. les tactiques du terrorisme et de la guérilla [207] ».

Il semble plus probable que de nombreux Officiels prirent le chemin de La Havane. Partisans convaincus d'une « solution politique » strictement marxiste, ils n'avaient jamais fait grand cas de ces têtes brûlées de gauche qu'ils considéraient comme infantiles. « Ces petits groupes qui maniaient de la gélinite à tort et à travers » constituaient un danger public, disaient-ils. Au printemps 1972, alors que l'Irlande du Nord glissait vers la guerre civile, ils déclarèrent un cessez-le-feu unilatéral et abandonnèrent la partie.

Ce qui convenait parfaitement aux Soviétiques. En raison de l'intimité même de leurs rapports avec les Officiels, il était en effet difficile aux Soviétiques de leur fournir une aide militaire directe : les diplomates soviétiques n'ont pas pour habitude de collaborer ouvertement avec les terroristes. Ils continuèrent donc à aider l'I.R.A. : mais seulement sur le plan politique. Les principes étaient saufs. (Un porte-parole des Officiels reconnut en 1974 que « tout le matériel de propagande » préparé à l'occasion du « festival anti-impérialiste » de Dublin et de Belfast n'aurait pu être imprimé sans la collaboration des représentants soviétiques en Irlande [208]. ») Cependant, en tant que base militaire, la pittoresque, turbulente et violemment anticommuniste I.R.A. provisoire fournissait à Moscou une alternative idéale.

Peu d'observateurs se rendirent compte alors que les Provos se « politisaient » rapidement. Ce n'était pas un travail facile, avec tous ces Billy Kelly qui ne seraient jamais de grands techniciens du marxisme. Et il fallait que les choses se fassent « en douce » pour ménager les sentiments des Irlando-Américains. Les combattants de la liberté, parcourant les Etats-Unis pour récolter des armes et de l'argent, se gardaient de traiter la République libre d'Irlande « d'Etat fasciste pour sycophantes capitalistes privilégiés » comme ils le faisaient chez eux. De même au cours de leurs profitables virées au Bronx ou à Brooklyn, ils prenaient bien soin de ne pas mentionner leur « engagement à la révolution [209] ». Quoi qu'il en soit avant la fin de la décennie l'I.R.A. provisoire allait se trouver nettement à gauche de l'I.R.A. officielle.

Elle était, après tout, née d'un affrontement partisan entre des individus hautement politisés. Dès 1969, Bernadette Devlin, « la

Torche irlandaise », qui apitoya le monde entier sur le sort des catholiques de l'Ulster, s'était inscrite à l'Internationale trotskiste. Il en avait été de même de Michael Farell qui à l'époque l'avait aidée à fonder la section « Démocratie populaire » à l'université de Belfast. Aucun des deux ne pouvait être accusé de nourrir des sentiments étroitement nationalistes ou des vues révisionnistes.

Pour Bernadette Devlin, la lutte en Irlande du Nord faisait « partie intégrante du mouvement international de la classe ouvrière » ; et c'est pourquoi il était nécessaire de « prendre part au combat international, non seulement pour s'associer à la lutte pour la liberté du pays, mais afin d'établir des relations avec les organisations internationales ». Pour Michael Farell, « la victoire du Nord ne signifierait pas seulement la défaite des protestants loyalistes et l'unité de l'Irlande, mais aussi l'effondrement du gouvernement du Sud et l'avènement de la révolution anti-impérialiste dans le pays ». D'autant qu'une révolution en Irlande ne manquerait pas d'avoir des répercussions incalculables dans le Royaume-Uni (et si on considère la crise du capitalisme occidental, dans l'Europe entière).

En ce sens, « le mouvement révolutionnaire et la révolte des étudiants en Irlande du Nord étaient de première importance pour le monde[210] ».

Un grand nombre de ceux qui travaillaient à organiser des factions armées à travers le monde étaient d'accord avec lui. (Les Brigades Rouges appelèrent plus tard l'I.R.A. « un point de référence irremplaçable pour la guerre de guérilla généralisée sur le continent européen ».) C'était également l'avis d'un certain nombre de dirigeants de l'I.R.A. Seamus Costello, chef d'état-major adjoint des Officiels, quitta l'organisation en 1974 avec un certain nombre de ses amis pour former le Parti républicain socialiste irlandais et son antenne militaire, l'Armée de Libération nationale (I.N.L.A.), un groupe terroriste d'une incroyable férocité qui se battait à leurs côtés. Leurs objectifs étaient d'une rigueur révolutionnaire implacable. Sous peu d'ailleurs, les Provisoires allaient prendre l'engagement de « détruire la domination des traîtres dans l'Etat libre d'Irlande ainsi que le régime colonialiste de l'Irlande du Nord ». Autrement dit, le Nord et le Sud[211].

A cet égard, et tandis qu'ils s'engageaient peu à peu dans la guerre civile, ils étaient vivement encouragés par les sophistes de la politique qu'ils rencontraient constamment à l'étranger. A la fin de 1972 ils avaient vu pratiquement tout le monde. Au cours de cette année particulièrement remplie, les chefs charismatiques de l'Internationale trotskiste IV allaient et venaient constamment entre Paris, Bruxelles et Londres. Palestiniens, Tupamaros, Alle-

163

mands d'extrême gauche, Italiens de *Potere Operaio* et de *Lotta Continua*, anarchistes suisses, gauchistes et séparatistes français, nationalistes basques espagnols et guérilleros marxistes urbains venaient constamment frapper à la porte des Irlandais, lesquels leur rendaient leurs visites.

Au quartier général des Provisoires à Belfast, Sean O'Bradaigh partit cette année-là faire une tournée en Europe à la recherche d'aides plus substantielles. Sur ses traces, les clubs d'extrême gauche poussaient comme des champignons dans tout le continent. Il remporta un succès particulier en Allemagne de l'Ouest auprès de la bande à Baader et du Mouvement du 2 juin. (Gabriele Kröcher-Tiedemann fut recrutée par lui à l'université de Bochum, et c'est ainsi qu'elle aborda le terrorisme professionnel.) Après les Basques espagnols, les Allemands devinrent les meilleurs amis de l'I.R.A., et les échanges clandestins entre l'Allemagne et l'Irlande connurent un développement rapide. En fait, entre l'Irlande du Nord et le continent, dans les deux sens, le trafic des armes, les échanges de caches et d'objectifs se développèrent de manière frappante. Les « huiles » de Belfast étaient satisfaites. « Le mouvement républicain irlandais a prouvé qu'il n'était pas seulement insulaire et introspectif. Il étend ses ailes sur le monde entier », écrivit *An Phoblacht,* le journal des Provisoires, à l'occasion du retour de O'Bradaigh en Irlande.

Cependant les Palestiniens faisaient valoir leurs titres à l'amitié des Provisoires. En mai 1972, au sommet terroriste de Baddawi au Liban, Georges Habash et Wadi Habbad les admirent dans leur intimité. Deux mois plus tard, à Paris, le Front palestinien de Habash signa une « déclaration de soutien » sur laquelle douze groupes armés de nationalités différentes vinrent à leur tour apposer leur signature [212]. On choisit alors cinquante Provos qui partirent suivre des cours supérieurs de guerre de guérilla au Liban. Depuis lors l'I.R.A. provisoire ne cessa de progresser.

Nombreux étaient ceux de l'I.R.A. à aller suivre un entraînement intensif dans les camps de Wadi Haddad sous la direction d'instructeurs cubains et allemands de l'Est (25) », ont déclaré Ludwina Janssen et d'autres. En 1975, tous les membres du groupe allemand que nous avons déjà souvent trouvés sur notre chemin, étaient venus chez les Irlandais signer le livre des visiteurs : le juriste Siegfried Haag, Gabriele Kröcher-Tiedemann, ses quatre camarades terroristes libérés en échange de Peter Lorenz pris en otage à Berlin, Hans-Joachim Klein, son camarade de l'opération O.P.E.P., sans parler de Carlos lui-même. L'amitié irlando-allemande se manifestait sur les stands de tir, dans les manœuvres en campagne, dans le cinéma privé de Haddad au camp, où certains avaient le privilège de se faire projeter des westerns après une dure journée d'entraînement. Douze attentats fraternels à la bombe contre l'armée anglaise sur le Rhin allaient suivre peu après.

La connexion palestinienne s'avéra immédiatement payante. A partir de 1972, le front Habash-Haddad tint une série de réunions secrètes à Dublin, destinées à rassembler les membres de l'équipe terroriste internationale qui allait bientôt commencer ses opérations sous la direction de Carlos.

Lors de la répartition du million de dollars d'armes dont nous avons parlé plus haut, les Provisoires reçurent la part du lion[213]. Un an plus tard environ, c'est Carlos lui-même qui se chargea de faire parvenir aux Provos des explosifs qu'il se procurait au service de livraison des anarchistes suisses. Encore qu'ils eussent à l'époque appris à fabriquer eux-mêmes des explosifs (à partir d'engrais agricoles) les livraisons étaient les bienvenues. Cette même année, ils attirèrent l'attention du colonel Kadhafi, encore du côté de l'Internationale noire, mais suffisamment conscient des impératifs de l'heure pour jeter par-dessus bord ses sentiments anticommunistes quand la nécessité s'en faisait sentir. « Nous soutenons les révolutionnaires d'Irlande qui combattent l'Angleterre et sont motivés par le nationalisme et la religion », déclara cet été-là la radio libyenne.

« La République arabe de Libye soutient les révolutionnaires d'Irlande... Nous avons des armes pour les révolutionnaires d'Irlande et ils peuvent être assurés de notre appui... »

Kadhafi n'avait pas encore fini de parler, que les Provisoires envoyaient un émissaire pour établir une tête de pont à Tripoli. Un professeur de Donegal, Eddie O'Donnell resta à Tripoli toute la décennie en qualité de conseiller personnel de Kadhafi[214]. Un an plus tard, l'ancien chef des Provisoires à Belfast arriva dans la capitale libyenne pour négocier un somptueux envoi de deux cent cinquante fusils Kalashnikov et autres armes, fournis à Kadhafi par les Russes. Avec Joe Cahill à bord, le S.S. *Claudia* transportait cinq tonnes du meilleur matériel russe. Il faisait route vers la côte irlandaise quand, le 29 mars 1973, il fut saisi par la marine irlandaise[215]. Un agent secret anglais avait caché un dispositif de repérage à bord, ce qui ne manqua pas de mettre Kadhafi dans une violente colère.

Gunther Leinhauser, le propriétaire ouest-allemand du bateau déclara plus tard à la presse qu'il avait été lui-même à Tripoli « pour arranger l'affaire avec Joe Cahill ». Il avait eu alors l'impression que Kadhafi était tout disposé à fournir des armes aux deux partis qui s'entre-tuaient en Irlande du Nord. « Pendant un temps, Kadhafi envisagea en effet d'envoyer également des armes à la milice protestante de l'Ulster. Il trouvait qu'il fallait absolument tout faire pour entretenir la flamme de la révolution. »

En fait, peu après, Kadhafi invita l'Association palestinienne de défense de l'Ulster (U.D.A.) — la version protestante de l'I.R.A. — à venir en Libye.

« Il pensait qu'eux aussi méritaient d'être soutenus en tant qu'anti-impérialistes adversaires des Britanniques », écrivit le *Belfast Telegraph*. Mais rien ne s'ensuivit.

Il avait alors déboursé 2,3 millions de dollars pour la cause des Provisoires et pensait visiblement qu'il en avait eu pour son argent. Quand en 1976 une bombe de l'I.R.A. détruisit l'*Olympia*, le journal libyen *al-Fajr al-Jadid* exulta : « Les bombes qui ravagent l'Angleterre et sapent son moral sont les bombes du peuple libyen. Nous les avons envoyées aux révolutionnaires irlandais afin que les Anglais expient leurs fautes passées. »

A Belfast, des révolutionnaires irlandais reconnaissants rendirent hommage au roi-philosophe libyen. « Le livre vert » des pensées de Kadhafi sur la révolution islamique « rendra un son familier aux oreilles des Républicains irlandais », dit *An Phoblacht*. « Comme toutes les grandes pensées politiques, le message de Kadhafi dépasse le cadre des déserts de l'Arabie et du Nord de l'Afrique » ajouta froidement le journal [216].

Plus tard, le Colonel pensa déceler des indices de fragilité chez ses disciples irlandais. Ils n'étaient plus assez révolutionnaires pour mériter son appui militaire, disait-il, et il parla de supprimer son assistance. Mais là non plus rien ne changea. Les Provisoires irlandais continuèrent à s'entraîner dans les camps de guérilleros libyens, comme ils le faisaient depuis 1976 et le faisaient encore en 1980 — à Tokra au nord-est de Benghazi, où des instructeurs cubains donnaient les meilleurs cours de sabotage du monde ; à Sebha en plein désert, au sud de Tripoli ; au camp Az Zauiah « pour les Européens » où l'on enseignait une fois encore la pratique du sabotage, l'emploi des explosifs et la guerre psychologique. Ils y rencontraient des révolutionnaires venus d'Italie, d'Allemagne de l'Ouest, du Pays basque espagnol, de Turquie, de Grèce, de Corse et de Bretagne (voir chapitre 14).

L'argent coulait toujours à flots. A la fin des années soixante-dix, Kadhafi donnait 5 millions de dollars par an ; ou du moins c'est ce que nous assure Peter McMullen, qui se cache en Amérique depuis qu'il a été condamné à mort pour désertion [217].

Les armes continuaient également d'arriver d'un pays arabe ou de l'autre. L'incident du S.S. *Claudia* était fâcheux bien sûr, et il y aurait d'autres déconvenues. En novembre 1977, le S.S.

Towerstream fut saisi au large d'Anvers avec pour un demi-million de dollars d'armes palestiniennes à bord. Chargé au Liban et venant de Chypre, le *Towerstream* transportait 29 Kalashnikov, 29 pistolets automatiques, 7 lance-fusées, 56 fusées, 108 grenades, deux cents kilos de T.N.T., 180 kilos de plastic. Tout venait de l'Est ; le Provo Sean McCollum fut condamné à dix ans de prison.

Mais rien ne pouvait empêcher les armes d'arriver. Vers le milieu des années soixante-dix, la totalité du réseau terroriste international aidait les Provos. « Des groupes terroristes du monde entier organisent maintenant des livraisons d'armes et d'explosifs à l'I.R.A. », révélèrent à la presse les services de renseignements anglais [218]. Entre 1970 et 1978, plus de sept mille armes et près d'un million de cartouches furent confisqués dans les six comtés. Cela ne comprenait pas les livraisons en provenance de la République irlandaise, passant par une frontière longue de cinq cents kilomètres, impossible à surveiller dans sa totalité. Cela ne comprenait pas non plus les armes et les munitions introduites à Londres pour le compte de l'I.R.A. afin de faire régner la terreur sur le sol même du Royaume-Uni.

Il est impossible de dire, d'ailleurs, quelle proportion revenait à une livraison soviétique directe, quelle autre devait être attribuée à des formations terroristes dont les Soviétiques étaient les fournisseurs. Au début la contribution irlando-américaine comptait certainement pour beaucoup. Mais le volume des cargaisons interceptées donne une idée de ce qui a pu finir par entrer.

Une des filières partait directement de Prague. La police secrète tchèque envoyait des armes automatiques S.R.S. et des fusées antichars R.P.G. en R.D.A. pour être passées en R.F.A. De là, des mains dévouées autant que discrètes les transféraient à Versailles, pour y être entreposées. Quand il y en avait assez pour remplir un bateau, les armes étaient transportées par camions en Bretagne, chargées sur des bateaux de pêche à Quimper ou à Bénodet et envoyées à destination par la Manche et la mer d'Irlande.

Un itinéraire plus compliqué, et qui fut dévoilé en détail par le *Daily Mirror* était supervisé depuis le Canada par Jean Materot, du Front de libération marxiste du Québec. Les armes de Tchécoslovaquie ou d'Allemagne de l'Est étaient livrées à la Syrie et à la Libye, transférées de là à Montréal, puis ramenées au Havre. Elles poursuivaient ensuite leur route par Quimper, où elles étaient chargées d'abord sur des bateaux de pêche français jusqu'à Cork, puis sur des bateaux irlandais qui gagnaient une plage déserte de la côte irlandaise. De bout en bout le convoyage était organisé par des autonomistes bretons. Contraints de fuir la France, nombre d'eux s'étaient en effet fixés en Irlande [219].

On se tromperait fort si l'on pensait que ces dépenses énormes, de temps, d'argent et d'efforts, apportèrent la liberté aux catholiques d'Irlande du Nord ou à n'importe qui d'autre. Ceux qui auraient pu le croire, depuis longtemps ne font plus partie de l'I.R.A.

Il n'y a rien de nouveau dans la violence que pratique l'Ulster. Plus la lutte est professionnelle, plus ses méthodes sont prévisibles. Les Italiens ont une formule pour cela : « *Tanto peggio, tanto meglio* » autrement dit, « plus ça va mal, mieux ça va ». Le principe est au moins aussi vieux que cette société russe secrète appelée *Zemlya i Volya*, « pays de liberté », qui assassina le tsar Alexandre II le 3 mars 1881 le jour même où il devait signer un décret instaurant pour la première fois en Russie impériale quelque chose qui pouvait ressembler à une constitution. Les assassins croyaient que toute réforme signifiait la mort de la révolution. Plus les masses souffraient, plus elles avaient de raisons de se soulever contre leurs bourreaux, pensait-on. Le maximum de souffrances — politiques, économiques, sociales, religieuses, ethniques — voilà quelle était la situation idéale à créer — ou à maintenir — selon les cas.

L'idée qu'exprime cette formule italienne du « Plus ça va mal, mieux ça va » marqua toute l'histoire du terrorisme. C'est sur elle que Carlos Marighella fonda sa stratégie de la terreur dans le *Mini-manuel de la guérilla urbaine.* Dans leur théorie de la « répression intensifiée », de la « persécution intolérable » et de la « transformation d'une situation politique en situation militaire », les Tupamaros d'Uruguay suivirent ses conseils à la lettre. Leurs associés à l'étranger paraissaient envieux de leur succès. « Il est indispensable de mettre en lumière le fascisme latent dans la société. Il nous faut en particulier braquer les feux de l'information sur la police. Les gens solliciteront alors notre aide », disait Ulrike Meinhof, à l'époque où elle était encore souveraine incontestée de la Révolution, du moins en Allemagne de l'Ouest [220]. « Les cochons tâtonneront dans le noir, jusqu'à ce qu'ils soient obligés de transformer la situation politique en situation militaire », déclara son associé Andreas Baader, montrant ainsi à quel point il connaissait bien son Marighella.

Norbert Kröcher, qui était en train de rassembler la plus grande équipe terroriste internationale de notre époque pour « l'opération Leo » à Stockholm, nota lui aussi — dans son dossier noir — le besoin de « transformer la situation politique en situation militaire ». Menacés par la démocratie après la mort de Franco, les Basques espagnols de l'E.T.A. demeuraient fidèles au principe. Ils étaient convaincus d'avoir « réalisé quelque chose d'important » en obligeant Franco à « commettre mille fautes et autant d'atrocités [221] ». L'armée de libération du peuple turc parla quant à elle de semer assez de violence pour obliger les « éléments réactionnaires de l'armée turque » à intervenir, comme elle l'avait déjà fait deux fois en vingt ans [222].

Giangiacomo Feltrinelli l'avait déjà dit en 1968 : « Le devoir des guérilleros est de provoquer (l'Etat) de toutes les manières afin de révéler sa dureté, ainsi que son caractère répressif et réaction- naire [223]. » Son camarade de guérilla Renato Curcio, fondateur des Brigades Rouges, avait lui aussi bien assimilé son Marighella : « Confronté à la terreur semée par la classe ouvrière, la bourgeoi- sie n'a plus maintenant qu'un seul recours : recouvrer son autorité par une répression accrue et la militarisation progressive de l'Etat [224]. »

L'I.R.A. avait dit cela avec plus d'éloquence, en traduisant quotidiennement, à partir du 15 août 1969, les paroles en actes. C'était en effet ce jour-là que les troupes anglaises passèrent à l'attaque pour forcer le siège de *Bogside* à Londonderry, transfor- mant une situation politique en une situation militaire.

Sans doute était-ce une émeute qui avait amené les troupes anglaises en Irlande du Nord, mais c'est l'I.R.A. provisoire qui les y fit rester. Coincée par des désordres civils terrifiants, exaspérée d'avoir à accomplir d'inévitables actes de répressions, méthodi- quement contrée comme chaque fois qu'un règlement semblait proche, une force venue pour rétablir et maintenir la paix et qui ne souhaitait rien tant que de rentrer dans ses foyers se mit peu à peu à ressembler à une armée d'occupation permanente, se battant pour sauver le dernier avant-poste d'un empire colonial en ruine.

Peut-être tout aurait-il pu être évité si les troupes britanni- ques avaient défendu dès le début une minorité catholique désarmée, comme elles étaient censées le faire. C'est dans cette perspective que les catholiques du faubourg ouvrier de *Bogside* les avaient acclamées à leur arrivée. Plus d'une année allait d'ailleurs s'écouler avant que le premier soldat anglais ne fût tué par un franc-tireur catholique à Belfast, et une autre année encore avant que la confiance des catholiques ne soit complètement ébranlée. Le drame éclata le 30 janvier 1972 — le dimanche sanglant — quand, après avoir maintes fois fait cause commune avec les terribles Vigilants protestants, des parachutistes anglais abattirent treize catholiques qui prenaient part à Londonderry à une manifestation pour les droits civiques.

C'est précisément à cette époque-là que l'I.R.A. provisoire devint suspecte. Les violences qui opposaient catholiques et protestants avaient déjà fait quatre cent cinquante-trois victimes.

Chacun de leur côté, l'I.R.A. provisoire et l'U.D.A. protestante s'armaient à vive allure. Au cours de l'année précédente les Provos avaient quadruplé le nombre de leurs attentats à la bombe. Pratiquement tous les intéressés paraissaient souhaiter désespérément que tout soit fait pour empêcher le mouvement de se transformer en guerre civile. Le gouvernement anglais suspendit le Stormont qui était placé sous le contrôle des protestants et gouverna l'Ulster directement de Londres, dans l'espoir de pouvoir ainsi amorcer des négociations de paix. Les chefs protestants proposèrent les premières véritables concessions. L'I.R.A. officielle proclama un cessez-le-feu unilatéral, « en raison du danger grandissant de ce conflit de factions ». En conseil de guerre l'armée des Provisoires ouvrit des négociations en vue de la suspension des hostilités.

Après avoir prudemment porté le nombre de leurs attentats à la bombe à quatre par jour « pour fortifier leur position dans les négociations », les Provisoires acceptèrent un cessez-le-feu le 22 juin 1972. Le 102e soldat anglais victime de la guerre en Ulster avait été tué deux minutes avant.

Six personnes moururent le lendemain au cours de tirs croisés entre troupes provisoires et anglaises, dont une petite fille de treize ans et un prêtre catholique donnant l'extrême-onction à un garçon de quinze ans frappé à mort. Douze autres soldats anglais furent tués la semaine suivante. Une bombe de cinquante kilos placée par l'I.R.A. ravagea Skipper Street, dans le centre de Belfast, faisant neuf morts. Juste après, en une heure, douze bombes de l'I.R.A. explosèrent encore à Belfast, tuant onze personnes et en blessant cent trente : ce fut ce qu'on appela le vendredi sanglant. La trêve avait vécu.

« Et maintenant on s'aperçut du manque d'intelligence de l'Etat-Major (provisoire) de Belfast » écrivit Maria McGuire qui se sépara alors de l'organisation. « Ils n'avaient cessé de croire qu'en terrorisant la population civile on accroîtrait son désir de paix et que l'on forcerait le gouvernement anglais à demander l'ouverture de négociations. Mais il semblait maintenant que Belfast ne pouvait modifier sa ligne de conduite. Tout ce que les Provisoires savaient faire était de jeter des bombes [225]. »

La rupture de la trêve marqua l'entrée définitive des provisoires de l'I.R.A. dans le circuit terroriste international. C'est à partir de l'été 1972 qu'une aide massive se mit à affluer du monde entier : du Front palestinien marxiste de Habash, et des Etats arabes alignés du Moyen-Orient, de Libye, d'Europe de l'Est et de Russie. Fomentée par les Soviétiques, une campagne mondiale « contre la répression anglaise en Irlande » se déchaîna soudain : elle était menée par les groupes les plus durs du Front soviétique :

Union internationale des étudiants (Q.-G. Prague), Fédération mondiale de la jeunesse démocratique, fédération mondiale des syndicats, Conseil mondial de la paix (qui organisa une « journée internationale de solidarité » pour l'I.R.A. cet été-là). C'est au cours du mois de novembre que les Provisoires se mirent à se servir des fusées soviétiques contre les tanks anglais.

Ce qui s'ensuivit mena l'Irlande, plus qu'aucun pays de l'Ouest ne l'avait jamais été, au bord de ce que les révolutionnaires appellent une guerre civile de longue durée. Tant que les Provos auraient leur mot à dire, il n'y aurait pas de solution politique : impossible d'accepter leurs conditions de paix, impossible de leur faire modifier ces conditions, et pas grand espoir de les convaincre de renoncer à poursuivre le combat, du moins tant qu'ils seraient soutenus par une puissante confraternité terroriste internationale.

Un million de protestants d'Irlande du Nord ne pouvaient être incorporés dans l'Irlande du Sud contre leur volonté unanime. Un demi-million de catholiques des six comtés ne pouvaient d'autre part être livrés aux mains des protestants sans qu'ils aient obtenu au préalable des garanties absolues de sécurité physique, d'assistance sociale et d'égalité politique.

Une sorte de fédération de deux républiques irlandaises autonomes avait pu être mise sur pied, mais seulement par consentement mutuel. La Grande-Bretagne ne pouvait pas retirer ses troupes tant que les trois conditions n'étaient pas réalisées. Ce que les Provos ne devaient pas permettre tant qu'ils avaient des moyens de l'empêcher.

La première fin de non-recevoir des Provos fut opposée au cours du premier semestre de 1973 : à cette époque le gouvernement britannique voulait organiser le partage du pouvoir en Irlande du Nord. A cette fin, il créa une assemblée élue au scrutin proportionnel ; les Provisoires demandèrent à vingt tonnes d'explosifs de répondre pour eux à cette initiative. « Nous ne voyons pas d'avenir au partage du pouvoir », dirent-ils [226].

Au cours du deuxième semestre de 1973, de laborieuses négociations furent entamées pour mettre sur pied une sorte d'ébauche de confédération entre Nord et Sud. Aussitôt, les Provos triplèrent le nombre de leurs attentats, multiplièrent les embuscades, les assassinats, les incursions à travers la frontière, comme leurs attaques par fusées sur les camps de l'armée britannique en Ulster. A Londres, ils lancèrent des bombes incendiaires sur Harrod's, sur Liberty's dans Regent Street, et sur la Bourse. Pour ne pas être en reste, les protestants de l'Ulster accélérèrent le rythme de leurs interventions.

A la fin de l'année, la Grande-Bretagne et la République d'Irlande se mirent d'accord sur le principe d'un Conseil Nord-

Sud d'Irlande comprenant une assemblée consultative et un secrétariat : premier pas vers une fédération, connue sous le nom d' « accord de Sunningdale ». Il ne souleva l'enthousiasme ni des protestants ni des Provos. Cette fois les Provos respectèrent leur propre cessez-le-feu, exactement trois semaines. Ce devait être le dernier. « Il n'est absolument plus question d'un autre cessez-le-feu ou d'aucune autre trêve », dirent-ils [227].

La guerre de guérilla fit encore rage pendant dix ans. Cependant un certain nombre de choses s'étaient améliorées. Grâce à une action vigoureuse de la police, on avait pu venir à bout des pires éléments du terrorisme protestant. Les plus graves injustices dont étaient victimes les catholiques furent réparées par des lois leur garantissant une représentation minoritaire dans le gouvernement de l'Ulster, un traitement équitable pour les élections comme pour le logement et l'emploi. Grâce aux efforts obstinés du gouvernement, des millions de dollars en capitaux étrangers furent investis dans les six comtés, procurant plusieurs milliers d'emplois aux nombreux chômeurs catholiques. Ecœurés et fatigués de la guerre, catholiques et protestants se rapprochèrent les uns des autres en un désir de paix sans cesse croissant.

Confrontés à la menace d'un règlement pacifique, l'I.R.A. fit ce que les guérilleros font toujours dans des circonstances de ce genre. Ils suivirent les conseils du mini-manuel de Carlos Marighella. « Rejetant toute solution politique, les guérillas urbaines doivent devenir plus agressives et plus violentes — rendant la situation de pire en pire jusqu'à ce que le gouvernement soit contraint d'agir. »

La courbe de la violence monta soudain. D'effrayantes bombes au plastic semaient le feu dans les pubs irlandais bondés, laissant des monceaux de corps carbonisés dans leur sillage. Une bombe d'une demi-tonne, assez pour faire sauter plusieurs groupes d'immeubles, fut trouvée tout amorcée dans une rue très passante ; une bombe incendiaire fut amenée à Belfast dans une voiture d'enfant poussée par deux jeunes filles : le bébé était couché dessus. Des cadavres de soldats anglais étaient reliés à un système qui les faisait sauter dès qu'on les touchait. Les voies de chemin de fer étaient minées. Le « Royal Victoria Hospital » de Belfast devint un « objectif légitime » ; des soldats anglais s'y trouvaient, dirent les Provos. Trente-cinq bombes incendiaires éclatèrent dans vingt-cinq magasins en vingt-quatre heures. Une bombe de l'I.R.A. fit explosion à l'hôtel *La Mon House* alors que sept cents personnes se trouvaient à l'intérieur, dont soixante enfants.

De temps à autre, les Provos portaient leur guerre en Grande-Bretagne même, lançant des bombes dans le métro de Londres aux heures de pointe, à Oxford Street au moment où la circulation était la plus intense, dans les centres commerciaux de sept villes de province pendant la semaine de Noël, et sur un immense réservoir de pétrole, dans l'espoir que l'explosion mettrait le feu à la ville entière. Bombes incendiaires, lettres piégées, balles tirées on ne savait d'où firent des victimes parmi les soldats anglais du corps d'occupation en Rhénanie, ainsi que parmi les diplomates anglais résidant en Hollande, en Belgique, à Washington. Le mouvement super-terroriste, I.N.L.A. fit une entrée fracassante à Londres, aux côtés des Provos, grâce à une bombe ultra-sophistiquée déposée dans la voiture du distingué député conservateur Airey Neave au sous-sol de la Chambre des communes et qui explosa quand il ouvrit la portière, le tuant sur le coup.

Au milieu de l'été 1979, tout cet effort semblait avoir été vain. Un projet pour une Irlande fédérée avait été élaboré. Connu sous le nom de Plan Fitzgerald, il paraissait devoir être soutenu à la fois par la majorité et l'opposition de la République d'Irlande, par les protestants et les catholiques modérés de l'Ulster, par le gouvernement anglais, et enfin par les membres les plus importants de la colonie irlando-américaine placée sous l'égide du clan Kennedy. En réponse à cette menace considérée comme véritablement intolérable, l'I.R.A. provisoire fit exploser vingt-cinq kilos de gélinite dans la baie de Donegal, sous le bateau de pêche sur lequel se trouvaient Lord Mountbatten ainsi que plusieurs membres de sa famille.

Agé alors de soixante-dix-neuf ans, le héros de la Deuxième Guerre mondiale ne s'était jamais mêlé de politique depuis qu'il avait été le dernier à occuper la fonction de vice-roi des Indes, un quart de siècle auparavant, y organisant l'accession à l'indépendance de la seconde plus grande nation du monde. Mais les Provos témoignèrent d'une candeur désarmante quand ils exposèrent une semaine plus tard la raison pour laquelle ils s'étaient débarrassés de lui. Le Plan Fitzgerald était « inacceptable », dirent-ils simplement, une semaine après sa mort.

Leur porte-parole était Ruairi O'Bradaigh, membre de l'I.R.A. depuis trente ans et président de leur section politique officielle, le Sinn Fein provisoire. « Ce que nous voulons, ce n'est pas un Ulster indépendant, nous, c'est la disparition complète de l'organisation actuelle, à la fois République d'Irlande et Ulster », déclara-t-il [228].

Quelle était alors l'image que se faisait l'I.R.A. provisoire d'une Irlande libre et unie ? Il y avait de quoi faire dresser les cheveux sur la tête de neuf Irlandais sur dix de chaque côté de l'Atlantique. « Nous voulons une république démocrate socialiste » disait O'Bradaigh : quelque chose du « genre tiers monde », un peu comme le « Chili d'Allende » mais assaisonné de pensées tirées du livre vert du colonel Kadhafi. Le régime serait semblable au communisme et cependant différent, « marxiste en essence » sinon en fait, prêt à « nationaliser les industries », contrôler les moyens de production et de distribution et prendre en main l'agriculture en instituant des coopératives d'Etat, « surtout » pas du « genre social-démocratie allemande », pas tout à fait non plus une dictature du prolétariat, mais presque. Le modèle stalinien du centralisme démocratique n'était pas non plus à suivre, dit-il. « Mais nous ne pouvons pas courir le risque d'avoir autour de nous des partis désireux d'amener le retour du colonialisme. Il faudrait régler nos comptes avec eux [229]. »

Si ce shéma rappelait dangereusement le parti unique de sinistre mémoire, cela ne semblait nullement le gêner. « Il faudrait voir, dit le vieux lutteur à un journaliste, ce qui se passera quand le pouvoir sera aux mains du peuple. »

Ce ne serait pas nécessairement le peuple *entier*. « Il n'est pas nécessaire que l'action d'un mouvement révolutionnaire soit fondée sur un mandat du peuple. Son mandat vient de la justice et de la vérité de sa cause », dit un chef provo à Dublin, s'exprimant au nom d'un mouvement révolutionnaire qui n'aurait pas recueilli plus de 5 p. 100 des voix dans l'Irlande du Nord ou du Sud [230].

Cependant, comme les Provos passent leur temps à le dire, il faut que la guerre se poursuive. « Nous ne sommes pas prêts à réduire la moindre de nos exigences », déclarèrent-ils dans *An Phoblacht*. Ils n'accepteraient de Parlement et de déclaration des droits de l'homme ni dans le Nord, ni dans l'Etat libre « fasciste » du Sud « dont ils n'admettraient jamais la légitimité ». Et afin qu'il ne puisse pas subsister le moindre doute, ils ajoutaient : « Ni le régime des traîtres dans l'Etat libre, ni le régime colonial dans la zone de guerre du Nord n'ont réussi à proposer une solution valable. La guerre se poursuivra jusqu'à ce que ces structures soient détruites [231]. »

Ils présentent encore au grand public la guerre comme une lutte de libération nationale, ethnique et religieuse, ce qui est évidemment une manière éminemment séduisante de présenter ces choses. Mais en fait leur guerre se différencie peu de celle que mènent, partout dans le monde, les révolutionnaires en armes — les Brigades Rouges par exemple. En dépit de leurs démentis indignés, spécialement auprès des Irlando-Américains, ils se montrèrent remarquablement francs à ce sujet vers la fin de la décennie dans les *Contro-Informazione* des Brigades Rouges [232].

Le « facteur nationaliste » a maintenant acquis « un large appui populaire à notre lutte pour la destruction du capitalisme en Irlande », dit le porte-parole des Provos. Mais en dépit du caractère particulier qui les distinguait des formations terroristes ordinaires, « cela ne diminue absolument pas la légitimité » des groupes de guérilleros urbains comme les Brigades Rouges, la fraction allemande de l'Armée Rouge (la bande à Baader), et le G.R.A.P.P.O. espagnol; « nous admettons leurs motivations fondées sur l'injustice sociale », déclara-t-il. « Notre coopération avec les groupes internationaux n'est certainement pas fondée sur d'étroites considérations nationales, elle l'est sur la lutte commune contre la domination coloniale et impérialiste. Les avantages tactiques d'une coopération avec d'autres groupes en Europe ont été illustrés au cours des derniers douze mois par les opérations contre les forces anglaises en Europe. »

Il se référait à une douzaine d'attentats à la bombe commis en Allemagne contre les troupes anglaises, au début de l'extension de la guerre en dehors des frontières du Royaume-Uni, à l'amorce tant espérée d'une « guérilla généralisée en Europe », à ce qui n'avait jamais été qu'une illustration de « la plus grande collaboration opérationnelle possible avec l'I.R.A. », en laquelle les Brigades Rouges mettaient tant d'espoir, avec les réseaux clandestins hollandais, belges, français, espagnols et italiens [233].

Les aveux d'un certain nombre de participants ne permettent pas de mettre cette coopération en doute (un aide rouge hollandais reconnut avoir aidé à assassiner un diplomate anglais en Hollande parce que « l'I.R.A. nous l'avait demandé ». Un chef converti des Brigades Rouges déclara en 1980 que les terroristes italiens avaient récemment divisé un énorme envoi d'armes palestiniennes « entre l'I.R.A. et l'E.T.A. » [234].) « Nous avons des preuves absolues des rapports étroits entre l'I.R.A. et les autres organisations terroristes internationales », déclara le ministre de l'Intérieur de la République d'Irlande à la fin des années soixante-dix. « Le terrorisme international est une réalité », ajoutait-il, sans « si », sans « mais », sans « et » [235].

Les Provos n'auraient jamais pu continuer d'exister sans le réseau. Elle était passée depuis longtemps l'époque où il leur suffisait de faire un signe pour que leurs compatriotes catholiques leur viennent en aide, ou pour qu'ils passent auprès des habitants du *Bogside* pour de nobles combattants pour la cause de la liberté. « Au *West Tyrone*, dans la petite ville de Castle Der (détruite par l'I.R.A.) douze familles ont perdu tous ou presque tous leurs biens », raconta l'évêque catholique de Londonderry à la fin de 1978. « Cinquante-huit personnes restèrent sans abri, dont une famille de six personnes, et il y avait parmi les réfugiés un enfant de six mois et un vieillard de quatre-vingt-seize ans. Les auteurs de ces attentats se sont rendus coupables d'actes lâches et complètement immoraux contre des gens inoffensifs et sans défense. Non seulement la communauté catholique, mais la communauté du

Nord tout entière, est écœurée et lasse de l'I.R.A. provisoire [236]. »

Il est peu probable que l'I.R.A. provisoire prête grande attention à ces paroles, déclarations de principe. Les Provos préfèrent qu'on les aime, mais ils n'en ont pas vraiment besoin. Il ne leur a jamais fallu plus de quelques centaines de guérilleros professionnels pour tenir en échec une armée anglaise trente ou quarante fois plus nombreuse qu'eux — une proportion normale pour une guérilla de ce genre. L'Irlande du Nord a une énorme réserve de garçons sans emploi et sans espoir, malmenés par dix ans de guerre. Bien qu'ils aient en horreur tout ce que font les Provos, les catholiques se trouvent parfois contraints de leur venir en aide. En 1980, la plupart de leurs recrues étaient des adolescents de quinze ou seize ans, dont beaucoup de filles, qui s'enrôlaient contraintes et forcées.

L'I.R.A. provisoire ne compte plus seulement sur une perceuse Black et Decker pour faire éclater les genoux de ceux qu'il veut punir — un hôpital orthopédique spécial a été ouvert à Belfast pour eux. On est maintenant passé au bloc de béton, qu'on laisse tomber de haut sur les bras tendus du coupable.

C'est la méthode préconisée par les terroristes pour faire durer une guerre civile à perpétuité.

10

TERREUR AU PAYS BASQUE

Tard dans la nuit, le 5 janvier 1979, dans le village basque de Beasain, en Espagne, un jeune policier rural du nom de Antonio Ramirez Gallardo et son amie Hortensia Gonzales furent tués d'un coup de fusil alors qu'ils montaient en voiture après une soirée à la discothèque. En Espagne, à l'époque il y avait trois ou quatre morts de ce genre par semaine, mais ceux-là se distinguaient des autres par un détail singulier. Le corps inanimé de l'homme était lourdement tombé sur le volant, actionnant le klaxon. Pendant vingt minutes, jusqu'à l'arrivée d'une ambulance, le long gémissement résonna dans les rues silencieuses. Des dizaines de personnes regardaient. Personne ne s'approcha.

Dire qu'ils avaient peur n'est pas un reproche. Bien sûr, ils avaient peur. La raison d'être du terrorisme est la terreur, a dit Lénine. Entraînés depuis 1964 dans les meilleurs camps de guérilla, les terroristes de Beasain le savaient fort bien.

Rien ne désignait particulièrement ce policier, et encore moins son amie, à la vindicte des terroristes. Il se trouve qu'il portait l'uniforme voulu. Personne n'éprouve d'amour immodéré pour les policiers, et peu de policiers sont plus mal aimés que ceux qui font partie de la *Guardia Civil,* jadis créée par le généralissimo Franco. Mais si aucun d'eux ne s'était trouvé là, les tueurs auraient « descendu » aussi bien un homme politique qu'un éditeur. Ce qui importait n'était pas tant l'identité des cadavres que l'impression qu'ils faisaient sur le public. Des assassins sans visage, capable de frapper à volonté, soudain, souvent, rapidement, n'importe où, n'importe quand, peuvent être certains de semer la terreur. « En tuer un, en effrayer dix mille », est un des premiers enseignements de la guerre de guérilla. « Punissez-en un, vous en effrayez cent », disait de son côté Lénine.

L'incident de Beasain aurait été trop banal pour mériter une mention particulière, n'eût été la date à laquelle il se produisit. En janvier 1979, le général Franco était mort et enterré et l'Espagne était libre. Cependant, au cours de cette quatrième année de liberté plus de personnes moururent sous les coups des terroristes,

177

au nom de cette même liberté, qu'au cours de quarante ans de dictature oppressante.

Personne n'avait davantage de qualifications que les Basques au titre de Combattants de la liberté. N'étaient-ils pas ces mêmes et superbes *gudaris,* orgueil et sève de l'armée loyaliste au moment de la guerre civile de 1936-1939, dont le million de morts hante encore la conscience du monde. Depuis et jusqu'à la fin du règne de Franco, ils avaient été universellement considérés comme des héros. Je les considérais moi-même alors comme tels. C'est dire mon étonnement le jour où j'ai franchi la frontière française pour rencontrer en secret la Résistance basque à Saint-Sébastien. Il était impossible à l'époque de prévoir qu'un jour des patriotes basques étoufferaient et trahiraient l'ordre démocratique qu'ils défendaient alors. C'est déchirant d'avoir à le penser aujourd'hui, mais c'est ainsi.

L'histoire que m'ont racontée de vieux amis basques au cours de ces semaines passées avec eux à la fin des années soixante-dix ressemblait singulièrement à celle de l'Irlande du Nord. Ici également on trouvait une minorité ethnique longtemps persécutée (d'abord vaillamment défendue puis, asservie, dépouillée, pour une cause mystérieuse, génératrice des pires misères).

« Les terroristes exploitent aujourd'hui nos sentiments, nous rappelant combien ils étaient prestigieux quand Franco était sur notre dos », me dit un journaliste basque que je connaissais depuis des années. « Ils racontent qu'ils commettent leurs crimes au nom du nationalisme basque, mais à l'heure actuelle, leur pays est entièrement différent. Leur action est destinée à ébranler l'Etat espagnol, à frapper la police, les juges, l'armée, les institutions, tout comme la bande à Baader en Allemagne ou les Brigades Rouges en Italie. » Ou l'I.R.A. provisoire, aurait-il pu ajouter.

Sous Franco, ils avaient en effet été admirables. Les pires horreurs de la guerre civile furent réservées aux Basques. Qui ne se souvient en effet du terrible bombardement de Guernica, centre historique de ce que les Basques ont considéré depuis le Moyen Age comme le berceau de leur propre ethnie. Aucune tentative de Franco ne put venir à bout de leur résistance, pendant et après la guerre civile.

Le célèbre procès de Burgos en 1970 fut un monument élevé au courage basque. Seize jeunes membres du mouvement clandestin nationaliste E.T.A. (Euzkadi Ta Askatsasuna) étaient accusés d'avoir tenté de renverser par la violence et les armes le régime de Franco. Neuf furent condamnés à mort, les sept autres à un total de cinq cent dix-neuf années de prison. Peu de procès, de nos jours, ont soulevé une telle vague d'indignation.

Ils étaient accusés de crimes multiples contre l'Etat fasciste :

réunions et manifestations illicites, hold-up dans les banques, attentats à la bombe et sabotages, mais seulement de trois meurtres. Au cours de toutes ces années de résistance opiniâtre, les nationalistes basques n'avaient causé que cinq autres morts. Ils ne commirent de nouveaux crimes que le 20 décembre 1973, quand le long cauchemar arrivait à son terme ; cette maîtrise de soi contribua énormément à leur gloire.

L'assassinat de l'Amiral Luis Carrero Blanco, Premier ministre et successeur présumé de Franco, fut un étonnant tour de force. Tous les terroristes ont, depuis lors, essayé de le copier. En 1979, à la veille de sa retraite, sur une route belge, une infime erreur de minutage sauva le commandant suprême de l'O.T.A.N., le général Alexander Haig, d'un sort semblable.

Peu de temps après, un coup de chance évita à deux cents hommes, en train de dormir dans une caserne de la Guardia Civil de Barcelone, d'être mis en pièces par une explosion analogue.

Même l'E.T.A. eut de la peine à démontrer qu'elle avait agi sans aide extérieure. Quatre *Etarras,* qui s'attribuaient le mérite de l'opération, tinrent une conférence de presse dans le Midi de la France, portant des capuchons noirs fendus aux yeux, pour convaincre les journalistes incrédules qu'ils étaient en mesure d'accomplir un travail d'extermination aussi professionnel, sans l'aide de leurs vieux copains de l'I.R.A., par exemple, ou du K.G.B. La véritable équipe responsable du commando lui consacra un livre entier, intitulé *Operation Ogro* (ogre).

Ils y décrivaient une année de patiente préparation : les longues visites d'exploration à Madrid, la recherche de maisons fortes, les mois passés à noter tous les mouvements de la victime choisie. Ils dirent comment ils avaient amené cent kilos de dynamite à Madrid dans le coffre d'une voiture volée (sans mentionner le fournisseur de la dynamite : l'I.R.A., qui la tenait de Carlos, qui la tenait lui-même du service de livraisons des anarchistes suisses [237]). Ils parlaient des longues semaines de travail dans un appartement en sous-sol, à creuser un tunnel dans une rue passante du centre de la ville, mettant soigneusement les déblais dans de grands sacs à ordures en plastique, fixant de longs fils électriques à la base des immeubles — au vu des Madrilènes qui passaient — pour faire sauter les explosifs de loin ; rangeant, en double file, une voiture maquillée pleine d'explosifs, à côté de la cible, juste au-dessus d'une grosse conduite de gaz près de laquelle fut placée une sentinelle qui devait donner le signal à l'heure H. Ils avaient tout préparé de manière si précise que la propre Dodge Dart de l'Amiral avait sauté par-dessus un immeuble de cinq étages pour atterrir sur le balcon du deuxième de la cour intérieure.

Les commandos de l'E.T.A. avaient également caressé l'idée d'assassiner Kissinger, même si c'était uniquement « pour marquer leur solidarité avec les Palestiniens », dirent-ils [238]. Ils y renoncèrent, bien qu'il passât par la ville juste un jour plus tôt, non seulement à cause du nombre des policiers veillant sur sa sécurité, mais parce que seul Carrero Blanco était un bouc émissaire aussi parfait. Il était le seul homme à avoir un poids politique et militaire suffisant pour assurer le maintien du régime de Franco. « Nous n'ignorons pas que lorsque l'on supprime le chef d'un système, quelqu'un d'autre prend sa place. Mais le mal est fait », dit l'un d'eux plus tard. Le mal était irréparable et la dictature de Franco disparut avec lui.

Si ce n'était que cela, nombre d'Espagnols seraient encore reconnaissants de leur héroïsme à ceux qui furent, jeunes, les héros *Etarras* espagnols. Les Basques en particulier ont eu un mal compréhensible à les désavouer. « Je ne pourrais jamais les dénoncer, m'a dit l'un d'eux ni maintenant, ni jamais, ni pour tout l'or du monde. Même après tout ce temps, c'est quelque chose que je ne pourrais pas faire. » « Ils ont fait du mal, c'est vrai », dit une femme qui avait combattu Franco toute sa vie, « mais ce sont quand même nos enfants ».

Et pourtant, depuis le jour de la mort de Franco, le 19 novembre 1975, l'E.T.A. a fait l'impossible — implacablement — pour détruire le gouvernement démocratique qui l'a remplacé.

Ce n'est pas une fausse démocratie. Le peuple espagnol était ravi de sa libération (A l'aéroport de Barcelone, quand on annonça la mort du dictateur, la fille qui contrôlait mon billet sortit une bouteille de champagne et la brandit frénétiquement : « Il y a trois ans que j'attendais cela ! » cria-t-elle, au milieu des applaudissements de tous les passagers.)

L'accession de l'Espagne à la liberté constitutionnelle se fit remarquablement vite et bien — miraculeusement bien après près d'un demi-siècle de dictature. Le nouveau système n'était pas parfait, mais ne peut-on dire la même chose de tous les systèmes ? Considérant les attaques dont il a été l'objet de la part des combattants basques pour la liberté, l'étonnant est qu'il ait réussi à survivre.

Moins d'une semaine après la mort de Franco, et vingt-quatre heures avant que le roi Juan Carlos n'accorde l'amnistie promise aux prisonniers politiques — dont sept cent quarante-neuf étaient basques —, les *Etarras* étaient sur le sentier de la guerre. Leur première victime fut le maire d'une petite ville de la province de Guipuzcoa, « exécuté », déclarèrent-ils, parce qu'il était un

« agresseur du peuple ». Les deux victimes suivantes furent un contrôleur d'autobus et un chauffeur de taxis, fonctions, d'un côté comme de l'autre, qui ne les mettaient guère en position d'opprimer qui que ce soit [239].

Le chauffeur de taxi fut assassiné à Guipuzcoa le jour même où l'ambassade d'Espagne à Paris délivrait enfin de nouveaux passeports à huit cent quarante-huit réfugiés du défunt régime de Franco ; à part neuf d'entre eux, tous étaient basques et six cent huit étaient plus ou moins en rapport avec l'E.T.A. « L'organisation socialiste révolutionnaire basque de libération nationale, E.T.A., poursuit sa campagne », dit-elle, expliquant ensuite pourquoi le chauffeur de taxi inconnu devait disparaître. « NON à toute collaboration avec l'Etat espagnol ! Tous les collaborateurs doivent être exécutés [240] ! »

Ceci avait lieu le 1ᵉʳ mars 1976 alors que le régime démocratique existait en Espagne depuis trois mois. Le mois suivant, quatre autres Espagnols furent tués, quatre blessés, et deux pris en otage parce que l'on manquait d'argent. L'un d'eux — un homme d'affaires basque — fut trouvé avec une balle dans la tête après que ses kidnappeurs de l'E.T.A. eussent repoussé comme « négligeable » une offre de rançon de 1 million de dollars. A la fin de l'année, l'E.T.A. avait tué dix-neuf personnes, soit plus de monde en un an qu'au cours des quarante années qui précédaient ; quant à la police, elle avait arrêté deux cent quatre-vingt-dix *Ettaras* pour activités terroristes, saisi une tonne d'explosifs, près d'un kilomètre de fil électrique, quatre cents détonateurs, trente-neuf fusils, vingt-six pistolets et huit mitrailleuses [241].

En 1977, le nombre des morts s'élevait à trente — une progression de 50 p. 100. Parmi les victimes se trouvait un industriel pris en otage et « exécuté » pour ne pas avoir payé une rançon de 16 millions de dollars. En 1978, l'E.T.A. proclama « une offensive permanente contre les forces de l'ordre » et le nombre des morts doubla encore. On compta cent vingt morts, soit deux ou parfois trois par semaine. « Nous avons transformé le nationalisme basque traditionnel et romantique en un nationalisme progressif et révolutionnaire. Nous avons introduit la lutte armée dans le combat des ouvriers. Et nous avons fait connaître la cause basque au monde », dit, au printemps de 1978, un chef de l'*E.T.A.-Militar* — une faction d'extrême gauche du groupe principal — au grand journaliste Jose Maria Portell [242].

Portell ne dut pas être très convaincu de la grandeur de cette réalisation. Pendant la plus grande partie de l'année précédente, il avait joué le rôle d'un intermédiaire officieux, poursuivant des négociations discrètes avec l'E.T.A. pour une amnistie générale et une trêve de longue durée, l'équivalent de la première trêve acceptée, puis irrévocablement rompue, par l'I.R.A. provisoire en Irlande du Nord. C'est le gouvernement espagnol qui s'était mis en rapport avec Portell à ce sujet, avec l'approbation de l'E.T.A. A la surprise générale, les discussions s'engagèrent bien, mais l'*E.T.A.-Militar* les stoppa brutalement. « A propos du projet d'accord... je dois vous informer que tous mes efforts pour prendre contact avec l'organisation politique en question ont été vains », écrivit le négociateur d'*E.T.A.-Militar*, Peixoto, à Portell en avril 1977. Ce mois-là, la *Milis* déclencha un « mois de guérilla urbaine » avec la même méticuleuse sauvagerie dont avaient fait preuve ce fameux vendredi rouge les Provos de l'I.R.A. dans des circonstances semblables. « Ce fut, dit Portell, le mois le plus sanglant, le plus anarchique, le plus déchaîné, le plus féroce et le plus menaçant des derniers cinq cents mois au Pays basque [243]. »

En juin, l'*E.T.A.-Militar* fit savoir que la trêve, jamais réellement observée, était morte et enterrée. Deux semaines plus tard avaient lieu les premières élections libres en Espagne depuis quarante ans.

L'hiver suivant, Portell tâcha de ressusciter les négociations par un article de son journal, *Hoja del Lunes.* Un matin, de bonne heure, comme il quittait son domicile de Portugalete pour son bureau, l'*E.T.A.-Militar* le tua. Il avait « usurpé ses fonctions », dirent-ils, simple intermédiaire, il avait voulu devenir « un protagoniste ».

L'*Etarras* basque n'était plus seul alors à faire régner la terreur. Une fois Franco disparu, ainsi que ses tribunaux militaires spéciaux, ses procès *somarissimo* (des plus sommaires), ses pelotons d'exécution, et sa police secrète, toutes sortes de formations terroristes vinrent s'enivrer de cette liberté retrouvée. C'étaient surtout des groupes marxistes-léninistes ressemblant de près à la bande à Baader et aux Brigades Rouges. Le plus redoutable était le « parti communiste reconstitué » du nom de G.R.A.P.O., qui avait vu le jour alors que Franco reposait encore sur son lit de mort. Il avait commencé par abattre quatre policiers à Madrid, après quoi, au cours des quatre années suivantes, il assassina trente autres policiers et officiers de l'armée. Quand ces mineurs furent arrêtés en 1979, une liste de trois mille autres candidats à l'assassinat fut trouvée dans les papiers des chefs du groupe. Leur grand triomphe, cette année-là, fut un attentat à la bombe au café *California* à Madrid, un samedi après-midi alors que la salle était bourrée de monde, ce qui avait fait huit morts et quarante-deux blessés causé une panique indescriptible.

Il est difficile de dire ce que ces terroristes révolutionnaires entendaient proposer à leurs compatriotes, mais ce n'était pas en tout cas un ordre démocratique solide. La démocratie leur faisait peur. Comme tant de collègues terroristes partageant les mêmes convictions qu'eux dans le monde, ils pratiquaient le culte du *Tanto peggio, tanto meglio* et croyaient comme eux à l'avantage d'une horrible dictature de droite susceptible de provoquer le soulèvement armé de la population. A leur point de vue, l'Espagne allait mieux quand elle allait plus mal.

Dès le début, aux jours du franquisme, l'E.T.A. s'était inspiré de ces principes. La principale raison d'assassiner l'amiral Carrero Blanco, dirent ses dirigeants dans *Opération Ogro,* était d'arrêter « l'évolution de l'Etat espagnol (vers un régime plus libéral), en le contraignant à un brusque mouvement sur la droite ». Au lieu de cela, l'Etat fasciste s'était écroulé sur eux. L'*Etarras* s'appliqua méthodiquement à le reconstituer.

Chaque fois qu'un pas était fait pour améliorer les nouveaux rouages politiques du pays : l'élection de l'Assemblée constituante, le vote d'une Constitution plus équilibrée, une rénovation, un renouvellement des conseils municipaux, l'octroi au Pays basque d'un statut autonome, avec un gouvernement régional basque, l'*Etarras* procédait à une nouvelle série d'attentats.

Pour l'E.T.A., le statut de l'autonomie basque préfigurait en quelque sorte ce que l'accord de Sunningdale et le plan Fitzgerald allaient être pour l'I.R.A. provisoire. Pendant les négociations de cet accord historique, dans l'été 1979, l'*Etarras* conseilla à des millions de touristes étrangers de rentrer chez eux, mitraillant l'express Paris-Madrid, incendiant des hôtels pleins à craquer à Majorque et à Saragosse, bombardant l'aéroport et les gares de chemin de fer de Madrid (huit morts, plus de cent blessés) et commettant un attentat par jour. Evidemment, ils faisaient l'impossible pour étouffer la démocratie avant que le contraire ne puisse survenir.

Le statut de Guernica — puisque tel est le nom qui lui fut justement attribué — aurait dû normalement sonner le glas de l'E.T.A. Non seulement accordait-il aux Basques le droit de faire leurs études dans leur propre langue et de la parler, d'avoir leur propre drapeau, leurs propres écoles et leurs propres cours de justice, de percevoir leurs propres impôts et d'en dépenser le produit comme ils l'entendaient — après avoir payé un montant adéquat à Madrid —, mais les Basques pouvaient avoir leur propre police, ce qui allait au-delà du statut de 1936. Alors ils avaient eu pour quelques mois un gouvernement républicain, promptement supprimé par Franco quand il avait pris le pouvoir. En fait, ils détenaient pratiquement tout ce qu'ils pouvaient souhaiter, en dehors d'une sécession, dont, d'ailleurs, la plupart d'entre eux ne voulaient pas.

A part quelques jeunes particulièrement sûrs d'eux, je n'ai

rencontré absolument personne au Pays basque, à la veille du référendum, qui souhaite véritablement ne pas rester espagnol. Même ceux qui votèrent contre le statut de Guernica le firent surtout pour obliger le gouvernement espagnol à bien se conduire une fois que l'autonomie serait passée dans les faits. Et toute la campagne de l'*E.T.A.-Milis,* tous ces efforts pour terrifier les Basques, ne réussirent pas à faire voter plus de 4 p. 100 des électeurs contre le statut.

Malgré tout, un tiers s'abstint. S'il y eut un certain nombre d'indifférents, d'autres eurent peur, ou hésitèrent à faire confiance à Madrid, ou encore ne voulurent pas tourner le dos pour toujours aux combattants basques de jadis. Mais les *Etarras* n'avaient pas dit leur dernier mot. Quelques douzaines de terroristes professionnels pouvaient encore faire beaucoup en jouant sur les passions ancestrales des Basques et leurs rêves millénaires.

La force volcanique manifestée si fréquemment par les minorités ethniques dans le monde continue à stupéfier ceux qui n'appartiennent pas à l'une d'elles : Irlandais, Gallois, Ecossais et habitants de Cornouailles, Flamands et Wallons, Serbes, Croates, Belouchistanais, Kurdes n'hésitent pas à défier des gouvernements ou des Etats dix ou cent fois plus puissants qu'eux, et cela pendant des générations, mettant en jeu vies, argent, biens, provoquant ruines économiques, calamités politiques, et guerres internationales à seule fin d'affirmer leur identité. Luttant contre des forces d'une supériorité écrasante, ils ont toujours besoin d'aide et ceux qui les aident peuvent avoir besoin d'eux.

Un grand nombre de ces minorités ethniques sont membres à part entière de la confraternité terroriste internationale, et à la fois heureux et surpris de trouver auprès d'elle, des armes, de l'argent, des abris et des possibilités d'entraînement. Cela étant, la plupart ont été manipulées et exploitées par des extrémistes de droite ou de gauche, des politiciens roublards, et des agents étrangers pour lesquels l'identité ethnique est sans doute le cadet de leurs soucis.

Les Basques en sont un des plus tristes exemples. Peuple ancien et souvent exploité, mystérieux quant à ses origines préhistoriques et physiquement différent des Européens, implanté dans un coin stratégique du continent entre la France et la Péninsule ibérique, il a forcément attiré d'une certaine manière l'attention de l'étranger. Parmi ceux qui ont pris à leur cause un bienveillant et généreux intérêt depuis le début des années soixante, on trouve les Chinois de Mao, les Albanais, l'Internationale trotskiste IV, le D.G.I. cubain, le K.G.B. soviétique, le colonel Kadhafi de Libye, les Palestiniens et tous ceux qui sont quelque chose dans la clandestinité d'extrême gauche, de l'I.R.A. aux Tupamaros, aux anarchistes suisses, aux Algériens, à la bande à

Baader, ainsi qu'aux Brigades Rouges et à tout le complexe terroriste italien. Il est difficile de croire qu'ils étaient tous poussés par des sentiments entièrement purs, même à l'égard des Basques.

Il n'y a aucun doute à cela : c'est un peuple sympathique et courageux, et la région où ils vivent est belle à en perdre le souffle. Baigné par l'Atlantique, au pied des contreforts vert-noir des Pyrénées, le Pays basque est d'une frappante originalité : luxuriant, secret, étrangement façonné dans un décor pastoral d'une tranquillité absolue. Le fait que d'horribles cicatrices industrielles le balafrent — Bilbao, sa ville principale, est le Creusot espagnol — aide à comprendre les tensions culturelles qui déchirent la population. Si les Basques ont l'amour du passé, ils font aussi étroitement partie du présent industriel et technologique.

Des siècles de folklore n'ont pas forcément fait d'eux des paysans simples et des va-nu-pieds. Leurs chantiers navals, leur aciéries, leurs mines peuvent rivaliser avec les industries géantes de l'Europe de l'Ouest. Ils sont — ou ils étaient — en moyenne aussi fortunés que les citoyens du riche Benelux dans le Marché commun. Ils avaient les revenus les plus élevés d'Espagne... 40 p. 100 plus importants qu'ailleurs à Bilbao et dans la province environnante de Guipuzcoa... jusqu'à l'explosion du terrorisme — et la fuite des capitaux — après la mort de Franco.

Les unes après les autres, les usines fermèrent leurs portes après 1975, tandis que des centaines d'industriels... pour la plupart patriotes sans reproche... prirent leurs cliques et leurs claques et s'enfuirent pour échapper aux exactions de l'E.T.A. : enlèvements, meurtres, passages à tabac, un hold-up bancaire par jour, une grosse « taxe révolutionnaire » perçue sous peine de mort et payable mensuellement dans les comptes courants suisses de l'E.T.A.[244].

« Ce qui me retient ici ? » me dit un homme d'affaires basque grassouillet et sémillant tandis que nous dégustions un plat de *Marrascas* fumant à Saint-Sébastien. « Rien. La femme et l'enfant de mon frère qui furent tenus à bout portant jusqu'à ce que celui-ci ait vidé son compte bancaire dans les poches de l'E.T.A. sont partis. Mon oncle qui finissait par être écœuré de payer chaque mois des sommes énormes, est parti lui aussi. Et moi, j'en ai également assez, de payer. Qui plus est, je n'ai pas l'intention de laisser mes cinq enfants continuer à apprendre à l'école une histoire truquée, ou à parler une langue morte qui n'a même pas d'alphabet écrit. Vous pouvez vous y attendre ; la prochaine fois que vous viendrez, ce sera *moi* qui serai parti. »

Ainsi, tandis que l'E.T.A. passait du nationalisme romantique à la révolution armée, la province basque de Guipuzcoa

185

régressait du premier rang au quinzième dans l'échelle des revenus espagnols[245].

Il y a en tout environ deux millions de Basques, dont quelque deux cent mille vivent en France. Les Basques espagnols ne sont guère plus d'un million et demi, pour une population espagnole totale de trente-sept millions ; et dans leurs quatre provinces traditionnelles d'Alava, Vizcaya, Guipuzcoa et Navarra, ils sont même souvent égalés sinon surpassés en nombre par les travailleurs immigrés de régions plus pauvres de l'Espagne. (Comme ces immigrants constituent à l'heure actuelle la masse du prolétariat basque, les *Ettaras* semblent singulièrement « tordre la queue à l'histoire » quand ils prétendent que c'est ainsi que le Pays basque a été « colonisé par l'Espagne ».)

Les annales des Basques remontent en fait à l'époque mouvementée où leurs valeureux ancêtres repoussèrent les Wisigoths, les Francs, les Normands, les Maures et mirent en pièces l'arrière-garde de l'armée de Charlemagne (à Roncevaux en 778 après J.-C.). Mais ils ne formèrent jamais une nation indépendante. C'est à la fin du Moyen Age qu'ils s'en approchèrent le plus : pouvoirs autonomes pour le commerce, les impôts et le service militaire, accordés par Ferdinand II d'Aragon.

Ils continuent de se sentir Basques surtout si on les provoque. Le général Franco, qui, dans son arrogance de Castillan, le fit de manière intolérable, aurait aussi bien pu essayer de tenir un essaim de guêpes entre ses poings serrés. Pourtant ils ne se sentent pas toujours obsédés par l' « absurde virginité raciale de leur basquitude » pour reprendre les termes de Miguel de Unamuno. Unamuno, leur meilleur écrivain, se considère comme espagnol ainsi qu'un grand nombre, sinon la majorité, des intellectuels basques. La langue, sans rapports avec aucune autre langue connue, n'est pas parlée par plus d'un Basque sur vingt. Et c'est en 1894 seulement que fut évoquée l'idée d'un état basque séparé.

Cette idée a d'ailleurs perdu l'attrait qu'elle avait acquis du temps de Franco. Agées de quinze ou seize ans, les jeunes recrues de l'E.T.A. — trop jeunes pour avoir combattu dans la véritable Résistance — rêvent peut-être d'un Pays basque indépendant, miraculeusement transformé en une retraite sylvestre, libre d'influences nuisibles (encore que largement approvisionnée en biens de consommation), à l'abri de la piraterie capitaliste, du pillage de leurs voisins et des implacables lois économiques. Peu de Basques plus âgés ont des illusions d'une telle innocence. Leur idée du séparatisme avait la forme d'un grand bond vers la liberté, qui d'abord les mettrait hors d'atteinte d'un dictateur despotique qui, plus que tout autre, les avait persécutés. Pour les *Milis*, c'étaient les beaux jours. Ni auparavant, ni jamais depuis, le nationalisme basque n'a connu flamme si ardente. En 1979, au fur et à mesure que s'approchait la date de l'autonomie, il n'y avait pas à se tromper sur les objectifs de l'*E.T.A.-Militar*. « Ils veulent voir les prisons pleines à craquer de prisonniers basques, entendre les cris poussés dans les chambres de torture, évoquer les stigmates des martyrs. Ils veulent voir les chars espagnols dans les rues de Bilbao », me dit à Madrid Manuel Azcarate, du parti communiste espagnol. Ils voulaient « bloquer la coexistence pacifique, éveiller la défiance mutuelle, provoquer un coup d'Etat militaire », dit le Conseil national basque représentant tous les partis politiques de la région [246]. Ils voulaient « ulstériser le Pays basque », disaient eux-mêmes les *Milis* se référant à la manière admirable dont l'I.R.A. provisoire de l'Ulster tentait d'empêcher la paix de jamais régner en Irlande.

Comme les Provos de l'I.R.A., ils ont fait l'impossible pour pousser un gouvernement constitutionnel à perdre la tête et à se comporter en Etat policier.

Le fait que, pendant quarante ans, les Basques et avec eux toute l'Espagne sont restés affligés d'un Etat policier ne semble troubler en rien les *Milis*. Pas plus d'ailleurs que le fait que l'Espagne ait été délivrée de la dictature non par une révolution communiste mais par une solution biologique (comme l'Allemagne de Hitler et l'Italie de Mussolini, respectivement délivrées de dix et de vingt années de dictature par une guerre mondiale et non par un soulèvement populaire armé).

Les *Etarras* semblent avoir fait jusqu'à présent un mauvais calcul en pensant que l'armée espagnole pourrait être poussée à mettre la main sur le pays. Au mieux, ou au pire, leur violence a provoqué une réaction de diverses bandes de terroristes d'extrême droite, eux-mêmes aussi impitoyables que les tueurs de l'*Etarra*. Mais, bien que l'armée n'ait pas encore bougé, les *Milis* continuent de penser qu'à force d'être provoquée elle finira par réagir.

La stratégie de l'*E.T.A.-Militar* fut formulée à l'époque de leur septième assemblée en septembre 1976, an I de l'ère post-franquiste [247]. Ils pensaient qu'une armée si longtemps façonnée par Franco ne prendrait qu'un intérêt des plus mitigés à l'élection d'un gouvernement libre. Les Basques ayant pendant des années provoqué l'armée, l'E.T.A. était fondée à espérer que de tuer des officiers, ou des policiers, chaque mois, chaque semaine, ou si besoin était chaque jour, provoquerait dans les milieux militaires un désir de vengeance irrépressible. Il ne manquerait pas d'y avoir des représailles (il y en eut) se traduisant pas des arrestations aveugles, des tortures, en d'autres termes par la réaction habituelle de l'autorité espagnole outragée. Il fallait ranimer les feux couvants du nationalisme (et ils reprirent). « Plus de morts, plus de représailles, plus de colère, plus de morts, plus de représailles, plus de colère, plus de morts... » « Action, réaction, action », disent les *Milis*. Les Provos d'Irlande du Nord n'ignorent rien de tout cela.

Aux jours heureux de la loi martiale, une stratégie presque identique avait merveilleusement réussi plus de six ans auparavant, en Espagne. « Nous avons réalisé un de nos objectifs essentiels : obliger l'ennemi à commettre mille injustices et mille atrocités », dit le programme officiel de l'E.T.A. en 1964, alors qu'il avait déjà contraint Franco à remplir ses prisons de Basques. La plupart des victimes étaient innocentes. Cependant la population, jusqu'alors plus ou moins passive, se mit en colère contre le tyran colonialiste, réagit et vint entièrement de notre côté. Nous n'aurions pu souhaiter de meilleur résultat [248]. »

Le paragraphe aurait pu être repris textuellement dans le *Mini-manuel pour les guérillas urbaines* de Marighella. On aurait pu croire qu'ils étaient en train d'apprendre par cœur. Au moment de la mort de Franco, ils suivaient en fait le conseil de Marighella — sur l'avant-dernière étape de la révolution —, le renversement du gouvernement démocratique et l'insistance sur la « comédie » que représentent les élections libres. Exactement comme l'avaient fait les Tupamaros en Uruguay et les Provos d'Irlande du Nord (à quelques mois d'intervalle, 1972-1973).

Le texte de Marighella à cet égard est explicite : « Rejeter complètement cette comédie électorale et la soi-disant solution politique », disait-il, « la guérilla urbaine doit devenir plus agressive et plus violente, ayant sans répit ni trêve recours au sabotage, au terrorisme, aux attaques, aux prises d'otage et aux exécutions, rendant la situation de plus en plus catastrophique et obligeant ainsi le gouvernement à agir... »

Mais le chef brésilien n'avait publié son mini-manuel — devenu classique depuis — qu'en 1969 — alors que le premier programme officiel de l'E.T.A. était sorti cinq ans auparavant. Non seulement les guérilleros basques avaient été à la même école que Marighella, mais ils l'y avaient précédé.

Le premier contingent des *Etarras* basques à se rendre à La Havane s'embarqua en 1964 [249], juste au moment où les Soviétiques avaient décidé d'augmenter de 1 000 p. 100 leurs investissements dans le terrorisme étranger. La Conférence tricontinentale de La Havane, qui allait refléter le changement politique du Kremlin, ne devait se réunir que deux ans plus tard. Il en était de même de la guérilla internationale issue de la conférence, pour ne pas parler du réseau de camps d'entraînement établi autour de La Havane sous le contrôle du colonel Vadim Kotchergine du K.G.B.

Le camp Guines, aux abords immédiats de La Havane,

n'acceptait que peu de recrues quand les *Etarras* y arrivèrent. Le programme (kidnapping, subversion, sabotage technique) était limité par comparaison avec celui d'autres camps qui allaient bientôt être établis là ou ailleurs.

Les jeunes basques qui arrivèrent en ce temps-là au camp Guines ignoraient pratiquement tout du marxisme, de Lénine, ou de la Question nationale. Ils venaient juste de passer d'un nationalisme quasi romantique à un socialisme vaguement humaniste. Ce n'est d'ailleurs qu'en 1970 — début de la décennie terrible — que l'E.T.A. s'est prononcée pour le dogme léniniste et pour la dictature du prolétariat qui en est le credo [250]. Et c'est seulement trois ans plus tard qu'elle s'est engagée franchement sur la voie du centralisme démocratique, ce signe distinctif du « socialisme véritable », du bloc socialiste. Mais l'influence paléocommuniste irréductible au sein de l'*E.T.A.-Militar* ne se précisa vraiment que vers la fin de la décennie, exactement comme ce fut le cas pour les Brigades Rouges ou l'I.R.A. provisoire.

Il n'est pas possible de suivre la démarche doctrinale de l'E.T.A. au cours de ces années. Les factions se divisèrent continuellement comme autant d'amibes, les unes vers le trotskisme, d'autres vers le parti communiste espagnol orthodoxe, d'autres encore vers un assortiment de formations maoïstes ou de groupes hétéroclites de la nouvelle gauche. Quelles que fussent cependant leurs différences, elles étaient toutes dans la ligne de l'Internationale terroriste.

Peu de groupes armés ont laissé des empreintes aussi claires dans le labyrinthe clandestin. De Cuba en 1964, les *Etarras* partent s'entraîner avec les Tupamaros uruguayens et leurs camarades Montoneros d'Argentine. Puis ils gagnent l'Algérie où ils se joignent à d'autres guérilleros de même observance venus d'un peu partout et servant de modèle à la gauche révolutionnaire armée du monde. Après sa longue guerre de libération, l'Algérie avait pris, dans le tiers monde, la tête du bloc arabe, penchant fortement vers Moscou. A partir de 1968, ses camps de guérillas s'ouvrirent largement aux Panthères noires américaines, aux ultra-gauchistes allemands et italiens, à l'I.R.A., à l'E.T.A. et, bien sûr, indéfiniment aux Palestiniens. Dès le début des années soixante-dix, des instructeurs cubains y enseignaient, et quand les *Etarras* y arrivèrent, il s'y trouvait également un délégué du K.G.B.

Le journaliste qui me raconta cela à Bilbao était un des plus sérieux que je connusse et avait été en rapports étroits avec l'E.T.A. pendant toute la période franquiste. C'est l'instructeur du K.G.B. à Alger qui, en 1971, mit en contact l'E.T.A. et l'I.R.A. provisoire. Ils étaient des alliés naturels et le moment était bien

189

choisi. Moscou commençait seulement à s'intégrer aux Provos. Les Soviétiques leur avaient envoyé cette année-là quatre tonnes et demie d'armes tchèques. Nous en avons déjà parlé. Chacune de ces bandes armées avaient une base nationaliste et ethnique sur laquelle fonder son action et d'excellents objectifs à atteindre; chacune s'apprêtait déjà à prendre des positions de non-retour dans la guerre de guérilla : ils étaient destinés à devenir amis au sein de la clandestinité européenne.

Décrivant son année mouvementée avec les Provos, Maria Mac Guire parle de la première rencontre en Irlande — en 1971 — des *Etarras* et de Sean MacStiofain, commandant en chef de l'I.R.A. provisoire. « Ils étaient venus nous offrir cinquante revolvers en échange desquels ils nous demandaient de les entraîner au maniement des explosifs..., ils s'embrouillaient dans des mots comme " détonateurs " et " gélignite ", écrivit-elle. C'étaient de brillants élèves comme l'amiral Carrero Blanco n'allait pas tarder à s'en apercevoir. »

L'association fut étroitement consolidée en 1972. En janvier de cette année-là, les deux groupes se rencontrèrent au Centre espagnol de Londres pour parler logistique[251]. Là, Jose Ignacio Bustamante Octaduy — « Inaki » pour l'E.T.A. — prit des dispositions pour envoyer, par groupes de quatre, des *Etarras* aux camps d'entraînement de l'I.R.A. à Dublin et en Ulster. (La question des centres avait déjà été arrangée au Congrès de Florence, organisé par les fondateurs de l'Internationale rouge, sous les auspices de Feltrinelli et du *Potere Operaio*. L'E.T.A. se trouvait là, naturellement, buvant chaque parole de la longue conférence (une journée) au cours de laquelle Seamus Costello évoqua l'histoire de l'I.R.A. et sa manière de travailler.) A la fin de 1972, un pacte solennel d'assistance mutuelle fut conclu entre l'E.T.A. et l'I.R.A. provisoire[252]. Plus tard, l'E.T.A. envoya un représentant permanent en Irlande pour maintenir le contact. (Il s'agissait d'un prêtre défroqué du nom de Elias Jauregui.)

Tout comme les Provos, les *Etarras* s'engagèrent cette année-là dans le circuit du terrorisme international. Auparavant, ils avaient signé un pacte d'alliance en bonne et due forme avec les Tupamaros et les Kurdes séparatistes, ainsi qu'avec *Fatah,* la section militaire de l'Organisation pour la libération de la Palestine[253]. Ils étaient également présents au sommet terroriste de Haddad-Habash au Baddawi; et avaient assisté à Dublin aux sessions de planification du réseau qui constituèrent l'équipe multinationale de Carlos.

De nouveaux horizons apparurent en 1973. Carlos était installé à Paris, le bureau de l'Internationale rouge à Zurich était ouvert, et afin de semer la révolution en Europe, l'Organisation italienne faisait l'impossible pour mettre sur pied des « mécanismes multiplicateurs ». Une correspondance secrète, découverte bien plus tard par les tribunaux italiens, dévoile l'intérêt spécial que portait l'Organisation aux minorités ethniques... telles que les Bretons, les Basques, et les Irlandais, ainsi que les plans d'une « conférence internationale pour promouvoir le thème de l'insurrection en Europe »[254].

La conférence eut lieu à Dublin, plus tard dans l'année, avec pour slogan « pour une Europe de l'Ouest révolutionnaire ». L'E.T.A. y assistait, bien sûr, ainsi que l'I.R.A., le Front de libération de la Corse (séparatiste et marxiste), le Front de libération breton (séparatiste et marxiste), le Front de libération du Québec (séparatiste et marxiste), ainsi que les Brigades Rouges françaises (pâle copie de leur contrepartie italienne). Un sommet terroriste mondial, au mois de janvier suivant, les rassembla de nouveau à Dublin, avec — comme toujours — les Palestiniens, les Italiens, les Allemands, etc.[255].

En 1974, les *Etarras* s'associèrent à la fois à l'Internationale trotskiste IV et à la Chine maoïste. Une section de l'E.T.A. passa au trotskisme tandis que d'autres s'inscrivaient au Front mondial pour la libération des peuples opprimés, dont le quartier général était à Bruxelles. Le Front, né trotskiste, devint également le porte-parole de Pékin en Europe. Bientôt, son bureau de Bruxelles fut un centre bourdonnant d'activité où se distribuaient les armes en provenance (discrète) de l'Orient, par la Libye et l'Algérie. Un itinéraire alternatif passait par l'Albanie et l'Autriche.

En 1975, la mort de Franco poussa l'*E.T.A.-Militar* à l'action. A une *Assemblea* secrète, dans le sud de la France, juste un mois après les funérailles du Caudillo, les *Milis* décidèrent de faire face au nouveau défi politique — la démocratie en Espagne — en intensifiant l'entraînement des terroristes[256]. L'Algérie proposait des cours supérieurs en la matière et cent quarante-trois *Milis* furent désignés pour aller y passer un doctorat ès guerre de guérilla.

Ils partirent du Pays basque le printemps suivant, par groupes de trente, par chemin de fer, avion ou bateau, passant par Paris, Nice, Genève, Bruxelles, Rome. Ils avaient pour destination l'école de police de Souma, à quarante kilomètres de la capitale algérienne où, leurs passeports confisqués, ils furent enfermés dans un bâtiment de trois étages, entouré de murs élevés. Ils étaient astreints à une obéissance absolue, et n'étaient autorisés à parler qu'à leurs instructeurs cubains ou algériens.

Pendant trois longs et durs mois, ils s'entraînèrent opiniâtrement à la lecture et à la confection de cartes, au tir à la cible, à l'usage des ondes courtes, à celui des explosifs ainsi qu'au judo, au karaté, aux exercices de commandos en campagne [257].

Cet automne-là, la Libye et l'Algérie se mirent d'accord pour donner à l'organisation une base régulière. En s'enfuyant de France, Carlos avait laissé son réseau parisien dans une anarchie totale, et personne ne l'avait encore remplacé. L'Europe de l'Ouest était menacée d'une sorte de « retour à la normale ». En novembre 1976, par conséquent, le colonel Kadhafi de Libye et le colonel Boumediene d'Algérie se mirent secrètement d'accord sur un programme commun d'aide à l'armée européenne clandestine. La Libye était responsable des inséparables I.R.A. et E.T.A. tandis que l'Algérie (avec l'argent libyen) adoptait les Bretons et les Corses. L'entraînement fut transféré au camp militaire de Blida, au sud-ouest d'Alger, ainsi qu'au camp « européen » de Az Zaouiah, à Benina, près de Benghazi, en Libye [258]. En Ulster, au Pays basque espagnol, en Bretagne et en Corse, en un an, le nombre des attentats terroristes doubla [259].

En 1977, l'*E.T.A.-Milis* disposait de quelques centaines de *pistoleros* à la fois magnifiquement entraînés et superbement armés, qui pouvaient descendre un flic à Saint-Sébastien, passer discrètement la frontière et aller se réfugier en France (dans le Pays basque nord) en à peine une demi-heure. Toujours accueillante aux « exilés politiques », la France les ignorait. Des recrues françaises de quatorze à dix-huit ans pouvaient être entraînées dans le Sud-Ouest de la France (donc presque sur place), en Algérie ou en Libye. On les y armait d'un fusil et on les invitait à tirer sur n'importe qui portant un uniforme. Le mécanisme de mort marchait pratiquement de lui-même et aucun pouvoir politique en Espagne n'avait encore les moyens de l'arrêter.

« Il nous apparut alors clairement », m'expliqua un dissident basque, socialiste de gauche, « que rien de ce que nous dirions, ou ferions, ou promettrions, ne pouvait amener l'*E.T.A.-Milis* à entamer des négociations de paix ». Ils étaient pour de bon dans l'ornière internationale ; un accord politique conclu sur le plan local ne les intéressait absolument pas. Ce qu'ils voulaient, ce n'était plus seulement le séparatisme basque, mais l'insurrection d'un continent — de la partie ouest du continent, j'entends.

Pendant dix jours, cet été-là, les *Milis* se mêlèrent en Espagne à un tas de terroristes en tous genres, ethniques et urbains (Provos de l'I.R.A., Bretons, Corses, Allemands de la bande à Baader, Cellules révolutionnaires et Mouvement du 2 juin, le petit groupe gauchiste français N.A.P.A.P., les Brigades Rouges et la Première ligne de l'organisation) [260]. Invités par G.R.A.P.O., ils coordonnaient leurs stratégies et montaient leurs services logistiques. L'enlèvement sensationnel et le meurtre de l'industriel allemand

Hans-Martin Schleyer (dont le corps fut retrouvé en France) eurent lieu à peine quelques semaines plus tard.

Les mêmes, à peu de chose près, vinrent à Francfort en octobre 1978 participer en qualité d'observateurs à une conférence « antifasciste » allemande [261]. Puis, si l'on en croit les services de renseignements occidentaux, ils s'en furent pratiquement tous en Yougoslavie retrouver à Belgrade des Palestiniens du F.P.L.P. de Habash (et un « observateur » du K.G.B.) [262]. « La Résistance palestinienne, les guérilleros d'Amérique du Sud et d'Amérique centrale, et les représentants des Brigades Rouges se retrouvèrent en secret en Yougoslavie en octobre 1978 afin de discuter de la stratégie et du programme d'une révolution internationale », écrivit le procureur général italien Guido Guasco en décembre 1979. Cependant les *Milis* avaient, de leur côté, eu des discussions au Portugal [263] avec les Brigades Rouges et les Provos.

Comme ces choses ne se font pas du jour au lendemain, il s'écoula quelque temps avant que, de l'extérieur, on puisse se faire une idée de ce qu'ils avaient en tête.

A l'automne 1978, il y eut une sorte de prélude, quand les Provos de l'I.R.A. amenèrent leur guerre sur le continent : cela ne dut pas être facile de préparer le réseau européen à l'opération. Mais, au printemps de 1980, eut lieu un incident d'un caractère bien différent : à cette époque, en effet, quatre terroristes italiens furent surpris par la police sur la Côte d'Azur. Ils menaient la grande vie, en attendant que soient terminées les réparations de leur bateau de 80 000 dollars, le *Marie-Christine*. Trois d'entre eux étaient des membres bien connus des Brigades Rouges, activement recherchés par la police italienne pour kidnapping et meurtre. Le quatrième était un trafiquant de drogue [264].

L'argent qu'ils dépensaient avec une telle facilité appartenait en fait à une caisse de retraite de mineurs du Nord de la France : soit 4 millions de dollars substitués au cours d'un récent hold-up, par une équipe mixte dont faisaient partie des Basques espagnols et des terroristes français. Dix-huit de leurs complices, dont trois Basques espagnols, furent arrêtés vers la même époque à Paris. On appréhenda le même jour une terroriste italienne de la Première ligne de l'organisation envoyée à Paris, ce qui porta le nombre des arrestations à dix-neuf. Parmi le matériel découvert dans l'appartement qu'elle occupait, on trouva six cents kilos de dynamite, cinq pistolets mitrailleurs et huit pistolets automatiques. Les collègues de la Côte d'Azur avaient mis en lieu sûr un millier de cartes d'identité italiennes vierges [265].

Après quelques jours d'interrogatoire, on put acquérir la certitude qu'il s'agissait de la mise en place d'un nouveau réseau Carlos. Les Brigades Rouges et la Première ligne, qui avaient beaucoup appris depuis le temps de Carlos, faisaient profiter de leur expérience une équipe de choc internationale très intégrée. Les Français avaient fusionné deux ou trois de leurs malheureuses petites bandes (comme leurs propres Brigades Rouges et le N.A.P.A.P.) avec une organisation appelée « Action directe », qui avait fort rapidement fait ses classes. La majorité des membres étaient des Italiens, Français, Espagnols ou Irlandais. (Depuis 1980, les groupes terroristes allemands étaient trop fortement infiltrés par la police pour vraiment inspirer confiance.) Le montant de 4 millions de dollars était destiné à faire face aux dépenses courantes. Il avait déjà servi à payer la *Marie-Christine,* destinée à devenir un quartier général flottant et un moyen de disparaître rapidement [266].

Les Soviétiques étaient pris au piège ; ils ne pouvaient pas plaider l'ignorance. Quelque fussent les moyens de communication du K.G.B. avec les réseaux clandestins italiens, irlandais et français, celui qui le reliait à *l'E.T.A.-Milis* était bien connu. Pour une fois, le K.G.B. avait été surpris en train de communiquer avec un des principaux groupes terroristes d'Europe auquel il procurait des armes.

C'est principalement à cause de cette affaire qu'en février 1980, des agents du K.G.B. furent expulsés d'Espagne... incidemment quelques semaines seulement avant ces arrestations spectaculaires en France. Un des agents en question était Oleg Suranov, directeur d'Aeroflot à Madrid, immédiatement embarqué sur un avion à destination de Varsovie. L'autre, du nom d'Anatoli Krassilinikov, était premier secrétaire de l'Ambassade soviétique : il fut expédié en vitesse à Moscou. Leur expulsion porta à six le nombre des agents soviétiques expulsés d'Espagne depuis que les deux pays avaient noué des relations diplomatiques [267].

C'était en février 1977, que l'ambassade soviétique avait ouvert ses portes à Madrid, avec un personnel de cent trente personnes. La démocratie espagnole avait tout juste un an et était encore fragile. Le terrorisme frémissait à Madrid mais bouillonnait au Pays basque où l'autonomie était encore une perspective lointaine. *L'E.T.A.-Milis* (qui venait de se séparer de l'E.T.A.-politico-milis) rejetait toute « solution politique » et optait pour la guerre de guérilla, inconditionnelle. La *Milis* venait juste de perdre ses inappréciables protecteurs chinois. Mao Tsé-Toung était mort l'automne précédent, la Bande des Quatre était en prison : toute l'organisation de soutien de la Chine Rouge aux formations de guérilla maoïstes dans le monde entier s'effondrait. La nature a horreur du vide et les Soviétiques vinrent aussitôt combler celui que le départ des Chinois avait créé en Espagne.

Cette année-là, l'*E.T.A.-Militar* se transforma. Par hasard, ou par coïncidence, l'I.R.A. provisoire changea en même temps, et de la même manière. Sa structure fut resserrée et modernisée, son personnel renouvelé, amélioré, ses objectifs de guerre prirent des dimensions continentales. Aucune information permettant de croire que le K.G.B. eût joué un rôle dans l'affaire ne fut communiquée à la presse ; un mois après l'ouverture de l'ambassade soviétique, les journaux espagnols se bornèrent à annoncer l'expulsion du premier agent. Puis, le 14 juillet 1978, un fonctionnaire du service de renseignements fut, à Saint-Jean-de-Luz, le témoin oculaire d'une rencontre entre Vitali Kovich, correspondant des *Izvestias* et agent du K.G.B. et Eugenie Echeveste, Arizgura, « Anchon », l'un des dirigeants de l'*E.T.A.-Militar*[268].

On avait déjà beaucoup parlé auparavant d'une pénétration possible de l'*E.T.A.-Militar* par le K.G.B. Deux journalistes basques particulièrement bien informés m'avaient raconté la même histoire : il s'agissait alors de quatre Basques, qui, ayant quitté l'E.T.A. en 1971, pour se rallier au parti communiste espagnol orthodoxe en exil, avaient été expédiés sans tarder à Cuba. Ces quatre-là n'avaient pas refait surface en Espagne jusqu'en 1976, après la mort de Franco et la formation d'*E.T.A.-Militar*. Un de mes informateurs était tombé sur le plus brillant d'entre eux — « Makaven » — à Saint-Jean-de-Luz après son retour. « C'était incroyable de voir tout ce qu'il avait appris à La Havane. J'en fus terriblement impressionné », me dit-il. Peu de temps après cette rencontre fortuite, « Makaven » fut affecté au commandement stratégique suprême des *Milis*.

Quoi qu'il en soit, le rendez-vous d'Anchon avec le K.G.B. n'était pas un racontar, mais un fait. La nouvelle fut publiée à la « une » dans les journaux espagnols et les Russes furent obligés de répondre. Une note du *Tass* qualifia tout bonnement le rapport de « fantaisiste », et l'Union soviétique condamna solennellement les « méthodes terroristes extrémistes » de l'*E.T.A.-Militar*. Cela se passait en février 1979. Exactement un mois plus tard (20 mars 1979), l'*E.T.A.-Militar* recevait une livraison de trois cents fusils d'assaut et de quinze bazookas.

Même si ce n'était que par la tangente les Soviétiques confirmaient ainsi eux-mêmes leur mainmise sur *E.T.A.-Militar*, . Quand le ministre des affaires étrangères espagnol se rendit à Moscou ce même mois de février, ses hôtes soviétiques lui proposèrent un échange : si l'Espagne s'engageait à ne pas faire partie de l'O.T.A.N., la Russie lui promettait de son côté de l'aider à combattre l'E.T.A. Sinon, non[269]. L'utilisation du terrorisme par la diplomatie soviétique s'est rarement manifestée plus clairement.

Une proposition du même ordre — quoique en sens inverse

— fut faite à Yasser Arafat quand il vint à Madrid la même année. Si les Palestiniens s'engageaient à ne pas aider l'E.T.A., le gouvernement espagnol promettait de reconnaître l'O.L.P. [270]. Les Anglais avaient fait la même proposition pour l'I.R.A. provisoire, mais, dans un cas comme dans l'autre, Arafat n'était guère en mesure de prendre un engagement de cette nature. L'aide palestinienne à l'E.T.A. ou à l'I.R.A. venait pour l'essentiel non d'Arafat mais de Georges Habash, qui ne partageait pas les rêves diplomatiques du premier. Une solution politique à un conflit terroriste, au Moyen-Orient ou ailleurs, était bien la dernière chose qu'eût souhaitée Habash.

Vers la fin des années soixante-dix, les Basques n'ignoraient pas qu'il était fait un mauvais usage de leurs louables sentiments ethniques. C'est d'eux-mêmes que je tiens ce que j'ai écrit ici. Et malgré cela, la fiction de pureté politique des *Ettaras* n'avait pas disparu. Plus les Basques que j'ai rencontrés étaient jeunes, plus ils voulaient y croire. Mais aucun n'avait une assurance aussi sérieuse que le prêtre sexagénaire qui veille depuis quelques années sur leur refuge privilégié dans le Sud de la France.

J'avais rencontré pour la dernière fois le père Lazarbal lors d'un voyage en Espagne du nord en 1979 ; j'étais venue de Saint-Sébastien pour le rencontrer. « Monsieur le curé », comme on l'appelle dans les coins les plus reculés du Pays basque — au nord et au sud —, me reçut dans le petit bureau glacial de sa modeste cure de Socoa. Il était là depuis trop longtemps pour croire encore à la presse étrangère. Ses manières étaient affables mais, derrière ses lunettes en demi-lune et sous son béret qu'il ne devait jamais quitter, ses yeux clairs, d'un bleu d'acier, étaient attentifs.

Il s'aperçut vite que l'ennemi était dans la place. S'il y avait une chose dont il était certain, commença-t-il, c'était que l'E.T.A. n'avait absolument rien à voir avec aucun groupe étranger, *terroriste* en particulier. « Nous ne sommes pas des terroristes. Nous sommes des libérateurs », me dit-il. Par ailleurs, je devais me rendre compte, quoiqu'ils puissent dire, que les *Etarras* n'étaient pas des marxistes. « Je trouve les jeunes *Etarras* plus à gauche, mais leur marxisme est superficiel ; chez eux le patriotisme prime toujours », poursuivit-il. Leur violence n'était pas destinée à effrayer qui que ce soit, mais il fallait bien qu'ils se défendent. « Si on ne se défend pas, on est écrasé. »

Et puis, après tout, ils étaient en guerre. « Le Pays basque — notre patrie — est occupé par l'étranger comme, pendant la guerre, la France l'était par les Allemands. Il s'agit d'une guerre, d'une guerre pareille à celle de 1940. Quand on est en guerre, on se bat. Oui ou non ? » demandait-il.

« Toute la vie est comme cela », poursuivit-il. « Tout, tout est une lutte, pour les animaux, les végétaux ou l'homme. Si on ne se bat pas, on détruit. Les plus faibles disparaissent. C'est une loi de la nature et de la chrétienté. Alors de quel côté êtes-vous ? »

Il dut avoir décidé que j'étais du mauvais côté et il me laissa tomber. « Je ne veux pas me laisser mener en bateau par de faux pacifistes ou des poules mouillées qui acceptent sans rechigner ce « faux mariage » entre le Pays basque et l'Espagne, ajouta encore cet homme de Dieu en me reconduisant. « Nous, Basques, nous avons un dicton : Il vaut mieux être le boucher que l'agneau. »

11

LA SOLUTION ISHUTIN

La dernière fois que je vis Carlo Fioroni, c'était vers la fin de 1978. Il était seul dans sa cage d'acier, dans une salle du palais de Justice de Milan, accusé d'avoir kidnappé et tué son meilleur ami. Les coaccusés, tous ex-condamnés et tous destinés à être reconnus coupables, étaient dans une cage séparée et lui battaient froid. Plus tard, dans la prison où il purgeait sa condamnation à vingt-sept années de détention criminelle, ses camarades avaient la même attitude. Placé sous surveillance spéciale, il s'aérait seul, et mangeait seul ses repas, préparés pour lui seul, par un inspecteur de police. Le fait qu'en 1980 il fût encore en vie semblait malgré tout surprenant. Sans doute n'y aurait-il plus dans toute l'Italie un homme dont la mort serait aussi ardemment souhaitée par la clandestinité terroriste.

Non seulement Fioroni connaissait — mais il incarnait — les secrets d'un haut commandement clandestin, dont le brillant planning amènerait en moins de dix ans l'Italie entière au bord de la guérilla. Il en était depuis le début : dans la cellule mère, dont la nombreuse progéniture pouvait se vanter d'avoir la responsabilité d'un attentat terroriste toutes les cent quatre-vingt-quatre minutes, quelque part dans le pays. Mais bien plus : il avait parlé.

Sa confession, faite en prison à la fin de 1979, mit à nu dix années de pieuse duperie. Elle révéla une alliance, habilement dissimulée, entre les tueurs terroristes et de vertueux gourous intellectuels. Elle dérangea l'alliance sordide de ces milieux avec le monde souterrain du crime : ententes à l'occasion de kidnappings ou de vols à main armée, dont le butin serait partagé en deux ; engagements d'assassins professionnels ayant appartenu à la Maffia ou à la Légion étrangère ; exécutions à main armée pour faire taire les témoins. Une ligne ininterrompue qui courait tout au long des années soixante-dix, commençant par la chasse à l'argent et aux armes, se terminant par une véritable fortune en dépôt dans des banques suisses et un arsenal d'armes soviétiques aussi complexes que le missile Sam 7 Strela — ce missile à tête chercheuse qu'un dispositif infrarouge dirige infailliblement sur un avion en vol et fait sauter.

Le tableau fourni par Fioroni constituait une révélation. C'était la première fois que l'on avait de telles informations sur un Parti armé moderne; or le parti armé italien représentait la forme d'art la plus raffinée. Nulle part ailleurs, une poignée d'étudiants de la génération de 68 n'avait travaillé aussi bien et aussi longtemps, et manqué si peu de transformer une mutinerie passagère en guerre civile de longue durée. Personne, ailleurs, n'avait fait un usage aussi habile des fautes et des qualités d'un pays : de sa dégradation politique et de ses généreux penchants démocratiques, de sa hantise du fascisme et de sa richesse en traditions radicales de gauche, de l'abîme grandissant entre la classe gouvernante et le peuple — le *pays politique* et le *pays réel*[1]. Il n'était pas question ici de manipuler des passions ethniques ou religieuses, couvertures, comme en Espagne ou en Irlande. En Italie, quand Fioroni parla, il s'agissait de stratégie à l'état pur, de préparation à une guerre de guérilla communiste élargie.

La confession confirmait ce que quelques magistrats italiens, harassés, ne cessaient de répéter depuis des mois à un public incrédule. En Italie, derrière la croissance apparemment spontanée du terrorisme, se trouvait une organisation savamment mise au point, qui, grâce à son fonctionnement bicéphale, pénétrait profondément le cœur même de la société.

Par un enchevêtrement de « collectifs autonomes » tant soit peu informes, tous d'extrême gauche, mais parfaitement légaux, une branche politique élaborait, à visage découvert, une propagande insurrectionnelle de masse. Une branche militaire, secrètement unie et secrètement dirigée, travaillait clandestinement à travers une jungle « interlope » de groupes terroristes petits et grands : B.R. (Brigades Rouges), P.L. (Première Ligne), N.A.P. (Noyau Armé Prolétarien), P.P. (Patrouilles Prolétariennes), P.F.R., U.C.C., F.C.C. et des centaines d'autres. Au sommet se trouvaient quelques intellectuels de l'Université, hautement admirés, et certaines vedettes du grand soulèvement de 1968. Tout cela s'appelait l'Organisation.

On n'a pas besoin de se demander longtemps d'où venait l'idée. Le premier modèle en avait été inventé il y a un siècle, en janvier 1866, en Russie tsariste, par un révolutionnaire de Moscou, Nicholas Ishutin. La branche politique devait, selon lui, faire au grand jour le travail terre à terre d'agitation et de propagande (dans les écoles, les bilbiothèques, les cercles intellectuels de province, les clubs sociaux). La branche secrète utilisait l'assassi-

1. En français dans le texte.

199

nat, le vol à main armée, le chantage... faisant entrer pour la première fois chez les libéraux russes les terroristes et les criminels de droit commun. Ishutin avait également appelé son appareil « L'Organisation ». Quant à la branche terroriste, il l'avait appelée en toute simplicité L'Enfer [271].

Ishutin, devenu complètement fou, mourut en Sibérie. Personnage effacé du folklore de la Révolution bolchevique, il ne devait pas refaire surface avant un demi-siècle. Et pourtant c'est lui qui avait répandu le ferment de la Révolution en Russie. C'est évidemment ce que L'Organisation avait dans l'idée pour l'Italie quand elle parlait de « la guerre civile de longue durée ».

Carlo Fioroni était là dès le début. Professeur de langues vivantes dans un lycée du nord de l'Italie, il avait vingt-six ans quand éclatèrent les tumultueuses manifestations estudiantines de 1968 auxquelles il prit une part active. Encore maintenant il semble assez jeune et assez réservé pour être appelé « Il Professorino » (le Petit Professeur). Petit, étroit de carrure, les épaules tombantes et le dos rond, il a le visage pincé d'un enfant précoce et la pâleur transparente d'un pénitent qui se donne la discipline. Le crime pour lequel il se trouve en prison était un acte de folie, dit-il lui-même maintenant. Et il ajoute : « Nous nous sommes trompés, sur tout, sur tout ! Reprenez-vous avant qu'il ne soit trop tard ! » crie-t-il du fond de sa cage à ses anciens camarades, qui, évidemment, ne partageaient pas son point de vue.

Comme tant d'autres, Fioroni se lança dans la politique de gauche avec *Potere Operaio* (Pouvoir ouvrier), plus connu en Italie sous le nom de *Potop*, « organisation révolutionnaire communiste » ; se situant à l'extrême limite de la légalité, *Potop* se trouvait à la gauche la plus extrême de toutes les formations déjà situées à la gauche du parti communiste italien ; elle servait d'aimant à toute la génération d'étudiants italiens dont l'objectif se résumait en deux mots : *Tout* et *Immédiatement*. A son zénith, en 1969, *Potop* comptait cinq mille membres, dont un sur cinq, seulement, détenait la « carte rouge » d'activiste ; et probablement pas plus d'un (ou une) de ces cinq — soit deux cents environ au total — n'avait l'étoffe d'un courageux conspirateur bolchevique. Sans être particulièrement représentatifs d'une génération, ils étaient — comme nous l'avons vu — précisément de ceux que Giangiacomo Feltrinelli recherchait. La cellule mère du terrorisme italien devait son développement à leur ardeur révolutionnaire ainsi qu'à l'argent et aux relations de « Giangi ».

Feltrinelli était en fait le seul Italien qui eût assez d'argent pour garantir les énormes dettes de *Potop*, auquel, vu ses relations d'intimité avec les dirigeants, il pouvait également emprunter des hommes, qui l'aideraient à constituer sa propre organisation

200

clandestine — le G.A.P. — la première bande terroriste armée d'Italie. En 1971, quand L'Organisation commençait tout juste à prendre secrètement forme au sein de *Potop*, Carlo Fioroni fut détaché auprès de Feltrinelli. « Fais ton possible, il peut rendre service », telles étaient les instructions qu'avait reçues Fioroni[272].

Le premier démêlé du *Professorino* avec la loi se produisit quelques mois plus tard, quand il fut pris avec de faux papiers d'identité fournis par son millionnaire de patron. Il avait, alors, dans sa poche, une lettre adressée à « Oswaldo », le nom de guerre encore confidentiel de Feltrinelli. Si la police avait saisi l'importance du document, elle aurait encore pu arrêter le désastre national qu'allait devenir le terrorisme pour l'Italie. Mais on classa la lettre, on l'oublia pendant huit ans et on relâcha Fioroni.

La lettre en question divulguait, dans le plus grand détail, les ahurissants projets militaires de L'Organisation. Sous le nom d'emprunt de « Oswaldo », Feltrinelli avait écrit à l'automne 1971 à un certain « Saetta » pour lui proposer de partager le commandement d'une Armée de libération nationale dans le nord de l'Italie. « Saetta » était en fait Franco Piperno, un des chefs les plus dynamiques et les plus passionnés de *Potop*. Il avait demandé au *Professorino* de porter lui-même sa réponse. La lettre, en date du 10 novembre 1971, confirmait son accord de principe sur les bases d'un double programme que « je considère, ajoutait-il, comme sérieux, et par-dessus tout urgent ». En prélude à l'instauration d'une unité de commandement à Milan, il proposait d'établir des « relations dialectiques » entre *Potop* et les terroristes armés du G.A.P. de Feltrinelli. De peur qu'on veuille « en faire des tueurs et non des chefs révolutionnaires » ses propres partisans ne devaient pas être considérés « comme des techniciens ». Il terminait sa lettre par un hommage à Oswaldo, qu'il représentait comme « un des rares révolutionnaires à avoir pris la bonne voie — le bon, l'unique chemin menant à la Révolution[273] ». (Feltrinelli mourut peu de temps après, emportant ses secrets dans la tombe. L'identité de « Saetta » et le texte de sa lettre demeurèrent inconnus jusqu'en 1979, époque où Fioroni passa aux aveux.)

Relâché ce jour-là (c'était en janvier 1972) par la police, Fioroni fût de nouveau arrêté et relâché, quelques semaines plus tard. Jamais, depuis Mussolini et ses *squadristi* fascistes, Milan n'avait connu de telles batailles de rues. Feltrinelli lui-même était au cœur de la mêlée, lançant des pierres dans les fenêtres du *Corriere della Sierra,* porte-parole des milieux conservateurs. Quant à Fioroni, il fut arrêté au moment où la police faisait une rafle dans la maison forte de Feltrinelli où — parmi une profusion de cocktails Molotov, d'explosifs, de massues d'acier et de talkies-walkies — avait été préparée et mise au point la coordination des émeutes.

Le corps mutilé de Feltrinelli fut découvert à peine soixante-douze heures plus tard, et le *Professorino* fut arrêté une fois de plus. Comme il avait lui-même assuré la Volkswagen que l'on retrouva sur les lieux, il était persuadé cette fois de ne pas échapper à la prison. Pourtant, un magistrat paternel le laissa partir. « Au quartier général de la police on me dit que vous êtes un révolutionnaire résolu, mais ne vous inquiétez pas », dit le magistrat, avec une bienveillance exceptionnelle pour l'époque, même si l'Italie se mettait encore résolument un bandeau sur les yeux. « Votre histoire est plausible. Vous pouvez partir. Mais vous n'allez quand même pas vous enfuir ; vous me le promettez ? » Le soir même, le *Professorino* disparaissait dans la clandestinité.

Trois années passèrent avant que Fioroni ne refît surface. En mai 1975, la police suisse le prit au moment où il remettait dans le circuit 100 000 dollars d'argent « chaud » (sa collaboratrice Petra Krause avait été arrêtée à Zurich au mois de mars). Elle assura par la suite que c'était Fioroni qui avait emprunté sa voiture pour l'affaire de l'incendie de dix millions de dollars à l'usine I.T.T. de Milan, et Fioroni le confirma. L'argent trouvé sur le *Professorino* au moment de son arrestation faisait partie d'une rançon près de dix fois plus importante, payée au début de ce même mois de mai par une riche famille de Milan : leur fils pris en otage ne revint jamais.

Il s'agissait de Carlo Saronio, un jeune ingénieur plein d'avenir, le meilleur ami du *Professorino*. Après la mort de Feltrinelli, c'était Saronio qui avait caché le fugitif dans l'élégante propriété de ses parents. Il lui avait donné 1 000 dollars et lui avait fait traverser sans encombres la frontière suisse ; il lui avait ensuite envoyé un prêtre « compréhensif » pour l'accompagner sur le chemin du retour. Et puis, au milieu d'avril 1975, le jeune ingénieur de vingt-six ans sortit dîner, et disparut.

L'arrestation de Carlo Fioroni, quelques semaines plus tard, amena celle d'une demi-douzaine d'autres spécialistes du kidnapping. C'étaient tous des durs avec des casiers judiciaires chargés. L'un appartenait à la terrible bande de Vallanzasca, coutumière des pires exactions, et opérant en liaison étroite avec les terroristes fascistes noirs. Un autre, un joli petit gros du nom de « Cicciobello », était un habitué du bloc. « Comment j'ai fait valser 1 million de lires sur un bateau après l'avoir chopé ? Eh bien, pàrce que je suis là pour voler, pas pour travailler comme un esclave dans une usine ; manger 1 million de lires ne m'empêche pas de digérer », dit-il au cours de son procès. Même Carlo Casirati, l'escroc « politisé » qui « coiffait » la bande, reconnut qu'il était parti pour le Venezuela, après une magnifique soirée d'adieux, emportant avec lui les 200 000 dollars qu'il avait été chargé de « blanchir ». « C'est à moi — à moi un forçat évadé, Monsieur le Président — que Fioroni avait demandé de changer l'argent », dit-il au juge étonné.

Casirati, qui n'avait pas envie de procéder lui-même à l'enlèvement de Carlo Saronio, avait envoyé un véritable expert, du nom de Giustino de Vuono. Chef de la Maffia et tueur à gages, de Vuono pouvait se targuer de l'inhabituelle gloire d'avoir été renvoyé de la Légion étrangère pour violence excessive. Redouté même de ses camarades gangsters pour sa froide cruauté, il fut plus tard accusé d'avoir aidé les Brigades Rouges à tuer Aldo Moro. (Au moment où j'écris, la police ne l'a pas encore arrêté mais elle a trouvé, après l'enlèvement de Saronio, un reçu de 60 000 dollars, signé de la main de Vuono, et trouvé dans une cache des Brigades Rouges [274].)

Au procès, on apprit que Saronio avait été kidnappé après le dîner et étouffé — accidentellement — par une trop forte dose de chloroforme. La bande l'avait enterré dans un terrain vague de banlieue et avait demandé une rançon de 8 000 000 de dollars. (Ils finirent par accepter un paiement comptant de 800 000 dollars.) La police ne retrouva le squelette de Saronio que quatre ans plus tard, quand, en prison, Casirati accepta de leur donner une indication sommaire : une boîte de poivre blanc placée près du crâne afin de brouiller la piste et de tromper les chiens.

Au tribunal, Carlo Fioroni assuma toutes les responsabilités. « En tant que communiste, je m'accuse d'avoir organisé l'enlèvement », dit-il au juge. Il l'avait fait pour procurer de l'argent à ceux qui travaillaient à rendre effective la défense logistique de Mouvement Armé. A l'époque, cela sonnait étrangement aux oreilles du public italien. Même à l'automne de 1978, au moment de la déposition de Fioroni, l'Italien moyen n'avait pas la moindre idée de ce que pouvait être le mouvement armé, et encore moins des méthodes qu'il employait pour se procurer de l'argent. Les seuls mouvements armés qu'il connaissait étaient des groupes ouvertement terroristes comme les Brigades Rouges, et il pensait que c'était de cela que Fioroni voulait parler. Mais ce dernier faisait allusion à quelque chose qui ressemblait davantage à un labyrinthe.

« Quand je parle de " Mouvement armé ", je pense à *tout ce qui porte des armes, à toute la zone armée,* écrivit-il dans une lettre imaginaire à Saronio, son ami assassiné. (Lettre qu'il communiqua à la presse.) Parce que Eux — mêmes Eux, les Brigades Rouges — ont recours au parti quand ils ont besoin de ceci ou de cela, ou encore d'un endroit où se relaxer quand leurs nerfs sont à bout [275]. »

Quel parti ? Quelle zone armée ? Le *Professorino* ne le disait pas, mais il sous-entendait que la victime était au courant de tout. Il paraissait suggérer, en vérité, que Saronio avait collaboré à son propre kidnapping, pas consciemment peut-être, mais « objectivement ». Dans cette lettre insolite, il les décrivait tous deux, dans le jardin des Saronio, à la campagne, discutant à fond la question. « Nous en avions parlé. — Tu n'aurais pas eu le courage de couper le cordon ombilical, lui disais-je (autrement dit d'extorquer une fortune à tes propres parents). Mais tu pourrais contribuer objectivement à une opération que tu n'accepterais pas subjectivement — le jour où je t'aurai dit la vérité, tu comprendras. »

En dehors de cela, Fioroni ne voulut rien dire à la Cour sur l'atroce énigme » de la mort de Saronio. Et pourtant, visiblement, il mourait d'envie d'en dire davantage. Aucun châtiment ne pouvait être plus atroce que le terrible sentiment de culpabilité qui le rongeait pour « avoir trahi l'ami qu'il aimait tant », dit-il au juge. Il parla du « délire collectif » qui avait rendu la trahison possible, de la fascination contagieuse « de la clandestinité et de la lutte armée », à l'époque du crime (1975). « Nous vivions dans un monde où les déclarations les plus démentielles pouvaient tenir lieu de doctrine, où les criminels de droit commun pouvaient être considérés comme une force révolutionnaire, où un combat *pour* nos camarades pouvait devenir un combat *contre* nos camarades... » Il espérait que là-bas quelqu'un l'écouterait, dit-il en conclusion.

Les bandits qui comparaissaient devant la Cour en même temps que le *Professorino* ne lui adressaient pas la parole. Ce qui ne les empêcha pas de confirmer ses allusions voilées. Le néo-fasciste avoua que « les politiciens d'extrême gauche », qui avaient monté l'enlèvement, lui avaient aussi suggéré de « piquer » quelques peintures de la Renaissance d'une valeur de 1 million de dollars [276]. Casirati, le « voleur honnête », jura qu'il avait assisté à une « réunion politique » au cours de laquelle les participants avaient estimé que Saronio était la personne pour laquelle on pourrait exiger la rançon la plus forte. Pendant plus d'un an avant l'enlèvement de Saronio, Casirati avait appartenu au groupe de Fioroni : son rôle était d'entraîner d'autres fripouilles du même acabit à ce genre de travail. Ce n'était pas un malheureux petit *grupetto,* mais un gros *gruppone* florissant. Si la Cour voulait vraiment connaître la vérité, « d'autres personnes pourraient se trouver au banc des prévenus, dont les noms feraient un sacré bruit ! » dit-il. « Alors vous n'auriez plus à croire ce menteur paranoïaque et frustré de Fioroni », ajouta notre honnête voleur qui avait déjà fait trois séjours dans une clinique psychiatrique. [277].

Les noms des autres intéressés ne demeurèrent pas longtemps confidentiels. La rumeur avait déjà commencé à courir quand le *Professorino* fit sa sensationnelle confession.

La vérité sur Saronio vint avec le reste, découvrant, sous terre, un monde de conspirateurs dostoïevskiens. Le jeune et riche ingénieur Saronio avait lui aussi été un militant communiste, appartenant au groupe secret du *Professorino,* lui-même proche du sommet le plus élevé de l'Organisation. Le jour convenu, quelques-uns des séduisants et sympathiques chefs de l'Organisation avaient invité Saronio à dîner, après quoi ils l'avaient livré à ceux qui étaient chargés de l'enlever [278]. Quand s'était posée la question de l'argent, Saronio avait lui-même suggéré deux candidats à l'enlèvement, plus riches encore, qui habitaient la porte à côté. Mais ses supérieurs de l'Organisation considéraient leur élégant camarade comme un risque préférable. Ils ne le lui dirent bien sûr jamais, même s'ils pensaient qu'il finirait par le comprendre. Dans le compromis qu'ils firent pour cet enlèvement, les bandits professionnels devaient récolter les neuf dixièmes des 8 millions de dollars de la rançon. Mais une fois que Saronio aurait vu les affreux visages de ses ravisseurs — *Cicciobello,* par exemple, ou l'ex-légionnaire de Vuono — il n'était pas question qu'ils le laissent partir vivant.

Peu après la disparition de Saronio, un autre jeune militant communiste, du nom d'Alceste Campanile, fut tué d'une balle dans la nuque — procédé en vérité classique pour une exécution révolutionnaire. L'extrême gauche rejeta immédiatement sur l'extrême droite la responsabilité de l'exécution. Mais son père se battit farouchement pour prouver qu'Alceste avait été tué par ses propres camarades « fascistes rouges » — lui-même en savait trop sur l'affaire Saronio. Il apparut en effet qu'Alceste avait vu une partie de l'argent de la rançon et que, de peur qu'il ne devinât le reste, on l'avait réduit au silence [279].

Une mort comme celle-là, qui rappelait de façon sinistre l'époque de la Maffia, n'était pas exceptionnelle : un autre militant communiste avait été trouvé décapité sur une voie de chemin de fer ; il s'agissait d'une fille, membre du même mouvement, qui avait été tuée d'une balle en plein cœur dans un champ abandonné, près de Rome ; près de Milan, un jeune du groupe avait été enlevé par ses camarades et exécuté. Toutes ces morts furent considérées comme des suicides et le public qui ne savait rien de la terrifiante Organisation accepta l'explication sans protester.

L'angoisse provoquée par le secret dont il était le détenteur fut sans aucun doute ce qui poussa finalement Carlo Fioroni à parler. Il se trouvait moralement obligé de dire la vérité sur « ceux qui n'étaient plus des « camarades dévoyés », mais des « délinquants politiques ».

Sa confession en fit le Joe Valachi de la clandestinité révolutionnaire italienne. Il fournit des noms de terroristes (cent cinquante pour commencer), des noms de lieux, des dates, dont certaines purent être vérifiées sur-le-champ et dont d'autres devinrent de plus en plus évidentes au fur et à mesure que les morceaux du puzzle se mettaient en place. Le public fut d'autant plus impressionné qu'une grande partie de ce que disait Fioroni était déjà connu en haut lieu. Des personnages clés de l'Organisation avaient été arrêtés et relâchés on ne savait combien de fois. Des preuves criantes recueillies au cours de centaines d'interrogatoires et de procès se trouvaient confirmées de tous côtés par les archives officielles. L'Organisation elle-même avait fait paraître ses plans, dans des publications en vente dans toutes les librairies de gauche.

« Un scepticisme général du public, une tendance perverse à montrer plus de compréhension pour celui qui exprime la violence que pour la victime de la violence, la crainte que les sanctions que peut infliger le pouvoir judiciaire ne portent atteinte aux droits inviolables des citoyens ainsi qu'aux valeurs fondamentales de la vie démocratique... Tout cela contribuait évidemment à provoquer une réaction quelque peu floue, écrivit le juge Achille Gallucci qui dirigeait les débats. La stratégie de la subversion se développait sous les yeux de tous... se fondant... sur la tolérance du système qu'elle avait pour objectif de saper [280]. »

Les Brigades Rouges n'étaient que la partie visible de l'iceberg. Depuis des années elles figuraient à la première page des journaux, avec leurs groupes de jeunes gens et de jeunes filles distingués et souriants, déchargeant leurs Skorpions et leurs Kalashnikovs dans les genoux, les cœurs, les visages, les têtes et les dos des avocats, des juges, des journalistes, des politiciens, des directeurs d'usine, des contremaîtres et des policiers, tous désarmés à l'exception de ces derniers. Mais ce n'est plus un problème à l'heure actuelle de descendre quelqu'un et de disparaître dans la nature une fois qu'on a compris le système.

Ce qui est important c'est ce qui précède et ce qui suit : l'argent, les armes, l'entraînement, la documentation, la préparation, la sécurité, les abris assurés dans le pays et à l'étranger, la tolérance populaire, la collusion politique. Aucun mouvement terroriste clandestin ne peut survivre longtemps sans une protection qui couvre l'ensemble de l'opération. Faute d'avoir une telle couverture, les terroristes allemands ne purent durer une décennie. Les Italiens pouvaient, à cet égard, compter sur l'appui de toute une société.

Ils l'avaient appelée la Zone autonome. Elle était assez vaste pour les couvrir tous : les Brigades Rouges, la non moins meurtrière Première Ligne, la Cellule prolétarienne armée, les deux cents bandes armées « souterraines » qui changeaient de nom tous les huit jours afin de donner l'impression d'une armée de guérilla avançant implacablement.

Bien que ce fût le parti communiste qui assumât le plus généralement la tâche d'insuffler des idées de gauche aux travailleurs, il ne pouvait en faire des révolutionnaires : à Yalta, Staline avait mis bon ordre à cela. Fatalement, les chefs du Parti s'orientaient vers une politique de participation aux gouvernements, arrangement qualifié depuis 1973 de « compromis historique ». L'idée était séduisante pour les classes moyennes — en 1976, 34 % des électeurs votaient communiste » — mais la « piétaille » du Parti n'était pas heureuse. Un membre du Parti sur trois, estime-t-on, n'avait jamais abandonné en son for intérieur l'espoir d'une violente révolution marxiste. (En 1980, on les appelait les « Afghans », en raison de leur approbation opiniâtre de l'invasion de l'Afghanistan par les Soviétiques, que les dirigeants du Parti avaient cependant condamnée.) En fait, cela leur permettait de prolonger indéfiniment leur parti sur la gauche.

Pour les marxistes, déjà si fortement axés à gauche, l'espoir de « récupérer » cette énorme force communiste ouvrait d'éblouissantes perspectives. Les Brigades Rouges considéraient en toute simplicité que la destruction du régime démocrate-chrétien n'était qu'un « stage intermédiaire », une « prémisse inévitable » au « tournant historique » qui amènerait — ou ramènerait — le parti communiste à sa mission révolutionnaire classique [281]. Le véritable ennemi, pour les Brigades, ce n'était pas le parti démocrate-chrétien, mais bien Enrico Berlinguer, secrétaire général du Parti, et ses « Berlingueriani » dont la fringale de portefeuilles ministériels constituait une véritable trahison de la classe ouvrière.

Toute progression du Parti dans sa marche entêtée au pouvoir gouvernemental élargissait par voie de conséquence l'espace vide à gauche, lequel, par une manœuvre habile, devenait ainsi le domaine immense et privilégié des forces terroristes italiennes.

Le cerveau subtil qui se tenait derrière cette opération, dit Carlo Fioroni, était celui d'Antonio Negri, célèbre professeur de science politique à l'université de Padoue. Dans l'affaire Aldo Moro, il fut le symbole même de la stratégie des Brigades Rouges. Du fait de son autorité exceptionnelle sur le parti démocrate-chrétien majoritaire qu'il présidait, Moro était le seul homme politique capable de faire entrer pour la première fois officiellement, dans un gouvernement démocrate-chrétien, le parti communiste italien — devenu le Parti « berlinguérien ». Après deux mois de négociations extrêmement compliquées au début de 1978, les démocrates-chrétiens avaient en fait formé un gouvernement assuré du soutien officiel du parti communiste. Il devait se présenter devant le Parlement pour solliciter un vote de confiance le matin même du jour où Moro fut enlevé. Ce dernier se rendait à la Chambre des Députés pour prendre part au débat, quand des commandos des Brigades Rouges bloquèrent sa voiture dans une des artères les plus passantes de Rome, abattirent ses cinq gardes du corps et l'embarquèrent dans un camion qui, immédiatement, disparut dans la circulation. En dépit d'une chasse à l'homme désespérée à travers tout le pays, la cache des Brigades Rouges ne fut jamais découverte. Cinquante-cinq jours plus tard, le cadavre criblé de balles d'Aldo Moro fut retrouvé dans le coffre d'une voiture volée, à mi-chemin entre le quartier général des communistes et celui des démocrates-chrétiens. On aurait difficilement pu laisser un message plus clair. Moro, architecte de la toute nouvelle grande alliance catholico-communiste, avait été exécuté pour avoir tenté de détourner le parti communiste italien de sa voie révolutionnaire classique. Ce jour chargé d'émotions diverses du mois de mars 1978, la Grande Alliance remporta un vote de confiance au Parlement et cependant son avenir était d'ores et déjà scellé. Un an plus tard, elle tombait en pièces. D'un point de vue historique, le choix judicieux de la victime et du moment, valut aux Brigades Rouges une victoire aux proportions grandioses.

« Toni », comme l'appelaient ses millions d'ardents disciples, s'était acquis une gloire à l'échelle européenne ; il était devenu le « cerveau » reconnu d'un monstre protéiforme composé de cellules aux noms sonores : Autonomie organisée, Autonomie ouvrière, Autonomie armée, Autonomie des travailleurs armés, ou tout simplement Autonomie ; et il était déjà en prison avec dans son dossier sept chefs d'accusation, tous en rapport avec la subversion armée : son arrestation le 7 avril 1979, avec vingt de ses collaborateurs, avait traumatisé la nouvelle gauche, d'un bout de l'Europe à l'autre.

Accusés de subversion comme lui, se trouvaient quelques-uns

des plus grands noms de la génération de 1968 : Franco Piperno (« Saetta »), Oreste Scalzone, Luciano Ferrari-Bravo. Tous avaient été marxistes révolutionnaires depuis l'adolescence et avaient occupé des postes de direction à *Potere Operaio* (maintenant disparu), mais aucun n'avait jamais été vu en possession d'une arme. Cultivés, séduisants, ardents, implacablement voués à la destruction du capitalisme, ils étaient tous des porte-parole intelligents et convaincus de la nouvelle gauche. Grand, efflanqué, comme traversé par un courant électrique, pourvu d'une voix haut perchée, et bégayant presque tant sa parole avait du mal à suivre sa pensée, Toni Negri était le seul pour lequel ils avaient du respect.

Au moment de son arrestation, Negri était une institution anti-institutionnelle à l'université de Padoue, aussi bien qu'à Paris où il avait été invité à donner des cours à la Sorbonne. Ses nombreux ouvrages, écrits d'après l'historien anglais de gauche Eric Hobsbawn « dans une sorte de style sténographique intellectuel, impénétrable », étaient des plus à la mode dans les cercles de la gauche européenne. Ses livres sur *Marx au-delà de Marx,* ses conférences sur le *Gundrisse* de Marx, ses théories sur le communisme en tant que « non-travail et projet subjectif-collectif-prolétarien à l'effet de supprimer l'exploitation » étaient la Bible et les Evangiles de son cercle d'admirateurs. Alors que son ami et bienfaiteur Giangi Feltrinelli rêvait d'être le Castro de l'Europe, Toni Negri, en toute simplicité, se considérait quant à lui un peu comme son Lénine.

Il ne cachait pas sa foi en l'insurrection armée, et plus elle serait violente, mieux cela vaudrait. « La violence est l'affirmation première, immédiate, vigoureuse, de la nécessité du communisme », écrivit-il dans *Marx au-delà de Marx.* « Un animal vigoureux, féroce avec ses ennemis, sauvage dans sa propre analyse et dans ses passions, voilà comme nous aimons nous imaginer la constitution d'une dictature communiste », écrivit-il en 1978, dans *Dominion and Sabotage*[282].

Jusqu'à son arrestation, il ne se refusait pas au plaisir de reconnaître qu'il était terroriste. En privé, il ne s'en cachait pas. (« C'est peut-être pour cela que je pense être un terroriste », écrivit-il dans une lettre qui fut plus tard confisquée[283].) En public, il y faisait allusion de manière plus elliptique, avec une sorte d'excitation sexuelle ; « Rien ne montre plus clairement l'énorme valeur historique de l'auto-valorisation de l'ouvrier que ce rôle de tireur, de saboteur, de déviationniste, de criminel que je me vois jouer en ce moment », écrivit-il dans *Dominion and Sabotage.* Chaque fois que j'enfile mon passe-montagne, je sens monter en moi la flamme du prolétariat et le risque éventuel que j'encours ne m'offusque pas : au contraire, il m'emplit d'une émotion fébrile comme si j'attendais une maîtresse [284]. »

Il ne s'agissait toutefois là que d'une opinion, déclarait-il, ce qui ne pouvait constituer un délit dans un des pays les plus libres de l'Ouest. Etait-il possible que cet intellectuel célèbre fût poursuivi pour ses opinions ? Etait-il simplement un penseur, un rêveur ou bien au contraire un participant ? Carlo Fioroni, qui assista à la naissance de l'Organisation, assure qu'il était l'un et l'autre. Toni Negri s'exprimait de manière si délicieusement raffinée qu'on en arrivait à ne pas comprendre ce qu'il avait voulu dire. Il semblait toutefois qu'il était à peu près d'accord avec Fioroni.

Le jugement n'a pas encore été rendu au moment où j'écris ces lignes, et je ne peux par conséquent me prononcer sur la culpabilité de Negri ou sur son innocence. Ce qui suit est le plus souvent pris dans la documentation réunie par l'accusation et dans le volume de trois cent cinquante pages publié par le Comité du 7 avril pour la défense.

C'est le 26 septembre 1971, dans une petite pièce sur cour, à Rome, que naquit l'Organisation. Devant la maison, les délégués du congrès *Potop* hurlaient d'une voix éraillée leurs imprécations contre le capitalisme impérialiste. Mais *Potere Operaio,* dont le nombre d'adhérents n'avait d'ailleurs jamais dépassé 0,5 p. 100 de celui des étudiants italiens, *Potop* était en perte de vitesse. L'Italie succombait sous le poids de ses troubles sociaux et politiques, qui s'étaient plutôt aggravés depuis la révolte des étudiants de 1968. Après deux ou trois années de *contestazione,* des contestataires de plus en plus nombreux choisissaient un des vingt partis de gauche ou abandonnaient la politique. Pendant qu'à *Potop* la foule braillait ses slogans, quelques esprits plus pondérés se réunirent en secret pour examiner à tête reposée la solution Ishutin.

Peu de délégués avaient entendu parlé d'Ishutin et de son Organisation, non plus que de son idée personnelle de l'Enfer, et aucune majorité n'aurait pu être convaincue de voter pour cette dernière, même à *Potop.* Mais les délégués ne furent pas mis au courant de cet « enfer », ni de ses diables terroristes. On leur demandait simplement de faire de *Potere Operaio* le « parti de l'insurrection », dont l'objectif principal serait l'agitation et la propagande. Un jour, leur fit-on savoir de la pièce sur cour, *Potop* deviendrait le « parti armé »... « L'un était étroitement fonction de l'autre, comme Jésus-Christ l'était du Père, et le Saint-Esprit de tous les deux », déclara Toni Negri.

Toutefois, « encore qu'absolument indispensable à la crédibilité du mouvement, la thématique de sa militarisation devrait attendre que les masses fussent prêtes », ajouta-t-il [285].

Prêtes ou non, les masses devraient donner un bon coup. Le conseil restreint entourant Toni Negri au Congrès du *Potop* — Piperno, Scalzone et quelques autres parmi ceux qu'on allait arrêter huit ans plus tard, et finalement Carlo Fioroni lui-même — avait décidé que la « militarisation » devait commencer immédiatement. « Nous aurons à subir la violence et mieux vaut que nous préparions dès à présent notre réaction », dit un des futurs accusés (Marion Dalmaviva). « Le problème de la militarisation doit être résolu dès maintenant », dit un autre (Emilio Vesce, futur éditeur des *Contro Informazione* des Brigades Rouges) [286]. « Expliquer ne suffit pas, camarades. Nous nous prononçons pour la militarisation et la prise de pouvoir », dit Piperno. « Le thème de l'expropriation... et celui de la militarisation sont absolument liés », dit Negri lui-même [287]. Tout fut enregistré sur bandes.

On peut se faire une idée de ce qui se passa réellement au congrès du *Potop* grâce à un auto-interview des Brigades Rouges effectué quelques semaines après la fin du congrès (et confisqué dans une de leurs maisons fortes en 1979). « La transformation de l'avant-garde politique en avant-garde *politico-militaire* a déjà commencé, dit le document. De fait, nous pouvons d'ores et déjà réaliser l'unité des forces révolutionnaires, l'organisation prolétarienne armée [288]. »

Sans pour autant en avoir dit un mot aux délégués, le comité directeur de *Potop* avait mis sur pied une antenne armée. Deux mois plus tard, (sous le nom de « Saetta ») Franco Piperno écrivait à Feltrinelli, confirmant son accord au sujet d'un commandement militaire clandestin unique dans le Nord. Le premier commandant militaire du secteur du « Travail illégal » de *Potop,* comme on l'appelait, était Valerio Morucci, qui fut ultérieurement promu commandant de la colonne romaine des Brigades Rouges. (Il fut arrêté en 1979, ce qui permit de retrouver le Skorpion qui avait tué Moro.) Après avoir changé plusieurs fois de nom, le « Secteur du Travail Illégal » trouva en 1976 son nom définitif : « La Prima linea »... une ligne meurtrière [289].

Potere Operaio ne fit pas long feu. Au fur et à mesure que la vision de l'enfer devenait plus ardente, la plus grande partie de ses derniers membres décida de s'éclipser. L'association fut dissoute en 1973. Dans l'intervalle, l'Organisation avait mis sur pied une nouvelle antenne, mais politique : les Jeunes collectifs autonomes, ainsi qu'une milice secrète de cadets terroristes. Aucune de ces bandes de terroristes en herbe n'avait encore fait grand-chose, pas plus d'ailleurs que les Brigades Rouges elles-mêmes. Aucun Italien n'avait encore eu la rotule fendue, et la première exécution

211

politique en Italie ne devait pas avoir lieu avant une bonne année. Evidemment, la majorité des travailleurs italiens n'était pas encore prête à s'insurger. Toujours d'après Negri, les Autonomistes devaient être la « locomotive » des masses.

Avant même la fin de *Potop,* le programme marxiste d'agitation et de propagande des Autonomistes avait été secrètement mis au point. Il mêlait les exigences normales des travailleurs — logement, travail, salaires plus élevés, charges diminuées — aux idées les plus insensées : « travail zéro », absentéisme, sabotage industriel, « passage à tabac des adversaires politiques », « déstabilisation des écoles », participation d' « équipes d'ordre public » munies de P.38 aux manifestations de rues, « expropriations prolétariennes » (comme dans les hold-up de supermarchés). La liste complète, finalement exécutée à la lettre, fut découverte par la police dès 1972 [290]. On la classa, et puis on l'oublia.

Avec ses brillants penseurs de la nouvelle gauche, ses savants séminaires, ses grandes conférences internationales, ses librairies de contre-culture, et sa chaîne de stations de radio privées, un tel programme ne pouvait manquer d'avoir un pouvoir d'attraction considérable. Des milliers de radicaux italiens (jusqu'à 200 000 peut-être) se laissèrent séduire par une Zone autonome où ils pouvaient pratiquer « l'illégalité prolétarienne », juste assez pour faire peur à l'Etat, mais pas assez pour être considérés comme des criminels, ou des hors-la-loi... du moins c'est ce qu'ils pensaient.

Et cependant, peu à peu, ils devenaient de vrais criminels, passant insensiblement d'un accord anodin à une complicité coupable, au fur et à mesure que les formations terroristes se fixaient des objectifs plus violents.

Quel mal pouvait-il y avoir en 1971 ou en 1972 à prélever une petite rançon par-ci par-là ou à déposer une bombe ou deux d'un côté ou d'un autre ? Qui pouvait en vouloir aux gens qui séquestraient un patron d'usine, le temps de lui attacher autour du cou une pancarte portant : « *Mords et pars... Un de puni, cent d'avertis* » ? Etait-il si méchant de kidnapper un directeur de compagnie et de publier sa photographie, un canon de pistolet sur la tempe ?

Les masses étaient noyautées avant même d'avoir pu s'en rendre compte. Les mêmes petits gars, qui étaient si gentils et si doux, se mirent à faire prisonniers et à interroger les « Prisonniers du Peuple », à tuer un juge important, à briser les rotules d'un éditeur résistant, à enlever et à exécuter le plus grand homme d'Etat italien, à « tirer dans le tas » à droite et à gauche et à se lancer en masse à l'assaut d'un institut de directeurs, prenant cent dix d'entre eux en otages et en mitraillant dix à la fois.

Si l'affaire Moro avait été menée par les Brigades Rouges,

cette dernière opération fut exécutée par la Première Ligne. La stratégie était différente. Les Brigades Rouges étaient une organisation militaire, réservée à l'élite, qui opérait indépendamment des masses, tandis que le terrorisme de la Première Ligne était supposé émaner de la volonté du peuple. Parlant après son arrestation de « son refus profond, complet, raisonné, de la lutte armée sous toutes ses formes [291] », Negri faisait cependant une distinction entre les deux.

Désavouant à l'occasion les Brigades Rouges, il ne désapprouva jamais la Première Ligne. (Quand sept travailleurs armés de la Première Ligne furent arrêtés, l'Autonomie ouvrière les défendit avec acharnement, disant qu'il s'agissait de « camarades tombés entre les mains de l'ennemi [292] ».) « Ce qu'il faut combattre chez les terroristes, ce n'est certainement pas l'usage qu'ils font de la violence », déclara Negri, et il exprimait sa pensée de la manière suivante, qui est caractéristique de son style : « L'aspect du terrorisme qu'il convient de combattre est la volonté pragmatique qui n'établit plus de rapport organique entre l'objectivité du pouvoir ouvrier et la subjectivité de l'usage de la violence [293]. »

En dépit de leurs divergences de vues, Renato Curcio (des Brigades Rouges) et Toni Negri (de l'Autonomie) se rencontrèrent plusieurs fois, en secret, pour mettre au point les étapes de l'escalade de la violence. (Fioroni y assistait et plusieurs autres témoins le confirmèrent [294].) Le dernier entretien dont Fioroni fut informé eut lieu dans l'été 1974, quand les deux chefs discutèrent du bond en avant de l'insurrection armée auquel ils s'attendaient pour l'automne [295]. (C'était l'époque où Petra Krause et Sergio Spazzali procuraient au service de livraison suisse quarante-deux terribles mines antichars pour leurs camarades italiens d'extrême gauche.)

Le résultat de ces entretiens fut très fidèlement publié dans *Contro Informazione* des Brigades Rouges, parrainé par Negri lui-même, et par *Rosso,* de l'Autonomie [296].

La stratégie fondamentale des deux mouvements fut exposée dans des douzaines de documents secrets, cachés par Negri et ses associés et saisis en 1979. Un grand nombre d'entre eux étaient écrits de la main même de Negri et précisaient son objectif final qui était de « détruire la démocratie et d'établir une dictature du prolétariat » en « dirigeant le programme de l'Autonomie vers un développement irréversible en profondeur et une extension énorme de la guerre civile [297] ».

Cette stratégie remporta un succès énorme. Dans l'atmosphère détendue d'une Zone autonome voisine de celle des terroristes, un tueur de la Brigade Rouge ou de la Première Ligne pouvait facilement être représenté comme un camarade révolutionnaire honnête, même s'il lui arrivait parfois de faire fausse route.

Rosso — de l'Autonomie — qualifia jusqu'en 1977 d'actes terroristes « corrects » les attaques contre les carabiniers, les juges, Les Quartiers généraux de la Démocratie Chrétienne ou du Mouvement social italien (M.S.I.) néo-fasciste, ainsi que les expropriations populaires et les passages à tabac de professeurs de l'Université... lesquels contribuaient à constituer « le catalyseur de l'énergie subjective du mouvement » — il y incluait aussi la bataille héroïque des camarades de l'avant-garde des Brigades Rouges[298]. Mais d'un autre côté, l'exécution d'Aldo Moro était une erreur selon lui.

Sept ou huit années de ce genre d'activités non seulement légitimaient les terroristes italiens, mais les autorisaient à adopter la règle de la Maffia : l'*omerta,* la conspiration du silence. Pratiquement tous les intellectuels de la nation et un nombre considérable de citoyens parfaitement honorables devinrent les complices involontaires des terroristes. Des gens civilisés, qui croient au socialisme, ne trahissent pas un camarade honnête, aussi égaré soit-il.

L'antenne militaire secrète de l'Organisation pouvait ainsi s'épanouir comme une plante en serre. D'abord avec Feltrinelli et jusqu'à sa mort en 1972, puis avec Carlo Fioroni. En qualité de chef du mouvement clandestin du *Potop* pour le nord de l'Italie, celui-ci avait été le témoin de tout ; il était là quand Feltrinelli n'avait pas encore une maison forte bien à lui, quand le G.A.P. avait procuré aux Brigades Rouges les premiers cinquante kilos de dynamite, quand la Section ouvrière illégale du *Potop* l'avait envoyé, lui Fioroni, supplier Renato Curcio de leur donner quelques fusils. Des années de croissance fantastique.

La première étape importante du développement de l'Organisation fut son entrée dans le circuit international. Vers 1971, Feltrinelli, qui connaissait le monde entier, et qui savait honorer les factures, inaugurait tout juste le circuit européen. A sa propre « Centrale » de Zurich succéda donc, dans la même ville, le « Bureau international » du *Potop* qui, à son tour, devait devenir un secrétariat pour la coordination internationale[299]. De son quartier général, installé dans la librairie de l'Eco-Libro, le secrétariat mit sur pied un « projet européen », chargé de porter la solution Ishutin à l'échelle européenne : « organiser... les deux forces de la violence armée, d'un côté la violence des masses et de l'autre... la terreur rouge », pour citer Toni Negri. Un branchement allait jusqu'au Moyen-Orient, où vingt-quatre terroristes multinationaux furent arrêtés en 1978, alors qu'ils essayaient de compromettre les premiers pourparlers de paix entre l'Egypte et Israël[300].

Quand les Cours italiennes se mirent à démêler tout cet écheveau, l'Organisation était déjà « en rapports étroits et suivis » avec la Bande à Baader, l'I.R.A., l'E.T.A. basque, la clandestinité française d'extrême gauche, toutes les formations terroristes palestiniennes, ainsi que les Tupamaros exilés[301]. Tous ceux-ci, ainsi que quatre ou cinq autres groupes armés (y compris les Panthères noires), tinrent leur première réunion au sommet, à Florence, en octobre 1971[302].

Toni Negri était l'orateur vedette de cette réunion Feltrinelli-*Potop* à l'Institut jésuite Stensen[303]. Durant toute la première journée, Seamus Costello, de l'I.R.A., exposa aux délégués les tactiques de la guérilla urbaine et l'organisation du sabotage. Le jour suivant fut consacré aux fournitures d'armes et aux rapports entre organisations diverses. Depuis, de Beyrouth à Tripoli, et de Dublin à Belgrade, ont lieu des sommets réguliers, toujours déniés, d'ailleurs, par les gouvernements concernés.

Le circuit international n'était pas, ou pas seulement, la manifestation d'une libido révolutionnaire romantique. C'était une nécessité absolue. Et d'abord parce que tous les groupes armés d'Europe avaient besoin d'un endroit où pouvoir se cacher. A cet effet, les Italiens avaient « maison ouverte » pour les fugitifs de tout le continent — l'Allemagne en particulier — et on leur rendait la politesse. Feltrinelli faisait de même dans sa villa de Prague, de même d'ailleurs qu'Henri Curiel, à Paris, qui avait toujours deux refuges prêts pour les Italiens. L'Organisation entretenait des bases logistiques parfaitement équipées et approvisionnées par les Italiens, que ce soit en Suisse, en Allemagne ou en France (où, en 1978, Toni Negri avait songé à établir un téléphone rouge[304]. Les Palestiniens pouvaient demander asile à tous les Européens du circuit et vice versa.

Ce circuit était également indispensable pour les armes, surtout à l'époque où tout le monde partait de zéro. En ce temps-là, surtout à partir du moment où Petra Krause l'avait pris en main, le service d'approvisionnement des anarchistes suisses avait été inappréciable. Parce qu'un jour la marchandise à se procurer était spécialement dangereuse, le *Professorino* lui-même fut envoyé à Zurich. Valerio Morucci — le commandant national du Service du Travail illégal de *Potop* — y alla aussi[305]. Roberto Mander, qui avait aidé le service suisse à démarrer en 1971, y fit également de fréquentes visites pour son collectif autonome de Rome[306]. Tous passaient leur temps à se faire arrêter... et à être relâchés.

Cependant personne ne semblait se soucier de l'Organisation, qui, de son côté, en profitait pour apprendre à se servir de ses armes. Des étrangers arrivaient, des Italiens partaient. Feltrinelli amena dans les montagnes du Piémont des instructeurs allemands pour ses camps du G.A.P. Les groupes armés clandestins de l'Autonomie firent venir, dans leurs camps d'Italie septentrionale et de Suisse méridionale, des instructeurs entraînés pour eux par les Palestiniens. Toni Negri envoya un représentant au Liban pour organiser le logement de ses disciples au Moyen-Orient, comme Feltrinelli l'avait fait auparavant avant lui [307]. Pendant la saison 1971-1972, une centaine d'Italiens s'entraînèrent dans les camps palestiniens et un millier se rendirent en 1975 au Liban pour la bataille de Tal-el-Zatar [308]. Un grand nombre s'entraînèrent aussi en Tchécoslovaquie, encore que personne n'ait pu l'affirmer avant la fin de la décennie.

Pendant ces dix années critiques, les autorités italiennes avaient pris grand soin de ne pas prêter attention aux rumeurs persistantes selon lesquelles le noyau terroriste italien aurait bénéficié des leçons des experts soviétiques. On savait que deux ou trois chefs des Brigages Rouges avaient, comme Feltrinelli avant eux, passé quelque temps à Prague. Mais les aristocratiques Brigades Rouges rejetaient avec hauteur la pensée qu'un étranger eût jamais pu leur apprendre quelque chose. Une seule fois, il y avait de cela longtemps, Renato Curcio s'était laissé aller à mentionner (à un prisonnier du Peuple qu'il interrogeait) : « certains d'entre nous ont appris la tactique de la guérilla à l'étranger ».

L'endroit où ils avaient été fut finalement précisé par le général Jan Sejna. Ancien secrétaire général du ministère de la Défense tchèque et conseiller militaire du Comité central communiste, il avait demandé en 1968, l'asile politique aux Etats-Unis et, en janvier 1980, donné à un écrivain américain des précisions sur les centres d'entraînement soviétiques en Tchécoslovaquie [309]. Depuis 1964, dit-il, le K.G.B. avait à Karlovy Vary une école pour les terroristes, cependant que le G.R.U. possédait un centre d'entraînement paramilitaire intense au camp de parachutistes de Doupov, près de Prague. Des jeunes y venaient « de toute l'Europe et du tiers monde ». Il fournit sa propre liste manuscrite de douze Italiens qui s'y étaient entraînés, en plus de Feltrinelli lui-même, naturellement. Parmi ceux-ci, se trouvaient quatre des fondateurs des Brigades Rouges, deux chefs bien connus de l'Autonomie et l'un des trois principaux animateurs du soulèvement national des étudiants en 1968 [310]. Au cours d'une interview ultérieure, le général Sejna ajouta que Toni Negri avait suivi en 1966-1967 les cours d'un centre de préparation au commandement [311].

Cela seul aurait dû permettre au mouvement terroriste clandestin de prendre un bon départ. Mais il y avait mieux. Toujours en 1980, un membre des Brigades Rouges, de très haut rang, décida lui aussi de quitter l'Organisation et de parler. Arrêté au printemps de cette même année, Patrizio Peci avait été le commandant de la section turinoise des Brigades Rouges et membre de leur haut commandement stratégique. Sa confession devait revêtir un caractère si sensationnel que celle de Carlo Fioroni en fut momentanément oubliée. Les informations qu'il donna permirent de mettre quatre cents terroristes italiens sous les verrous, de décimer les Brigades Rouges et de liquider la Première Ligne.

En une confession tenant sur quatre grandes pages de journal, Peci faisait des révélations. Il dit en particulier que les Brigades Rouges « avaient continué de s'entraîner en Tchécoslovaquie pendant toute la durée des années soixante-dix ». Ils avaient aussi reçu des quantités d'armes tchèques, ajouta-t-il : pistolets, armes automatiques, grenades, envoyées de Prague par la Hongrie et l'Autriche [312].

Ce seul coup dur aurait dû suffire à assommer tous les Italiens. Mais ensuite vinrent d'autres révélations non moins sensationnelles sur les réseaux embrouillés des alliances de toute la clandestinité italienne. A la fin des années 70, Peci dit : « Toutes les armes arrivant en Italie, quelles qu'en soient la marque ou la provenance, à part celles qui ont été prises aux policiers ou aux carabiniers, venaient d'un seul centre de distribution approvisionné par des formations palestiniennes [313]. »

Il décrivit deux croisières faites par Mario Moretti, Commandant de la section romaine des Brigades Rouges, pour acheter des armes. Sans même prendre la peine de mettre pied à terre au Liban, Moretti avait effectué de gros chargements d'armes en mer, pendant les étés 1977 et 1979. La première fois, il en avait rapporté le Skorpion qui servit à tuer Moro six mois plus tard. Au retour de son second voyage, il avait débarqué son chargement à Mestre, le port industriel de Venise et réparti les armes — grenades, explosifs, mines antichars *Energa*, mitrailleuses, missiles Sam 7 Strela — entre divers centres terroristes d'Italie ainsi qu'entre l'I.R.A., les Basques espagnols, et diverses formations terroristes allemandes [314].

Les armes, venant incontestablement du F.P.L.P. de George Habash étaient, tout aussi évidemment, destinées non seulement à l'antenne militaire occulte de l'Organisation, mais à l'antenne politique officielle de l'Autonomie. Le 8 novembre 1979, peu après minuit, un des chefs les plus hauts placés de l'Autonomie, du nom de Daniele Pifano, fut surpris dans la petite ville résidentielle d'Ortona, sur l'Adriatique, en train de transporter deux missiles Strela. Ceux-ci avaient été enfermés dans des caisses, cachés sous le tapis de sol d'un break Peugeot conduit par l'un de ses deux compagnons romains. Ils prétendirent avoir trouvé la boîte quelque part le long de l'autoroute et avoir pris les Strelas pour des télescopes.

Il s'avéra, malheureusement pour eux, que l'un d'eux avait dans son carnet le numéro de téléphone de l'agent du F.P.L.P., un Jordanien muni d'un passeport du Sud Yémen, du nom de Saleh Abu Anseh, qui, de son côté, s'était précipité sur les lieux. Il se trouvait aussi que le capitaine du cargo *Sidon,* naviguant sous pavillon panaméen, mais bien connu pour les transports d'armes qu'il effectuait pour le compte des Palestiniens à travers la Méditerranée, avait téléphoné cette même nuit du port d'Ortona à ce même agent. Le *Sidon* quitta le port dès l'aurore et disparut. Le Jordanien Sud-Yéménite Saleh Abu Anseh alla en prison, avec Pifano et les autres. Furieux, le F.P.L.P. écrivit une lettre officielle au gouvernement italien ainsi qu'au juge devant lequel comparaissait Pifano, exigeant la relaxe immédiate de tous les inculpés « pour raisons morales ». Ils avaient simplement donné un coup de main aux Palestiniens, précisait la lettre [315].

De son côté, Pifano assura qu'il n'avait fait qu'aider ses camarades palestiniens. « Des " mensonges écœurants " avaient été propagés au sujet des Strelas, dit-il ; ce n'était absolument que des armes défensives », dont se servaient couramment les mouvements populaires de libération comme ceux des Vietnamiens, des Angolais, des Erytréens ou des Palestiniens [316]. Il négligea de mentionner les Strelas dont s'était servi, en 1978, le Front patriotique rhodésien de Joshua Nkomo pour abattre deux avions de tourisme rhodésiens en plein vol, tuant tous les passagers. « Si c'était un missile, alors c'étaient nos gars », avait déclaré Nkomo, dans une formule mémorable, au reporter du *Washington Post* qui l'interviewait [317].

L'effet cumulatif de ces révélations sur le public italien fut fracassant ; sans compter le choc qu'avaient causé les révélations accablantes de Fioroni sur les contacts secrets de l'Organisation.

Déjà du vivant de Feltrinelli, l'Organisation avait de pressants problèmes d'argent. Il avait beau être riche, le grand financier de la révolution italienne disait que tout bon révolutionnaire devait couvrir ses propres dépenses (comme l'avait fait Staline dans sa jeunesse quand il pillait des banques en Géorgie). Son propre G.A.P. avait donné l'exemple en organisant en 1971 la première prise d'otages, avec rançon exigée par les terroristes pour libérer les prisonniers. En enrôlant des forçats condamnés et des drogués pour accomplir ce travail, Feltrinelli avait créé un précédent redoutable. « Pour la cause, la fin justifie les moyens », avait-il dit[318].

La question, confiait, dit-on, Negri à Fioroni, est de savoir comment établir une structure « officieuse » dotée d'une « productivité genre Maffia », susceptible de faire rentrer l'argent. Mais comment y arriver sinon avec la Maffia elle-même ? Le partage de 50 p. 100 avec des escrocs devint monnaie courante. Perfectionnant de jour en jour leur technique, terroristes et bandits s'associaient pour voler des tableaux sans prix ; se livrer à des hold-up bancaires ; voler, l'arme au poing, la paie des usines ; prendre des otages ; enlever de riches hommes d'affaires et même un cheval de course. (Comme, en l'occurrence, le cheval allait bientôt être trop vieux pour courir, ses propriétaires préférèrent l'abandonner que de payer la rançon de 300 000 dollars[319].)

La section calabraise de la Maffia, la *Ndrangheta,* paya presque un droit d'entrée pour faire partie de l'Organisation. Du propre aveu du légionnaire de Vuono, la *Ndrangheta* entretenait des relations intimes avec tout ce joli monde.

Cette dernière toucha sa part de la rançon de 2,5 millions de dollars (payés aux Brigades Rouges pour la libération de l'armateur milliardaire Angelo Costa), destinée à financer l'opération Moro[320]. Les Calabrais avaient conclu un accord lucratif avec l'Unité communiste de combat (U.C.C.), un groupe spécialisé dans les vols à main armée au profit de tous les groupes terroristes. (Ensemble, l'U.C.C. et *Ndrangheta* réussirent une opération rocambolesque au Club méditerranée, en Calabre, récoltant un butin de plus de 2 millions de dollars en espèces et en bijoux, sans compter les trois cents passeports étrangers en prime.)

Vers la fin des années 70, la Première Ligne de l'Organisation et la *Ndrangheta* étaient assez liées pour tenir une réunion de leurs chefs dans la luxueuse villa de Tropea, en Calabre[321]. (Ils allèrent jusqu'à envoyer des cartes postales à leurs amis.)

L'Organisation avait à cette époque atteint l'avant-dernier stade. Elle nageait dans l'opulence. Ses arsenaux étaient pleins à craquer d'armes modernes les plus récentes. Elle possédait une forteresse inexpugnable à l'université de Padoue — à laquelle appartenait Toni Negri ; l'on y battait avec des chaînes de bicyclette les professeurs déplaisant à l'Autonomie, on leur crachait et on leur tirait dessus, on incendiait ou on faisait sauter leur domicile. Dans tout le pays, mais surtout dans les villes, les terroristes avaient de fortes positions politiques, et se savaient soutenus par des milliers de truculents Autonomistes.

La courbe exponentielle de la violence et du désordre civique montait sans cesse. « Travail zéro » et sabotage industriel devenaient de plus en plus fréquents dans les grandes usines du Nord, spécialement chez Fiat, où la justice prolétarienne avait exécuté trois directeurs de société et fracassé les rotules de dix-neuf autres. Les écoles étaient magnifiquement « déstabilisées ». Un « terrorisme dispersé » gagnait la province, portant le total des assassinats à cent seize en sept ans pour toute l'Italie. Malgré certains échecs, plus de cinq cents terroristes d'extrême gauche se trouvaient en prison avant que la police n'intervînt pour de bon... après quoi le chiffre doubla... en 1979, il y eut deux mille sept cent cinquante attaques terroristes en Italie, revendiquées par deux cent quinze groupes « gauchistes ». Les Brigades Rouges, la Première Ligne, l'Organisation des communistes prolétariens, les Equipes prolétariennes armées et autres « vols de nuit » étaient en plein essor ; les bandes de l'Autonomie ouvrière commençaient à se vanter ouvertement d'en être.

A partir de 1977, l'antenne politique à ciel ouvert de l'Organisation commença visiblement à se fondre avec l'antenne souterraine. Des bandes autonomes entrèrent dans la clandestinité, s'associant à des « vols de nuit » ou à la Première Ligne [322]. Et si les Brigades Rouges s'éloignaient progressivement des masses de l'Autonomie, cela ne les empêchait pas de collaborer activement avec la Première Ligne (et vice versa). Par les douzaines de confessions de terroristes repentis, on savait en 1980 que les deux groupes échangeaient leurs informations, leurs armes, leurs caches, leurs plans stratégiques, leurs spécialistes.

Le moment était venu de faire surgir la partie souterraine de l'Organisation, de relier entre elles ses antennes politiques et militaires, de laisser le « Parti Armé » se manifester et de s'engager à fond dans le processus irréversible de la guerre civile.

C'est alors que Toni Negri et vingt autres chefs de l'Autonomie furent arrêtés. On publia des documents terrifiants avant que vingt autres autonomistes ne le soient à leur tour. Des supertémoins rompirent un silence de dix ans. Fioroni ne fut pas le premier ; il fut suivi par de véritables responsables comme par des hommes aux fonctions plus modestes ; ils appartenaient aux Brigades Rouges, à la Première Ligne — toutes deux ouvertement terroristes, aussi bien qu'à l'Autonomie. Trente-trois membres de l'Autonomie de Padoue furent traduits en justice, non pas pour leurs idées, mais pour soixante-dix inculpations de violence armée, de vol, de prise d'otages, ou d'incitation préméditée à l'émeute. Trois d'entre eux firent des confessions complètes ; les autres furent condamnés à des peines allant jusqu'à sept ans de prison. Pour la première fois un tribunal condamnait une bande d'autonomistes non seulement pour actes criminels précis mais pour subversion préméditée [323].

Le terrorisme italien ne s'arrêta pas — comme par miracle —

pour autant; mais ses acteurs furent tout à coup obligé de freiner brutalement leur action. Comme le grand pingouin de la légende, ils se mirent à voler à reculons pour voir d'où ils venaient.

Ils avaient bien failli détruire la démocratie italienne. « J'avais l'impression que l'instant de la confrontation finale n'était pas éloigné », dit Guido Calogero, le juge de Padoue chargé de recueillir les témoignages qui menèrent à l'arrestation des membres de l'Autonomie. « Vers la fin, l'Autonomie organisée des travailleurs renonça à la lutte ouverte. Les manifestations de foule devenaient sensiblement moins nombreuses, tandis que se multipliaient les agressions nocturnes : fusillades, cocktails Molotov, incendies. On trouvait de plus en plus de nouvelles recrues dans les Brigades Rouges et la Première Ligne..., ce qui constituait le signe indéniable d'un entraînement militaire accru. Il me semblait que nous nous trouvions en présence d'une des dernières occasions où l'Etat démocratique serait en mesure de réagir contre les offensives des terroristes, que pour la communauté il s'agissait d'un tournant tragique... celui qui pouvait mener à l'insurrection et à la guerre civile [324]. »

Il n'était pas question de faire triompher la « noble cause du prolétariat ». Un soulèvement réellement populaire n'avait aucune chance de se produire en Italie. Bien qu'étant les plus militants d'Europe, les ouvriers italiens ne sont pas écrasés par le talon d'un tsar autocratique; la classe ouvrière n'est pas sur le point de se lancer à l'assaut d'un Palais d'Hiver. « Les derniers des socialistes révolutionnaires prennent l'Italie des années 1980 pour la Russie de 1917 », écrivit récemment un groupe de transfuges des Brigades Rouges. Sur quoi, de leur prison, les chefs des Brigades les menacèrent « d'une bonne dose de plomb [325] ».

Au mieux, l'Organisation aurait pu espérer atteindre un niveau de guerre, de guérilla, que le gouvernement démocratique n'aurait pu contenir et qui l'aurait contraint à se transformer en Etat policier. En Italie, comme en Allemagne, en Espagne, en Irlande ou en Turquie et, en fait, partout depuis qu'en Uruguay les Tupamaros ont donné un si brillant exemple, les terroristes d'extrême gauche préparent magistralement la dictature de l'extrême droite.

Ils l'amèneront peut-être encore. A l'heure actuelle, tout jeune Italien en colère peut devenir terroriste s'il en a envie. Il y a de nombreuses bandes très à la page, bien approvisionnées, qui organisent des cours pour débutants : ce n'est pas le choix qui manque, et ce ne sont pas non plus les sujets de mécontentement qui font défaut. La seule chose dont le néophyte terroriste ne peut être assuré, c'est de l'accord et de la protection du peuple. De même, il ne pourra plus jamais être considéré comme un « camarade fourvoyé ».

Dans cette longue et effrayante décennie de domination terroriste, rien n'a été aussi important que l'inertie de la classe dirigeante, qui en a favorisé le développement, ou les volte-face du parti communiste, prêchant alternativement « la situation de conflit permanent » dans les usines et la rédemption par le compromis historique. Mais le secret des premiers succès terroristes tient à l'existence de ce que j'ai appelé la Seconde Société, constituée de tous ces citoyens aussi honnêtes que bien intentionnés qui formaient une muraille protectrice autour d'eux.

« Ecoutez ! Nous fomenterons d'abord l'agitation ! s'écrie le satanique Piotr Verkhovenski des *Possédés*, que Dostoïevski écrivit il y a plus d'un siècle. Savez-vous que maintenant encore, nous sommes terriblement forts ? Nous avons des auxiliaires, autres que ceux qui coupent des gorges, mettent le feu aux maisons, se livrent à des assassinats classiques et s'en vont de toutes parts mordre les gens... Je les ai déjà tous à ma disposition. C'est le professeur qui ira pousser ses élèves à se moquer de leur Dieu et de leurs familles ; l'avocat qui défend l'assassin bien élevé qui a atteint un plus haut degré de développement que ses victimes ; les collégiens qui, pour éprouver une sensation forte, tuent quelque passant ; ceux-là sont aussi de notre côté ; et puis les jurés qui acquittent les criminels ; ils travaillent tous pour nous ; et le Ministère public qui est angoissé par la peur de n'être pas assez libéral, celui-là aussi nous rend service. Ah ! nous avons tant de sommités de la littérature et tant de hauts fonctionnaires avec nous qui ne savent même pas eux-mêmes l'aide qu'ils nous apportent. »

12

TURQUIE : L'ANARCHIE

« Les Turcs sont aussi habitués à la violence que la tarte l'est aux pommes », me dit le Conseiller de l'ambassade des Etats-Unis à Ankara, pour mieux me faire comprendre la situation. Je pense qu'il voulait dire la tarte aux pommes turque. Les Turcs ont la violence dans le sang. De nombreux hommes y portent un fusil en bandoulière en signe de virilité, et n'hésitent pas à s'en servir pour défendre leur honneur, pour régler un différend, ou simplement pour célébrer un heureux événement. A la campagne, les Kurdes tirent en l'air aux mariages. Les traces laissées par cette exubérance constellent les plafonds du *Hilton* d'Istanbul.

Rien de tout cela n'a grand-chose à voir avec la violence incontrôlable qui se déchaînait en Turquie à la fin des années soixante-dix. « Ici, pour les questions d'honneur, le crime est impératif. Mais jusqu'à la terreur, nous, Turcs, n'avions jamais entendu parler de meurtre prémédité », me dit une journaliste de la capitale. Par « terreur », elle voulait dire neuf ou dix crimes prémédités par jour, tous les jours, deux cent cinquante morts en 1977, mille en 1978, mille cinq cents en 1979, deux mille au cours des premiers six mois de 1980... le cas le plus effrayant de déchaînement terroriste du monde entier.

On commence pourtant seulement à y faire attention. Jusqu'au coup d'Etat militaire de 1980, la Turquie n'occupait que rarement plus de quelques paragraphes dans les pages intérieures des journaux de l'Ouest. Et cependant il s'agissait de la dernière société libre de l'Islam : une île démocratique de quarante-cinq millions d'habitants au sein d'un océan islamique de sept cents millions d'âmes, le seul Etat musulman à avoir des élections authentiques et plusieurs partis. Un territoire d'une énorme importance, à cheval sur les Dardanelles, contrôlant l'entrée orientale de la Méditerranée. Dotée de l'armée de terre la plus nombreuse de l'Europe de l'Ouest, la Turquie est indispensable à ses alliés de l'O.T.A.N. pour la défense de l'Europe méridionale et de la Méditerranée orientale. Elle a été convoitée par les Russes depuis que les premiers tsars firent leurs premiers rêves impériaux.

L'écroulement politique de ce pays est annoncé depuis 1968, et plus encore depuis 1979, quand, à sa frontière, l'Iran tomba aux mains de l'ayatollah Khomeini. A peine cette dernière victoire était-elle acquise, un des chefs de l'Organisation de la Libération de la Palestine proclama de Téhéran que la Turquie serait « la suivante »[326]. Encore qu'on puisse en douter à la lecture des journaux de l'Ouest, ce n'est pas du tout impossible.

J'ai fait de très nombreux séjours en Turquie et, lors de l'un d'entre eux, je l'ai même traversée en voiture d'un bout à l'autre — cet autre immensément lointain. Mais rien ne m'avait préparée au choc de ma dernière visite à la fin de 1978. Le *Turkish Daily News,* que j'emportai dans ma chambre d'hôtel dès mon arrivée, avait tous les jours un encart consacré aux exécutions : des jeunes, des vieux, des hommes, des femmes, de droite, de gauche. Le lundi, le *News* en publiait un relevé complet sous le titre l'*Anarchie.* Il se présentait de la manière suivante :

Lundi, 6 novembre 1978,

> *Deux morts au cours d'escarmouches entre la gauche et la droite dans la province de Kars.*
>
> *Blessé au cours d'une échauffourée dans un café d'Adana, Ali Akçam, est mort à l'hôpital.*
>
> *Deux corps retrouvés, dont celui d'une femme, dans les forêts de Tarse sur les montagnes Toros.*

Mardi, 7 novembre,

> *Mehmet Kalkan est mortellement blessé par des tireurs non identifiés dans le faubourg Aktepe d'Ankara. Elvan Günes, une fille qui blessa de plusieurs coups de couteau Yuksel Karagoz dans le district de Sentepe, a été arrêtée aujourd'hui par la police.*
>
> *Trois blessés à Istanbul quand des individus non identifiés ouvrent le feu sur des gens qui attendent l'autobus dans le quartier de Karkirköy.*
>
> *Onze personnes blessées au cours de divers incidents anarchistes à Adana, Elbistan, Afyon et Kayseri.*
>
> *Cinq policiers ivres (de droite) se livrent à une démonstration devant la résidence du Premier ministre.*

Mercredi, 8 novembre,

> *Un corps retrouvé à Usküdar, Istanbul. Deux tués et cinq blessés au cours de combats à Adiyaman et Usküdar.*

*Le local du Parti Nationaliste (droite) attaqué à la bombe
à Istanbul.*

Jeudi, 9 novembre,

*Erdögan Gökbulut, un permanent du parti républicain du
peuple (socialiste), attaqué et sérieusement blessé à Malatya.*
*Duran Caliminli tué à Gaziantep, par des tireurs qui
ouvrent le feu sur lui alors qu'il se promène dans la rue avec son
père. Le père est sérieusement blessé.*

Vendredi, 10 novembre,

*Aucun incident anarchiste important à signaler aujour-
d'hui.*

Samedi, 11 novembre,

*L'anarchie tue trois personnes. Trois individus armés
étranglent le propriétaire d'un café à Eskisehir. A Istanbul,
Sadettin Kazan est tué quand des bandits tirent d'une voiture en
marche. Quatre personnes blessées à Istanbul. Un étudiant
meurt à l'hôpital d'Adana des suites de coups de feu.*

« L'Anarchie » était ainsi une sorte d'ectoplasme qui se
glissait de tous côtés, dans le moindre interstice de la vie turque.
Des tireurs masqués entraient en trombe dans un café, demandaient : « Etes-vous de droite ou de gauche ? » et fauchaient la
moitié des consommateurs. Ou bien ils ne demandaient rien et les
fauchaient tous. Un tireur s'approchait de la fenêtre d'un appartement au rez-de-chaussée et tirait sur quelqu'un en train de
regarder tranquillement la télévision. Des faubourgs entiers
étaient « libérés » par des tueurs de droite ou de gauche, on ne
pouvait y entrer qu'au péril de sa vie. Des enfants ayant à passer
par un territoire hostile pour se rendre à l'école étaient accompa-
gnés par la police. (Que faites-vous si vous voyez une lettre par
terre dans la rue ? demande un professeur à ses élèves âgés de
quatorze ans. « Il ne faut pas toucher. Cela pourrait être une
bombe », s'écrie la classe en chœur.)
Des villes entières prennent parti et deviennent des villes
fortes : Erzerum, près de la frontière iranienne, est de droite.
Kars, du côté russe, de gauche. Personne n'aurait osé aller de l'une
à l'autre. Voyager par bus à travers la campagne est un exploit, et
se promener en ville peut en devenir un aussi : vous risquez à tout

moment qu'une mitraillette se mette à tirer sur vous de l'autre côté de la rue.

Tireurs de droite et de gauche pouvaient se mettre à tirer dans une classe de lycée. (« Couchez-vous par terre et ne bougez pas », dit un professeur femme à ses élèves en pareille circonstance.) A l'entrée des universités, la police contrôlait les cartes des étudiants, les fouillait pour découvrir les armes cachées, et s'installait dans les amphithéâtres pour séparer gauchistes et extrémistes de droite. Les pensions d'étudiants (qui étaient pratiquement les seuls endroits où les jeunes gens sans ressources venus des provinces pouvaient se loger à bon marché) offraient un spectacle de cauchemar : passages à tabac, coups de couteau et interrogatoires s'y succédaient sans cesse.

Une vingtaine de vols à main armée se produisaient chaque jour dans les banques, dont la moitié était des « appropriations populaires ». Journalistes, professeurs, commerçants, élèves des classes supérieures étaient retrouvés la gorge tranchée, attachés par des fils de fer, étranglés, percés de coups de couteau, mutilés, torturés, mortellement blessés, ou couchés sur des rails de chemin de fer. Les victimes paraissaient avoir été choisies au hasard. (« Non, ni ma femme ni moi n'avons été menacés, parce que nous ne nous mêlons pas de politique », me dit un professeur d'Istanbul à qui je rendais visite ; sur quoi le téléphone sonna et une voix dit à sa jeune femme, professeur comme lui : « Ça va, espèce de putain, tu es fichue. »)

Pour les attentats, les tueurs employaient souvent des adolescents de moins de dix-huit ans, que la loi turque ne permet pas de condamner à mort. Les prisons en regorgeaient. Quand j'étais là, mille cinquante-deux extrémistes de droite et sept cent soixante-dix-huit gauchistes — la plupart d'entre eux mineurs — se trouvaient en prison sous l'inculpation de terrorisme. Peu d'entre eux semblaient avoir beaucoup réfléchi aux problèmes idéologiques. « Je suis de droite et je suis contre les communistes et contre la gauche », dit un prisonnier de dix-sept ans à Emel Anil de l'*Associated Press.* « Mais je n'ai vraiment aucune idée de ce que peut être la gauche ou la droite. Tout ce que je sais c'est que ma famille a pris la fuite parce que le communisme est cruel (dans le Turkestan russe) et que les communistes sont malfaisants [327]. » Des centaines de ces prisonniers à qui on demandait pourquoi ils étaient prêts à tuer et à être tués pour leur cause, répondaient simplement : « parce que je suis anti-communiste » ou « parce que je suis anti-fasciste ».

« Qu'évoquent pour vous les termes anti-communiste et anti-fasciste ? » demande le quotidien *Millyet* à des enfants d'écoles élémentaires. « Des mots affreux », répondent-ils.

Je n'étais pas dans le pays au pire moment. C'est un mois après mon départ que « l'Anarchie » atteignit le sommet de sa folie dans la ville de Karahmanmaras, au sud-est du pays. Tout débuta pendant la semaine de Noël 1978, par un attentat à la bombe dans un théâtre de droite, suivi par l'assassinat de deux professeurs de gauche, après quoi une foule de manifestants de gauche et de droite organisèrent un vrai concert de hurlements pendant les obsèques. Suivit « une semaine démentielle où exécutions sectaires, viols et pillages se succédèrent sans arrêt, laissant cent onze morts, plusieurs centaines de blessés et des centaines de bâtiments réduits à l'état de cendres fumantes. Les morts avaient eu le crâne fracassé, reçu des balles dans l'estomac, on les avait enveloppés de chiffons imbibés d'essence auxquels on avait mis le feu, on les avait coupés en morceaux [328]. »

Cet été-là, plus d'un millier d'habitants furent arrêtés, en prélude à ce qui fut certainement le procès le plus singulier du siècle. Comme un troupeau dans l'arène inondée de soleil de la capitale provinciale d'Adana, huit cent sept accusés de droite et de gauche — hommes, femmes, enfants, policiers, professeurs, étudiants, artisans, fermiers, un éboueur, un juge, un imam Sunni musulman, et deux sourds-muets — avaient été parqués. Le ministère public requit le peine capitale contre trois cent trente d'entre eux [329]. Huit furent condamnés à mort en août 1980.

Après Karahmanmaras, un gouvernement soutenu par un républicain de tendance de gauche imposa la loi martiale, faisant porter toute la responsabilité des incidents à la droite. De nouvelles élections amenèrent au pouvoir un gouvernement « justicier » de droite qui maintint la loi martiale et blâma la gauche. Chacun d'entre eux semblait avoir des arguments irréfutables.

On n'arrivait pas à savoir qui était derrière « l'Anarchie ». Il était impossible qu'un commandement unique dirigeât toutes ces actions. La terreur avait perdu la tête. Pas de communiqués solennels, d'exigences explicites, de graves résolutions sur la direction stratégique ; pire encore, le choix des victimes ne paraissait sous-entendre aucun désir d'atteindre le cœur de l'Etat, comme dans le cas des Brigades Rouges. Policiers, officiers, juges, politiciens n'étaient pas plus visés que n'importe qui d'autre. Ceux qui s'entretuaient ainsi paraissaient avoir à peu près les mêmes caractéristiques. Ils étaient généralement pauvres (encore que les extrémistes de droite le fussent plutôt plus que ceux de gauche), chômeurs (le chômage chez les jeunes était alors de l'ordre de 40 à 50 p. 100), et socialement déracinés par l'exode massif qui s'était fait, de la campagne à la ville dans les années soixante. Tout semblait s'inscrire à l'intérieur d'un cercle, les droites tuant les gauches, qui tuaient les droites qui tuaient les gauches, afin de venger leurs morts.

Les gauchistes tuaient aussi d'autres gauchistes dans l'espoir de se frayer un chemin parmi leurs nombreux concurrents marxistes. Quand j'étais en Turquie, il y avait au moins vingt-cinq bandes révolutionnaires dans le pays, si ce n'était trente-cinq ou quarante-cinq. Où que je fusse, quelqu'un me jetait à la tête un tableau compliqué, parfaitement incompréhensible, indiquant le lignage d'un assortiment de formations clandestines, staliniennes, léninistes, maoïstes, trotskistes, et anarchiques. L'une — d'inspiration albanaise — était en termes particulièrement meurtriers avec ses anciens alliés maoïstes. Les maoïstes eux-mêmes détestaient à tel point les marxistes prosoviétiques que lors d'un défilé du 1er mai, ils ouvrirent le feu sur les manifestants faisant trente-quatre morts et une centaine de blessés [330]. Une faction maoïste en accusa une autre d'être responsable du massacre : elles s'appelaient respectivement Voie du Peuple et Lumière de la révolution prolétarienne.

Les extrémistes de droite avaient un profil plus net. Il leur avait été donné par le colonel Arpaslan Turkes, dont les formations paramilitaires — les « Idéalistes » — de style nazi, également connues sous le nom de « Loups gris » avaient pour caractéristique de se mettre à hurler quand leur chef venait les inspecter. Le colonel n'était rien moins que délicat. « Si quelqu'un ose m'appeler fasciste, je lui fends la bouche jusqu'aux oreilles », disait-il [331]. Ses disciples ne s'embarrassaient pas d'idéologie. Superpatriotisme, turkisme et anticommunisme leur suffisaient largement.

La vérité au sujet de ces extrêmes opposés était particulièrement difficile à découvrir, dans la mesure où il y a si peu de « milieu » dans la politique turque. Au fur et à mesure que les deux partis principaux se succédaient à la tête du gouvernement, le « bon type » des uns se transformait en « mauvais type » des autres. A peine le premier avait-il remplacé le second qu'il supprimait ou laissait filtrer certains rapports des services secrets, amnistiait les terroristes en prison et emprisonnait ceux du parti opposé, purgeant les forces de l'adversaire aussi bien dans les écoles que dans les média, les ministères. Les éditeurs pris dans le feu croisé de la politique étaient abattus. Selon que les professeurs appartenaient à tel ou tel syndicat ou que telle ou telle cabale d'étudiants imposait son pouvoir on récrivait l'Histoire. La police elle-même avait ses syndicats de gauche et de droite, le Pol-Bir et le Pol-Der. Quand il s'agissait de procéder à des arrestations de terroristes, il fallait envoyer les policiers par paires (un de chaque parti), pour qu'ils soient équitables. « Notre police est malade », reconnut le Premier ministre Bulent Ecevit, avant de passer dans la clandestinité, peut-être pour la dernière fois.

Pendant les vingt-deux mois de son gouvernement, le taux des attentats terroristes avait plus que quintuplé (moins de un à plus de cinq par jour). Ecevit était un honnête et distingué démocrate de gauche qui, en janvier 1978, avait commencé par penser que c'était la droite qui était foncièrement responsable de toutes les difficultés du pays. Quand il démissionna, son point de vue s'était quelque peu modifié.

Au milieu de cette vague de terreur qui recouvrait la Turquie, il n'était pas possible de distinguer les fascistes de droite des révolutionnaires communistes de gauche. Ils étaient tous dans le bain jusqu'au cou, animés des mêmes sinistres intentions et se provoquant les uns les autres depuis une bonne dizaine d'années. Mais il y avait peu de doutes sur qui avait commencé. C'était la gauche.

Plus précisément, c'étaient les Russes. Des renseignements précieux nous ont été fournis dans ce cas par un transfuge du K.G.B., du nom de Viktor Sakharov dont l'histoire détaillée a été racontée par le livre de John Baron, *K.G.B.*[332]. En 1967, après cinq années d'études arabes, le brillant jeune homme qu'était alors Sakharov fut envoyé au Yémen pour y faire ses classes. Il partit pour le Koweït en 1968, en qualité d'agent « en titre » du K.G.B.. Là-bas, le représentant du K.G.B., qui était un spécialiste des affaires turques, ne parlait pas un mot d'arabe, c'était également le cas du représentant du G.R.U. qui traitait des questions militaires. Il y avait longtemps que le K.G.B. aurait dû envoyer un traducteur, d'où l'énorme retard dans les communications. On demanda à Sakharov de donner un coup de main et du coup il eut accès à une masse incroyable de documents.

Il travaillait en plein cœur de la VIIIe section du K.G.B., laquelle comprenait les Pays arabes, l'Afghanistan, l'Iran, la Yougoslavie, l'Albanie, la Grèce et la Turquie. Des rapports d'agents lui arrivaient de partout. (Ils étaient, en fait, écrits à l'encre invisible.) Par suite de quoi, il put connaître en détail trois projets importants des Soviétiques dans la zone :

1) Saboter les champs pétrolifères d'Arabie Saoudite et, si possible, évincer la monarchie pro-occidentale.

2) Etablir des cellules terroristes dans les émirats arabes autour du Koweït et du golfe Persique, notamment à Quatar, Bahrain et Oman, et offrir en Union soviétique des bourses d'études et des possibilités d'entraînement à la guerre de guérilla.

3) Organiser une violente campagne de terrorisme urbain, de kidnappings et d'assassinats en Turquie[333].

Il n'était guère facile de travailler dans les émirats dont les dirigeants étaient des plus méfiants et extrêmement bien informés. Et pourtant, à sa connaissance, rien qu'au Quatar, quatre-vingts personnes partirent pour Moscou pendant le séjour de Sakharov. Les hommes de la province de Dhofar, dans le sultanat d'Oman commencèrent eux aussi à se préparer au siège de dix ans qui allait bientôt commencer. (Le camp qui leur était réservé près d'Aden au Sud-Yémen fut installé en 1978.) C'est à la même époque que les premiers guérilleros palestiniens entamèrent leur action. Mais de ces trois projets, c'est le turc qui était sans aucun doute le plus avancé.

Au Proche-Orient, la Turquie était en fait le dernier avant-poste de l'O.T.A.N. Sur la mer Noire, elle faisait face à l'Union soviétique et gardait le détroit des Dardanelles : cela suffisait pour que les Soviétiques en fassent un objectif tout spécial. Après la Seconde Guerre mondiale, l'U.R.S.S. avait bien failli neutraliser — annexer même — la Turquie, mais la doctrine de Truman l'avait arrêtée dans son élan. Après 1960, elle était mieux placée pour se livrer à une seconde tentative, car alors, près d'un demi-siècle de solide stabilité turque tirait à sa fin.

L'extraordinaire révolution de Kemal Ataturk avait tiré les Turcs de leur civilisation moyenâgeuse pour en faire une nation à l'européenne dotée d'un gouvernement parlementaire. Mais, bien que sa mémoire fût encore respectée, Ataturk était mort ; son héritage politique dilapidé par un régime vénal et follement dépensier ; et en 1960 une armée de patriotes prit brièvement le pouvoir pour remettre les choses en ordre. L'armée promit de rétablir le pouvoir civil et, miraculeusement, tint parole. Pour empêcher le colonel Turkes, partisan indécrottable du régime militaire, de faire des bêtises, on le nomma ambassadeur aux Indes. L'ordre démocratique était rétabli, mais le système était foncièrement affaibli et ne recouvrit jamais sa force.

Le changement intervenu dans l'évolution de la situation peut se mesurer par ce fait, que lorsque l'armée prit le pouvoir en 1960 aucune vie turque ne fut perdue. En vérité, les chefs militaires furent consternés en apprenant que deux étudiants au cours des manifestations avaient été tués. De 1960 à 1969, pas une goutte de sang ne fut répandue pour des raisons politiques. Pendant ce temps-là, les Soviétiques faisaient un effort considérable.

Sakharov, qui abandonna son poste dans le Koweït vers le milieu de 1968, démontra, preuves à l'appui, que la pénétration russe en Turquie avait commencé dès les années soixante. Elle débuta en fait quand, à Ankara, le K.G.B. recruta quelques jeunes particulièrement doués pour assurer leur formation en Russie. De retour en Turquie, les agents turcs, frais émoulus de leur stage en U.R.S.S., firent entrer d'autres jeunes gauchistes dans le mouvement terroriste naissant. On les envoya alors secrètement en Syrie pour les entraîner à la guerre de guerilla. Tout le monde les croyait dans des camps palestiniens. Mais en fait ils furent confiés à des agents du K.G.B. — Vadim A. Shatrov et l'inévitable « chauffeur » de l'ambassade, Nikolaï Chernenkov.

De Syrie, les jeunes terroristes turcs passèrent dans d'autres camps palestiniens, du Liban, de Jordanie, et du Sud-Yémen où ils furent pris en main par Georges Habash et Wadi Haddad. Des étudiants de l'université d'Ankara et d'Istanbul disparaissaient, me dit un professeur de l'université d'Ankara, « pendant trois ou quatre mois », puis, comme si de rien n'était, « on les voyait de nouveau ». Dès 1970, certains d'entre eux avaient été surpris en train de préparer un attentat terroriste, alors qu'à leur retour d'un camp d'entraînement, ils passaient par Diyarbakir en Turquie orientale. (A vol d'oiseau, Diyarbakir se trouve sur une ligne droite entre cette partie de la Turquie et Bagdad, quartier général de Wadi Haddad en Irak.) Ensuite, régulièrement tous les ans, des jeunes qui venaient de sortir des camps d'entraînement palestiniens — sous surveillance russe ou sous celle du front Habash-Haddad — se faisaient ramasser sur le chemin du retour : on les arrêtait par groupes de six ou douze, leurs bateaux ou leurs voitures, pleins à craquer d'armes en provenance du bloc soviétique[334].

Cependant, le service de « Désinformation » du K.G.B. (service A du Premier directoire principal) se préparait à lancer une campagne prioritaire contre la présence O.T.A.N.-américaine en Turquie. Entre 1966 et 1970, ledit service monta trois campagnes de faux particulièrement réussies. L'une consistait dans la très large diffusion d'un livre supposé avoir été écrit par un sénateur turc et « prouvant » l'existence d'un complot américain dont l'objet était d'affaiblir la gauche turque et de renforcer la droite. Un autre document « prouvait » l'ingérence américaine dans l'armée turque — toujours dans le même but. Le troisième « prouvait » que l'Amérique avait conspiré avec la junte militaire de droite alors au pouvoir en Grèce, afin d'occuper militairement l'île de Chypre, y compris la partie turque, de l'annexer à la Grèce et de la faire entrer dans l'O.T.A.N. Ce dernier document fut communiqué au ministère des Affaires étrangères turc par l'ambassadeur Vasili Federovitch Grubiyakov, un ancien du K.G.B., sous couleur de lui communiquer d'urgence une information reçue de son service de renseignements. Le résultat de la démarche allait s'avérer absolument sensationnel.

L'effet combiné de ces trois campagnes devait conduire tout jeune Turc au sang vif à penser que son pays allait devenir l'instrument de l'impérialisme américain ! Et ils furent nombreux à le penser en effet. Les trois « documents » étaient manifestement des faux [335]. Qui s'en rendit compte ?

Les émeutes anti-américaines qui éclatèrent en 1968 dans les universités turques n'avaient sans doute rien d'étonnant. Où ne se soulevait-on pas contre les Américains à l'époque ? L'entrée en scène d'une organisation d'étudiants marxistes appelée Dev Genç semblait également tout à fait normale. Vivant dans une société arrachée à ses attaches islamiques, rurales et traditionnelles, en proie à l'inflation, au chômage, à la corruption et à l'horreur des bidonvilles et luttant pour rattraper l'Europe industrielle, les étudiants turcs ne pouvaient s'empêcher de subir la fascination de la révolution. Ils se montrèrent bons élèves. En une seule année ils passèrent de l'incendie de la voiture de l'ambassadeur des Etats-Unis, à la mise sur pied d'une organisation terroriste clandestine parfaitement professionnelle — Qui était le maître ? inutile de le demander.

Au bout de très peu de temps Dev Genç donna des signes explicites tant en ce qui concernait sa structure, sa stratégie, ses méthodes que ses slogans, ses litanies, sa logistique. « Une évolution subtile des formules utilisées par les étudiants dans leurs déclarations, au cours de leurs réunions ou dans leurs actions de boycottage peut être décelée à partir de la fin des années 60 et particulièrement à partir de 1968... De critiques discrètes sur la situation... on passa aux demandes bruyantes et pressantes débouchant souvent sur l'action violente, fit remarquer un spécialiste reconnu et très respecté des affaires turques. Les mots clefs changèrent de nouveau quand, pour les affaires étrangères, on parla moins « d'anti-impérialisme que d'anti-américanisme, de neutralisme, de capital étranger et de guerre du Vietnam [336]. » La double organisation classique de Dev Genç devint bientôt un modèle pour les mouvements de guérilla urbaine de la décennie (l'Organisation en Italie, l'I.R.A. provisoire, l'E.T.A.-Militar qui toutes suivirent l'exemple quelques années plus tard). Une antenne politique qui visait au remplacement de la démocratie parlementaire par un régime léniniste dirigeait ouvertement la propagande révolutionnaire [337]. En même temps, et au moment voulu, un mouvement militaire clandestin lançait « une campagne brutale de terrorisme urbain, de kidnappings et d'assassinats contre la Turquie [338]. »

La campagne ne répondait pas à une provocation fasciste : la

232

chose n'existait pratiquement pas en 1969. Quand le colonel Turkes organisa ses premiers camps de jeunesse, il n'attira pas autour de lui plus d'une poignée de louveteaux, et c'est tout juste s'il arriva à s'assurer un soutien suffisant pour faire élire un seul député au Parlement [339]. Quand, au début des années soixante-dix, il déchaîna ses propres terroristes de droite, il pouvait avec juste raison assurer qu'il répondait à la provocation des communistes. Et si son parti comptait seize députés en 1977, c'est en grande partie à la gauche terroriste qu'il le devait.

La Turquie avait depuis longtemps dissous le parti communiste officiel : Dev Genç s'avérait un bon succédané. Mouvement strictement marxiste-léniniste, Dev Genç était implacablement hostile à l'O.T.A.N., parfaitement fidèle à la Russie, et extraordinairement efficace dans le travail de déstabilisation du membre de l'O.T.A.N. le plus proche des frontières russes.

Plusieurs groupes armés clandestins étaient venus se placer sous la protection de Dev Genç. Le plus important — dès alors et encore maintenant — était l'Armée de libération du peuple turc (A.L.P.T.). Dirigée par un étudiant en droit d'Istanbul, du nom de Denis Gezmis, l'A.L.P.T. était plus que tout autre efficace pour les hold-up bancaires, le déclenchement d'échauffourées sanglantes sur les campus, l'organisation de manifestations de foule violentes, le passage à tabac de policiers, les attentats à la bombe contre les bâtiments publics et les prises d'otages (de militaires de l'O.T.A.N., d'un diplomate israélien). Leur propre était de provoquer un coup d'Etat militaire de droite ; en deux ans ils y arrivèrent presque. (Pendant ces deux mêmes années, en Uruguay, de l'autre côté de la planète, les Tupamaros faisaient exactement de même.)

Sur l'insistance de l'armée turque, la loi martiale fut proclamée en 1971 et maintenue jusqu'en 1973. Les droits civiques furent suspendus. Les intellectuels firent l'objet de menaces. Cinq mille gauchistes furent arrêtés, nombre d'entre eux sous de fallacieux prétextes. Pour une multitude de Turcs, qui espéraient voir le pays se redresser par des méthodes politiques légitimes, ce fut une époque noire. (En juillet 1980, le *Dev-Sol* communiste promoscovite, aussi nommé Gauche révolutionnaire, assassina l'ancien Premier ministre Nihat Erim, pour le « punir » de son passage au pouvoir en 1971. Social-démocrate modéré et universellement respecté, il était considéré, au moment de sa mort, comme le seul homme politique susceptible de rétablir l'ordre et la légalité en Turquie [340].)

Les rangs de l'A.L.P.T. furent décimés, deux cent trente de ses membres et de ses adhérents furent jetés en prison. Lors d'une escarmouche avec la police, Denis Gezmis fut capturé dans une des douzaines de maisons fortes que devaient découvrir les autorités : sous-sols et mansardes transformés en « bunkers », remplis de faux documents et d'équipement électronique sophistiqué en provenance d'Europe de l'Est, bourrés de Kalashnikovs, de revolvers, de grenades, généralement de fabrication russe. A la date du 11 avril 1973, la police avait saisi quatre mille quatre cent cinquante-sept fusils et quatre millions six cent quarante-six mille deux cents cartouches [341].

Arrêté pour une longue série d'assassinats, Gezmis fut jugé et pendu. Mahir Cayan, son plus proche adjoint, fut tué peu après au cours d'une échauffourée de plus de neuf heures. Marxiste fanatique, Cayan était également un psychopathe qui « en remboursement partiel aux Palestiniens » avait kidnappé le consul israélien à Istanbul, lui avait attaché les mains derrière le dos, et lui avait tiré une balle dans la nuque. Emprisonné pour ce crime, il s'évada en passant par un tunnel qu'il s'était creusé, prit en otage trois techniciens de l'O.T.A.N. et les enferma dans une maison forte près de la mer Noire. Quand la police le rattrapa, ainsi que son groupe de onze complices, il abattit les trois otages avant d'être tué à son tour. « La route de la révolution est illuminée par le sang rouge de tous les guérilleros qui tombèrent ici », avait-il eu le temps d'écrire, avant de mourir, sur un vieux bout de carton [342].

Cayan et Gezmis, devinrent tous deux des martyrs légendaires pour l'extrême-gauche turque. Des douzaines de jeunes se font encore tuer dans des échauffourées au jour anniversaire de leur mort.

Mais ils s'étaient trompés sur l'armée turque. Les chefs militaires de la nation n'auraient pas toléré davantage une prise de pouvoir de la droite en 1971, qu'ils ne l'avaient fait en 1960 ou ne seraient disposés à le faire en 1981. Aucun officier ne semblait d'ailleurs vouloir tenter le coup. Si menace il y avait, elle venait plutôt de la direction opposée. Quand la loi martiale fut proclamée, cinquante-sept officiers gauchistes qui préparaient un coup d'Etat furent expulsés de l'armée [343]. Ayant aidé à armer les terroristes marxistes de l'A.L.P.T., ils avaient l'intention de dire qu'ils s'étaient bornés à riposter à une provocation de droite.

L'armée donna la preuve de ses intentions honorables quand, en 1973, la loi martiale fut abolie et que des élections eurent lieu. Sous l'œil bienveillant des militaires, un gouvernement de gauche présidé par Bulent Ecevit fut porté au pouvoir. Il y resta huit mois, soit le temps d'envahir Chypre et d'accorder l'amnistie aux cinq mille personnes emprisonnées sous la loi martiale. Les innocents retrouvèrent leur métier. Les terroristes aussi.

L'Armée de libération du peuple turc et ses associés de moindre envergure s'enfoncèrent plus profondément dans la clandestinité, se constituant de nouvelles et immenses réserves d'armes provenant du bloc soviétique (quarante mille fusils furent saisis par la police au cours des quatre années suivantes) et resserrant leurs liens avec le Front palestinien Habash-Haddad. L'A.L.P.T. était maintenant au mieux avec Habash. Un important contingent se trouvait à Paris, pour l'organisation des opérations outre-mer. Il était dirigé par Gülten, la femme de Cayan, qui partageait le quartier général de Carlos dans une villa de la banlieue parisienne [344]. (La police française arrêta les chefs de la bande vers le milieu de 1973, avant qu'ils n'aient eu le temps de faire grand-chose.)

Les Palestiniens avaient également travaillé à former des cadres en Turquie au temps de la loi martiale. Comme Leila Khaled le déclara fièrement à *Hurryet* en mai 1971, « le F.P.L.P. envoyait des spécialistes de guérillas, de prises d'otages, de saisies d'avions et autres interventions... dans la mesure où il était plus difficile que par le passé aux Turcs de s'entraîner dans les camps du F.P.L.P. à l'étranger ». C'est le F.P.L.P. « qui a entraîné la majorité de ses membres turcs actuellement en prison », ajouta-t-elle.

L'A.L.P.T. n'avait pas renoncé à son premier objectif et ne devait jamais l'abandonner. Il s'agissait d' « éveiller les masses paysannes, de s'attaquer aux éléments féodaux des villes de province et d'établir le pouvoir révolutionnaire dans certaines régions ». Alors, « *les éléments réactionnaires des forces armées turques, agissant de concert avec des troupes étrangères défendant l'impérialisme, interviendraient ensemble. A ce moment, se déclencherait la guerre populaire...* ; dans certaines régions l'Ennemi serait rejeté à la mer tandis que les guérillas urbaines procéderaient au nettoyage des villes [345] ». Avec de la chance, cette action placerait la Turquie dans le peloton de tête des un, dix, cent Vietnam potentiels du monde entier.

Ceci était encore l'objectif de l'A.L.P.T. en 1978, quand je me trouvai pour la dernière fois en Turquie. « L'indomptable terrorisme de gauche conduit inexorablement à l'intervention militaire », me dit le professeur Mumtaz Söysol de l'extrême gauche. « Je vous dis ceci le cœur brisé », me dit un autre socialiste convaincu : « Nous, de la gauche, nous aimerions voir des actions réfléchies. Mais les terroristes pensent qu'ils doivent tout faire pour amener la formation d'un gouvernement militaire, prouvant ainsi que, depuis le début, la République turque a été fasciste et qu'elle doit être renversée ».

Cependant, il semblait véritablement que la prophétie allait se réaliser. Lorsqu'avait déferlé la première vague de terreur gauchiste, le colonel Turkes avait saisi sa chance. Quand la loi martiale fut abolie en 1973, ses Loups gris étaient passés, de force, à l'action, faisant tout ce qu'il fallait — et plus encore sans doute — pour qu'elle fût réimposée cinq ans plus tard. Une fois que la spirale de la violence droite-gauche eût été mise en mouvement de manière quasiment irréversible, le parti néo-nazi d'Action nationale du colonel se lança dans l'arène. En 1974, un gouvernement de droite du parti de la Justice, présidé par Suleyman Demirel nomma Turkes vice-Premier ministre. Sans perdre une seconde, il emplit les écoles, les média, la police et les ministères de ses partisans.

Comme on pouvait s'y attendre, les terroristes de gauche se livrèrent aussitôt à des représailles. Des deux côtés, la tuerie reprit de plus belle. Des officiers de droite fournissaient des armes aux tueurs de droite, tandis que l'Union soviétique accélérait ses livraisons à ceux de la gauche. D'énormes quantités d'armes du bloc soviétique arrivèrent en contrebande de Bulgarie, soit par terre, soit par mer. Le 3 juin 1977, les forces de sécurité turques arraisonnèrent dans le Bosphore le cargo grec *Vasoula,* en provenance de Varna, en Bulgarie. Il transportait *soixante-sept tonnes* d'armements divers. Une partie en était destinée aux forces clandestines cypriotes de gauche ; dans l'île, Grecs et Turcs se livraient une guerre chronique. Mais une importante quantité de matériel était destinée aux camarades turcs de gauche [346]. Le gouvernement turc protesta solennellement auprès de la Bulgarie, ce qui n'eut, comme toutes les démarches de ce genre, aucun effet.

Quand, en 1978, Bulent Ecevit reprit le pouvoir, le cercle vicieux gauche-droite produisait un cadavre par jour, chiffre qui fut porté à un par heure au printemps de 1980. Comme l'aile marxiste de son parti républicain était largement ouverte aux terroristes de gauche, Ecevit regardait toujours de l'autre côté. On aurait pu croire qu'on assistait à la parodie d'une comédie de Mack Sennett : les mauvais gars du colonel Turkes sortaient par une porte tandis que les bons gars marxistes entraient par l'autre et reprenaient en main la machinerie de l'Etat. Une fois encore les écoles, les média, la police étaient pleines de gens qui n'avaient d'yeux que pour le danger de droite. « Certains éléments de la gauche auraient désiré renverser le régime et préféré un régime fasciste au gouvernement actuel », dit Ahmet Taner Kislali, le ministre des affaires culturelles d'Ecevit dans l'été 1978. « Mais ces groupes ont subi l'influence de la terreur, perpétrée par la droite [347]. »

Quand, vers la fin, le Premier ministre essaya de changer de cap, il était bien trop tard. Et quand à l'automne de 1979 il fut renversé, le score de l' « Anarchie » s'élevait à cinq cadavres par jour, la moitié du pays était soumise à la loi martiale. Les deux extrêmes s'étaient enflés dans des proportions inquiétantes. L'extrême droite exploitait la tolérance d'Ecevit à l'égard de la terreur de gauche pour « prouver » que la Turquie était sur le point de devenir communiste. Quant à l'extrême gauche, bien loin de mieux se conduire et de bénir le gouvernement de son indulgence, elle se montrait de plus en plus audacieuse. Il en allait de même des Russes, qui croyaient déjà voir la Turquie lâcher prise à l'extrémité de l'Europe et de l'O.T.A.N., et des Palestiniens, à qui il suffit de saisir pendant quelques jours l'ambassade d'Egypte à Ankara pour établir leur triomphale prépondérance.

Non seulement (afin d'obtenir la libération des otages) le gouvernement d'Ecevit accepta sans discuter les conditions des Palestiniens, à savoir une reconnaissance formelle de l'Organisation de libération de la Palestine, mais son ministre de l'Intérieur serra dans ses bras les terroristes et les embrassa chaudement au fur et à mesure qu'ils sortaient du bâtiment[348]. Ce fut une manifestation vraiment singulière, si l'on songe que dans ce pays, la gauche terroriste s'entraînait depuis dix ans, sous la direction des Palestiniens, à renverser ce gouvernement démocratique... un gouvernement condamné à mort par les Palestiniens eux-mêmes.

On pourrait écrire plusieurs volumes sur une inquiétante petite phrase prononcée par le porte-parole de l'Organisation de libération de la Palestine à Téhéran, après que l'Iran fut tombée aux mains de l'ayatollah Khomeini : « Maintenant ce sera le tour de la Turquie. »

Il faisait allusion à la Turquie de Bulent Ecevit, dont le gouvernement de centre-gauche ressemblait de plus en plus à ce qu'avait été celui de Salvador Allende au Chili[349]. Le gouvernement Ecevit était froid à l'égard de l'O.T.A.N., mal à l'aise avec les Etats-Unis, méfiant à l'égard de l' « impérialisme financier de l'Ouest » (les Gnomes de Zurich et le Fonds monétaire international étaient ses nouveaux dragons, qui lui demandaient d'instaurer un sévère régime d'austérité pour combattre un taux d'inflation de 80 p. 100). La nouvelle théorie de la défense d'Ecevit était fondée sur l'idée que l'Union soviétique ne constituait plus un danger pour la Turquie. Il avait ouvertement fait des avances au Kremlin et permis pour la première fois en quarante ans à des bateaux de guerre soviétiques de faire escale dans un port turc. (Provoquant de ce fait une émeute maoïste de trois jours.) Il s'était adressé au colonel Kadhafi, de Libye, pour lui demander de combler un déficit de plusieurs milliards de dollars. Et son gouvernement entretenait des relations cordiales avec les Palestiniens eux-mêmes. « Maintenant, c'était son tour... », mais son tour de quoi ?

La Turquie ne pouvait guère suivre l'exemple de l'Iran. Elle n'avait pas de chah despotique à renverser, pas de fabuleuses réserves de pétrole à exploiter, pas de sentiment religieux comparable à celui qui avait permis la révolution islamique en Iran. Il y avait un demi-siècle que les musulmans turcs s'accommodaient de la civilisation occidentale de Kemal Ataturk. Leurs relations avaient été, dans l'ensemble, pacifiques et cela bien que les trois quarts d'entre eux eussent été des musulmans sunni et les autres des chiites appartenant à la secte même qui maintenant dominait l'Iran. Si la minorité chiite était plus orientée vers la gauche et la majorité sunni plus tournée vers la droite, il n'en restait pas moins qu'aucun désaccord foncier n'existait entre elles, du moins jusqu'à ce que... les terroristes des deux côtés décident d'entrer en action. Quant aux électeurs turcs, ils ne votaient pas en fonction de leurs croyances religieuses. Un seul parti mettait en avant sa foi islamique : il ne recueillit que 16 p. 100 des voix aux élections.

Et pourtant les Palestiniens préparaient sans aucun doute un assaut massif contre la Turquie. Ecevit ne pouvait s'empêcher de remarquer une infiltration de guérilleros palestiniens armés jusqu'aux dents, opérant une liaison avec la clandestinité turque et se faufilant jusque dans les régions lointaines de l'Est, aux frontières de l'Iran. « Il y a des éléments étrangers qui veulent créer en Turquie un mouvement semblable à celui qui s'est produit en Iran », dit-il, évitant avec soin de citer des noms [350]. Ce que ces « éléments étrangers » recherchaient, c'était une guerre religieuse et ethnique dans les provinces éloignées de l'est, qui aurait été accompagnée de violences dans les villes. Quand je m'arrêtai à Bruxelles au printemps de 1979, je trouvai au quartier général de l'O.T.A.N. des documents plus que convaincants à l'appui de ce qui précède.

Mais des preuves plus convaincantes encore devaient venir du Front de Habash lui-même. Si l'on en croit le *New York Times,* le Front en question organisa, le 8 avril 1980, une conférence de presse dans une cache, au fond d'une sorte de catacombe, au cœur de la vieille casbah de Sidon, au Liban. Une douzaine d'hommes et deux femmes, portant des cagoules fendues aux yeux, furent présentés comme des « guérilleros arméniens et des insurgés kurdes en Turquie », ayant « fait cause commune contre le gouvernement turc » (qui était alors, de nouveau, celui du conservateur Suleyman Demirel). Entourés de tireurs palestiniens, armés de Kalashnikovs, ils annoncèrent leur intention d' « organiser des opérations militaires contre les autorités turques, jusqu'à ce que le régime tombe et que les aspirations arméniennes et kurdes soient réalisées ». Ils assuraient parler au nom d'une « Armée arménienne secrète de libération » et d'un « Parti ouvrier kurde », insistaient sur leurs rapports étroits avec les formations palestiniennes marxistes. Tandis qu'ils faisaient porter aux Etats-Unis toute la responsabilité de ce qu'ils appelaient « la provocation qui avait contraint les Soviétiques à intervenir en Afghanistan [351] », ils n'avaient que des éloges à adresser à l'Union soviétique.

C'est la première fois qu'il avait jamais été question d'une « insurgence » kurde en Turquie. Jusqu'alors aucune « Armée secrète de libération arménienne » ne s'était le moins du monde manifestée sur le territoire turc.

Sans doute avait-on entendu parler d'une Armée secrète en Europe où elle s'était fait une spécialité de la « bombe à deux temps », la seconde devant éclater dans une rue très passante quelques minutes après la première, pour frapper la foule au moment où elle se précipite sur les lieux de l'explosion. Mais les communautés arméniennes d'Europe ignoraient tout de l'identité des lanceurs de bombes. Il n'y avait non plus aucune indication de leurs rapports avec les Palestiniens, du moins jusqu'au jour où les Palestiniens eux-mêmes eurent l'obligeance de fournir les renseignements voulus.

Habash entraînait depuis des années ses protégés arméniens au Liban et au Sud Yémen, ainsi d'ailleurs que ses protégés kurdes. Mais il éprouvait des difficultés à les placer. Les sept ou huit millions de Kurdes turcs sont complètement assimilés, généralement considérés comme d'honnêtes citoyens, heureusement dégagés des préjugés ethniques qui rongent leurs camarades kurdes, iraquiens et iraniens de l'autre côté de la frontière. Jusqu'à ce qu'un mouvement séparatiste kurde ait pu être monté de toutes pièces en Turquie, les Kurdes de Habash se bornaient à opérer avec tous les autres guérilleros du A.L.P.T. Généralement appelés groupe « Kawa », ils travaillaient en liaison étroite avec les groupes séparatistes kurdes soutenus par les Russes en Irak et en Iran, ainsi qu'avec le parti communiste iranien Tudeh (également pro-soviétique). (A en juger par la « librairie Kawa » située non loin du quartier général de la police à Istanbul, ils étaient en Turquie les porte-parole du parti Tudeh.)

Les Arméniens n'avaient pas de problèmes de libération. Il existe une République soviétique socialiste arménienne que l'U.R.S.S. a essayé de faire pénétrer dans le sud-ouest de la Turquie depuis 1920. Mais les Arméniens de Habash ne semblaient pas enthousiastes à l'idée de retourner en Turquie (et encore moins à celle de créer des difficultés à son gouvernement). La partie qu'ils souhaitaient réoccuper était la partie turque, qui, en tant qu'entité géographique, avait cessé d'exister après la Première Guerre mondiale. Un affreux massacre avait alors chassé un million sept cent cinquante mille Arméniens du pays d'où ils s'étaient dispersés aux quatre coins du monde. Mais en 1980, il y avait beau temps qu'ils s'étaient établis ailleurs. Depuis soixante ans qu'ils avaient été dispersés, pas un seul coup de fusil n'avait été tiré pour reconstituer leur patrie. Et pas une seule des colonies arméniennes dans le monde n'avait approuvé la guerre terroriste secrète — plus si secrète que cela — de l' « Armée Secrète ».

C'était véritablement un signe de perversité monstrueux que de vouloir imposer de nouvelles épreuves à la nation turque déjà si durement éprouvée par ailleurs. La chose était d'autant plus déshonorante que les intérêts au service desquels se plaçait le Docteur Habash et son Front populaire pour la libération de la Palestine ne pouvaient faire de doute à personne.

Le 27 juillet 1980, le correspondant du *Sunday Times* à Ankara écrivait sans ambages que c'étaient en fait les Russes qui, en Turquie, fournissaient de l'argent et des facilités d'entraînement à certaines des organisations marxistes (contribuant ainsi à l'escalade de la violence). Dans la région orientale de Kars, un fief turc jouxtant la République arménienne de l'Union soviétique et l'Iran, ajoutait le correspondant, des « groupes d'extrême gauche », recevant des Russes une aide de ce genre, occupaient une place si prépondérante que personne ne pouvait pénétrer dans le territoire sans leur autorisation formelle. Dans cette région explosive l'incitation à la révolte des séparatistes kurdes était alors devenue un secret de Polichinelle.

Ceci étant, qu'est-ce que les Russes pouvaient bien avoir en tête pour la Turquie par ces mots : « à son tour ? »

Ils avaient dû miser sur un coup d'Etat de l'armée. Car pour quoi que ce soit d'autre il était bien trop tard. Durant l'été de 1980, l'armée prit en effet le pouvoir... mais guère de la manière qu'avaient pu prévoir... ou espérer... les Russes.

Il aurait été normal de s'attendre à un coup d'Etat militaire, soit de droite, soit de gauche. L'un — celui de droite — aurait provoqué des protestations violentes — unanimes — justifiant l'intervention d'une armée de guérilla de combattants turcs pour la liberté, sous contrôle soviétique. L'autre — celui de gauche — aurait bien pu se terminer par la formation d'une République socialiste soviétique turque, de type arménien par exemple, ou afghan. Aucune de ces deux solutions n'aurait eu la moindre chance de profiter aux Turcs. Et l'une comme l'autre n'aurait pas manqué d'accentuer — et sans tarder — le déséquilibre du monde occidental.

L'armée turque n'accepta ni la première solution, ni la seconde. Une fois de plus en 1980, comme auparavant en 1960 et en 1971, son intervention eut pour objet de rétablir, plutôt que de remplacer, l'ordre démocratique dans le pays. Elle y arriva en arrêtant des terroristes de droite comme de gauche, ainsi que les chefs politiques soutenant l'une ou l'autre tendance. Le nombre des assassinats passa de ce fait du rythme d'un à l'heure, à deux ou trois par semaine. La vie semblait redevenir normale.

Mais la paix fut payée cher. Près de dix mille Turcs furent jetés en prison et toutes les libertés constitutionnelles furent suspendues. Dans pratiquement n'importe quel autre pays, cela aurait voulu dire ce que cela semblait vouloir dire. Mais l'armée turque ne ressemble pas aux autres armées — celles de l'Uruguay ou du Chili par exemple, celle de l'Espagne des années 30, ou celle de la Grèce de 1960. Deux fois déjà, au cours des vingt dernières années, les chefs militaires turcs ont tenu leur promesse de rétablir le pouvoir civil. Ils ont assuré qu'ils allaient le faire de nouveau, et, en dépit de la rage et de la frustration des terroristes, de nombreux Turcs semblent penser qu'une fois encore ils y arriveront.

13

LE PÔLE MAGNÉTIQUE (I) : CUBA

Durant l'été 1968, l'Union soviétique obligea Fidel Castro à signer un accord secret, au terme duquel Cuba abandonnait au Kremlin le contrôle absolu de sa politique étrangère et plaçait son service de renseignements — *Direccion General de Inteligencia* (D.G.I.) sous les ordres du K.G.B. [352].

Ce même été, à la demande expresse du K.G.B., le Comité central du parti communiste décidait d'abandonner son vieux principe de non-ingérence des affaires palestiniennes. En juillet, au cours d'une conférence secrète à Moscou, les communistes arabes furent priés d'infiltrer, d'espionner et de dominer la Résistance palestinienne. Cependant l'Union soviétique elle-même se mettait à entraîner et à armer les Palestiniens [353].

Ainsi en deux opérations, et en deux mois, les Russes avaient noué des liens avec les deux pays qui allaient bientôt devenir les pôles magnétiques du terrorisme mondial. Et c'est ainsi que se déclencha la drôle de guerre contre l'Ouest.

Peu nombreux sont les groupes terroristes mentionnés dans cet ouvrage dont les liens directs avec l'Union soviétique puissent être formellement démontrés ; mais rien n'aurait pu être mis ou maintenu en place sans l'appui de La Havane, ou de la Résistance palestinienne, ou des deux travaillant de concert. Au début ni l'un ni l'autre ne se sont sans doute rendu compte que ceci les entraînerait dans un circuit passant nécessairement par Moscou. Cependant, ce que l'on ignorait encore en 1970 était devenu de notoriété publique en 1980. Les terroristes le reconnurent eux-mêmes ; dépositions devant les tribunaux, confessions de toutes sortes, comptes rendus de témoins, interviews, communiqués à la presse, mémoires ou livres de souvenirs en témoignent.

Ceux qui acceptaient de parler étaient généralement des terroristes de la seconde ou de la troisième génération qui avaient travaillé dans l'orbite des Palestiniens : Hans-Joachim Klein, Patrizio Peci, du haut commandement stratégique des Brigades Rouges, Mohammed Abu Kassem, ou « Hader », qui s'était entraîné pour *Fatah* dans un « Camp d'Amitié » soviétique près de la mer Rouge (voir chapitre 16). Mais les pionniers qui leur avaient préparé la voie portaient en eux l'estampille de Cuba, et cela depuis une bonne dizaine d'années.

Castro avait toujours voulu exporter sa révolution. A peine avait-il pris le pouvoir, en janvier 1959, qu'il expédiait son premier corps expéditionnaire à Panama, où il essuya une défaite cuisante. Trois fois au cours de cette même année, il renouvela la tentative, au Nicaragua, à Haïti, et dans la République Dominicaine. A peine deux ans plus tard, il avait réussi à prendre dans ses filets à Zanzibar le futur responsable du premier coup de force marxiste réussi d'Afrique.

Quand il saisit cette petite île au large de la côte orientale de l'Afrique, « le maréchal de camp » John Okello venait de passer trois ans à La Havane à apprendre le métier[354]. Mais on ne le savait guère. Si l'on se penche sur le passé, on se dit que son incroyable suffisance et sa constante brutalité auraient dû le trahir. Véritable géant qui portait toujours deux armes passées à la ceinture, Okello avait tout du monstre. (Etant partie de Dar-es-Salaam dans le même charter de la Cessna que lui, au moment du coup de force, j'étais si glacée de terreur que je ne pouvais ouvrir la bouche.)

Il réussit parfaitement son coup. Il suffit de six heures à peine, à ses six cents hommes, dont un grand nombre avaient été entraînés à Cuba, pour renverser le Sultanat arabe et proclamer une « République du peuple » communiste. Au cours des jours qui suivirent, des milliers de Zanzibarins — des Arabes et des Indiens, mais aucun Noir — furent exécutés avec une férocité délibérée. Des milliers d'autres s'enfuirent épouvantés.

Pellicule de Terre au parfum de clou de girofle, comptant une population de trois cent mille âmes, Zanzibar devint rapidement une base de départ pour les coups de main sur le continent africain du Tanganyika au Congo. Che Guevara, l'ancien commandant de l'armée de Fidel Castro, vint bientôt s'y installer pour y entraîner d'autres guérilleros.

A l'époque, Okello semblait être surtout une émanation de la Chine rouge, ce qui ne semblait pas être pour déplaire à Castro. Peu désireux de prendre parti dans le différend sino-russe, Castro demeura en rapport avec Pékin jusqu'en 1966, époque à laquelle *Granma,* le journal du Parti, accusa la Chine rouge de « Subversion ». (Peu après, les Chinois rappelaient leur ambassadeur et quatre années s'écoulèrent avant qu'ils n'en renvoient un.)

A Zanzibar, Castro ne se contenta toutefois pas de se montrer prévenant à l'égard des Chinois ; il espérait découvrir le moyen de réaliser son propre rêve : celui d'une présence cubaine en Afrique. Bien avant que les Soviétiques ne le lui eussent demandé, et non

sans provoquer leur vive irritation, Castro s'était mis en devoir de
« cubaniser » les mouvements de libération du Continent noir.
Pas plus tard que 1961, l'année même où John Okello allait faire
surface à La Havane, Castro envoyait un chargement d'armes
cubaines en Afrique occidentale.

Après l'avoir déchargé à Casablanca, il emplit son cargo
d'apprentis guérilleros du Ghana, du Nigeria, du Mali, du Congo,
de l'Afrique du Sud, du Kenya, du Tanganyika, de la Guinée
équatoriale espagnole, de Zanzibar même, et remit le cap sur
Cuba [355].

Depuis lors, son pays se mit à envoyer des guérilleros
professionnels dans pratiquement tous les nouveaux Etats africains. Ici et là, il aida même à installer de petits protectorats
« marxistes » qui s'intéressaient bien évidemment moins à leur
propre sort qu'à assurer une présence cubaine. Sur ce continent la
plus remarquable fut l'ancienne colonie espagnole de la Guinée
équatoriale dont les objectifs politiques furent déterminés de 1962
à 1969 par des Noirs venus de Cuba. Quand les Espagnols se
retirèrent, leur minuscule ex-colonie appartenait au miraculeux
Diable-Dieu nationaliste Francisco Macias Nguema [356]. Entouré
de janissaires cubains pendant les dix années à venir et assisté de
trois au quatre cents « conseillers » cubains, Nguema exécuta
cinquante mille de ses trois cent cinquante mille sujets (un bon
nombre de ses propres mains), en envoya cent mille autres en exil,
s'attribua un salaire annuel de 5 millions de dollars et, au nom du
socialisme scientifique transforma son mini-pays, jusqu'alors
heureux et prospère, en un « non-pays » abandonné. Jusqu'au
jour de 1979 où il fut renversé et exécuté, il buvait un verre de sang
humain par jour. Ceci n'est pas une histoire inventée mais le rapport d'un témoin oculaire — David Lamb, du *Los Angeles Times*[357].

Cependant Castro organisait l'entraînement de l'avant-garde
de ceux qui allaient instaurer, en Europe, la décennie de la terreur
— Palestiniens, Italiens, Allemands, Français, Basques espagnols
— et installer des centres de guérilla dans pratiquement tous les
pays de l'hémisphère occidental au sud de la frontière des Etats-
Unis. Dès 1962, ses camps accueillaient mille cinq cents apprentis
guérilleros d'Amérique latine par an [358].

Que restait-il d'authentiquement castriste dans tout cela ? Il
est difficile de le préciser. Il y eut un moment où Castro exportait
un produit révolutionnaire né de son propre sol. En 1961, il avait
annoncé « qu'il avait toujours été un marxiste-léniniste et qu'il le
serait jusqu'à la mort » [359]. Mais il tâchait apparemment de ne pas
être staliniste. La Révolution cubaine avait mis au point un
modèle bien adapté aux exigences du tiers monde exerçant un
puissant pouvoir de séduction sur d'autres Etats dans la même

situation que Cuba et offrant à tout un chacun un appui fraternel ; « tout mouvement révolutionnaire dans le monde peut compter sur l'aide inconditionnelle de Cuba », dit-il à la séance d'ouverture de la conférence tricontinentale de La Havane en 1966.

Mais, en 1966, Castro n'était pas à même de faire une proposition de ce genre sans y mettre des préalables. La conférence tricontinentale était l'affaire de la Russie, et non la sienne. Peu après, autour de La Havane, un réseau de camps placés sous la surveillance du colonel Kotchergine, du K.G.B. entraînait des candidats européens, africains ou asiatiques ayant reçu la bénédiction des Russes. Le nouveau parti communiste cubain (1963) se trouva truffé de communistes d'obédience russe — au premier rang desquels se trouvait le propre frère de Castro, Raul, particulièrement bien vu du Kremlin et des agents soviétiques.

En 1968, ce peu de liberté dont avait encore disposé Castro deux ans auparavant avait disparu entièrement et à jamais.

Quand ils décidèrent que le moment était venu de le « mettre à leurs bottes », les Russes supprimèrent les livraisons de pétrole, de matières premières, de matériel agricole et de fournitures pour l'industrie [360]. L'économie se grippa complètement. L'accord secret qui s'ensuivit, vers le milieu de 1968, ne resta pas longtemps secret ; les transfuges cubains en assurèrent la diffusion.

Les Russes promettaient de garantir toute l'économie de Cuba. C'est ainsi que du jour au lendemain une nation de sept à huit millions d'individus devint entièrement dépendante des livraisons qu'il plaisait aux Soviets de lui faire. Si l'on en croit *Time,* en 1978 la Russie allouait à Cuba 6 millions de dollars de subsides et de prêts par jour, et vendait à Castro cent quatre-vingt-dix mille barils de pétrole par jour, à la moitié du prix mondial ; achetait 3,5 millions de tonnes de sucre cubain par an à quatre fois le prix mondial ; équipait entièrement l'armée cubaine à ses frais [361]. Comme le fit remarquer un diplomate de l'Ouest, Castro était plongé jusqu'au cou dans la baignoire soviétique.

En retour, Castro se disait prêt à « accepter le rôle historique des partis communistes dans les révolutions mondiales », c'est-à-dire, bien sûr, les révolutions conformes au modèle moscovite. Plus précisémment, il s'engageait à ne pas critiquer publiquement ces partis ni à se livrer à des attaques ouvertes contre l'U.R.S.S. [362]. L'invasion de la Tchécoslovaquie au mois d'août lui fournit sa première occasion de mettre le traité à exécution : mais c'est seulement en grinçant des dents qu'il lui donna son approbation, dirent les communiqués de presse. Et depuis il a toujours tenu parole.

Mais ce n'était pas tout. Castro dut également accepter cinq mille conseillers russes, chiffre porté à dix mille dix ans plus tard, qui furent placés dans divers secteurs économiques, l'armée et le D.G.I. Le colonel Viktor Simenov du K.G.B. se vit attribuer le bureau mitoyen de celui du directeur au quartier général du D.G.I. à La Havane. Annuellement vingt-cinq agents du D.G.I. (plus tard cinquante), dont il approuvait le choix, seraient recrutés pour suivre des stages de formation à Moscou (10 p. 100 d'entre eux passaient régulièrement au K.G.B.). Tous les problèmes opérationnels du D.G.I. ainsi que le budget annuel devaient être soumis à l'approbation du redoutable colonel. Dès lors, Cuba devenait le premier Etat satellite soviétique ayant un service de renseignements directement subventionné par Moscou « afin qu'il soit à même d'étendre ses activités à l'étranger » [363]. Depuis lors aucune intervention de Cuba dans le domaine du terrorisme ne peut se faire sans l'accord des Russes. Rien n'échappe à leur contrôle. A moins encore que l'initiative des interventions ne vienne de Moscou.

Parmi les transfuges acceptant d'expliquer comment fonctionnait l'arrangement, se trouvait un certain Orlando Castro Hidalgo qui témoigna longuement devant une commission du Sénat américain. Hidalgo avait abandonné son « emploi de couverture » à l'ambassade de Cuba à Paris en 1969, démissionnant en même temps du Parti communiste auquel, en tant qu'agent du D.G.I., il avait été tenu d'adhérer. Peu avant sa défection, dit-il, le D.G.I. avait envoyé une circulaire confidentielle à toutes les missions cubaines à l'étranger disant : « Nous travaillons maintenant pour nos associés et allons prendre leur place dans certains emplois. » Armando Lopez Orta, son chef de mission, n'y alla pas par quatre chemins : « Maintenant nous sommes plus près des Soviétiques », dit-il [364].

A cette époque, le travail de Hidalgo à Paris consistait surtout à soutenir les activités révolutionnaires en Amérique latine et en Afrique, « les candidats à l'entraînement se rendaient à Paris par avion aux frais de Castro, et Hidalgo s'occupait alors du logement, de l'argent, des messages reçus de La Havane et des visas pour la Tchécoslovaquie afin de camoufler la trace qu'auraient pu laisser les jeunes apprentis guérilleros se rendant à Cuba ». (Une fois, il dut se rendre lui-même à Prague, avec le faux passeport qu'un apprenti avait oublié d'emporter.) Hidalgo avait aussi à sélectionner les jeunes Européens désireux d'aller travailler dans les « camps de vacances » de Castro après les houleux événements de Mai 68 à Paris : il y en vint deux mille de France, et six mille du reste de l'Europe [365]. Avant d'être autorisés à s'embarquer pour Cuba, ils avaient encore à comparaître devant un « officiel important du K.G.B. du nom de Adalberto Quintana, spécialement venu de La Havane pour la circonstance ».

La même sélection méticuleuse présida au recrutement de deux mille cinq cents jeunes Américains qui formèrent les Brigades des Venceremos, qui firent surface l'année suivante. Ces nouvelles brigades constituèrent un succès considérable pour le D.G.I. (et le K.G.B.) ; entre 1969 et 1977, elles se rendirent à Cuba en dix groupes séparés. Là, sous le regard paternel du colonel Simenov, les jeunes recrues apprirent à organiser une campagne véritablement efficace ayant pour objet la déstabilisation des Etats-Unis. Le départ fut donné par les « Météos » U.S. ; Bernardine Dohrn et Peter Clapp qui en faisaient partie furent invités à La Havane, vers le milieu de 1969, à rencontrer une délégation du Vietnam du Nord et du Vietcong [366]. Quelques semaines à peine après leur retour éclatèrent les journées de fureur de Chicago « qui devaient amorcer la guerre sur le sol natal ».

Des milliers d'autres étudiants américains apprirent l'art de l'émeute dans des publications du genre « pratique » comme *The Anarchists Cook book,* « Les petites recettes de l'anarchiste ».

Si vous n'avez pas d'autres armes mortelles sous la main, plantez un grand clou dans une planche de manière qu'il dépasse largement de l'autre côté, disait ce manuel très à la page, dont, en fait, le texte n'était autre que la reproduction mot pour mot des cours donnés dans les classes de guérilla de Cuba [367].

Bien des jeunes faisant leur premier pèlerinage à La Havane devaient croire qu'ils allaient marcher sur les traces de Che Guevara mais ils se trompaient. Les Russes et Castro avaient envoyé promener dès 1967 la théorie de Guevara selon laquelle la révolution s'allumait spontanément comme un feu de brousse, de même évidemment qu'ils avaient envoyé promener Guevara lui-même avec (dit-on) l'aide de la très sexy agent soviétique, « Tania » [368]. Dans les années soixante-dix, la révolution armée n'avait absolument plus rien de spontané. Elle était devenue une combinaison de mécanismes bien huilés, d'ordinateurs, de programmation, en un mot une guerre de guérilla urbaine.

Bien plus, sa ligne stratégique correspondait davantage à l'orientation géopolitique de l'Union soviétique. Une année durant, l'Amérique latine disparut presque dans l'ombre. Elle en sortit quand les circonstances — ou plus précisément quand une implacable dictature de droite — imposèrent pratiquement la révolution aux Sandinistes du Nicaragua, entraînés à La Havane depuis le début des années soixante ainsi que leurs alter ego, de trois ou quatre Etats voisins, soumis à une implacable dictature de droite. L'Afrique s'échauffait : les principaux objectifs devinrent l'Europe de l'Ouest et le Moyen-Orient : depuis l'Irlande, l'Espagne, l'Allemagne et l'Italie, jusqu'aux Etats pétroliers arabes, la

Turquie et l'Iran. Les services de Castro furent doublés en conséquence.

Les camps de guérilla de l'île continuaient à faire le plein. Les Palestiniens, en particulier, arrivaient par centaines à la fois, comme d'ailleurs ils continueraient à le faire pendant tout le reste de la décennie. Yasser Arafat et Georges Habash vinrent tous deux à La Havane pour faire un tour d'horizon avec Castro : ils furent reçus comme des rois [369]. Il ne s'écoula pas beaucoup de temps, cependant, avant que ces spécialistes de la guerre de guérilla ne commencent à répandre leur bonne parole ailleurs — plus précisément le long du grand arc de cercle arabe qui abrite la Résistance palestinienne. C'est à un moment crucial pour les Palestiniens que commença leur migration, juste après la guerre des Six jours en octobre 1973, quand les éléments les plus durs — adversaires implacables d'une paix négociée avec Israël — décidèrent de former le Front du refus palestinien.

En décembre 1973, deux mois à peine après cette guerre, quarante spécialistes cubains du terrorisme arrivèrent secrètement au Sud-Yémen. Avec eux se trouvait un expert est-allemand, un certain Hans Fiedler, qui fréquentait Cuba depuis 1971. A peine avaient-ils débarqué à Aden qu'ils furent expédiés plus au nord dans un camp de guérilla palestinienne dirigé par Naïf Hawatmeh [370]. Venant juste après Habash et Haddad dans la hiérarchie du Front du refus, Hawatmeh avait été toute sa vie un communiste orthodoxe.

A l'époque, le Sud-Yémen n'était pas encore tout à fait une république populaire soviétique. Les Russes ne complétèrent leur processus de satellisation que le 26 juin 1978, date à laquelle Aden fut bombardé, à la fois, par la marine de guerre soviétique et par des avions russes pilotés par des Cubains [371]. Le président Salem Rubaya Ali ayant été exécuté, aucun obstacle ne s'opposait plus à l'annexion par la Russie du Sud-Yémen et à sa transformation en véritable colonie russe. Toutefois il y avait une bonne dizaine d'années que les Russes s'étaient établis au Yémen, de sorte qu'au début des années soixante-dix ce petit morceau de brousse africaine était devenu pour les terroristes un havre de tout repos.

Protégé des regards indiscrets par le double blindage protecteur du K.G.B. et de la police secrète est-allemande, le Sud-Yémen devint le nœud vital du réseau d'entraînement du Front du refus palestinien.

Plus ou moins tard, tous ceux qui avaient un nom quelconque dans le terrorisme planétaire passaient par le Sud Yémen, soit pour s'y entraîner, soit pour s'y cacher, soit pour les deux. Ceci était vrai pour l'ensemble du réseau allemand, de la bande à Baader (2ᵉ génération !) au Mouvement du 2 juin et aux cellules révolutionnaires (nous tenons ceci de Hans-Joachim Klein). Ludwina Janssen, du Secours rouge néerlandais, y avait également vu les Allemands, parmi d'autres aussi ; et les autres, selon elle et selon plusieurs rapports de différents témoins oculaires, comprenaient des Japonais, des Turcs, des Irlandais et des Iraniens, des Arméniens et des Kurdes, des Italiens, des Français, des Hollandais, des Belges, des Molucois du Sud, des Sahraouis du Polisario, et — au moins jusqu'en 1976, quand deux cent quatre-vingts d'entre eux se trouvaient encore dans un camp spécial à Hauf — les membres de la tribu du Dhofar venus du riche Sultanat pétrolier d'Oman [372].

L'enseignement supérieur de la guerre de guérilla était donné par des Cubains et par des Allemands de l'Est. Quand pour le compte des Palestiniens et pour le sien, le colonel Kadhafi se lança dans les affaires d'entraînement à la guerre de guérilla, les Cubains suivirent de près. Le premier compte-rendu sérieux parvenu sur les camps d'entraînement libyens nous y montre les Cubains enseignant l'art de la guérilla aux Basques espagnols [373]. Ceci se passait en 1976, au moment même où un régime démocratique s'implantait (non sans mal) en Espagne, et où les durs de *l'E.T.A.-Militar* basque entraient dans l'orbite de Kadhafi. En 1980 une cinquantaine d'instructeurs de guérilla cubains étaient installés en Libye [374].

Dans le même temps, deux cents autres Cubains s'installèrent en Algérie, pour y entraîner des guérilleros Sahraoui du Front du Polisario [375].

Cependant, un autre contingent d'instructeurs cubains arrivait en Syrie. Certains furent affectés à l'armée syrienne, d'autres aux camps d'entraînement des guérilleros. Les premiers d'entre eux furent signalés en 1976 : selon Melvin Laird, ancien secrétaire d'Etat américain à la Défense, ils entraînaient des terroristes japonais, allemands et iraniens aussi bien que des arabes [376]. Puis vint une infiltration massive du Sud Liban par le Front du refus, établissant une enclave militaire à Tyr, à la veille de l'horrible guerre civile du Liban. Deux ans plus tard, une fois le Front du refus fortement implanté, une équipe cubaine débarqua à son tour au port de Tyr.

Le *Journal de Genève*, quotidien sérieux s'il en est, décrit cette mission dans un long article d'un correspondant au Liban. « Après avoir embarqué à Tyr à la fin de mars 1978, dit le journal suisse, la première équipe d'instructeurs cubains s'installa aux environs du château de Beaufort, une vieille forteresse datant du temps des croisades et facilement accessible par mer [377]. » Deux mois plus tard arriva une seconde équipe d'instructeurs et d'ingénieurs cubains ainsi que des spécialistes de l'installation de bases militaires et de rampes de lancement de fusées. Tout l'équipement était arrivé à Tyr à bord de cargos soviétiques : fusées S.A.M., artillerie...

« A la fin d'une période d'entraînement intensive de huit mois, le premier groupe des terroristes était apparemment prêt à s'embarquer pour les pays du golfe Persique, muni de faux passeports, de faux permis de travail, et possédant une connaissance parfaite des accents, des manières et des usages de ces pays. Les terroristes avaient été entraînés au combat de rues, de désert, aux attentats contre les individus et aux attaques de bâtiments, au travail de démolition ainsi qu'au sabotage des installations pétrolières. Précédant les révolutionnaires, de grandes quantités d'armes furent amenées en pièces détachées au pays du golfe Persique par des intermédiaires qui empruntaient la même route. »

Le compte-rendu du journal de Genève porte la date du 20-21 janvier 1979. Ce même mois, une irrésistible marée révolutionnaire balayait de son trône le chah d'Iran, qui, depuis que les forces anglaises n'opéraient plus à l'est de Suez, veillait à la sécurité du golfe Persique.

L'importance d'avoir des experts cubains à l'étranger, comme c'était le cas depuis 1975 environ, se fit mieux sentir encore quand environ à cette époque la police argentine découvrit les plans d'une « Brigade européenne » des pays d'Amérique latine. Comme nous l'avons vu, le plan strictement confidentiel de Tucuman, établi avec les supervisions du D.G.I. et du K.G.B., impliquait le transfert en Europe de toute la junte pour la coordination révolutionnaire, la J.C.R. constituée par l'équipe de Cuba. Ses quatre principaux groupes de guérilleros — les Tupamaros uruguayens et des groupes apparentés d'Argentine, de Bolivie et du Chili, tous condamnés à l'exil avec l'arrivée au pouvoir des régimes militaires — avaient pour mission de mettre au point à partir de quartiers généraux, à Lisbonne et à Paris, un assaut concentré sur le continent. Castro avait établi des camps spéciaux pour eux dans une propriété de plus de mille deux cents hectares près de Guanabo, où ils subissaient pendant trois mois un entraînement intensif : explosifs, armes, sabotage, guérilla urbaine figuraient comme d'habitude au programme[378].

On peut se rendre compte et des manœuvres que nécessitait ce programme préparatoire et de la variété des intérêts en jeu en voyant l'itinéraire suivi par le chef argentin du J.C.R., Espinoza Barahona, après sa sortie du camp d'entraînement de Guanabo. Barahona quitta Cuba le 16 décembre 1975, afin de gagner en dernier ressort l'Argentine où il devait préparer le transfert du

J.C.R. en Europe. De La Havane, muni d'un faux passeport costa-ricain au nom de « Guillermo Arce Roldan », il s'envola directe-ment pour Moscou. Après y avoir passé la nuit, il partit pour Prague dans un avion des Cuban Airlines, changea de ligne pour se rendre à Zurich, changea encore de ligne pour faire escale à Paris (il régla le billet en espèces) et prit finalement un avion d'Air France pour la dernière étape de son voyage vers Buenos-Aires. Son passeport fut trouvé dans la maison forte du J.C.R. en même temps que tous les documents relatifs au plan Tucuman [379].

Le fameux plan fut finalement un fiasco. A Stockholm, une première opération tourna court quand la police mit en pièces « l'opération Léo » de Norbert Kröcher. A Rome, alors que tout le pays cherchait Aldo Moro, l'avenir s'assombrit nettement quand au printemps de 1978, la police délogea et expulsa une bande assez importante de Montoneros argentins. Indispensable à la bonne marche des opérations, le réseau protecteur d'Henri Curiel fut découvert et tomba en pièces. Par-dessus tout au Portugal, à la surprise générale, la prise de pouvoir du parti staliniste commu-niste ne se produisit finalement pas. Sans l'assurance d'un refuge sûr au Portugal, une opération d'une telle envergure (elle couvrait le continent entier) était hors de question.

L'histoire de Cuba à l'étranger prenait une dimension nouvelle. L'accord de la Russie avec Fidel Castro, en 1968, s'appliquait à l'armée aussi bien qu'aux renseignements. A partir de 1975 environ Castro s'engageait à envoyer pour le compte du Kremlin des troupes cubaines sur la moitié du globe. En 1980, quarante à cinquante mille hommes de troupes cubains étaient déployés en Afrique et dans la péninsule arabe [380].

Rien qu'en Angola, ils étaient environ vingt-deux mille, combattant les insurgés dans le sud et établissant généralement une antenne semi-soviétique quand la junte de l'armée révolution-naire du Portugal libéra cette colonie stratégique. Une armée de dix-sept mille hommes se trouvait alors dans le premier Etat d'Afrique noire entièrement soviétisé — l'Ethiopie. Pour aider à installer le régime marxiste-léniniste du colonel Mengistu, les Russes avaient transporté par avion dix mille Cubains d'Angola en Ethiopie, quinze mille directement en Ethiopie, de nouveau dix mille en Angola, maintenant ainsi les forces armées de Cuba au nombre voulu [1]. Selon l'Institut pour l'étude des conflits de

1. Le Nord Yémen est généralement connu sous le nom de Yémen. Son nom officiel est République arabe du Yémen. Le satellite soviétique du Sud Yémen, l'ancien protectorat d'Aden, est maintenant officielle-ment appelé République démocratique populaire du Yémen.

Londres le pont aérien aurait nécessité environ un total de cinq mille vols en sept mois, soit environ vingt-quatre vols par jour[381].

L'hiver suivant, de nuit, un autre pont aérien servait à amener de toute urgence des troupes d'Ethiopie au Sud Yémen. Les Russes avaient besoin non seulement des troupes cubaines pour consolider leur position dans le Yémen Sud, mais pour tenter de faire entrer le Yémen du Nord dans l'orbite soviétique. Fin 1978, pendant la courte guerre de frontières, le nombre de troupes cubaines au Sud Yémen passa de sept cents à mille sept cents (et s'élevait, dit-on, à six ou sept mille en 1980). Des sources, au siège de l'O.T.A.N. à Bruxelles, assurent que des corps de soldats cubains furent trouvés sur le territoire du Yémen Nord pendant les hostilités[382].

Le temps n'était plus où le Kremlin critiquait amèrement Fidel Castro pour ses expéditions « inconsidérées à l'étranger ». L'envoi des troupes cubaines en Afrique, qualifié par Moscou d' « important » dans les années soixante, s'était transformé en « acte de solidarité prolétarienne internationale » une dizaine d'années plus tard. L'armée cubaine était devenue un atout de première importance pour le Kremlin, libre d'aller où les Russes ne le pouvaient pas, et livrant par procuration les guerres « impériales » de l'Union soviétique. Ce qui n'empêche pas Cuba de se proclamer membre du tiers monde — et non aligné qui plus est — ce qui apporte à ce qui précède un aimable élément de fantaisie.

Il n'empêche qu'il y avait des limites à l'utilité des Cubains dans le vaste théâtre des opérations terroristes. Ils venaient de trop loin, étaient trop facilement repérables, trop facilement compromis par la Russie. Les Palestiniens du Mouvement de la résistance étaient mieux placés à tous égards. Et ils étaient beaucoup — mais beaucoup — plus riches, surtout à partir du moment où le colonel Muammar Kadhafi entra en scène.

14

KADHAFI L'ANGE TUTÉLAIRE
DU TERRORISME

Le colonel Muammar Kadhafi, né au désert dans une tente de nomade et nourri du Coran, était un jeune officier dévot et austère quand en 1969 il renversa un roi sénile. Peu après cependant, il découvrit du pétrole en Libye et son revenu passa subitement à 1 million de dollars par mois. L'argent ne resta pas sans effet.

Bientôt il se fit connaître par le volume de ses dépenses, particulièrement dans le domaine des armements. Un achat de Mirages français et de chars ouest-allemands Leopard fut le prélude de la plus grosse affaire de notre temps : une commande à l'Union soviétique de 12 millions de dollars de chars, d'avions, d'artillerie, de fusées... soit 600 dollars par homme, femme et enfant libyen, 6 000 dollars par soldat d'une armée qui en comptait vingt-deux mille. L'arme nucléaire ne le laissait pas non plus indifférent. Ayant essayé, dès 1970, de s'offrir une bombe atomique — à Pékin, où il rencontra Mao Tsé-tung —, il semblait être sur le point de réaliser son rêve. Au printemps de 1980, des dissidents d'une équipe de spécialistes atomistes, dirent à la B.B.C. qu'ils avaient travaillé à la fabrication d'une bombe atomique à Chasma, au Pakistan ; le colonel Kadhafi avait déjà versé 100 millions de dollars pour le financement du projet. En d'autres termes, le Pakistan serait le fabricant et le Colonel, le futur propriétaire de l'objet en question qui, selon les mêmes spécialistes — pourraient être prêt dès 1981 [383].

Avec ses armes, son argent, son ambition et son exaltation mystique dont la source paraissait également intarissable, il réussit à se faire un autre genre de réputation. Le président Sadate l'appelait « un criminel endurci, malade à cent pour cent et possédé du démon ». Le président Numeiry du Soudan disait qu'il avait « une double personnalité, l'une scélérate, l'autre également ». Même l'O.L.P. l'appelait « un fou ». Cinglé ou non, il devait bientôt devenir « l'ange tutélaire du terrorisme international ».

Il ne semblait pas se soucier beaucoup de savoir si le terrorisme était noir ou rouge, encore que ses préférences eussent cependant évolué avec le temps. Au début des années soixante-dix, il était pratiquement tout noir. Le chef de la première association italo-libyenne, nageant dans un fleuve d'argent libyen — et finalement mise hors la loi comme association terroriste noire —, était Claudio Mutti, un terroriste nazi-maoïste, incarcéré en 1980 pour sa participation à l'attentat commis à la gare de Bologne [384]. Mario Tuti, collègue de Mutti et qui purge à l'heure actuelle une peine de prison à vie pour meurtres terroristes était allé toucher 100 000 lires à l'ambassade de Libye à Rome en 1975, juste avant d'abattre deux policiers [385]. Mutti prétendit avoir été inspiré par le « socialisme islamique » de Kadhafi. Les héros qui inspiraient Tuti étaient Hitler, Mussolini, Kadhafi, Mao Tsé-Toung. Parmi les autres adversaires du sionisme qui émargeaient chez Kadhafi à l'époque, était le journal fasciste *Avanguardia Nazionale* dont les affiches étaient suffisamment éloquentes pour se passer de commentaires : « Nous sommes avec vous, peuple héroïque d'Arabie et de Palestine, et pas avec les sales, gros Juifs », proclamait l'une d'elles en toute simplicité [386].

Quand il prit pour la première fois un intérêt actif à la terreur palestinienne à l'étranger, Kadhafi était du côté de l'Internationale noire, fournissant en l'occurrence les fonds, les armes et l'entraînement pour le massacre des Jeux Olympiques de 1972. Il était encore de ce côté-là quand, furieux du virage à gauche de la Résistance palestinienne, il arrêta court le versement annuel de 40 millions de dollars qu'il faisait à l'O.L.P. : il le reprendrait, dit-il, quand le mouvement aurait reconsidéré son orientation [387]. Il rétablit néanmoins sa subvention dès l'été — mais seulement après une semaine de discussions passionnées avec les chefs palestiniens à Tripoli. C'est à ce moment-là également qu'il s'engagea à financer le réseau de Carlos à Paris, lequel, de son côté, commençait alors sa propre glissade sur la pente savonneuse de la gauche.

Après cela, il suffit de se dire révolutionnaire pour mettre le grappin sur Kadhafi — et les candidats ne manquaient pas. « En dehors de leur appui aux groupes palestiniens, les Libyens ont fourni, dans le monde entier, de l'argent, des facilités d'entraînement et, dans certains cas, des armes, à pratiquement tous les groupes pouvant prouver leur orientation révolutionnaire », déclara en 1980 le sous-secrétaire d'Etat David Newsom qui précédemment avait été ambassadeur des E.U. à Tripoli [388]. La liste des « ayants-droit » allait des Sandinistes nicaraguayens, des Monténéros argentins et des Tupamaros de l'Uruguay, à l'I.R.A. provisoire, aux Basques espagnols, aux Bretons et aux Corses, aux séparatistes sardes et siciliens, aux Turcs, aux Iraniens, aux Japonais et aux insurgés musulmans de Thaïlande, d'Indonésie, de Malaisie et des Philippines — et la liste est loin d'être complète. En outre, bien sûr, les Libyens Kadhafistes qui se déclaraient prêts à punir leurs compatriotes « déloyaux de Londres », Paris et Rome, étaient généreusement récompensés.

On assure qu'en 1976, Kadhafi avait à sa disposition, pour son action terroriste, des fonds secrets s'élevant à 580 millions de dollars. A l'heure actuelle, ce chiffre avancé par son ancien ministre du Plan, Omar-el-Meheisi, serait probablement inférieur à la réalité. Naturellement il consacrait une bonne partie de cet argent à la cause palestinienne, ses faveurs étant partagées entre le *Fatah* d'Arafat et le plus extrême Front du refus. Il se montra spécialement généreux envers le « Front », auquel il accorda une subvention de 100 millions de dollars et dont, pendant la longue guerre civile au Liban, il couvrit la plus grande partie des besoins en armes[389]. Il consacra aussi des sommes appréciables à tenter de « faire sauter » les chefs arabes « conservateurs ». Il tenait en permanence une somme de 1 million de dollars à la disposition de qui voudrait et pourrait régler son compte à Anouar el-Sadate et il a multiplié sans doute la somme par six ou par sept pour son projet rocambolesque de destitution du président tunisien, Habib Bourguiba.

Sa tentative tunisienne en janvier 1980 se termina par le premier procès du Kadhafisme au cours duquel, pour la première fois, furent mis en lumière les rapports étroits du Kadhafisme et du terrorisme mondial — et plus particulièrement méditerranéen. Des soixante combattants qu'il envoya pour se saisir de la ville-lumière de Gafsa, quarante-deux vécurent suffisamment longtemps pour pouvoir venir témoigner devant la Cour de sécurité de l'Etat (ils furent exécutés aussitôt après). Des douzaines de journalistes étrangers accoururent pour le procès. Un certain nombre, fascinés par les révélations faites devant la Cour, se rendirent en Libye pour voir par eux-mêmes ce qui s'y passait. Pour une fois, les feux de l'actualité vinrent éclairer quelques-uns des recoins les plus sombres de la « mystérieuse planète Libye », comme l'appelait le journal clandestin *Sawt Lybia*.

Le raid sur Gafsa commença un dimanche, à deux heures du matin, au moment où les commandos de Kadhafi — surarmés et surentraînés — passèrent la frontière algérienne et pénétrèrent dans le désert tunisien. Il y avait déjà en ville 1 million de dollars d'armes qui les attendaient et qu'ils durent abandonner dans leur fuite éperdue. Ils prirent Gafsa par surprise et s'y maintinrent un jour, s'attendant à ce qu'une insurrection populaire éclate et que la Tunisie entière se soulève. Kadhafi leur en avait donné l'assurance mais il s'était trompé. Les survivants racontèrent toute l'histoire avec force détails.

Bien qu'il vécût généralement en Libye — où il se trouvait plus en sécurité — leur chef Ahmed Mergheni était depuis quinze ans dans l'opposition clandestine tunisienne. Une fois auparavant, cependant, en 1972, les hommes de Kadhafi lui avaient fait passer la frontière pour faire sauter l'ambassade des Etats-Unis et la Grande Synagogue de Tunis, mais il fut arrêté et mis en prison. Libéré quatre ans plus tard, il retourna en Libye d'où on l'expédia promptement au camp de guérilla de Tindouff, lequel était alors pratiquement réservé aux guérilleros sarahouis du Polisario. Finalement il fut chargé par un « Bureau de liaison arabe extérieur » de Tripoli de monter l'opération de Gafsa.

Nanti d'un pécule de 5 millions de dollars, il fut envoyé au Liban pour y recruter des Tunisiens, alors à l'entraînement du F.P.L.P. de George Habash et au Front démocratique de Naïf Hawatmeh. Mais dans les camps palestiniens, Mergheni ne trouva en tout que vingt-huit Tunisiens, dont un spécialiste des fusées Sam 7 [390]. Munis de faux passeports que leur avait fournis l'ambassade de Libye à Beyrouth, ils s'envolèrent pour Rome, puis, de là, pour Alger. Plus tard ils firent jonction avec le reste du groupe qui venait directement des camps libyens. Le lieu de rendez-vous se trouvait quelque part sur la « Piste Kadhafi » : c'était, à travers le désert, la voie qu'empruntait chaque semaine les caravanes de camions de Kadhafi, chargées de Kalashnikov, de Makarov, de bazookas RPG 7 et de *Sam-7* pour le Front du Polisario en guerre contre le Maroc dans le Sahara occidental.

Le matériel logistique était abondant. En dehors de l'énorme dépôt d'armes qui se trouvait à Gafsa même, les Libyens prévoyants avaient pris soin de disséminer des réserves d'armes dans les principales villes de Tunisie : à Sfax, Kairouan, Bizerte et, bien sûr, à Tunis. Afin d'éviter que les commandos ne se trouvent à court de matériel — si, par exemple, la population se soulevait jusqu'au dernier homme — on leur fit savoir qu'en Europe d'autres dépôts d'armes se trouvaient à la disposition des terroristes. Des dépôts ? où cela ? Les juges demandèrent que la réponse leur soit donnée à huis clos, ce qui ne l'empêcha pas d'être communiquée aux journalistes par les avocats de la défense : en Sicile et en Corse, dirent-ils [391].

Tous les prisonniers dirent avoir vu d'autres étrangers dans les camps libyens, par centaines et par milliers. Ezzedin Sharif, leur commissaire politique eut l'obligeance de faire connaître à la cour la nationalité des aspirants terroristes et l'emplacement des camps. Plusieurs envoyés spéciaux européens se rendirent en Libye au cours des mois suivants pour vérifier ces informations ainsi qu'un groupe de trois journalistes de la revue africaine *Jeune Afrique*. Voici le tableau composite brossé d'après les déclarations des commandos tunisiens et les articles des journalistes étrangers publiés dans *La Stampa*, *Il Giornale Nuovo*, *Panorama* et l'*Europeo* ainsi que dans *Le Nouvel Observateur* et *Jeune Afrique*[392].

Il y avait de dix à vingt mille étrangers dans les camps. Environ vingt mille étaient Egyptiens, rassemblés dans un camp spécial à el-Beida, près de Tobrouk; les instructeurs étaient essentiellement des Russes de la base de Tobrouk où des unités de la flotte soviétique de Méditerranée faisait souvent escale. (A lui seul, le camp de Tobrouk pouvait loger cinq mille recrues[393].) A Maaten Biskara, les Soudanais partageaient un camp avec des apprentis-guérilleros tchadiens. Ici les instructeurs étaient soit cubains soit russes; une piste d'atterrissage militaire y avait été utilisée en 1978 pour envoyer des troupes cubaines en Ethiopie.

Les Tunisiens eux-mêmes étaient concentrés à Bab Aziza et leurs instructeurs étaient en majorité libyens ou palestiniens. On leur apprenait non seulement à se servir des Kalashmikov, des bazookas RPG et des Sam 7 qu'ils connaissaient déjà, mais du terrible *Chilka* qui comporte quatre canons de 23 mm « radio-guidés ». On leur répétait tout le temps qu'ils ne devaient pas craindre la mort. « Votre cause est noble », leur disait-on sans cesse.

On comptait en tout sept mille Africains dans les camps. Le 1er septembre 1979 eut lieu à Benghazi un défilé de tout le contingent africain. Il eut pour témoin un correspondant de *Jeune Afrique*. « Il faut avoir vu cette armée pour comprendre l'importance qu'elle présente pour les chefs libyens », écrit-il[394]. « Sept mille hommes noirs défilèrent au pas de l'oie devant une foule en délire, en présence de Kadhafi dont les yeux lançaient des éclairs de cruauté; parmi les soldats, les uns conduisaient des chars, d'autres portaient des bazookas... ».

Il s'agissait de la célèbre « Légion étrangère » de Kadhafi, dont l'objet selon l'ancien président du Sénégal, Léopold Senghor, était de déstabiliser l'Afrique au sud du Sahara et de créer un vaste empire libyen.

Prenant part à cette revue, se trouvaient les futurs aspirants-conquérants du Mali, du Nigeria, de la Mauritanie, du Cameroun, de la Tunisie, de l'Egypte, du Soudan, du Benin, du Niger, du Tchad, du Sénégal, de la Côte-d'Ivoire et du Saharoui, la terre élue du *Polisario*. (Jusqu'à ce qu'ils soient en âge de combattre, les enfants des guérilleros du *Polisario*, âgés de neuf à dix-neuf ans, étaient élevés dans des établissements libyens étroitement surveillés. « Voici les libérateurs du tiers monde ! » hurlaient les haut-parleurs. Il semble y avoir eu des défections parmi les libérateurs.) On n'en trouvait aucun du royaume centre-africain de l'ex-empereur Bokassa, par exemple. Quand il fut déposé en 1979, deux cents Libyens se trouvaient dans son armée et l'on découvrit six mille Kalashnikov dans son palais[395]. Absents également les représentants de l'Ouganda où, avant d'être contraint à prendre la fuite, Idi Amin était défendu par des troupes palestiniennes et libyennes. (Kadhafi avait envoyé vingt-cinq mille hommes en Ouganda quand Amin y défendit pour la dernière fois sa couronne et plus tard une compagnie de Palestiniens mit bas les armes devant les forces saoudites[396]).

Aucun des dix ou vingt mille étrangers des camps de Kadhafi ne venait d'un pays communiste d'Europe de l'Est, ou d'un Etat client du bloc soviétique ou encore d'un satellite du tiers monde. Aucun ne semblait songer à libérer l'Afghanistan islamique qu'un coup de force militaire avait fait entrer dans l'orbite des Soviétiques en 1978, et où une armée d'occupation le maintenait depuis la fin de l'année suivante. Par contre, un grand nombre de ces étrangers paraissaient des plus soucieux de délivrer les sociétés libres de l'Europe de l'Ouest.

Pour une opération du tiers monde, toute l'affaire avait en vérité un caractère « premier monde » des plus prononcés. Les camps de Kadhafi étaient bourrés d'Européens. Parmi ceux qu'avaient signalés des témoins oculaires, se trouvaient des Irlandais, des Allemands, des Basques espagnols, des Italiens, des Grecs, des Turcs, des Bretons et des Corses. La plupart se trouvaient groupés dans trois camps, à Sirte, Sebha et Az Zaouiah. Mais les candidats les plus doués avaient accès au camp beaucoup plus distingué de Raz Hilal, près de Tokra où des instructeurs cubains et allemands de l'Est donnaient les cours de sabotage les plus avancés du monde. Ils pouvaient aussi y apprendre le métier d'homme-grenouille. Coïncidence ou non, l'I.R.A. utilisa des hommes-grenouilles pour faire sauter le bateau de pêche sur lequel se trouvait Lord Mountbatten.

Tous les étrangers étaient fichés par ordinateur à leur entrée dans la capitale libyenne et à la sortie. Le centre d'accueil, dans le palais du Peuple, était dirigé par le service de liaison arabe, placé de son côté sous le contrôle du service secret libyen (entraîné quant à lui par la police secrète est-allemande). Après l'examen, les candidats reçus recevaient en prime de faux passeports, une ou deux armes et de l'argent de poche pour le voyage de retour. Les Européens recevaient en outre l'adresse de comités de soutien libyens à Rome, Bruxelles et Francfort.

En cas de danger, les Européens pouvaient compter sur la générosité de Kadhafi. Les « grosses légumes » comme Carlos se voyaient attribuer de belles villas en bord de mer, avec domestiques, voiture et chauffeur. Hans-Joachim Klein, héros du raid de Carlos contre l'O.P.E.P., écrit qu'à son retour en Libye il fut

« honoré d'un toast à la fin d'un dîner avec le ministre des Affaires étrangères, voyagea dans le jet privé du président, fut invité à dîner par le chef des services secrets, et fut doté de gardes du corps ». Il eut, bien sûr, également droit à une maison [397]. Le menu fretin de la clandestinité européenne était logé dans un immeuble de Tripoli dont la situation n'était un secret pour personne (P.O. Box 4115, tél. 41 184). Les collaborateurs européens de Wadi Haddad venaient souvent à Tripoli s'y entretenir avec celui-ci et aussi avec le chef du service de renseignements libyen, le lieutenant-colonel Mustapha el-Kharubi.

Quel était en fait l'objectif de Kadhafi ?

Les pays de l'Ouest, pour qui le pétrole libyen était d'une telle importance — une importance, en fait, vitale —, aimaient à penser que son unique préoccupation était la libération de la Palestine. Ses idées à ce sujet étaient, bien sûr, explosives. Il prétendait que tous les juifs qui s'étaient établis en Israël depuis 1948 devaient retourner là d'où ils venaient et il essayait, apparemment, de se débarrasser d'eux un par un. « Tuez autant de juifs que vous pourrez » dit-il à une équipe palestinienne qu'il envoya un jour attaquer l'aéroport d'Istanbul.

Malgré tout, la plupart des gouvernements européens pensaient qu'il fallait accorder les circonstances atténuantes aux terroristes de la résistance palestinienne « pour raisons d'ordre moral », cliché employé par leurs tribunaux par respect pour les sentiments assurément passionnés des nationalistes palestiniens. Dans le cas de Kadhafi, les circonstances atténuantes qu'ils étaient disposés à lui accorder étaient outrageantes.

Je me souviens encore avec précision du jour — en décembre 1973 — où Aldo Moro — alors ministre des Affaires étrangères — monta à la tribune du Parlement italien pour s'élever contre une monstrueuse calomnie dont avait été victime le colonel Kadhafi. Le 17 de ce mois-là, sur l'aéroport de Rome, une équipe de choc palestinienne avait jeté des bombes incendiaires contre un avion de la Pan Am. Les trente-sept passagers prisonniers dans l'avion avaient été brûlés vifs. Destiné à bloquer l'ouverture de la conférence de paix israélo-palestinienne à Genève, le coup n'avait absolument rien à voir avec les malheureux passagers, ou même avec l'Italie. En Europe ce fut probablement l'attentat terroriste le plus atroce des années soixante-dix.

Après enquête, le ministre italien de l'Intérieur découvrit que les hommes de main responsables de l'attentat avaient acheté leurs billets d'avion à Tripoli, et que leurs armes, bombes incendiaires, grenades et fonds avaient été fournis par la Libye. Le rapport du ministre concluait — et il s'avéra qu'il avait raison — que la Libye était responsable de cette tragédie insensée. Je me trouvais dans la tribune de presse quand Moro fit sa déclaration sur cet angoissant sujet. Le colonel Kadhafi, dit-il, déclinait toute part de responsabilité dans l'attentat. Il (Moro) était prêt à accepter cette affirmation.

Trois mois à peine auparavant, un renseignement du Mossad israélien avait fait découvrir à la police italienne deux fusées Sam 7 à tête chercheuse, montées sur un balcon à Ostie et orientées de manière à pouvoir abattre un avion El Al décollant de Fiumicino. Le Sam 7 était encore à l'époque une arme absolument secrète, ignorée des experts de l'O.T.A.N. (qui examinèrent ces échantillons avec un intérêt considérable). Les armes avaient été fournies par le colonel Kadhafi et transportées à Rome par un courrier grec agissant sur instructions de Carlos à Paris [398]. Des cinq Palestiniens de l'équipe, deux purent s'en tirer plus ou moins légalement en vertu d'un ordre de la Cour leur accordant la Liberté provisoire. Les trois autres rentrèrent en Libye dans un avion militaire italien [399].

A cette époque le gouvernement italien ne se conduisait pas autrement que ses alliés européens. Pendant cette sanglante décennie, presque tous les gouvernements de l'Ouest préfèrent considérer les incidents de ce genre comme les corollaires d'un conflit israélo-arabe qui ne les concernait vraiment pas. Des accords de « vivre et laisser-vivre » furent conclus avec le colonel Kadhafi et différents chefs palestiniens dans le Moyen-Orient, par la France, l'Allemagne de l'Ouest, la Grande-Bretagne, et l'Italie — assurant de la sorte une immunité quasi complète aux hommes de main palestiniens. (Une enquête du Centre d'information israélien vers le milieu de la décennie montra que, sur deux cent quatre Palestiniens arrêtés pour actes de terrorisme en dehors du Moyen-Orient entre 1968 et 1975, trois seulement étaient encore en prison en 1975 [400].)

Moro lui-même parla un jour de l'arrangement qu'il avait conclu. En ce qui concerne les actes terroristes commis sur le sol italien, écrit-il, et afin d'éviter le risque de graves représailles, « toute licence assortie d'expulsion était accordée aux Palestiniens ». Ce n'est pas seulement une mais de nombreuses fois que des prisonniers palestiniens furent libérés grâce à divers stratagèmes. Le principe était admis — on reconnut la nécessité d'infléchir la « stricte légalité ». Moro révéla ensuite que le gouvernement avait trouvé nécessaire d'envoyer spécialement au Liban un agent du service secret italien, le colonel Stefano Giovannone, pour négocier les termes de l'accord. Il s'y trouve encore à l'heure où j'écris [401].

Moro était prisonnier des Brigades Rouges quand il écrivit cela à des collègues démocrates-chrétiens. Il tentait désespérément

260

de démontrer que le gouvernement, ayant sollicité la légalité au bénéfice des Palestiniens, pourrait faire de même en sa faveur et tenter de lui sauver la vie en libérant des prisonniers appartenant aux Brigades Rouges.

Même s'il ne s'était agi que des Palestiniens on aurait pu mettre en doute les vertus de tels marchandages. Mais qu'en aurait-il été si l'objectif du colonel Kadhafi avait été l'Europe même et que ses motivations n'eussent eu qu'un lointain rapport avec la Palestine. Et si le Colonel avait quelque chose de tout différent en tête ?

C'est au cours de l'été de 1980 qu'en Italie, on se mit pour la première fois à penser que ce pourrait être le cas. L'attentat commis à la gare de Bologne le 2 août, et qui devait coûter la vie à quatre-vingts personnes (le crime terroriste le plus abominable commis en Europe depuis la fin de la Deuxième Guerre mondiale), avait toutes les caractéristiques du terrorisme noir de droite se réveillant après cinq ou six années de sommeil, au moment précis où le terrorisme rouge semblait sur le déclin. Seul un remarquable spécialiste du maniement des explosifs pouvait réussir une telle opération. Qui avait pu l'entraîner et où cela ?

Jamais peut-être les Italiens ne découvriront la réponse. Ils ne sauront peut-être même jamais si la bombe était noire ou rouge ou bicolore. Quoi qu'il en soit, certains pensèrent avoir vu se profiler sur les lieux du drame l'ombre sinistre du colonel Kadhafi.

Le matin même de l'attentat, quelques heures à peine avant qu'il ne se produise, le journal le plus en vue d'Italie était arrivé dans les kiosques avec à la « une », une histoire extraordinaire. Trois chefs de l'opposition démocratique clandestine de Libye avaient parlé pendant des heures, dans une ville européenne non précisée, à des correspondants du *Daily Mirror* de Londres et du *Corriere Della Sera* de Milan. Chacun des deux journaux avait évidemment des raisons valables de considérer leurs interlocuteurs comme sérieux. Ils décrivirent la Libye comme « un Etat terroriste », une tête de pont pour toutes les conspirations concernant la sécurité et la stabilité de la région, un pays qui était devenu un vaste dépôt d'armes, un endroit où tous les terroristes et les mercenaires du monde entier étaient concentrés. A Cufra, Gadames, Sinauen et dans bien d'autres camps, on formait des commandos.

Non seulement il y avait des Italiens dans ces camps, dirent-ils : « Il y a ceux des Brigades Rouges et il y a ceux des Brigades Noires recevant côte à côte une formation militaire, apprenant à manier les armes et à donner la mort. Kadhafi ne fait pas de distinction entre l'extrême droite et l'extrême gauche. Il se sert de ces jeunes pour atteindre un de ses objectifs : la déstabilisation de la région méditerranéenne. »

Dans ces lignes, il y a un mot clef : « déstabilisation ». Il fallait donner une acception singulièrement large à l'expression « cause palestinienne » pour l'amener à couvrir un tel objectif.

On avait toujours pensé que la libération de la Palestine n'était pas l'unique souci du colonel Kadhafi, que c'était entre autres un problème de proportions. Il y a quelque chose de singulièrement frustrant à gouverner un pays de deux millions et demi d'habitants. « La Libye a un grand chef et une petite population, à la différence de l'Egypte qui a une grande population et pas de chef », dit-il une fois au président Bourguiba. Aucun des voisins de la Libye n'a, par conséquent, échappé à ses efforts pour élargir son royaume — que ce soit la Tunisie elle-même, l'Egypte, le Soudan, l'Algérie, le Niger, le Tchad (à l'exception des mines d'uranium qu'il prit au Tchad, toutes ses tentatives avaient échoué).

Uni à une ambition aussi vaste, perçait une sorte de désir d'apostolat quasi messianique dont cependant la nature précise reste à définir. Le côté islamique en constituait l'aspect fondamental — celui qui est relativement clair : Kadhafi se voyait évidemment jouant le rôle de l'ayatollah Khomeini de l'Afrique et de la Méditerranée. Mais il y avait aussi son côté « socialiste » révolutionnaire : le côté « objectivement progressiste » selon la terminologie radicale et là il était encore plus violemment anti-colonialiste et anti occidental.

Son *Livre vert* sur la révolution islamique pourrait donner à réfléchir à des progressistes plus subjectifs. Mélange de préceptes coraniques, d'aphorismes paternalistes, ainsi que de professions de foi égalitaires, il suggérait l'abolition de la propriété, de l'argent, des intérêts et du gouvernement, tout ce qu'il continuait cependant à incarner lui-même en tant que chef absolu et — milliardaire — de la Libye. Voici quelques pensées extraites du *Livre vert* : « Quand il le faut, la liberté est là. » « Demander l'égalité de la femme, c'est ternir sa beauté et attenter à sa féminité, lui donner une éducation qui la conduirait à un travail peu compatible avec sa nature est injuste et cruel », telle était une autre de ses « règles de base sur la liberté ». Son unique concession à l'émancipation des femmes était le droit qu'il leur reconnaissait de posséder un foyer parce que, disait-il, « elles ont des règles, conçoivent et s'occupent des enfants [402] ». On est loin du langage de Che Guevara ou de Mao Tse-Toung.

Cependant le seul langage qui comptait vraiment pour lui était celui des pétro-dollars qu'il pouvait répandre à volonté. Avec les terroristes qu'il entraînait et les rêves qu'il poursuivait, cet homme-là était véritablement en mesure de déstabiliser une grande partie de l'Afrique et du Moyen-Orient, sans compter une bonne partie de l'Europe — sa partie la plus vulnérable en tout cas, comme les principaux commentateurs italiens (et *le Monde* à Paris) ne manquèrent pas de le faire remarquer après l'attentat de Bologne.

Mais cet homme-là pouvait également avoir son utilité. On peut dire qu'il fut une exquise surprise pour les chefs soviétiques. Le Premier ministre Kossyguine se précipita lui-même en Libye pour signer le contrat de 12 millions de dollars d'armes que Kadhafi avait achetées en 1976. En allant à la banque, les Russes ne cessaient pas de s'esclaffer, remarqua un diplomate de l'Ouest.

Les livraisons commencèrent avant même que l'encre ait eu le temps de sécher sur le contrat. Bientôt — de jour comme de nuit — dans les ports libyens, on put voir des cargos russes et cubains décharger des tonnes d'armes [403]. Le matériel était incomparablement supérieur au bric-à-brac démodé si souvent octroyé par les soviétiques aux pays du tiers monde. Certains des modèles n'avaient même pas encore été attribués aux forces du Pacte de Varsovie, sans parler de vieux et solides clients arabes de l'U.R.S.S. comme la Syrie et l'Irak.

Entre autres, le colonel Kadhafi reçut 2 800 chars d'assaut soviétiques modernes, 7 000 autres véhicules blindés, plusieurs centaines de Mig 23, de Mig 25, des bombardiers et des avions de chasse Mig 27, ainsi que des bombardiers supersoniques à long rayon d'action Tupolev-B20 et 25 bateaux lance-fusées ; des fusées sol-air, et même le redoutable Scud, une fusée sol-sol hautement sophistiquée d'une portée de cent quatre-vingt-dix miles [404].

Cela faisait un équipement bien important pour une armée de vingt-deux mille hommes généralement illettrés (bien que le nombre en ait été doublé en 1980). Mais douze mille « conseillers » militaires étaient compris dans le lot. Ils avaient le contrôle des Mig 25 — le Mig 25 U Foxbat C — que seuls les Russes étaient autorisés à piloter. Deux escadrons de Mig 21 basés à Banbah seraient pilotés par plus de cent pilotes nord-coréens [405]. Seuls les Russes avaient le droit d'utiliser les fusées. Trois cents techniciens tchèques étaient chargés de l'entretien des chars. Neuf pistes d'envol furent construites à l'usage des énormes Antonov transportant du personnel et des pièces détachées [406]. Si besoin était, les Antonov pourraient amener suffisamment de pilotes et d'équipages soviétiques pour mettre sur pied de guerre, en quelques jours, une impressionnante armée de l'air.

Un millier de soldats libyens par an seraient entraînés en U.R.S.S. et trois mille de plus en Bulgarie, le plus souple des satellites soviétiques. Deux conseillers militaires soviétiques s'installèrent d'une façon permanente à Tripoli, Benghazi, Tobrouk et sur l'ancienne base aérienne américaine de Wheelus Field. Non seulement ces arrangements donnaient à l'U.R.S.S. une prise suffisante sur la Libye pour que celle-ci puisse régler à son gré — et si nécessaire stopper — les livraisons de pétrole à l'Occident ; mais, comme le fit remarquer le président Sadate, « les Russes étaient assurés d'être présents pour cinquante ans sur la côte méridionale de la Méditérranée [407] ».

Le mystique du désert libyen ne semblait guère s'en soucier. Il semblait au contraire être irrésistiblement attiré par l'ennemi mortel de l'islam. « Le marxisme est plus proche des musulmans que la chrétienté ou le judaïsme, dit-il en 1978 au *New York Times*. Ce sont les chrétiens et les juifs qui commettent les génocides. Ce sont les athées qui défendent la paix et la cause de la liberté [408]. » L'année suivante, il annonça qu'il songeait à « signer le pacte de Varsovie et à laisser le monde aller au diable ». Certains, dit-il, « suggéraient officiellement », non seulement que les Etats arabes progressistes s'affilient au bloc militaire soviétique, mais que « des fusées à tête nucléaire soient installées en Afrique du Nord et dans la Péninsule arabe pour défier l'hostilité de l'Amérique à l'égard de la nation arabe [409]. « Que pensez-vous des goulags soviétiques ? » lui demanda Arnaud de Borchgrave, de *Newsweek*, au cours d'une interview. « Qu'est-ce que c'est qu'un goulag ? » répondit-il.

A cette époque, le colonel Kadhafi avait cessé de critiquer les démons athéistes du Kremlin — la seule chose qu'il leur reprochait encore était de permettre aux juifs d'émigrer en Israël, écrivit Flora Lewis dans le *New York Times*. Sa mission apostolique à l'étranger prenait un tour des plus particuliers. Il commença à cultiver les terroristes séparatistes de Porto Rico, auxquels il payait leur billet d'avion pour qu'ils puissent se faire une idée de ce qu'était la grande vie de la clandestinité sur le continent. Des pétro-dollars plein les poches, il se lia d'amitié avec l'Iran et l'Oman, pays chéris des soviétiques, puis s'intéressa à cette parcelle du Sahara occupée par le Polisario (après la fin de l'insurrection Dhofar à Oman).

Il convoqua alors tous les groupes d'extrême gauche de l'Europe de l'Ouest à un congrès à Malte où ils purent trouver — ou retrouver — les groupements clandestins de gauche d'Iran, du Chili, d'Oman et de Porto Rico — un assemblage plutôt singulier [410], organisa à Benghazi une conférence assez remarquable pour mettre au point un plan unifié de lutte contre le fascisme et l'impérialisme en Amérique. A en juger par la liste de ses invités, il aurait pu prendre le relais de Fidel Castro : Sandinistes du Nicaragua, Tupamaros uruguayens en exil, Monténéros chassés d'Argentine, groupes de guérilleros marxistes du Chili, de Costa Rica, de Bolivie, du Mexique, du Brésil[411].

Il avait dans l'idée de faire revivre la junte américano-latine pour la coordination révolutionnaire de Fidel Castro — qui donnait des signes de faiblesse —, et sa brigade européenne.

Il vint des délégués des bureaux de la junte à Paris, Rome, Stockholm et Madrid. Ils discutèrent surtout « du moyen d'accroître la participation des exilés d'Amérique Latine dans les opérations terroristes internationales en Europe de l'Ouest et au Moyen-Orient » écrivit un correspondant étranger de *l'Economist*.

Plus tard, il fut l'un des organisateurs d'une conférence internationale de l'O.L.P. au Portugal, en association avec le Comité mondial pour la paix, que tout un chacun savait — et, même peut-être Kadhafi en 1979 — être un instrument du K.G.B. Sept cent cinquante délégués vinrent du monde entier (et principalement du bloc soviétique) à Lisbonne, aux frais de Kadhafi. Il lui en coûta 1,5 million de dollars. Ils entendaient proclamer leur solidarité avec le Front du refus palestinien. Pendant qu'ils y étaient, ils exprimèrent également leur solidarité avec « les pays socialistes, et en particulier avec l'Union soviétique ». Puis ils exprimèrent leur solidarité avec « les forces de paix et de libération... en Afghanistan ». Et finalement ils exprimèrent leur solidarité avec la « lutte du peuple en Afrique, Asie, *Europe et sur le Continent Américain*[412] ».

La conférence ne laissa planer aucun doute sur le genre de lutte qu'elle avait en tête. Les délégués condamnèrent à l'unisson « les conspirations impérialistes et réactionnaires montées contre la République démocratique du Yémen » (le Sud-Yémen russe). Puis ils condamnèrent « les tentatives réactionnaires pour faire échouer les efforts de paix » (tels que les leurs). Ils condamnèrent ensuite « le développement des forces militaires en Méditerranée afin de consolider le flanc sud de l'O.T.A.N. », tout en s'abstenant bien sûr de faire allusion au développement de la marine soviétique dans la même zone. Finalement, ils condamnèrent la décision de l'O.T.A.N. — odieuse aux yeux du Kremlin — d'installer des fusées Cruise et Pershing en Europe de l'Ouest, contrebalançant les SS 20 soviétiques, qui, sinon, auraient eu le champ libre. Cette dernière motion, en particulier, était révélatrice : elle fut le thème le plus important de la propagande et de la diplomatie soviétique en 1980.

Dans ces conditions, il n'y eut rien de surprenant à voir le colonel Kadhafi exprimer sa solidarité avec l'U.R.S.S. quand, fin décembre, elle envoya cent mille hommes occuper l'Afghanistan. Lors d'une réunion de protestation à laquelle assistaient les Etats représentant sept cents millions de musulmans, seuls la

Libye, le Sud-Yémen, la Syrie et l'Organisation de libération de la Palestine refusèrent de condamner l'invasion soviétique[413].

Il n'y eut rien de surprenant non plus à voir Kadhafi engager les chefs palestiniens à être le fer de lance de la deuxième décennie de la terreur. Après la mort de Wadi Haddad, il y eut une compétition violente pour obtenir le patronage de Kadhafi ; et celle-ci devint absolument féroce quand Israël et l'Egypte commencèrent à exécuter les décisions de Camp David ; mentionner la possibilité d'un règlement pacifique avec Israël entraînait le bannissement immédiat. La section Arafat de l'O.L.P. et le *Fatah* furent expulsés de Tripoli, les bureaux fermés, leurs représentants chassés. Kadhafi misait à fond sur le Front du refus — et pas seulement sur Georges Habash.

Tandis que Habash, toujours favori semblait opter désormais pour Tripoli, deux autres irréductibles du Front du refus allaient bénéficier eux aussi désormais des faveurs princières de Kadhafi. L'un était Naïf Hawatmeh, le communiste orthodoxe prosoviétique, l'apôtre d'une Palestine qui « ferait partie d'une confédération arabe, du type de la Tchécoslovaquie[414] ». L'autre était un homme connu de tous les services de renseignements de l'Ouest pour ses relations aussi anciennes qu'intimes avec le K.G.B. : Ahmed Jibril.

15

LE PÔLE MAGNÉTIQUE (II)
LA RÉSISTANCE DE LA PALESTINE

Ahmed Jibril n'est pas un personnage célèbre. Sa bande de *Fedayins* arabes, l'état-major général du F.P.L.P., se trouvent parmi les plus petits groupes armés du Moyen-Orient. Il est l'unique chef du mouvement palestinien dont on puisse dire avec certitude qu'il a été en rapport direct avec le K.G.B. depuis le début des années soixante. Ses réalisations depuis 1968 — cette année qui n'aura jamais fini de nous captiver — forment en quelque sorte le carnet de bord des étapes suivies par l'U.R.S.S. depuis sa décision d'infiltrer, d'espionner et de dominer la résistance palestinienne.

Les Palestiniens étaient tout spécialement vulnérables à cet égard. L'intensité passionnée de leur sentiment nationaliste — leur patriotisme entre d'autres termes — ne pouvait que se développer au cours de décennies d'isolement et de formation. Créé par un vote unanime de l'O.N.U., l'Etat d'Israël fit ses premiers pas à l'abri d'une puissante protection diplomatique. Quand ils prirent en quelque sorte livraison de leur Etat en 1948, les Israéliens n'avaient pas eu de mal à repousser l'assaut des armées arabes, auxquelles ils infligèrent d'autres défaites cuisantes en 1956 et 1967. Jamais très remarquable par sa souplesse à l'égard des réfugiés arabes et des territoires nouvellement occupés, la politique israélienne devait dans ce domaine devenir sans cesse plus provocatrice. (Ce fut particulièrement le cas à l'époque de gouvernement de M. Begin. On se souvient qu'à l'époque de la guerre d'indépendance, l'Irgoun avait fait sauter l'hôtel King David, à Jérusalem, entraînant ainsi la mort de cent personnes.)

Les chefs arabes eux-mêmes n'étaient pas le moins du monde désireux de se laisser entraîner dans les sombres bourbiers politiques, financiers et militaires de la libération palestinienne. Les riches — ceux qui avaient du pétrole — craignaient (et non sans raison) que les Palestiniens ne penchent de plus en plus à gauche. Et quand bien même — que ce soit par exhortation ou par intimidation — ces chefs seraient-ils décidés à donner de l'argent, ils n'étaient pas à même de fournir le matériel ou l'expérience

267

nécessaires à une importante guerre de guérilla. Seuls les Russes étaient en mesure de le faire.

Ayant pris une décision positive à cet égard, les Russes, après un long et prudent tour d'horizon, arrivèrent à la conclusion qu'ils auraient indubitablement besoin de quelqu'un comme Ahmed Jibril.

Ahmed Jibril a toujours travaillé dans une ombre épaisse et, dans son cas, je ne suis pas à même de fournir des notes détaillées. Une bonne partie des renseignements à son sujet vient des services spéciaux israéliens et ouest-européens. Tout ce dont je fais état ici a pour origine plus d'une source, souvent trois ou quatre. Personne à l'Ouest dans les services en question n'avait d'hésitation à son sujet ; « c'était l'homme du Kremlin », dirent-ils.

Il était capitaine dans l'armée syrienne quand, en 1958, il réunit quelques camarades, officiers comme lui, et forma avec eux ce qui allait devenir le Front de libération palestinien. Les premiers contacts épisodiques avec le K.G.B. eurent lieu en 1964, quand son groupe fit ses premiers raids de commando sur le territoire d'Israël par la Syrie et le Liban. Il avait organisé quatre-vingt-quinze de ces raids avant la guerre de juin 1967, et dès alors il s'était fait remarquer pour sa froide efficacité.

Il devint un professionnel l'été suivant quand le parti communiste soviétique arrêta la ligne de sa nouvelle politique palestinienne. Peu après, Jibril fit quatre séjours prolongés en Russie pour y apprendre la guerre de guérilla et l'art de la subversion politique. Ses hommes se trouvaient parmi les trente premiers Palestiniens recrutés en 1972 pour être entraînés en Russie afin de devenir des « agents sous contrôle » [415]. Son second, Abu Bakr, termina son entraînement russe intensif la veille de la guerre d'octobre 1973 et rentra pour prendre charge du camp *Ayn Saheb* de Jibril, en Syrie.

En dehors de la Syrie, Jibril avait sa propre base opérationnelle à Moscou, un centre de logistique et de communications à Berlin-Est, et un appartement de luxe à Sofia. Capitale de l'Etat staliniste le plus radical d'Europe, Sofia allait réserver un accueil chaleureux à la bande de Jibril. Akram Halabi, son agent sur place, avait d'excellentes relations avec la police secrète bulgare.

A l'insu du monde extérieur, Sofia offrait un inappréciable soutien à toute la résistance palestinienne. Ce fut à Sofia, par exemple, que Hassam Salameh — aujourd'hui disparu — rencontra les chefs de Septembre noir pour mettre au point le massacre des Jeux Olympiques. Aussitôt après l'attentat, Gromyko, ministre des Affaires étrangères d'U.R.S.S., imperturbable comme à l'accoutumée, déclara à l'Assemblée de l'O.N.U. « qu'il était impossible d'excuser les actes de terrorisme de certains éléments palestiniens, tels que ceux qui avaient conduit aux événements tragiques de Munich ». A l'heure même où il parlait — déclare le vieil observateur du Moyen-Orient, John Laffin dans *Fedayin* — un cargo soviétique débarquait à Damas un chargement de mitrailleuses, de fusils, de mortiers, d'armes légères, afin de remplir le principal arsenal de *Fatah* à Al Hama, à six ou sept kilomètres de la capitale syrienne [416].

Grâce en particulier au groupe de Jibril, Sofia était indispensable pour établir une solide infrastructure terroriste palestinienne en Europe de l'Ouest. Sous la supervision d'Akram Halabi, un entrepôt de la ville fut affecté au stockage des armes primitivement envoyées par le bloc soviétique au Liban, en Syrie, en Irak, et en Libye, puis réexpédiées pour transit en Bulgarie : explosifs, grenades, fusées, pistolets, bazookas, missiles SAM 7. Durant l'hiver 1977, ces armes partaient vers l'Ouest par chargements hebdomadaires qui se faisaient à l'entrepôt de Sofia, après quoi le convoi se dirigeait vers l'Allemagne de l'Est en passant par la Roumanie, la Tchécoslovaquie et la Pologne [417].

Des voitures volées en Europe de l'Ouest étaient amenées en Bulgarie, puis transformées et maquillées dans les garages de l'Est afin de pouvoir cacher des armes, et enfin remises en route après chargement, le préavis nécessaire ayant été donné comme il se doit aux gardes-frontière communistes. Trois voitures de ce genre furent interceptées en Allemagne de l'Ouest en 1978 : d'énormes quantité d'armes ainsi expédiées furent accumulées près de Paris, Marseille, Milan, Turin, Bologne et Pérouse.

C'est aussi de Sofia qu'en 1972 Jibril lui-même envoya le premier exemplaire d'un de ses plus ingénieux colifichets terroristes : une lettre explosive adressée au stand israélien de la Foire de Hanovre. Son groupe expédia environ soixante-cinq de ces missives dans le cours de l'année suivante à des ambassades israéliennes ou à d'importantes personnalités sionistes à Paris, Genève, Montréal, Vienne, Londres, Washington, Ottawa, Bruxelles, Kinshasa, Buenos-Aires et Pnom Penh [418].

D'autres pièges non moins ingénieux — mais d'un genre différent — également mis au point à Sofia — étaient dissimulés dans des postes de radio ou des radio-cassettes. Celles-ci étaient généralement offertes à de jolies filles qui ne se doutaient en rien qu'elles apportaient, à bord de leurs avions d'El AL, des bombes réglées pour exploser en plein vol. Une jeune Hollandaise, prenant à Rome un avion pour Tel-Aviv, en avait un dans sa valise, de même qu'une Péruvienne le mois suivant, et deux jeunes Anglaises en 1972 [419]. Ces deux dernières — Ruth Watkin et Audrey Waldron — avaient été pendant le week-end les invitées de deux brillants étudiants arabes de Pérouse, qui avaient promis de venir les retrouver plus tard à Tel-Aviv. La bombe explosa bien en plein vol mais, par miracle, elle ne fit pas sauter l'avion et ne blessa aucun passager. Les deux boys friends furent vite arrêtés, mais non moins vite relâchés sur ordre de la cour et expulsés de Rome. (Le capitaine des carabiniers qui les conduisit jusqu'à Aquila par une froide nuit de janvier, devait acquérir plus tard un triste titre de gloire : il s'appelait Antonio Varisco et fut assassiné par les Brigades Rouges en 1980[420].)

Le premier « contrôle » de Jiril était Alexandre Victorovich Morozov, un expert de longue date des affaires palestiniennes. Ayant pour base l'ambassade soviétique à Beyrouth, Morozov était le chef d'une équipe de diplomates K.G.B. et G.R.U. en poste en Jordanie, en Syrie et au Liban. Il avait la responsabilité des contacts secrets avec toutes les formations palestiniennes ainsi que des livraisons d'armes du bloc soviétique.

Plus tard, un nouvel attaché militaire à l'ambassade soviétique, du nom de Yuri Ivanovitch Starchinov, remplaça Morozov en qualité de « contrôle » de Jibril.

En tant que chef de l' « Equipe d'action », Starchinov était placé sous l'autorité directe de l'ambassadeur soviétique au Liban, Sarvor Alimzchanovitch Azimov, considéré comme au centre de la collaboration russe avec les *Fedayins* palestiniens.

C'est Morozov qui, ayant rencontré régulièrement Ahmed Jibril à Beyrouth et Damas, remarqua ses qualités et l'envoya suivre des cours de formation à Moscou. Ce qui impressionna le K.G.B. ce n'était pas seulement que Jibril était remarquable sur le terrain, mais qu'il était également un personnage militaire sans tendance politique apparente, en qui personne ne songerait à voir un agent soviétique, susceptible en outre de s'entendre avec les factions rivales des Palestiniens et les aider de manière exemplaire à poursuivre leur guerre.

Chez les Palestiniens, les querelles intestines étaient une véritable plaie. Le terrain était couvert de débris de groupuscules, souvent trop occupés à se combattre entre eux pour avoir le temps de s'occuper d'Israël. Généralement, sous le couvert de gouvernements arabes rivaux, Syrie, Irak, Libye, ils s'entretuaient par centaines au cours de luttes pour le pouvoir, soit sur place, soit en Europe. (Les dégâts causés par la bombe de la gare de Bologne en 1980 furent eux-mêmes infiniment moindres que les ravages occasionnés par celle qui pendant l'été de 1978 fit sauter un immeuble de bureaux de neuf étages à Beyrouth.) Contre qui l'attentat était-il dirigé ? L'O.L.P. y avait des bureaux. Le Front du Refus y tenait une réunion au moment de l'explosion. Quoi qu'il en soit, quatre-vingt-six Fedayins des deux obédiences y furent tués.

Jibril lui-même s'était séparé de Georges Habash — personnalité dominante de la gauche — un an à peine après avoir conclu un accord de collaboration avec lui. Les deux hommes étaient restés ensemble dans le F.P.L.P. juste assez longtemps pour exporter la terreur palestinienne en direction de l'Europe en 1968. Tous deux étaient des marxistes révolutionnaires pour qui Israël était simplement un pion sur le vaste échiquier de l'anti-impérialisme. « Un moyen vers une fin, pas une fin en soi. » Mais Jibril n'était pas l'homme des croisades politiques. Pour lui, Habash parlait trop et ne se battait pas assez. Dégagé de considérations doctrinales, son propre F.P.L.P.-G.C. se cantonnait dans « une nouvelle forme de lutte révolutionnaire de la plus grande violence ». Il montra bien ce qu'il entendait par là quand, en 1970, il envoya un engin explosif sur le car d'une école primaire israélienne : neuf enfants furent tués [421]. L'action parle plus fort que les paroles.

Jusqu'en 1973, Jibril ne parut guère songer qu'à faire valoir ses titres : être considéré comme le tueur le plus féroce de tous les *Fedayins.* Il dirigeait un petit camp militaire à Ayn Saheb et recevait régulièrement des livraisons d'équipement venu du bloc soviétique : mitrailleuses, fusées Katyusha, jumelles pour voir la nuit, viseurs électroniques et ainsi de suite, chargés en Pologne et déchargés dans le port Syrien de Latakia. Puis vint la guerre d'Octobre, divisant les Palestiniens en partisans et adversaires d'une paix négociée avec Israël, et c'est alors que débuta la mission vitale de Jibril pour l'Union soviétique.

La haine des arabes contre Israël était la seule raison d'une emprise soviétique sur les peuples musulmans, la seule raison d'une implantation soviétique au Moyen-Orient. Ils avaient tout à perdre si la paix était finalement conclue. Un accord négocié était la dernière chose qu'ils souhaitaient. La mission que le K.G.B. avait donnée à Jibril était de neutraliser les Palestiniens « de droite », partisans de la paix négociée, et de rendre inévitable une confrontation militaire.

Jibril n'hésita pas à accepter une mission avec l'objet de laquelle il était si pleinement d'accord. C'est par son canal que les Russes communiquaient directement avec les Palestiniens ; il transporta leur valise diplomatique, travaillant en association étroite avec d'autres chefs du Front du Refus : Habash, le communiste orthodoxe Naïf Hawatmeh, Abu Nidal de Juin Noir. Ensemble, ils exerçaient une pression incessante sur les forces d'Arafat au sein de l'O.L.P. spécialement au sein de *Fatah,* la section militaire propre au mouvement d'Arafat. Petit à petit, au bout de six ou sept ans, ils finirent par se l'annexer.

Arafat était dans une position extraordinairement délicate.

Fatah était de loin la plus importante des forces de guérilla palestiniennes : vers la fin des années soixante-dix elle avait de huit mille à neuf mille combattants permanents, alors que Habash n'en avait pas plus de sept cents, Jibril deux cent cinquante, Hawatmeh cinq cents. Comme les autres toutefois, *Fatah* dépendait terriblement de l'Union soviétique pour l'équipement et l'entraînement. Il n'y avait pas d'alternative.

Loin de refuser à Arafat leur appui militaire, les Russes lui accordaient sans cesse davantage. Il se rendit plusieurs fois à Moscou après la guerre d'Octobre, et chaque fois, il fut comblé de marques de courtoisie diplomatiques. Il fut également invité à y ouvrir l'année suivante un bureau de l'O.L.P. — ce qui représentait une concession d'importance. Il fut reçu par la crème de la crème de la hiérarchie soviétique : Brejnev, Kossyguine, Gromyko.

Pendant l'été 1978, à la veille des entretiens de Camp David, les chefs d'état-major des forces armées soviétiques prirent part à des conférences au sommet avec lui, pour examiner — et accepter — ses demandes d'artillerie plus lourde, et d'armes plus modernes, telles que des fusées antichars[422]. Il lui fallait cela pour conserver son autorité au milieu des remous du mouvement palestinien. Pour la même raison, il lui fallait de temps à autre se servir de son énorme machine militaire. Comme avec le Front du refus, les Russes faisaient sans arrêt pression sur lui.

Le moindre besoin militaire d'Arafat se trouvait couvert. « Eh, bien ! Il n'y a pas de secret », dit en 1979 l'observateur de l'O.L.P. aux Nations unies à une équipe de télévision : « Nos gars vont en Russie ; ils vont dans les pays socialistes. Pour leur entraînement, leur éducation. Oh, oui, bien sûr, nous recevons aussi des livraisons directes : mitrailleuses, R.P.G., explosifs et tout et tout[423]. »

Il n'y avait en effet plus de secret. En 1979, il était abondamment prouvé que l'Union soviétique avait entraîné, éduqué, et équipé toutes les factions de la Résistance palestinienne depuis le *Fatah* d'Arafat, jusqu'au F.P.L.P. (front populaire) de Habash, au F.P.L.D.F. (Front populaire démocratique de Hatwemeh, au P.F.P.L.P.-G.C. (commandant en chef du Front populaire de Jibril). Des envois d'armements et d'experts russes avaient en fait fourni à l'ensemble des forces palestiniennes, un commandement, de magnifiques armements modernes et des données tactiques, en faisant la plus formidable armée de guérilla du monde.

Le monde du dehors n'en sut pas grand-chose, tant que la pièce entière n'avait pas été jouée. L'envoi des chargements d'armes du bloc soviétique aux Palestiniens avait d'abord été enveloppé de mystère : au début les armes étaient transférées en pleine mer des cargos soviétiques à des transporteurs anonymes. C'est seulement à partir de 1978 que les envois commencèrent à se faire directement et plus ou moins ouvertement. Pendant quelque temps, durant les combats acharnés avec les Israéliens dans le Sud-Liban, sept ou huit bateaux du bloc soviétique déchargeaient chaque jour du matériel dans les ports syriens et libanais, et cinq ou six transporteurs soviétiques Antona arrivaient tous les jours à Damas. (En un seul jour, cet hiver-là, à Sidan, un correspondant de *Die Welt* vit sept cargos décharger sous bonne garde des caisses d'armements. Quatre des bateaux naviguaient sous pavillon soviétique, deux sous pavillon libyen, le dernier sous pavillon bulgare [424].)

Les chemins secrets de la contrebande des hommes et des armes, du Moyen-Orient à l'Europe de l'Est, puis à celle de l'Ouest, ne furent pas découverts avant la fin de la décennie ou presque. Il en fut de même du programme d'entraînement militaire des Palestiniens en U.R.S.S. La première révélation à ce sujet fut faite le 15 mars 1978 à une conférence de presse où M. Begin, le Premier ministre Israélien, montra un « diplôme de fin d'études » décerné à un membre de la bande d'Ahmed Jibril par une école soviétique pour officiers d'état-major. En juillet 1979, le général Shlomo Gazit, ancien chef du service de renseignements israéliens, déclara qu'environ un millier de terroristes arabes avaient été « entraînés dans cinquante différentes écoles militaires du bloc soviétique, dont quarante en Russie soviétique même » [425].

Les candidats terroristes commençaient par suivre les cours d'un séminaire d'orientation à Beyrouth dirigé par Abu Khaled Hussein — de Fatah. Il leur enseignait la façon de se conduire « comme il convient à des militaires » dans des centres d'entraînements soviétiques et il leur donnait des cours « d'endoctrination », afin de créer entre eux un dénominateur politique commun et de neutraliser les différences de doctrine entre les Palestiniens de groupes rivaux.

Puis ils partaient, par groupes de cinquante, munis de passeports falsifiés, se rendant directement, les uns après les autres, à Moscou par avions de l'Aéroflot. Le représentant de l'O.L.P., à Moscou, venait les accueillir à l'aéroport, leur faisait faire une rapide visite de la ville, puis les remettait aux Russes pour expédition à Sanprobal, par exemple, près de Simferopol par la mer Noire. Ils allaient y rester six mois.

Leur journée de travail commençait à cinq heures du matin,

par une leçon de gymnastique et un défilé. Puis venaient deux heures d'études pratiques : films sur la Révolution russe, taux de mortalité russe au cours des deux guerres mondiales ; réalisation de la Révolution russe, l'agriculture et l'industrie dans l'Union soviétique, principes du socialisme et du communisme ; vie et théories de Lénine, Marx, Engels et Staline ; liens du sionisme et de l'impérialisme, l'expansionnisme d'Israël ; trahison de l'Egypte (à Camp David) ; caractère réactionnaire du Nord-Yémen et de l'Arabie Saoudite ; contribution soviétique à la Libération de la Palestine ; et cours de russe [426].

Après cela venaient trois heures d'exercices pratiques : charges incendiaires et détonateurs ; métaux explosifs ; l'art de miner ou piéger les dépôts de munitions, les ponts, les véhicules et les personnes : rudiments de guerre chimique et biologique ; tactiques des commandos en campagne, et tactiques de l'esquive ; tactiques de la guérilla urbaine ; art du tireur d'élite et du camouflage, usage et entretien des fusées soviétiques R.P.G. 7 et des armes d'épaule tirant les fusées Strela.

A la fin, chaque postulant recevait un diplôme de fin d'études et un livre de Lénine.

Il y avait fréquemment des difficultés dans les camps, principalement pour excès de boisson, dissimulation de devises fortes, Dieu (les cours soviétiques sur l'athéisme n'étaient pas très bien accueillis), pratique de la langue russe, et un superfétatoire endoctrinement politique. Ceci n'empêchait pas les Russes de poursuivre méthodiquement leur recrutement pour le K.G.B., faisant venir à cet effet du Kazakhstan soviétique des officiers musulmans du K.G.B.

En 1977, il y avait pour les Palestiniens — parmi les autres étrangers — cinquante-quatre sessions de ce genre, soit en Russie, soit en Europe de l'Est. Trente-cinq de ces sessions eurent lieu cette année-là à l'intérieur des frontières soviétiques, sur la côte Est de la mer Caspienne près de Baco, et sur la péninsule de Crimée près de Simferopol. Huit se tinrent en Allemagne de l'Est, près de Plauen, de Karl-Marx-Stadt, et de Dresde près de la frontière Tchèque, à Schmirblitz, Rabelsberg, Klein Machnov, et dans le nord du « Schwerin » (ce dernier était un centre terroriste international). Il y en avait encore quatre en Bulgarie, dans les monts de Rodof et Pirin, et à Varna sur la mer Noire (le plus grand de tous). Il y en avait trois autres en Tchécoslovaquie et trois en Pologne [427]

Au retour de Russie, les jeunes diplômés n'étaient pas long à vouloir faire la démonstration de leurs nouveaux talents. Plusieurs douzaines d'entre eux furent capturés et mis en prison en Israël et décrivirent en détail leur entraînement. Confirmant en gros ce que j'ai dit ici, l'un d'eux accepta en 1979 d'être interviewé par Herbert Krosney de la Canadian Broadcasting Corporation [428]. Il s'agissait de Mohammed Abu Kassem, plus connu sous le nom de « Hader », qui avait passé six mois dans un « Camp d'Amitié » russe près de la mer Noire.

Hader raconta son premier raid pour *Fatah* après son retour — sur une route israélienne de bord de mer — tuant au hasard trente-sept piétons et conducteurs de voitures : ce fut le « massacre du Sabbath ». Si « Hader » put s'échapper cette fois-là, mais il fut pris à l'occasion d'un autre raid qui aurait pu causer plusieurs milliers de morts.

A la fin de septembre 1978, « Hader » s'était embarqué sur le caboteur grec *S.S. Demetrios* avec un équipage de sept *Fedayins*. Il était « quartier-maître » et son capitaine avait également été entraîné en Russie. Le *Demetrios,* acheté et armé par *Fatah* à Latakia, entra dans le golfe d'Aquaba pendant le week-end de Rosh Hashanah (le Jour de l'An juif) et se dirigea vers la plage surbondée d'Eilath. Muni de quarante-deux fusées Katyusha, et de *quatre tonnes* de dynamite, le *Demetrios* devait s'approcher d'un énorme dépôt de pétrole situé sur la côte israélienne aux environs d'Eilath. Avec les fusées, l'équipage devait mettre alors le feu au pétrole, puis réglerait le pilote automatique de manière que le bateau se dirige droit sur la plage bondée tandis que l'équipage gagnerait la Jordanie sur un radeau de caoutchouc. La dynamite devait faire explosion juste au moment où le *Demetrios* toucherait terre. La marine israélienne intercepta le navire [429].

Toute l'affaire avait été réglée de manière qu'elle coïncide avec l'ouverture des négociations de paix israélo-égyptiennes de Washington, d'où devait finalement résulter l'accord de Camp David. En cas de succès, elle aurait certainement constituée une mise en garde spectaculaire contre les dangers de la paix.

Le plan émanait moins du Front du refus que de Fatah, ce qui prouve combien les deux organisations s'étaient rapprochées après leur désaccord à l'occasion de la guerre d'Octobre. En vérité, Arafat avait réalisé dans l'intervalle — cinq années — une percée des plus importante sur le plan diplomatique : il y avait maintenant des bureaux de l'O.L.P. dans une centaine de pays et il recevait des gouvernements arabes une subvention de 100 millions par an. Cependant, sur place, ses adversaires du Front du refus avaient progressé eux aussi à pas de géant.

Il s'était passé beaucoup de choses au cours de ces quelques années qui avaient contribué à durcir l'opposition de la Résistance palestinienne à une paix négociée. Habash et Haddad avaient lâché leur équipe de choc multinationale sur l'Europe, faisant un large usage de cette télévision par satellite qui leur permettait de toucher un auditoire planétaire. La cause palestinienne avait été prise en main par la gauche radicale, pour qui elle remplaçait la cause perdue du Vietnam. La position diplomatique d'Israël s'était retournée, tandis que nombre de ses anciens amis de l'étranger et pratiquement tout le tiers monde changeaient de camp. Entre-temps Begin était devenu Premier ministre et son intransigeance avait grandement contribué à aggraver l'isolement d'Israël. Par-dessus tout, les forces armées terroristes révolutionnaires des Palestiniens étaient deux fois plus nombreuses[430] et incroyablement plus professionnelles et plus avancées dans le domaine logistique.

C'est à partir de 1973 que des instructeurs est-allemands et cubains furent envoyés dans le Sud-Yémen, afin de corser l'enseignement donné dans les camps du Front du Refus. Le colonel Kadhafi avait ouvert ses propres camps qui se développaient rapidement — toujours avec l'aide de Cuba. Les Russes avaient admis un million de jeunes recrues *Fedayins* dont ils étaient en train de faire des combattants et des officiers de guérilleros professionnels. Et la Russie avait fourni à cette armée une quantité fabuleuse d'équipement militaire moderne.

Tous ces facteurs — et singulièrement le dernier — augmentaient la pression qui existait déjà en faveur d'une confrontation avec Israël : la solution militaire. Les fournisseurs d'armes avaient accru l'emprise des Russes sur tous les chefs palestiniens et sur Arafat en particulier.

Le Kremlin pouvait toujours, bien entendu, compter sur Ahmed Jibril et Naif Hawatmeh, dont la structure s'était considérablement affirmée à mesure que le Front du Refus gagnait en popularité. Sibril, qui avait son propre camp dans le Sud-Yémen, y était devenu le grand spécialiste des affaires palestiniennes. Après la mort de Wadi Haddad, il devint le favori du colonel Kadhafi, trouvant des plus agréables le fait de jouir à la fois de sa « pleine confiance » et de son hospitalité princière[431]. En 1980, il avait un standing suffisant pour donner une conférence de presse où il avança fièrement qu'il avait reçu des « fusées lourdes à longue portée » russes assez puissantes pour atteindre le cœur même d'Israël[432].

Georges Habash, qui, depuis le début, ne s'était jamais montré distant vis-à-vis des Russes, en était arrivé à avoir plus ou moins le même point de vue politique que Naif Hawatmeh. En 1980, le gouvernement irakien de l'époque, désireux de mettre fin à sa sujétion vis-à-vis de l'U.R.S.S., avait décidé de fermer son bureau dans la capitale en raison des relations compromettantes du F.P.L.P. avec l'Union Soviétique.

Habash et tout son personnel — soit trente-deux personnes — durent quitter le pays en vingt-quatre heures [433].

La position d'Arafat lui-même était devenue rien moins que confortable. Ni marxiste de nature, ni partisan enthousiaste de l'impérialisme soviétique, il était de plus en plus conduit à faire semblant de l'être. Il ne fut jamais à même de rechercher la paix par la voie diplomatique. Ou plutôt il ne pouvait le faire que dans la mesure où la Russie soviétique l'y autorisait.

Petit à petit, les liens se resserrèrent. Et finalement, l'O.L.P. obéissait au moindre caprice de Moscou en matière de politique étrangère, tout comme le Sud-Yémen ou la Bulgarie. En tant que « combattants de la liberté », les chefs de l'O.L.P. refusaient de condamner le Vietnam, protégé de la Russie, pour avoir envahi le Cambodge, protégé de la Chine. Mais cette même année ils condamnaient « inconditionnellement » la Chine pour avoir envahi le Vietnam [434].

A peine une année plus tard, l'O.L.P. félicitait chaleureusement la Russie pour avoir envahi l'Afganistan — lequel, hélas, n'était le protégé de personne. « L'U.R.S.S. a donné son appui altruiste et désintéressé à l'Afganistan — contre la réaction et pour l'indépendance », dit Faruk Kaddumi, « ministre des Affaires étrangères » d'Arafat, qui se trouvait comme par hasard être en Bulgarie à l'époque [435]. Chargé par le Kremlin de mettre délicatement l'invincible et capricieux Imam au courant de la situation, Arafat présenta la chose à l'ayatollah Khomeini en l'assurant que les Russes ne resteraient là-bas que temporairement [436].

A peine trois mois auparavant, l'O.L.P. était intervenu vivement en faveur des Russes, qui faisaient l'impossible pour s'opposer à l'installation par l'O.T.A.N. des fusées Cruise et Pershing en Europe de l'Ouest.

Pendant l'été de 1980, des forces comme celles d'Ahmed Jibril avaient acquis assez de pouvoir sur la Résistance palestinienne pour empêcher à la dernière minute Arafat de remporter un triomphe diplomatique. Les neufs pays du Marché commun se préparaient à reconnaître l'O.L.P. à la conférence de Venise et à soutenir plus ou moins le plan de paix au Moyen-Orient proposé par Arafat. La veille de la réunion, Arafat fut fait en quelque sorte politiquement prisonnier par son propre *Fatah*. Réuni à Damas pour son premier congrès depuis 1971, *Fatah* exigeait purement et simplement l'annihilation physique d'Israël par l'armée. « La liquidation de l'entité sioniste, politiquement, culturellement et militairement [437]. »

A Damas, Arafat qui, dix ans auparavant, avait utilisé pour

ainsi dire les mêmes termes au cours d'une interview avec l'Italienne Oriana Fallacci, combattit violemment cette résolution à Damas. Il assura plus tard qu'il ne s'était pas trouvé de majorité au congrès pour adopter la motion, que si elle était parvenue aux journalistes, c'était par suite d'une manœuvre du Front du Refus[438]. Si c'est exact, cela soulignait simplement l'affaiblissement d'Arafat. Quoi qu'il en soit, le mal était fait. Ebranlés par la position de *Fatah,* les neuf finirent par adopter à Venise une résolution anaodine et floue qui mit fin aux vives espérances d'Arafat. Le danger de paix au Moyen-Orient était écarté pour quelque temps encore.

Pendant toute la décennie, les Russes avaient bien précisé qu'ils ne voulaient rien avoir à faire avec les amis équivoques des palestiniens à l'étranger. L'Union soviétique apportait simplement une contribution fraternelle à la libération de la Palestine. Ce que les Palestiniens décideraient de faire plus tard était leur propre affaire.

Les gouvernements de l'Ouest acceptèrent cette duperie pendant dix ans. Leur crédulité était véritablement phénoménale.

Une chose au moins demeurait certainement l'affaire des Russes, c'est ce que faisaient les Palestiniens dans l'Etat satellite du Sud-Yémen avec l'active participation des Cubains et des Allemands de l'Est — sous contrôle des Russes évidemment. Les récits des témoins oculaires se succédaient depuis des années. Le plus sensationnel fut publié en 1980 après que la police néerlandaise eut arrêté à Amsterdam quatre *Etarras* qui, après un séjour au Sud-Yémen retournaient au Pays basque. Leurs confessions furent publiées à la « une » par toute la presse d'Europe[439].

Dans le convoi dont ils faisaient partie, treize recrues avaient été envoyées d'Espagne par E.T.A. *militar.* Rendez-vous ayant été pris à Bruxelles, on leur avait donné de faux passeports, 2 500 francs français et un billet d'avion pour Aden. Là, ils furent accueillis par un représentant du F.P.L.P. de Habash et passèrent quinze jours dans une villa de banlieue. De là, ils furent emmenés au camp par des hommes du F.P.L.P. et *deux Sud-Yéménites de la police d'Etat,* qui leur firent passer sans peine les blocs de béton barrant la route à la frontière. Des miliciens du Sud-Yémen n'auraient pu escorter un terroriste étranger où que ce soit sans l'autorisation du K.G.B.

Situé sur un sommet montagneux, le camp consistait en huit grands bâtiments, il était étroitement gardé et entouré d'un fil de fer barbelé. Du lever au coucher du soleil, pendant les quatre mois suivants, les *Etarras* s'entraînèrent avec des Kalashnikovs et d'autres armes, firent des manœuvres en campagne, et passèrent plusieurs heures par jour à entendre des cours sur « les principes de la solidarité révolutionnaire internationale ». Le camp où, avant leur arrivée, avaient séjourné des Européens et des Japonais portait encore les traces des occupants précédents.

Parmi les Européens il y avait certainement des Italiens, dit Bassam Abu Sharif, le second de Habash, à un hebdomadaire italien, après la publication de l'histoire hispano-basque. « Le F.P.L.P. avait « emmené un certain nombre de camarades italiens et d'autres nationalités dans nos camps » dit-il à Hauf, Mukalla, et Al-Gheida). Mais il ne savait pas si oui ou non des camarades italiens étaient allés s'inscrire aux Brigades Rouges après leur entraînement [440]. Il aurait pourtant dû le savoir. Un membre du service secret italien dit à un tribunal de Rome en août 1978 que c'était Bassam Abu Sharif lui-même qui était à la tête du comité de liaison du F.P.L.P. et des Brigades Rouges. Le rapport — n° 050714 — fut communiqué en 1980 à une commission militaire enquêtant sur la mort d'Aldo Moro [441].

Au cours de sa confession rapide, Patrizio Peci, des Brigades Rouges, et primitivement membre de leur haut commandement stratégique, avait indiqué de manière plus précise encore quel rôle le F.P.L.P. avait joué dans la tragédie d'Aldo Moro. Parlant de deux croisières au Moyen-Orient pour prendre livraison d'armes palestiniennes, il avait indiqué que le Skorpion de provenance tchèque, utilisé pour tuer Moro, avait été livré au commandant Mario Moretti, chef de la colonne des Brigades à Rome, six mois avant le kidnapping de Moro. Il ne paraît pas inutile de répéter, à ce propos, que la seconde livraison d'armes palestiniennes — mitrailleuses, mines lourdes antichars Energa, grenades, fusées Strela SAM 7 — fut partagée avec l'I.R.A. provisoire, les *Etarras* basques, et la clandestinité terroriste allemande après l'arrivée de Moretti à Venise.

Peci n'avait pas précisé d'où venaient toutes ces armes palestiniennes, mais cela allait de soi. Quand Daniele Pifano, chef de l' « Autonomie » italienne, fut arrêté en 1979, alors qu'il voyageait avec deux fusées Strela, il dit à la cour qu'il se bornait à rendre un petit service à Georges Habash : le F.P.L.P. confirma publiquement cette déclaration. Dans une lettre officielle au tribunal italien, le porte-parole de Habash assura que le gouvernement italien était parfaitement au courant de l'affaire des Strela, ce qui, tout compte fait, était parfaitement possible. Le colonel Stefano Giovannone qui se trouvait au Moyen-Orient depuis qu'Aldo-Moro — alors ministre des Affaires étrangères — l'y avait envoyé remplir une mission de ce genre en 1973 — ne pouvait pas ne pas en avoir entendu parler. Non seulement le F.P.L.P.

considérait que Daniele Pifano devait être relâché « pour des raisons morales », son geste n'ayant tout au plus qu'un caractère « fraternel », déclara Bassam Abu Sharif à Panama, mais les Strela étaient la propriété de Georges Habash et devaient lui être retournées [442].

Il paraît nécessaire de commenter ce dernier point. Tout nouvel indice, découvert à la fin de la décennie rouge, mettait en évidence la responsabilité de l'Union soviétique. Pendant tout ce temps, le triangle formé en 1968 la laissait libre de mener officiellement une politique de détente, alors qu'officieusement elle n'en faisait rien. Petit à petit, le pôle d'attraction cubain se fondait avec les *Fedayins* arabes. Intentionnellement ou non, la Résistance palestinienne était utilisée de Damas et Beyrouth, à Bagdad, Tripoli et Alger. Les Russes faisaient cadeau aux Palestiniens d'armes, de savoir-faire, d'immunité diplomatique et d'emplacements stratégiques, de leur côté les Palestiniens passaient toutes ces largesses à un réseau terroriste international clandestin, fiévreusement occcupé à mettre en pièces la société occidentale en des dizaines de points cruciaux sur toute la surface du globe. Cela aussi était un mode de remboursement : propagande armée contre services rendus.

C'était une méthode de bricolage à l'usage des terroristes armés du monde, livrée avec trousse à outils complète et mode d'emploi détaillé.

A l'heure où j'écris, aucun gouvernement occidental n'a encore mis l'U.R.S.S. en face de ses responsabilités. Aucun n'a osé non plus mettre ouvertement en cause les Palestiniens. Les deux continuent à jouir largement de leurs profits illicites.

Le crime paye.

16

LE BÉNÉFICIAIRE

Le crime paye si' tout va bien, et c'était le cas. Les gouvernements de l'Ouest étaient au courant mais ne bronchaient pas.

« Le K.G.B. est à la tête d'une entreprise de terrorisme international. Les faits peuvent être démontrés, preuves à l'appui », dit, durant l'été de 1979, le Dr Hans Joseph Horchem, du bureau antiterroriste allemand pour la défense de la Constitution [443].

« Qui dirige l'orchestre mondial du terrorisme ? » demanda à la même époque un journaliste italien à William Colby, ancien chef de la C.I.A.

« Personne, directement », répondit-il.

« Et qui fournit l'outillage ? » demanda encore le journaliste.

« Pour les Italiens, Moscou et Prague [444]. »

Les deux hommes parlaient en connaissance de cause : le Dr Horchem en particulier est considéré comme l'un des meilleurs analystes des services de renseignements de l'Ouest. Mais ni l'un, ni l'autre ne parlait au nom de son gouvernement. Aucun gouvernement de l'Ouest n'a encore mis en cause le gouvernement soviétique. Et certains ont vraiment fait un gros effort pour éviter d'en arriver là.

Un an à peine avant que Colby ne dévoile les liens qui unissaient le terrorisme italien à Moscou et à Prague, la C.I.A. avait assuré que les Brigades Rouges étaient absolument indépendantes de l'étranger. Telle était du moins la réponse officielle donnée aux Italiens qui demandaient aux Etats-Unis de les aider à retrouver Aldo Moro — alors prisonnier des Brigades Rouges et qui devait le rester cinquante jours. Quand je lui rendis visite, le chef du Comité pour la lutte contre le terrorisme au département d'Etat m'assura qu'il était entièrement d'accord avec la C.I.A. à ce sujet. Quant à la C.I.A., elle refusa purement et simplement d'aborder la question. Elle suivait évidemment en cela la politique de la Maison Blanche. Tous se conformaient aux instructions du Président.

J'ai souvent été médusée par ce genre de réactions à Washington ou dans d'autres capitales occidentales, spécialement à Bonn et à Rome. La fuite devant la vérité paraissait incompréhensible. Respectivement « l'anneau le plus fort et le plus faible de la chaîne démocratique », pour citer les Brigades Rouges, autrement dit l'Allemagne de l'Ouest et l'Italie, avaient visiblement été choisies par les terroristes comme par le Kremlin pour former la première ligne des Etats visés. Dans aucun de ces pays, la preuve de la complicité soviétique ne reposait sur des rapports indirects ou éloignés. Bien au contraire, le K.G.B. était directement en cause, fonctionnant en liaison avec les services de sécurité des satellites est-européens de la Russie.

Le rôle du K.G.B. n'avait pas à être deviné. Il résultait de faits précis. Des preuves exceptionnellement irréfutables surgirent en 1975, quand à l'occasion d'un banal accident de la circulation, la police belge trouva des documents accusateurs dans une voiture. Ceux-ci révélaient l'existence d'une *centrale* du K.G.B. à Vienne, dont la mission était de « stimuler » les formations terroristes en Italie, Allemagne, Belgique, Hollande et France. Une douzaine de journaux européens publièrent l'histoire du responsable russe : un officier supérieur du K.G.B. du nom d'Alexandre Benyaminov et employé à Vienne par l'Agence internationale pour l'énergie atomique de l'O.N.U. [445].

Le rôle de l'Allemagne de l'Est dans ce programme n'était pas seulement hypothétique. Depuis 1970, date où la bande à Baader établit sa première maison forte à Berlin-Est [446], elle assurait le soutien du réseau terroriste clandestin de l'Allemagne de l'Ouest. En plus d'un refuge immédiat, elle fournissait de faux documents, de l'argent, un entraînement paramilitaire, des itinéraires d'entrée et de sortie protégés ainsi qu'une sorte de « consigne » pour les armes de la bande. *Die Welt,* citant les services de sécurité français, écrivait que « cinq femmes terroristes de l'Allemagne de l'Ouest ayant été arrêtées à Paris en juillet 1980, leurs notes — une fois décodées — avaient révélé que le réseau avait en Allemagne de l'Est un vaste dépôt de pistolets, de mitrailleuses et de grenades à main ».

En outre, depuis 1972, le parti communiste de Berlin-Est donnait 1 million de Marks par an au quartier général de l'O.L.P. : c'était, on s'en souvient, l'année du massacre des Jeux Olympiques, l'époque où les escadrons de la mort de Septembre noir opéraient non seulement à Munich, mais dans toute l'Europe de l'Ouest [447]. Le même parti avait également envoyé de l'argent à Ulrike Meinhof et à son mari Klaus Rainer pour leur revue gauchiste, *Konkret*.

Sur les instances de son mari, Ulrike Meinhof s'était elle-même inscrite au Parti communiste, dès 1957. En dépit de leur démission en 1965, le ménage passait une fois par mois à Berlin-Est pour toucher la subvention du Parti : 1 million de Marks, utilisés à financer le guide du gourou intellectuel du réseau terroriste. (Röhl raconte toute l'histoire dans son livre, *Cinq doigts ne font pas un poing.*)

Le gouvernement ouest-allemand ne protesta pas officiellement. Au plus adopta-t-il une attitude paternellement protectrice à la fois à l'égard de l'Allemagne de l'Est et de la Russie soviétique. La dernière fois que je me trouvai à Bonn, les porte-parole du gouvernement semblaient discrètement désolés que j'aie soulevé la question. A supposer qu'il y ait jamais eu un problème, celui-ci avait cessé d'exister, m'assura le Dr Gerhard von Löwenich, directeur de la Sécurité publique au ministère fédéral de l'Intérieur. Certains Etats satellites connus pour donner abri aux terroristes avaient bien évidemment décidé de se réformer. « Le Sud-Yémen nous a assurés qu'il n'abritait plus de terroristes. Peut-être a-t-il acquis la conviction qu'il n'était pas de son intérêt de donner asile à ce genre de gens », me dit-il dès l'abord, oubliant sans doute que certains des fugitifs ouest-allemands les plus activement recherchés se cachaient à l'époque au Sud-Yémen. (L'un d'eux du nom de Sieglinde Hofmann, était du lot des femmes arrêtées à Paris en 1980 [448]).

« Nous pensons qu'il est essentiel de coopérer avec *tous* les pays qui consentent à œuvrer avec nous dans le domaine du terrorisme, telles la Libye, l'O.L.P., et l'Europe de l'Est, poursuivit-il. Nous n'avons aucune preuve que les Russes excercent une pression quelconque sur les Palestiniens dans un sens ou dans un autre. Nous n'ignorons pas que les Russes ont des relations spéciales avec certains Palestiniens, et que certains Palestiniens ont certains rapports avec certains terroristes allemands. Mais nous n'avons aucune preuve de rapports entre les deux pays. » Je me demandais s'il croyait ce qu'il disait. Il en avait tout l'air.

En Italie, les questions de ce genre suscitaient plutôt un profond désespoir dans les milieux influents. Aucune classe dirigeante n'a fait plus que l'italienne pour maintenir l'illusion qu'elle seule était responsable des tourments que le terrorisme lui avait infligés. La preuve du contraire n'a pas seulement été écartée, elle a été vigoureusement supprimée. Aucun gouvernement italien depuis plus de dix ans n'était disposé à discuter la part prise par la Russie et par son antenne, la Tchécoslovaquie, à la naissance, au développement et à la sauvegarde du mouvement terroriste italien.

Régulièrement, au cours de cette décennie rouge, des « diplomates » tchèques accrédités — reconnus agents secrets — furent expulsés d'Italie et notamment entre 1975 et 1978, époque de la plus grande flambée du terrorisme en Italie[449]. Ceci n'était pas exceptionnel. Vingt-neuf Tchèques furent expulsés en 1968, année de la grande insurrection des étudiants. Vingt d'entre eux environ auraient dû subir, dit-on, le même sort en 1972, année de la mort de Feltrinelli, mais furent, mystérieusement, « oubliés ». Le général Vito Miceli, chef du service secret italien, avait présenté la liste des agents en question au Premier ministre Giulio Andreotti, précisant que le S.D.I. avait des preuves absolues de leurs relations — et de celles du K.G.B. — avec Feltrinelli et avec les groupes subversifs d'extrême gauche qui l'entouraient[450]. Fait étrange, le Premier ministre laissa tomber l'affaire. En 1974, il reconnaissait devant le Parlement qu'en 1968, de jeunes Italiens avaient bien été entraînés en Tchécoslovaquie[451]. Ce qui ne l'empêcha pas de déclarer en 1980 que jamais pendant qu'il était Premier ministre, « il n'avait eu de preuves formelles des liens du terrorisme italien avec une organisation internationale[452]. »

Et cependant les preuves ne faisaient pas défaut. La police avait gardé la trace des vingt-deux voyages que Feltrinelli avait faits à Prague (les visas d'entrée étaient apposés sur un faux passeport, retrouvé après sa mort[453]) et l'on savait pertinemment que trois au moins des membres fondateurs des Brigades Rouges y avaient fait d'assez longues visites au début des années 70. (L'un d'eux, du nom de Fabrizio Pelli, avait même travaillé dans la section italienne de Radio-Prague.) Libero Mazza, le préfet de Milan, avait fait savoir en 1970 à Rome que des Italiens « en nombre inquiétant » se rendaient en Tchécoslovaquie pour s'entraîner à la guerre de guérilla[454]. Son rapport fut enterré et sa réputation détruite. (La presse de gauche y vit un horrible exemple des calomnies de la réaction.)

Le temps devait lui donner raison. En 1978, les services de renseignements de la communauté occidentale en savaient assez long sur la question pour établir un dossier solide. Richard Burt, du *New York Times,* parla de « soupçons déjà anciens » à ce sujet, ainsi que des « fortes preuves » démontrant « les rapports de la Tchécoslovaquie avec le terrorisme ouest-européen au cours de la dernière décennie ». Ses sources se référaient notamment à une « connexion ancienne » entre la Tchécoslovaquie et les Brigades Rouges « dont certains membres avaient fait des séjours à Karlovy Vary, la ville d'eau tchécoslovaque où se trouve Radio-Prague et où est publié un périodique communiste international, *Problèmes du Socialisme et de la Paix,* traduit en quinze langues ». Karlovy Vary, selon des collaborateurs du Congrès, se spécialisait dans l'établissement de faux documents et l'entraînement à diverses formes du terrorisme. Renato Curcio, le fondateur des Brigades Rouges, célèbre à ce titre dans le monde entier, avait fait ses classes à Karlovy Vary, précisaient les sources de Burt [455].

Les allégations du *New York Times* furent largement confirmées en 1980 par le général Jan Sejna. Ainsi que je l'ai indiqué auparavant, la compétence du général Sejna s'arrêtait en 1968, année où il s'échappa de justesse de Tchécoslovaquie au moment même où les armées soviétiques s'apprêtaient à l'envahir. Il avait cependant eu la clairvoyance — et le temps — d'emmener ses archives avec lui. J'étais à Prague à l'époque et je me souviens nettement de la terreur que sa fuite avait provoquée dans les milieux gouvernementaux. A Washington, on l'interrogea longuement, mais seulement sur des questions militaires concernant les Soviétiques et les forces du pacte de Varsovie. En 1968, le terrorisme n'empêchait personne de dormir, aussi personne ne lui demanda la moindre information à son sujet. Et, une fois qu'il fut rentré dans la vie civile américaine, personne non plus ne songea à le faire au cours des douze années suivantes.

En 1980 toutefois, l'historien américain Michaël Ledeen ayant eu l'idée de lui parler du terrorisme il consulta ses papiers. Dès 1964, le K.G.B. et le G.R.U., « pour de nombreux Européens... et des terroristes du monde entier », avaient officiellement établi leur camp d'entraînement sous les auspices de l'armée tchèque, dit Sejna. Il avait avec lui une liste de noms, parmi lesquels Feltrinelli et douze autres. Même si le K.G.B. et le G.R.U. n'avaient pas été plus loin, ils auraient eu le temps de former un commandement italien d'élite pour les dix années à venir.

Une fois les forces d'occupation soviétiques établies à Prague, déclara en 1970 le préfet Mazza, le trafic terroriste d'Italie en Tchécoslovaquie ne cessa de prendre de l'ampleur. Il allait se poursuivre activement tout au long de la décennie, confirma Patrizio Peci, du haut commandement stratégique des Brigades Rouges en 1980. Mais le public italien persistait à demeurer à la fois incrédule et indifférent. Ce point particulier de la sensationnelle confession de Peci — elle était, rappelons-le, longue de cent pages — occupa deux ou trois paragraphes dans deux ou trois journaux puis disparut dans la nature [456]. Même l'histoire du général Sejna fut accueillie au cours d'une émission de télévision, par un haussement d'épaules, du normalement probe et admirable premier Ministre Francisco Cossiga.

Pourquoi ?

Je ne sais pas pourquoi.

Un seul motif ne saurait suffire à expliquer l'opiniâtreté avec laquelle l'Italie, l'Allemagne de l'Ouest et tous les autres gouvernements menacés refusaient de tenir compte des preuves qui s'accumulaient avec une régularité inexorable. Plusieurs raisons évidentes viennent à l'esprit. L'Italie, dont le parti communiste était le plus nombreux en dehors de l'orbite soviétique, trouvait là une raison de ne pas bouger. Les Allemands, avec vingt millions de compatriotes à l'est du « Mur de la Honte », en avaient une autre. Tous deux, et leurs alliés démocrates, avaient également de puissantes raisons de vouloir éviter une confrontation avec l'Union soviétique, laquelle aurait pu risquer de mettre en danger la plus importante réalisation du siècle : la coexistence pacifique et l'entente civilisée des mondes communiste et capitaliste. Tous étaient certainement épouvantés à l'idée de se mettre mal avec des chefs arabes, dont les Soviétiques souhaitaient la complicité dont l'Ouest souhaitait le pétrole.

Mais ce sont là des réponses toutes faites et qui paraissent trop faciles. Il se peut que les services de renseignements de l'Ouest aient depuis longtemps entre les mains des pièces du puzzle sans songer à les assembler. Un service ne communique pas forcément tous ses renseignements au voisin. Certains ont dû avoir du mal à croire que le Kremlin prenait de tels risques. A moins que les faits qui soient venus à leur connaissance leur aient paru purement et simplement inexplicables. Le dessein des Soviétiques prit des années à être mis au point et plus longtemps encore à être visible de l'extérieur. Ceux qui soupçonnaient un aussi noir complot ont pu vouloir attendre des preuves irréfutables... qu'ils avaient peu de chances de jamais recevoir... et dont, ils n'avaient nul besoin.

Les Soviétiques n'ont jamais voulu créer, ni surveiller, des mouvements terroristes nationaux, et moins encore diriger leurs activités quotidiennes. L' « Esprit Créateur », terré dans une salle souterraine tapissée de cartes et tramant l'action terroriste internationale, n'est qu'un personnage de bande dessinée. La seule idée des Soviétiques était de laisser les autres se compromettre tandis qu'eux-mêmes ne contribueraient que par procuration à la terreur continentale. Normalement, tout agent du K.G.B. veillait toujours à laisser une distance appréciable entre lui et ces gens-là. C'était une vraie malchance pour un agent du K.G.B. de se faire attraper avec, disons, un provo irlandais ou un *Ettara* espagnol, mais cela ne prouvait pas grand-chose.

La preuve décisive, en l'occurrence, n'était pas de repérer un agent du K.G.B. ici ou là, ou de trouver des documents codés dans une voiture accidentée, ou de penser à poser, des années après l'événement, les questions voulues au général Sejna ou encore de mettre la main sur des informations rigoureusement secrètes du M.I. 6 anglais, du B.N.D. allemand ou de la C.I.A. Tout cela aide, mais en fait un très grand nombre de renseignements utilisés dans ce livre sont accessibles à tout un chacun, en particulier tout ce qui s'est dit sous serment en cour de justice. La conclusion résulte de preuves accessibles à tous et qui, depuis longtemps, sont exposées à la lumière du jour.

On peut résumer l'affaire en quelques phrases simples.

La plupart des groupes terroristes ont démarré en 1968 sans expérience, sans technique, sans argent, sans armes ni contacts internationaux. Ils acquirent leur haut niveau opérationnel au cours de la décennie suivante, grâce surtout à l'entraînement, aux conseils, aux armes, aux refuges et aux relations que Cuba ou la résistance palestinienne leur procurèrent.

L'armée et les services de renseignements de Cuba ont été au service de l'U.R.S.S. depuis 1968. Les camps d'entraînement aux environs de La Havane étaient placés sous la surveillance constante du K.G.B., et ses instructeurs travaillant à l'étranger étaient soumis à sa discipline.

La Résistance palestinienne a été entièrement approvisionnée en armes par l'Union soviétique depuis 1968. Au moins un sur dix de ses combattants de guérilla et de ses officiers a été formé en Union soviétique ou chez ses satellites est-européens — sans parler de la Corée du Nord où deux mille cinq cents guérilleros du monde entier furent entraînés dans les premiers temps du terrorisme. Les autres s'entraînèrent à Cuba ou travaillèrent avec des instructeurs cubains dans les camps des *fedayins* d'Algérie et de Libye, en Syrie, au Liban et au Sud-Yémen.

Toutes les formations de guérilla palestinienne, mais tout particulièrement celles du Front du refus, mirent leur expérience militaire et leurs armes à la disposition de l'ensemble du réseau terroriste international. La base des opérations du Front du refus était établie au Sud-Yémen, rigoureusement fermé aux visiteurs non munis d'une autorisation formelle des Russes. Là-bas le Front du refus était libre de monter ses propres opérations terroristes internationales à l'étranger et d'assurer l'entraînement et l'hébergement des groupes terroristes les plus dangereux du monde.

En fait, l'Union soviétique s'était bornée à placer un fusil chargé sur la table, laissant aux autres le soin de s'en servir.

Pourquoi ? Et en même temps pourquoi pas ?

Il n'était pas question d'accéder au Kremlin sans franchir ses défenses périphériques. Cuba et la Résistance palestinienne étaient les garants de la Russie. Aux yeux de la génération de 1968, chacune d'entre elles avait des qualifications révolutionnaires plus solides que l'U.R.S.S. et un attrait plus magnétique pour le tiers monde, les socialistes européens et les radicaux romantiques où qu'ils fussent. Cuba et la Palestine étaient par conséquent mieux placés que le Kremlin pour maintenir — et propager — la dangereuse illusion que les terroristes étaient authentiquement gauchistes.

Ils se comportaient davantage comme de francs « droitiers » calculateurs lorsque partout on les retrouvait partisans des « solutions militaires » de droite détestant les syndicats libres, la presse libre, les élections libres, et tout genre de réforme sociale, les gouvernements orientés à gauche, comme les grosses têtes de gauche, des professeurs et des journalistes aux juristes et aux juges : leurs cibles préférées comme on le sait. (Après avoir tué l'admirable — et admiré — juge socialiste Emilio Alessandrini, la *Première Ligne* « l'accusa » d'avoir contribué à rétablir la crédibilité de l'Etat progressiste et démocratique.)

Tout cela ne devait cependant pas empêcher les authentiques partisans de la gauche de les prendre au mot. Ils furent considérés comme des révolutionnaires marxistes confirmés, reflétant la culpabilité de la nation, tâchant de venir en aide par n'importe quel moyen, — fût-il le plus mauvais — aux déshérités dans le besoin. Les attaquer pour des raisons politiques revenait en quelque sorte à attaquer la gauche entière, et le marxisme et le socialisme, et tous les mouvements de libération du monde : vaste programme pour toute société démocratique et programme redoutable pour certains.

La plupart des Etats cibles d'Europe vivaient du support ou de la tolérance de la gauche, démocratique ou autre. Une antipathie mutuelle n'empêchait pas les deux catégories de réaliser des accords de fait. Près de la moitié des électeurs français étaient prêts, en 1978, à accepter un Front populaire formé par un parti socialiste pro-occidental et un parti communiste paléo-stalinien (jusqu'à ce que les communistes provoquent la rupture de l'accord). Le parti gouvernant, social-démocrate, d'Allemagne de l'Ouest devait tolérer l'existence de son aile gauchiste, entièrement ouverte à l'Est. Le parti travailliste anglais sombrait sous le poids de son aile d'extrême gauche et projetait son animosité vers l'Ouest. Un Italien sur trois votait régulièrement pour le parti communiste : et près d'un sur deux votait pour des partis qui exigeaient la participation des communistes au gouvernement (jusqu'en 1980).

Si l'image de l'Union soviétique était plus ou moins ternie dans ces cercles de gauche (communistes compris), elle restait néanmoins celle d'un Etat socialiste. Accuser le Kremlin seul d'un complot démoniaque contre l'Ouest aurait été plutôt néfaste en la circonstance, glaçant les cœurs progressistes et évoquant l'ombre sinistre du sénateur MacCarthy. Incriminer les Cubains, et pire encore, les Palestiniens, aurait été pure folie.

Aussi l'Ouest ne le fit-il pas. De telles considérations politiques étaient sans nul doute essentielles et les chefs de gouvernement, littéralement assiégés, — pour des motifs à la fois compréhensibles et regrettables — ne parlaient pas. Si la communauté du renseignement occidental avait divulgué ce qu'elle savait (en tout ou même en partie), les terroristes, les plus durs, voyant leurs méthodes de travail exposées au grand jour, auraient pu perdre leurs prétentions révolutionnaires, du moins on les aurait isolés et tenus en bride depuis longtemps. En retenant volontairement les informations, les gouvernements de l'Ouest sauvegardaient le droit de ces terroristes à la légitimité — en d'autres termes le droit qu'ils s'étaient octroyé de donner la mort.

Pour les Russes, le risque était négligeable. Il s'avéra bientôt qu'aucune chancellerie occidentale n'était disposée à faire renaître la guerre froide pour cet enjeu. Il était relativement clair que l'Union soviétique elle-même serait à l'abri de la contagion terroriste. Aucune des brillantes bandes terroristes de l'Ouest ne semblait avoir envie de s'y attaquer. (Quand un nouveau venu dans la clandestinité allemande suggéra de kidnapper un diplomate soviétique « pour engendrer le chaos », la bande à Baader le mit dehors sous prétexte qu'il était fou [457].) En Union soviétique, les problèmes ethniques et religieux étaient réglés efficacement et férocement depuis plus de soixante ans. Et les dissensions n'y avaient absolument pas le même caractère qu'à l'Ouest. Les théories révolutionnaires de l'extrême gauche à Paris et à Bonn étaient entièrement dépourvues de signification dans les « vrais » Etats socialistes, où se pratiquait déjà la dictature du prolétariat. Ce que les dissidents soviétiques réclamaient, c'était plus de liberté, pas moins.

Le penchant antisoviétique de certains milieux terroristes occidentaux ne troublait pas les chefs soviétiques. Ils ne considéraient pas les terroristes comme susceptibles d'organiser le pouvoir et encore moins de s'en saisir. Ils ne s'attendaient pas non plus à voir éclater sous peu la révolution en Allemagne de l'Ouest, en Irlande du Nord, en Espagne, en Italie, ou même en Turquie. Si le Kremlin attachait tant d'importance aux terroristes, c'était à cause de leurs efforts pour affaiblir et démoraliser, embrouiller, humilier, effrayer, paralyser et, si possible, démanteler les sociétés démocratiques de l'Occident.

Le gouvernement italien tenu en alerte pendant les cinquante-cinq jours durant lesquels on rechercha — mais en vain — Aldo Moro ; le gouvernement ouest-allemand pris dans un piège semblable après l'enlèvement de Hans-Martin Schleyer ; seize mille hommes de troupe britanniques aux prises depuis plus d'une décennie avec quelques centaines de rebelles irlandais ; trois ou quatre policiers par semaine tués en Espagne (où le régime démocratique est encore récent et fragile) ; le cas extrême de la Turquie, vaste territoire stratégique, complètement accablée, ingouvernée et ingouvernable ; les Etats-Unis, première puissance du monde à qui il fallut 444 jours pour libérer des citoyens américains tenus en otages à des milliers de kilomètres... tout était possible dans le climat de terreur qui régnait à la fin des années soixante-dix. Cela contribuait à mettre en lumière l'extraordinaire impuissance du monde occidental. Tout tendait à miner la résistance de l'Ouest à l'expansion soviétique, fondée sur la cohésion de l'O.T.A.N., protégeant l'Europe de l'Ouest et la Méditerranée, et la crédibilité des Etats-Unis, protégeant les livraisons et les routes du pétrole depuis le golfe Persique. C'était assez et plus qu'assez.

Le siège permanent des sociétés libres de l'Ouest pouvait s'avérer profitable, même sans révolution à la clef. Si cette dernière devait éclater quelque part, elle éclaterait à son heure, quand les circonstances s'y prêteraient. La révolution des Russes avait elle-même mis un demi-siècle à venir à maturité. Elle-même avait éclaté au moment où était impitoyablement démontrée l'impuissance du gouvernement impérial. Longtemps oublié, Nicholas Ishutin en avait fait naître les germes à Moscou en 1866, avec son enfer souterrain : l'arme terroriste secrète de l'Organisation grâce à laquelle une poignée d'intellectuels, de fous et de criminels endurcis avaient utilisé la dynamite, le vol et le meurtre pour miner l'autorité quasi divine du tsar. C'est seulement quand cette autorité avait été irrévocablement détruite que la révolution d'Octobre avait pu éclater.

Un petit nombre seulement de formations terroristes contemporaines ont eu des théoriciens dotés d'un sens historique leur permettant de profiter de cet enseignement. Ce fut le cas de l'Italie où l'Organisation fit plus en dix ans qu'Ishutin n'avait fait en Russie un siècle auparavant. Sans doute les Russes y songèrent-ils quand ils envoyèrent leurs premiers protégés italiens faire un pèlerinage à Prague.

Certaines personnes assurent encore que, depuis la révolution d'Octobre, la Russie a témoigné d'une vive aversion pour le terrorisme. Non seulement les chefs communistes soviétiques auraient à multiples reprises nié leur propre responsabilité, mais ils auraient accusé l'Ouest d'avoir utilisé cet affreux moyen d'auto-déstabilisation. « Tous ces attentats terroristes sont censés être rouges, mais, d'après moi, ils sont tout simplement noirs, déclara Juri Jukov, du Soviet suprême et de la commission de contrôle du parti communiste soviétique, après une visite à Rome en 1980. Je n'y vois rien de progressiste. On voit se profiler derrière eux toutes les forces réactionnaires s'efforçant de détruire l'ordre et la légalité. Nous, Soviétiques, nous maintenons que la lutte politique est une lutte d'idées, non de violence armée. N'est-il pas étrange que tous les actes de violence armée se produisent à l'Ouest? Attendu que notre situation politique est plus saine, l'Est heureusement ne connaît pas le phénomène terroriste [458]. »

En un sens, il était parfaitement honnête. Les chefs soviétiques n'ont jamais beaucoup aimé un certain genre de terrorisme, celui — plus précisément — qui échappe complètement au contrôle du Parti. « Craignez comme la peste l'esprit frondeur de la guérilla, les actions arbitraires de groupes isolés et la résistance à l'autorité centrale, car ils sont synonymes de mort », déclara une fois Lénine.

Mais Lénine n'avait jamais renoncé à l'atout terroriste, convenablement contrôlé, pour l'action révolutionnaire.

Pas plus d'ailleurs que quiconque à l'état-major du Parti, avant ou après lui. Au lendemain de la révolution d'Octobre, les bolcheviks avaient eu recours à la terreur Rouge pour consolider leur pouvoir. Leurs successeurs ne se firent pas non plus faute d'en user, dans leur incessant effort de répandre de par le monde la révolution de type soviétique. Le fait qu'il s'agisse effectivement d'un objectif de portée universelle a été affirmé trop souvent par Staline, Khrouchtchev, Kossyguine, Brejnev, Suslov et Boris Ponomariev entre autres, pour qu'il soit besoin d'y revenir ici. « La lutte entre les deux systèmes mondiaux se poursuivra jusqu'à la victoire complète et finale du communisme dans le monde », a dit la *Pravda*, sans doute pour la centième fois, et vers le milieu des années soixante-dix après une décennie ou deux de coexistence pacifique.

Tout terroriste se qualifiant de révolutionnaire marxiste connaît bien les vues de Lénine sur l'utilité du terrorisme à cet égard. Ce qu'il a écrit à ce sujet en une seule année — 1905 — a été publié sous forme d'opuscules faciles à consulter.

« L'armée révolutionnaire est nécessaire parce que certains grands problèmes historiques ne peuvent être résolus que par la force, et, à notre époque, dans ce combat, l'organisation de la force est synonyme d'organisation militaire », dit Lénine. « La guerre de guérillas et la terreur populaire... aideraient certainement le peuple à apprendre la bonne tactique d'un soulèvement. » L' « organisation de l'insurrection » exige plus que la stratégie conventionnelle du Parti. « Ce qu'il nous faut, c'est le conflit *armé* », dit-il encore. « Celui-ci est mené par des individus isolés et de petits groupes dont les uns appartiennent à des organisations révolutionnaires, et d'autres pas. »

« Envoyez cinq ou six individus faire une tournée de centaines de cercles d'études d'ouvriers ou d'étudiants », conseillait-il au

Comité de combat de Saint-Pétersbourg, dix bonnes années avant que les masses n'envahissent la Palais d'Hiver du tsar. « Il faut fournir à chaque groupe des indications courtes et simples sur la fabrication des bombes et la manière de s'en servir, donner des explications aussi élémentaires que possible et puis les laisser se débrouiller. Les pelotons doivent commencer immédiatement l'entraînement militaire... Certains auront à exécuter un espion... à faire sauter un poste de police... d'autres à piller une banque... L'essentiel est d'apprendre sur le tas. N'ayez pas peur de ces attaques d'entraînement. Elles peuvent, bien sûr, dégénérer en combats plus sérieux. Toute action comporte un risque... »

Le principal c'est d' « apprendre à se battre » et de « mépriser la mort », dit-il ; et il poursuit : « Quand je vois des sociaux-démocrates déclarant avec arrogance et mépris : Nous ne sommes pas des anarchistes, des voleurs, des malfaiteurs, nous sommes au-dessus de tout cela, nous sommes contre la guerre de guérillas », je me demande : « Ces gens se rendent-ils bien compte de ce qu'ils disent ? »

EPILOGUE

Tardivement — mais mieux vaut tard que jamais — le caractère international du terrorisme se trouve abondamment démontré comme la naissance d'une sorte d'Internationale antiterroriste. Les affaires Schleyer et Moro, en particulier, ont entraîné l'Europe à coordonner ses défenses. « Loin de faire tomber l'Europe à genoux, ces deux meurtres fortifièrent notre volonté de résistance commune », me dit un haut fonctionnaire italien du ministère de la Justice. Du jour où Aldo Moro fut enlevé — 16 mars 1978 — un impressionnant réseau antiterroriste de police et de services de sécurité commença à se mettre en place en Europe : en faisaient partie les neuf du Marché Commun, plus l'Espagne, l'Autriche et la Suisse.

Leurs ministres se réunissent périodiquement, me dit Edwin Lance, ministre autrichien de l'Intérieur, « pour procéder à un échange rapide et direct d'informations, coordonner les stratégies, établir des contacts personnels dans la police, unifier notre équipement et nos longueurs d'ondes secrètes, installer des banques européennes de données mémorisant des éléments aussi différents que les numéros de série des voitures, les numéros d'immatriculation, les mouvements de l'argent « chaud » et celui des hommes à travers les frontières.

Ils mirent en commun leurs expériences et leur savoir dans les ordinateurs de l'Allemagne de l'Ouest à Wiesbaden, enregistrèrent dix millions de données : curriculum vitae, voyages, prothèses dentaires, types sanguins, caractéristiques des cheveux, des empreintes digitales, auteurs et compositeurs préférés de tous les terroristes connus du monde entier. Des unités nationales s'entraînèrent aux fabuleuses techniques de commando des « Têtes de Cuir » allemandes (les G.S.G.), du légendaire S.A.S. anglais, et du Groupe d'intervention de la gendarmerie nationale (G.I.G.N.) qui fut envoyé à La Mecque à la demande personnelle du roi Khaled d'Arabie Saoudite, pour chasser de la mosquée trois cents terroristes fortement armés et non moins fortement retranchés.

En Allemagne, en France, en Italie, en Espagne, en Grande-

Bretagne des lois antiterroristes sévères vinrent compléter ces mesures. Il s'agit de lois sévères, mais constitutionnelles, votées à de larges majorités par les Parlements des pays concernés, parfois à la limite du maintien des libertés civiques mais les garantissant toujours. En fait, elles laissent encore aux terroristes fugitifs une étonnante liberté de passage à travers les frontières. (Le vieux droit d'Asile politique aurait déjà dû être refusé aux terroristes en vertu de la Convention de Strasbourg de 1977, mais la majorité des dix-huit pays concernés ne l'a pas encore ratifiée.) Ainsi les terroristes n'ont-ils pas atteint leur premier objectif : en Europe la démocratie n'a pas capitulé.

En Italie, où le danger avait sans doute été le plus grand, près d'un millier de terroristes de gauche se trouvaient sous les verrous en juillet 1980 — et plus de la moitié de ceux-ci avaient été arrêtés au milieu de l'hiver ou du printemps précédents. Mystère encore inexpliqué : au cours de la décennie en question, leur discipline légendaire s'était soudain effondrée. Allaient-ils se ressaisir en temps voulu ? Quoi qu'il en soit, ils étaient dans un profond état de désarroi — provoqué d'un côté par les interventions — trop longtemps différées — de la police et de l'Etat qu'ils méprisaient, de l'autre, par une dislocation interne.

La vie d'un terroriste peut avoir ses moments exaltants mais elle est faite encore davantage de travail pénible et de terrible anxiété. Vivre pendant des années dans la clandestinité était « un enfer », écrit Hans-Joachim Klein, parlant de sa propre expérience dans les cellules révolutionnaires allemandes. « Coder, décoder, apprendre un nouveau code, se mettre les adresses en tête et brûler les notes écrites, apprendre un texte par cœur, tout se répéter pendant des heures avant un rendez-vous — Dans la clandestinité, 80 p. 100 du temps se passe à se cacher. C'est dingue, plus on le fait, plus on s'enfonce dans la merde. »

Bommi Baumann, le premier à sortir de la clandestinité allemande et à pouvoir en parler librement, écrit : « Porter un pistolet à la ceinture vous donne d'abord un sentiment de supériorité. Le plus débile des gringalets se sent plus fort que Mohamed Ali. Tout ce que vous avez à faire est de plier le bout du doigt. N'importe quel idiot peut le faire. Cela exerce une fascination à laquelle on succombe facilement. Mais ensuite se manifestent la tension nerveuse et la fatigue. Un attentat était toujours un soulagement. La plus grande épreuve c'était la vie en groupe. On traînait toujours dans le même appartement, avec les mêmes gens, les mêmes problèmes personnels jamais résolus. Un certain nombre d'entre nous, par exemple, pensaient que chacun devait dire à chacun ce qu'il avait sur le cœur. Mais tous les camarades n'aimaient pas cela, entre autres bien des filles, et cela suffisait à créer de la tension... Celle-ci était souvent intolérable. Un jour nous en vînmes aux mains à propos de l'endroit où prendre notre petit déjeuner. »

A l'époque de Baumann, cependant, il n'y avait rien dans son Mouvement du 2 juin qui pût se comparer avec la structure militaire rigide des Brigades Rouges. En dépit de son rôle important dans l'état-major stratégique, Patrizio Peci faisait un travail de terrassier quand les *Carabinieri* mirent la main sur lui. Pendant tous ces mois où ils l'avaient filé, il avait fait d'épuisantes journées de dix-huit heures, suivant des victimes possibles, prenant des photos, évitant de se faire repérer (du moins le croyait-il) et revenant fréquemment sur ses pas quand il allait à un rendez-vous. Tous les autres « réguliers » devaient, jour après jour, arpenter indéfiniment les rues en quête de renseignements sur leurs victimes en puissance. (Les cinq principales colonnes des Brigades Rouges possédaient chacune des dossiers soigneusement classés d'environ trois mille objectifs possibles.) Après le travail à l'extérieur venaient les heures passées à potasser les manuels d'électronique, de chimie et de matériel de combat. (Les livres de guérilla étaient pour les débutants, la science-fiction, les romans policiers, Playboy, les bandes dessinées étant réservés aux soirées.)

Le ménage était un travail minutieux, interminable. Le « règlement intérieur » des Brigades, « conditions de sécurité et de travail », était très détaillé. Chaque cache devait être choisie soigneusement, après de longues reconnaissances, « dans un quartier prolétarien ». Le propriétaire de l'immeuble ne devait pas habiter là, et surtout ne pas avoir un caractère pointilleux. L'appartement devait être modeste, propre, bien rangé et complètement meublé. De l'extérieur il devait avoir l'air correct, avec des rideaux aux fenêtres, des lampes dans l'entrée, des plaques portant les noms des occupants, des plantes au balcon. Il fallait faire installer des dispositifs de sécurité spéciaux et des portes blindées [459] ».

Les « Permanents » devaient « s'habiller correctement, se raser régulièrement, avoir toujours les cheveux bien coupés ». Ils devaient tous « avoir un emploi de couverture facilement identifiable », porter le costume du rôle et observer les horaires voulus. Si l'on souhaitait, par exemple, se faire passer pour un ouvrier de chez Fiat, il fallait se rendre à son travail à l'heure voulue, comme un vrai ouvrier, et rester dehors par tous les temps — qu'il gèle ou qu'on meure de chaleur — jusqu'à ce que vienne le moment des repas. Les femmes des Brigades avaient à jouer le rôle de ménagères, à être chez elles quand leurs compagnons rentraient d'une mission (à laquelle elles avaient peut-être participé). Il leur était strictement interdit de faire leurs courses dans le quartier, de fréquenter les restaurants ou les bars les plus proches, d'empêcher leurs voisins de dormir en faisant marcher la radio trop fort ou en tapant à la machine. Les accessoires du métier — tampons et timbres officiels, faux papiers, dossiers, armes — devaient être emballés dans des valises placées près des portes, prêtes à être rapidement enlevées. Vers la fin, la négligence des intéressés concernant cette dernière obligation contribua souvent à faire vendre la mèche.

Loyer, gaz et électricité devaient être payés dans l'instant et les plus petites dépenses notées. Via Gradoli, dans la maison-refuge utilisée pour l'enlèvement d'Aldo Moro, la police trouva dans un livre de comptes des entrées de 3 000 lires (40 francs) pour de l'essence (contrôle de vitesse sur l'auto-strade) et de 6 000 lires pour des plumes à encre sympathique. D'autres comptes trouvés dans l'appartement s'élevaient à 20 ou 30 000 dollars. L'un spécifiait : « 4 masques à gaz militaires, 1 gilet pare-balles, 8 porte-documents, 39 trench-coats, 16 ceintures d'hommes, 30 lampes au magnésium, 5 antennes, 24 sirènes de police, 2 mitrailleuses et des munitions [460]... »

A ce jeu, ils se fatiguaient et s'usaient vite. Rituellement, tout le monde partait en vacances au mois d'août. (Renato Curcio remit un rendez-vous avec un indicateur (qui plus tard le fit arrêter parce qu'il partait pour le traditionnel *Ferragosto.*) Certains, qui avaient besoin de cures supplémentaires de repos, partaient alors dans les montagnes du Val d'Aoste ou pour les plages de la Calabre. Plusieurs se firent prendre parce qu'ils se droguaient à l'héroïne, ce qui était dangereux à la fois pour eux et pour les camarades. Pour atténuer son ennui et son angoisse mentale, l'un d'eux écrivit son autobiographie complète, qu'il envoya à un éditeur de Milan sans nom d'auteur ni adresse. Vers le milieu de 1980 Roberto Sandalo, un tueur d'élite de la Première Ligne, en cavale, se livra tout simplement lui-même à la police, disant : « Je n'avais plus envie de retourner gagner mon pain quotidien avec la Firme. Une fois entre leurs mains, je me suis senti libéré, qu'on me pende et qu'on n'en parle plus [461] ! »

Ils avaient des problèmes financiers, mais d'un genre particulier. En comptant le loyer, la nourriture, l'habillement, les armes personnelles et l'argent de poche (environ 250 000 lires par mois, dit Peci) chaque « permanent » des Brigades Rouges revenait à 60 000 francs par an. Etant donné qu'ils étaient cinq cents à vivre dans la clandestinité, les Brigades avaient besoin de 8 millions de dollars (32 millions de francs) par an pour assurer les dépenses courantes que l'inflation augmentait d'environ 20 p. 100 par an.

(Puis il y avait les frais des voyages en avion, les armes élégantes et onéreuses (une fusée S.A.M. 7 pouvait coûter de 25 000 à 50 000 dollars) ; les yachts comme le *Marie-Christine* (80 000 dollars), qui fut saisi en cale sèche sur la Côte d'Azur ; des navires comme le bateau de pêche de Mario Moretti qui servait à effectuer des envois d'armes au Moyen-Orient ; enfin les dépenses prohibitives entraînées par l'achat — indispensable — du dernier matériel électronique.

En 1980, la police découvrit aux environs de Venise deux maisons-refuges des Brigades Rouges particulièrement importantes. L'une, qui était apparemment le centre d'informations de l'état-major, comprenait une grande bibliothèque de microfilms, contenant une collection complète des archives des Brigades depuis 1971 (décisions stratégiques, assassinats, genoux brisés, communiqués, imprimés...). L'autre, visiblement le centre des communications, contenait de puissants émetteurs de radio (du genre utilisé par la police), des terminaux d'ordinateurs, des groupes électrogènes, des oscillographes, un vidéo-télex pour envoyer confidentiellement des messages au cours de l'action et un circuit fermé de télévision complet. Le *Corriere della Serra* évaluait ce dernier à environ un quart de million de dollars.

La profusion et la richesse même de cette infrastructure contribuèrent à provoquer chez les terroristes une sorte de dépression nerveuse collective. Avoir à recueillir environ 6 millions de dollars pour les Brigades Rouges et peut-être 10 millions pour la Première Ligne imposait un effort constant aux membres de l'Organisation. Ce n'était pas un travail simple comme « l'Expropriation du Peuple » dans les supermarchés. Il s'agissait de « casses » professionnels de grande envergure, allant des hold-up bancaires et des vols de paie aux prises d'otages et aux rançons se chiffrant par millions de dollars exécutés à un « niveau international », pour pouvoir toucher les montants à l'étranger, dit Peci, ce qui impliquait une collaboration active avec la Maffia et d'autres groupes du monde secret du crime. Une moitié des prises allait à une organisation dont l'idéal révolutionnaire était élevé, qui volait pour tuer ; l'autre moitié allait à des escrocs de bas étage qui normalement tuaient pour voler. Sous cet angle, la différence, qui dans l'esprit des terroristes n'avait jamais été très grande, tendait à s'atténuer au fur et à mesure que le temps passait. Il n'était pas douteux que plus ou moins vite, certains d'entre eux allaient se demander quelle pouvait bien être la raison d'être de cette luxueuse machine à tuer.

Il s'écoula pas mal de temps avant qu'ils ne se posent le

problème mais, quand ils le firent, ils s'effondrèrent avec une rapidité surprenante. Pendant dix ans, les autorités italiennes ne purent obtenir des terroristes arrêtés qu'une seule réponse, toujours la même : « Je suis un prisonnier politique », tout comme dans l'armée, un officier aurait automatiquement donné son nom, son grade et son numéro de matricule. Quand, en prison, Carlo Fioroni « retourna sa veste », il fut traité par ses anciens camarades de renégat, de menteur intéressé, de psychopathe, et d'informateur aux gages de la police. Mais cela n'empêcha pas, quelques mois plus tard à peine, Patrizio Peci de dire au juge tout ce qu'il savait — du moins il l'assurait — des secrets les mieux gardés du haut commandement stratégique des Brigades Rouges. Quelques semaines plus tard, sept au moins des autres principaux terroristes italiens faisaient des aveux complets. Des dizaines d'autres — aux échelons inférieurs — donnaient des noms, des adresses, des dates, et des schémas de leurs meurtres les plus sensationnels, y compris de celui d'Aldo Moro. Les renseignements conduisirent à la découverte de douzaines de maisons-refuges et à des centaines d'arrestations : 120 des Brigades Rouges, 130 de la Première Ligne, 50 de l'Action révolutionnaire entre janvier et mai [462].

Les menaces les plus terribles ne pouvaient elles-mêmes les arrêter. « Faites bien comprendre à cette punaise (Peci) qu'il aura à jamais peur de son ombre, que quiconque l'approchera, soit en prison, soit après, qu'il soit père ou mère, frère ou sœur, sera abattu comme une bête, et que le sang coulera sur ses pas », dirent les Brigades Rouges dans les *Contro-Informazione* [463]. L'avertissement était sérieux — trois prisonniers furent tués par leurs camarades de cellule pendant cette période — mais le sacro-saint silence était rompu. De l'intérieur même des prisons, des jeunes gens, ayant derrière eux un long chapelet de meurtres et devant eux la perspective d'avoir à purger une peine à perpétuité, suppliaient ceux qui étaient encore libres de mettre bas les armes.

« Camarades, c'est fini ! » écrivait Fabrizio Giai, ancien commandant de colonne de la Première Ligne au Piémont, dans un appel solennel à la reddition, signé par une douzaine de ses camarades prisonniers. « Il nous faut avoir l'humilité et le courage politique de reconnaître nos erreurs et nos fautes. Notre aveuglement a été impardonnable. Nous avons sous-évalué notre propre désintégration morale, culturelle et matérielle [464] ».

Pourquoi ont-ils craqué ? Une des raisons a naturellement été l'adoption par le gouvernement d'un décret réduisant de moitié les condamnations des terroristes qui collaboreraient avec la justice. Et puis il y a eu des raisons de santé. Les trois terroristes ont été victimes d'épuisements nerveux et ne pouvaient plus supporter de voir leur vie minée par les risques de la clandestinité. « Je veux me marier et avoir des enfants et pouvoir jouer avec mon chien », dit l'un. D'autres n'avaient plus le courage de poursuivre ce carnage. « Ils me donnèrent l'ordre de tirer dans les genoux de quelqu'un, un chef de bureau que je ne connaissais même pas, et je refusai. Ils m'obligèrent à le faire. Avant de tirer, je lui demandai pardon. Deux heures plus tard, je démissionnai de la Première Ligne », dit Robert Sandalo [465].

Pour d'autres comme lui — et ils étaient nombreux — la stratégie de la terreur avait été pire qu'un échec. Non seulement elle n'avait pas réussi à porter de coup mortel au cœur de l'Etat, mais le prolétariat était resté complètement sourd à l'appel de la révolution. Cela avait accru le prestige de la police, troublé, divisé et démoralisé la nation en général et la classe ouvrière en particulier, qui avaient risqué d'y laisser une partie de leurs libertés. « Je me suis rendu compte que nous poussions l'Etat à plus de répression, dit Peci, je voulais faire tout ce que je pouvais (et ce n'était pas grand-chose) pour arrêter ce massacre, parce que nous allions au-delà de toute stratégie politique acceptable, que nous devenions fous. » « Je me rendis compte que je m'étais complètement trompé, que des centaines d'entre nous, qui nous considérions comme des communistes, s'étaient lourdement trompés », ajouta Sandalo [466].

Depuis des années, des Allemands en proie au remords ne disaient pas autre chose. « Vous commencez par abandonner votre humanité, vous finissez par renoncer à votre idéal politique. Le rapport entre l'objectif et les moyens employés pour l'atteindre devient dément », dit Hans-Joachim Klein. « Il faut refuser d'accepter le meurtre de civils désarmés, les massacres, les enlèvements, en tant que forme de lutte contre l'impérialisme. Ce genre d'actes est un crime contre la révolution », écrivait de prison Horst Mahler, quelques années à peine après avoir présidé à la naissance de la bande à Baader.

Cependant il y avait de grandes différences entre ces formations qui, à elles deux, avaient porté la guerre de guérilla à un tel paroxysme en Europe. Les conservateurs de l'Allemagne de l'Ouest étaient solides, prospères, efficaces, disciplinés et n'avaient pour ainsi dire pas de communistes sur leur gauche. La clandestinité terroriste y était par contre contre l'émanation du milieu « radical chic » de Berlin, Hambourg, Francfort, luttant contre la « Terreur de la société de consommation », une économie privilégiée dotée d'une pléthore de biens, ultime emblème de l'opulence. Ulrike Meinhof et ses successeurs n'avaient jamais réussi à constituer de véritable zone d'influence tirant sa force des travailleurs qu'ils étaient censés représenter. La survie du terrorisme allemand dépendait du bon vouloir d'un groupe d'intellectuels jouant à La « guéguerre ».

La police la plus compétente d'Europe, se servant des banques de données les plus avancées, ne pouvait faire autrement que de rattraper les terroristes. En 1980, à part une vingtaine d'entre eux, toutes les personnes recherchées étaient sous les verrous. Le Mouvement du 2 juin s'était spontanément dissous. Depuis l'enlèvement de Schleyer, trois ans auparavant, aucun coup d'éclat terroriste n'avait eu lieu.

Ceux qui étaient encore en liberté faisaient toutefois preuve d'un nouveau et terrifiant professionnalisme qui montrait bien tout ce qu'un stage de quelques mois — ou de quelques années — dans les camps d'entraînement du Sud-Yémen pouvait faire. Quand Sieglinde Hoffman et quatre autres femmes terroristes furent arrêtées à Paris en 1980 — elles arrivaient tout droit du Sud-Yémen —, la police trouva dans leur cache un trésor d'équipement technique digne de la tombe d'un pharaon : un quart de tonne de chlorate de sodium (un explosif monstrueusement efficace), des appareils de mise à feu aussi divers que complexes, des émetteurs et des récepteurs permettant à partir d'un modèle réduit d'avion de provoquer des explosions télécommandées, un câble double de huit mètres de long pour brancher le détonateur, un tableau de contrôle des plus compliqué pour ouvrir ou fermer le circuit de commande du détonateur à une distance de 2 ou 3 kilomètres, un petit lanceur de roquettes facilement maniable, connu sous le nom de « Orgue de Staline », dont les quarante-deux petites fusées hautement destructrices pouvaient être déclenchées ensemble du toit d'un bus Volkswagen.

Bien qu'encore capables d'exploits à faire dresser les cheveux sur la tête, les terroristes allemands étaient complètement isolés.

Mais l'Italie, avec ses calamiteux problèmes sociaux, politiques et économiques, était encore vulnérable. Malgré l'hécatombe survenue dans les rangs des terroristes, un brillant jeune marxiste pouvait encore, comme cela avait été le cas depuis le milieu des années soixante, trouver du travail dans les riches territoires situés sur la gauche du parti communiste. La formidable zone d'influence s'étendait jusqu'aux universités, aux usines du nord, aux médias, et jusqu'aux partis politiques traditionnels. Leur grande erreur fut d'essayer de presser le pas, mais quelle que fût la gravité de la faute, elle ne constituait pas pour autant une erreur fatale.

Un expert antiterroriste du service de renseignements italien résuma pour moi la situation de la manière suivante : « Ils se débrouillaient bien vers le milieu de la décennie, quand leur structure était encore petite et compacte, dit-il. Limitées à quatre ou cinq membres, leurs cellules étaient parfaitement étanches, toute infiltration y était impossible. Et un agent aurait-il pu pénétrer dans l'une, il lui aurait été impossible de savoir quoi que ce soit. Parce que les cellules pouvaient parfaitement bien assurer seules leur propre sécurité, les terroristes n'avaient pas autant besoin de protection extérieure ou de support massif. Cela aurait dû pouvoir durer indéfiniment. »

« Mais ils étaient pressés. Les cellules se développèrent trop vite et admirent trop de recrues sur lesquelles ils avaient trop peu de renseignements. De nouvelles cellules se créaient et voulaient montrer qu'elles en savaient plus que les autres. Les nouveaux à qui on remettait des fusils auraient pu être n'importe qui : infirmes, drogués, espions, dingues. Ils compromettaient ainsi leur propre sécurité, et plus leurs coups devenaient frénétiques, plus les ouvriers devenaient méfiants. On ne saurait oublier que les Italiens portent dans leur inconscient la trace d'une incertitude politique séculaire. Ils vivent aussi avec les souvenirs vivants du fascisme et de l'influence nazie. Les travailleurs italiens n'ont pas besoin qu'on leur explique ce que veut dire ce genre de tuerie volontairement aveugle. Ils le savent. Ils l'ont déjà vécu. »

Comme on aurait pu s'y attendre, les durs ne songeaient pas à jeter l'éponge. Là où leurs camarades plus faibles témoignaient d'un remords réel, les autres réagissaient à la « défaite militaire » de 1980 avec surprise et indignation. Emprisonnés dans leur propre idéologie, ceux qui avaient conçu toute la stratégie du terrorisme ne pouvaient s'imaginer qu'un Etat si décrépi et si corrompu — à vrai dire presque inexistant — pût non seulement survivre à leurs assauts mais contre-attaquer avec vigueur.

Ils parlaient de la « manière intelligente et distinguée » avec laquelle l'Etat disloquait la structure compliquée du terrorisme. Fabrizio Giai, de la Première Ligne, faisait lui-même allusion à la « détermination remarquablement ferme de l'Etat de mater des centaines de prisonniers communistes et de mettre à l'épreuve les « désirs-besoins » des prolétaires luttant pour la victoire du communisme [467]. En adjurant ses camarades de mettre bas les armes, il ne s'agissait en fait pour lui que d'organiser une retraite tactique. Cet été-là on n'aurait eu qu'à jeter un coup d'œil sur le dernier numéro de *Contro-Informazione*, le journal des Brigades Rouges, en vente dans les kiosques à journaux pour la somme de 3 000 lires pour voir avec quelle férocité les terroristes entendaient se regrouper et poursuivre leur action.

Des prisons de haute sécurité où ils étaient enfermés, les chefs classiques des Brigades Rouges — Renato Curcio, Alberto Franceschini — lançaient de nouvelles consignes pour l'action nouvelle. *Contro-Informazione* se livrait à une attaque indignée contre « l'inquisition » européenne ; après quoi il en donnait l'histoire depuis Torquemada et les persécutions en Espagne, jusqu'à l'action de la brigade antiterroriste anglaise, dont l'auteur de l'article considérait l'efficacité bien connue comme parfaitement impardonnable. « La religion du pouvoir exige de nouveaux rites, disait d'autre part l'éditorial, l'Etat veut que tout pénitent soit amené devant son inquisiteur, se mette à genoux pour recevoir l'absolution, et soit ainsi exempté de l'excommunication. Le pénitent courbe la tête en silence. Les flammes du bûcher symbolique prenant la place de l'odeur nauséabonde que dégage en brûlant la chair humaine [468]. »

« En Italie même, malgré les " graves mesures répressives " du gouvernement, la Révolution communiste se poursuit, disait encore le journal des Brigades. En tant que communistes militants, nous devons pouvoir compter sur nos propres forces, qui sont notre véritable pouvoir. » Sans doute fallait-il voir là une allusion à ces petites cellules étanches qui pouvaient durer toujours. Dorénavant, cependant, les Brigades Rouges et les formations de même obédience allaient se donner plus de mal pour établir une tête de pont avec la classe ouvrière et cela tout spécialement dans les complexes industriels géants où se fabriquent les voitures, le matériel électronique, les ordinateurs. En d'autres termes elle visaient le cœur économique de l'Etat. « Que les masses s'accordent sur un plan stratégique unique à partir duquel édifier le Pouvoir rouge. » Voilà quel était leur objectif.

En attendant, et afin de déboucher éventuellement sur une guerre civile anti-impérialiste de longue durée, la clandestinité poursuivait avec acharnement son action en Europe. Le changement des points d'impact était frappant et révélateur. Pour *Contro-Informazione,* depuis l'été 1980, les Allemands ne comptaient plus. En quelques phrases cinglantes, un article fustigeait « le langage approximatif et insupportablement moraliste » de Horst Mahler. A l'inverse, l'I.R.A. provisoire, les Basques espagnols *Etarras* et le mujaddin marxiste d'Iran faisaient l'objet des commentaires les plus élogieux.

Sous le titre *De la Révolte du Peuple à la Lutte des Classes,* le numéro consacrait treize pages entières — en petits caractères — aux mujaddin iraniens dressés contre « ce qui n'est maintenant qu'un régime islamique réactionnaire ». Puis un hommage éclatant était rendu aux Etarras. « Sous Franco, E.T.A. n'était rien de plus qu'un embryon, encore déchiré entre une vague tendance marxiste-léniniste et un effort de libération nationale. Aujourd'hui, E.T.A. est une organisation militaire, éveillant la conscience subjective des masses et la dirigeant vers les objectifs irréversibles[469]. (Comme pour confirmer ses intentions, E.T.A. vola pour ainsi dire en même temps *sept tonnes* d'explosifs dans le nord de l'Espagne.)

L'ennemi restait le même. C'était toujours l'Occident et rien que l'Occident : jamais auparavant les Brigades Rouges n'avaient a cet égard adhéré aussi franchement à la position de l'Union soviétique. « La présence de la flotte soviétique en Méditerranée constitue-t-elle véritablement une menace ? » titrait en gras *Contro-Informazione*. « Non », répondait le journal. « Les soit-disant « Euro-fusées » de l'Union soviétique — les S.S. 20 avec leurs têtes atomiques multiples — constituent-elles un danger réel et immédiat pour l'Europe ? » « Non », ce n'était pas le cas. Comme toujours, faisait remarquer le journal maison des Brigades Rouges, l'Ouest impérialiste « agite le spectre d'une menace soviétique, afin de rétablir l'hégémonie américaine dans le camp statégique ».

Où donc avait-on déjà entendu tout cela ?

Et voilà comment, en Europe, les aristocrates de la tuerie ouvrirent la deuxième décennie de la terreur. Ils encerclaient le globe de concert avec leurs alliés internationaux : ils avaient terminé la décennie précédente tout comme ils l'avaient commencée. Et cependant aucun coup de fusil terroriste n'avait été tiré au nom de la liberté dans le camp soviétique ! Aucun pour défendre les Tchèques, dont le pays avait été envahi en 1968 par les armées du Pacte de Varsovie. Aucun pour les Ethiopiens, massacrés par milliers par une junte militaire marxiste, encadrée d'officiers russes ou cubains ; ni pour les Cambodgiens, menacés d'un génocide par une armée vietnamienne soutenue par les Soviets ; pas davantage pour l'Afghanistan, occupé comme l'avait été dix ans auparavant la Tchécoslovaquie ; et certainement pas pour les combattants de la liberté les plus courageux de notre époque : les dissidents de l'Union soviétique, qui, depuis tant d'années, risquent leurs propres vies, au nom de la liberté sans tirer le moindre coup de feu.

Au début de 1980 — peu de temps après que le physicien Andrei Sakharov — prix Nobel — eût été envoyé en exil forcé à Gorki par les autorités soviétiques —, il dit à un correspondant du *Washington Post* son sentiment sur l'aggravation du phénomène terroriste[470]. « Parmi les problèmes qui me troublent, je citerai le caractère irrationel du terrorisme international, dit-il. Aussi élevés que soient les objectifs prêchés par les terroristes (et souvent de genre de justification n'existe même pas), leurs activités sont toujours criminelles, toujours destructives, replongeant l'humanité dans l'anarchie et le chaos, provoquant (peut-être avec l'appui des services secrets des gouvernements étrangers) des complications nationales et internationales, et allant finalement à l'encontre de la paix et du progrès qui doivent demeurer nos objectifs privilégiés. »

« Je condamne sans réserve la terreur des Brigades Rouges, celle des nationalistes basques et irlandais, des extrémistes palestiniens, juifs et ukrainiens, de la Fraternité musulmane, des vengeurs arméniens du génocide de 1915 ainsi que l'action de tous les autres terroristes quels qu'ils soient. Je veux espérer que dans le monde entier les peuples comprendront que, quels que soient ses objectifs, le terrorisme est par essence destructeur, lui refuseront leur soutien, fût-ce le plus passif, et l'entoureront d'une muraille de réprobation. »

NOTES ET SOURCES

1. Le commencement

1. Che Gevara écrivit ceci dans un message à la conférence Tricontinentale à la Havane en 1966. Il fut cité dans le journal des Brigades Rouges, *Controinformazione* en juillet 1978.

2. Le buveur de sang était l'un des quatre assassins de Septembre Noir qui abattit le Premier Ministre sur les marches de l'hôtel Sheraton, le 28.11.71. Tous quatre furent relâchés en janvier 1973.

3. David Milbank « Diagnosis and Prognosis » — Une étude sur le terrorisme — dans le Rapport Annuel de la C.I.A. d'avril 1976.

4. Ponomariev est cité dans John Barron, *K.G.B.* p. 257 et dans Brian Crozier, *Stratégy of Survival* p. 43.

5. Le témoignage de Sejna figure dans un interview avec Michael Ledeen, directeur de la *Washington Quaterly Review* (Institut de Georgetown pour les études stratégiques) et fut publié dans *Il Giornale Nuovo*, le 1er janvier 1980, le 22 mai 1980 et le 18 septembre 1980 (Milan).

6. Stefan Possony et Francis Bouchey — *Le Terrorisme international* — *La Connexion Communiste* p. 47 (Le Dr. Possony, de l'Institut Californien Hoover pour l'étude de la guerre et de la paix est un chercheur scrupuleux). Voir aussi Jean-Pierre Vigier dans *le Monde* 27 octobre 1967.

7. *Paris-Match* 4 novembre 1977. Cette évolution était constamment suivie par les services de renseignements français, italiens et ouest-allemands en particulier.

8. *Annual of Power and Conflict* 1977-78 note que ces *Fedayin* formaient une garde spéciale qui avait le droit de tuer tous ceux qui complotaient contre Amin. On l'appelait « l'Equipe de Nettoyage ».

9. Décrit dans David Boulton : *The Making of Tania : The Patty Hearst Story.* pp. 8-40.

10. Décrit dans *The Annual Of Power and Conflict,* 1972-73, pp. 42-44.

11. Ernest Halpern : *Terrorism in Latin America* p. 16.

12. *Annual of Power and Conflict,* 1972-73, p. 42.

13. Possony et Bouchey. *International Terrorism,* p. 55. Egalement Juan Carlos Blawed ed. *Fundamentacion de la Posicion Uruguaya* (Montevideo 1975).

14. On peut se procurer le *Mini-Manual for Urban Guerrillas* de Carlos Mirighella dans n'importe quelle librairie de gauche en Europe. J'ai acheté le mien à quelques centaines de mètres de chez moi et l'ai payé 500 lires. Dans son numéro de juillet 1972, *Encounter* parle de la famille et de la formation de Marighella.

2. Feltrinelli — Le Patron

15. *L'Espresso* — 9 avril 1972.

16. Cité dans Claire Sterling « Italie : l'affaire Feltrinelli », *Atlantic Monthly*, juillet 1972, p. 12.

17. *Potere Operaio*. 26 mars 1972. Numéro spécial sur la mort de Feltrinelli, et Sterling, « Italie : L'affaire Feltrinelli », p. 16.

18. *Potere Operaio*, 26 mars 1972.

19. *Encounter*, Juillet 1972.

20. Potere Operaio, 26 mars 1972.

21. *Il Borghese*, publia le 23 avril 1978 la photocopie d'un télégramme codé du ministère de l'Intérieur italien envoyé par radio à tous les postes de police locaux et à tous les postes douaniers sous le n° 41 199 et daté du 18 octobre 1950. Le télégramme avait été rédigé par l'Ufficio Affari Riservati, qui était à l'époque la section de sécurité civile de la police.

22. *Criticon*, Sept. Oct. 1977, pp. 243-46. Cité dans Stefan Possony et Francis Bouchey, *International Terrorism — the Communist Connection*. La pension de Feltrinelli a été décrite par Augusto Viel, un terroriste en fuite protégé par Feltrinelli, et que ce dernier accompagna à Prague en mai 1971. Il resta caché cinq mois dans la villa. Viel, qui se trouve à l'heure actuelle en prison en tant que membre des Brigades Rouges rendit compte à la Cour des allées et venues d'autres fugitifs dans la villa de Prague. Feltrinelli se servit d'un passeport faux n° 586 24 437 pour faire entrer Viel en Tchécoslovaquie.

23. Pour un compte rendu plus complet de l'histoire de Sejna, publiée dans *Il Giornale Nuovo*, le 18 septembre 1980 et qui me fut racontée par Michael Ledeen, voir chap. onze et seize.

24. La liste des Italiens entraînés dans ses camps se trouve au chapitre onze, note 310.

25. Secchia était persuadé qu'il avait été empoisonné. (*La Résistenza Accusa*). « Pietro Secchia mourut le 7 juillet 1973 des suites d'un empoisonnement subi l'année précédente au retour d'un voyage au Chili » précisait l'éditeur au dos du livre.

26. Rapporté par le juge Guido Viola, qui dirigea l'enquête sur la mort dans son réquisitoire ou *requisitoria* publié in extenso dans *La Criminalizzazione della Lotta di Classe*, p. 125-26. Le juge Viola déclara que c'était Giorgio Semeria et Bruna Anselmi des Brigades Rouges qui avaient fait le voyage en Italie. Les documents qu'ils rapportèrent furent trouvés par la police dans la maison-forte des Brigades, Via Delfino, à Milan. (Semeria fut incarcéré avec les autres chefs classiques des Brigades Rouges peu après la mort de Feltrinelli. Bruna Anselmi — ce nom était faux — disparut.)

27. Le général Vito Miceli, directeur du S.I.D. en 1972, rendit compte de ceci à la Chambre des Députés, le 19 mai 1978.

28. Dans Romano Cantore, Carlo Rosella, et Chiara Valentini, *Dall'Interne della Guerriglia*, p. 52. Le contrat du livre fut proposé par Feltrinelli en 1965 et finalement Castro dit à celui-ci qu'il devait y renoncer en 1967.

29. L'annonce « Peignez votre policier » est citée par le publiciste socialiste Carlo Ripa di Meana dans son introduction (p. 32) à l'*Affaire Feltrinelli* écrit par un groupe de journalistes socialistes dans le *Stampa Club*.

30. Feltrinelli — *il Guerrigliero Impotente*, p. 81.

31. Ibid, p. 69.

32. Le journaliste Socialiste Giogio Bocca cite cette phrase dans son *Il Terrorismo Italiano 1970-80,* p. 29. Voir aussi l'*Affaire Feltrinelli,* p. 128 et Possony et Bouchey, *International Terrorism,* p. 143.

33. Viola, dans *La Criminalizzazione,* p. 134.

34. Possony et Bouchey, *International Terrorism* p. 143.
L'avis de Feltrinelli à Habash est mentionné dans *I Dossier di Settembre Nero* par Vittorio Lajacono, correspondant au Moyen-Orient du respectable *Corriere della Sera,* (p. 146).

35. Dutschke à Valerio Riva, jadis collaborateur littéraire de Feltrinelli, cité par Riva dans l'*Europeo,* 10 janvier 1980.

36. Klaus Rainer Röhl, *Fünf Finger sind keine Faust* (Cinq doigts ne font pas un poing), pp. 282-94.

37. *Potere Operaio,* 26 mars 1972.

38. Interview, *La Républica,* 8 avril 1979.

39. Le colt Cobra avait été acheté par Feltrinelli à son propre nom, à Milan. (Viola, dans *Il Criminalizzazione* p. 66).

40. *Potere Operaio,* 26 mars 1972.

41. Interview, *La Republica,* 8 avril 1979.

42. Interview avec Riva, l'*Europeo,* 10 janvier 1980.

43. Suzanne Labin, *La Violence Politique,* p. 130.

44. L'histoire de Pasquale a été racontée en détails après sa mort par *Il Giornale Nuovo,* 16 février 1978 ; également mentionné dans *Terrorismo Internazionale* de Andrea Jarach, un ouvrage remarquablement bien informé et documenté. (p. 93).

45. Viola, *Il Criminalizzazione,* pp. 76-85.

46. La visite de Baumann à Feltrinelli est décrite dans *Hitler's Children* de Jillian Becker, pp. 294.

47. Le safari sarde de Feltrinelli est décrit dans le *Corriere della Serra* (4 avril 1972) et dans *La Republica,* (13 février 1979. Pendant toute la manœuvre de Feltrinelli visant à « radicaliser » et à « politiser » Mesina, le bandit était qualifié de « Pancho Villa » de Sardaigne dans les émissions en langue italienne de Radio-Havane et de Radio-Tirana (Albanie).

48. Interview, *Il Giornale Nuovo,* 9 février 1979.

49. Cette note, signé « Giangi », fut trouvée dans les papiers du Dr. Negri après son arrestation en avril 1979. (Voir *Processo all'Antonomia,* (l'Autonomie en Jugement) par les défenseurs de Negri (p. 173).

50. Sibilla Melega interview, *La Republica,* 8 avril 1979.

51. Alors qu'il se rendait du Tessin à Haïfa, Breguet fut arrêté au mois de juin 1970 en Israël.

52. La fille, Maria Angeloni, est citée par le juge Viola dans *Il Criminalizzazione* p. 66). Elle et son compagnon, le cypriote grec George Tsecuris, périrent tous deux quand la Volkswagen dans laquelle ils se trouvaient fit accidentellement explosion devant l'Ambassade le 9 janvier 1970.

53. C'est seulement quelques années plus tard que la presse italienne rendit compte de la Conférence de Florence (*Corriere della Sera*) et (*la Stampa*), 29 décembre 1979.

54. Richard Burt, *le New York Times,* 8 avril 1978.

55. Déposition de Viel au procès des Brigades Rouges.

56. Röhl, *Fünf Finger.*

57. Viola, dans *Il Criminalizzazione,* p. 126.

58. *Il Giornale Nuovo,* 1ᵉʳ avril 1979.

59. Le texte complet de la déposition se trouve dans Viola, *Il Criminalizzazione,* pp. 140-48. Elle a été enregistrée par Antonio Bellavita qui alors et depuis dirige le journal des Brigades Rouges, *Contro-Informazione.* Bellavita habite Paris et la justice française a refusé son extradition demandée par l'Italie.

3. L'Etrange carrière d'Henri Curiel

60. « International Terrorism in 1978 » C.I.A.. Rapport annual, mars 1979, p. 3.

61. *Sunday Times,* 20 novembre 1977.

62. « *Le Point,* 21 juin 1976 — L'auteur de l'article M. Georges Suffert qui n'avait pas fait l'objet d'un procès en diffamation de la part de H. Curriel, a été poursuivi en 1980 par la famille Curiel devant le Tribunal de Paris. Il était reproché à M. Suffert de ne pas avoir rétracté après la mort de M. Curiel ce qu'il avait écrit dans son très important article du *Point.* La famille Curiel a été déboutée par le Tribunal et a fait appel. »

64. Ibid. Egalement l'*Economist Foreign Report,* 16 novembre 1977. Tout ceci m'a également été confirmé confidentiellement par la police.

65. Sources : la police.

66. *Annual of Power and Conflict,* 1976-77, p. 17, également la police.

67. Le Point, 28 juin 1976 (à propos des études Kurdes de Joyce Blau).

68. Pour plus de détails cf. chap. six, le plan Tucuman pour les Brigades Rouges.

69. Christopher Dobson et Ronald Payne, *The Carlos Complex.* pp. 90-91 ; Colin Smith, *Carlos : Portrait of a Terrorist,* p. 171.

70. Dobson et Payne, *The Carlos Complex;* Smith, *Carlos.*

71. Pour Habermann, voir *Le Point,* 21 juin 1976 ; pour l'Armée Rouge Japonaise voir *Economist Foreign Report,* 2 novembre 1977 ; pour le commentaire de Curiel voir le *Sunday Times,* 20 novembre 1977.

72. *Economist Foreign Report,* 16 novembre 1977.

73. Source : La police.

74. *Libération,* 21 Juin 1976 et 20 mai 1977.

75. *Times* et *Daily Telegraph,* 5 mai 1978 ; Dobson et Payne, *The Carlos Complex,* p. 85.

76. *Economist Foreign Report,* 21 juin 1978.

77. Parti Communiste Français — souhaite demeurer anonyme.

78. André Marty. *L'affaire Marty* (publié en 1955), p. 48 (extraits de la lettre de Marty au Parti Communiste français, 2 décembre 1952).

79. *Economist Foreign Report,* 21 juin 1978.

80. Ibid.

81. *Sunday Times,* 20 novembre 1977.

82. Daily Telegraph, 5 mai 1978.

83. Ibid.

84. Jean Montaldo, *les Secrets de la Banque Soviétique en France.*

85. Le Point, 6 juin 1977.

86. Ibid, p. 177.

87. *Sunday Times,* 20 novembre 1977.

88. *Le Point,* 6 juin 1977.

89. *Economist Foreign Report,* 18 janvier 1978, Confirmé par la police.

90. Ibid, 21 juin 1978.

4. Annababi

91. Cité par maître Bernard Rambert, avocat suisse de Krauze, *la Suisse,* 26 juillet 1977.

92. Rapport annuel de la C.I.A., 1978. Le sérieux quotidien de Zurich, *Nue Zürcher Zeitung* du 25 janvier 1978 la qualifie de « chef » de la bande connue sous le nom de « Equipe d'Annababi ».

93. *New Zürcher Zeitung,* 1er décembre 1978.

94. Ibid, 30 septembre 1977.

95. Toutes les accusations contre Krauze, fondées sur les aveux de Von Arb et de Staedeli, sont comprises dans le jugement de la cour de Zurich, condamnant ses deux complices suisses, prononcé le 27 septembre 1977. (Egloff avait été jugé quelques mois plus tôt).

96. D'après les aveux de Von Arb et de Staedeli, cette première rencontre aurait eu lieu le 1er mai 1973.

97. D'après les aveux de Von Arb et de Staedeli, Mander et Heinrich retournèrent à Zurich en décembre 1973 pour y chercher quatre grenades à main, puis y retournèrent un mois plus tard pour prendre livraison de dix mines. (cf. Keesing's Contemporary Archives, 3 mars 1979). Cinq de ces mines furent retrouvées par la police allemande dans le raid sur les maisons-fortes de la bande à Baader, à Hambourg et Francfort, le 4 février 1974. Voir aussi jugement de la cour de Zurich, p. 52.

98. *Newsweek,* 18 juillet 1978.

99. *Panorama,* 8 septembre 1977, cité dans *Mara a le Altre,* de Ida Faré et Franca Sprito, p. 45.

100. *Le Nouvel Illustré,* 14 février 1979.

101. Neue Zürcher Zeitung, 30 septembre 1977.

102. Sources : la Police suisse. Cette citation ainsi que les citations suivantes des accusés sont tirées de leurs aveux à la police et de leurs dépositions devant la cour.

103. Jugement de la cour de Zurich, p. 53.

104. Un des hommes de main japonais en panne en Suisse à l'époque était Kazuo Tohira, cloué à Genève jusqu'à ce qu'il puisse faire contact avec Carlos à Amsterdam.

105. Publié peu après la mort de Carrero Blanco, en décembre 1973, par *A.B.C.*; confirmé par le *Nouvel Illustré,* 14 février 1979, et confirmé à Berne par un porte-parole du Ministère de la Justice Fédérale Suisse.

106. Le jugement de la cour de Zurich (p. 50) dit que la première livraison eut lieu en juin ou juillet 1974. La demande d'armes de Krause fut confirmé par Bon Arb pendant le procès italien concernant la même question. (*Corriere della Sera,* 27 novembre 1979)

107. *International Herald Tribune,* 29 août 1980.

108. Volker Speitel, dans *Der Spiegel,* 28 juillet 1980.

109. Aveux de Von Arb à la police avant le procès ; confirmé dans le jugement de cour de Zurich, pp. 60 et 54.

110. Le 11 juillet 1979, Haag fut condamné en Allemagne de l'Ouest à quatorze ans de prison pour avoir établi les plans du raid de Stockholm, recruté les équipes d'assaut, et s'être procuré les armes en Suisse. Le communiqué à la presse de la cour d'appel de Stuttgart citait le jugement de la cour de Zurich, p. 60, au sujet de la livraison par Krause de ces armes à Haag à Waldshut, Allemagne de l'Ouest, le 31 janvier 1975.

111. Les sources concernant la découverte de certaines des choses fournies par le service de livraisons suisse sont les suivantes : dans les maisons-fortes de la bande à Baader à Hambourg et à Francfort, jugement de la cour de Zurich ; dans l'express catalan *Talgo* ; jugement de la cour de Zurich, pp 49, 50, 51, 52, 53, 54, 60 et 61, pour les grenades à Aqui, où Mara Cagol, la femme de Curio fut tuée, au cours de l'échauffourée, voir Vincenzo Tessandori, *Br-Imputazione : Banda Armata*, p. 260 ; dans la maison-forte des Brigades Rouges pour l'affaire Moro, réquisitoire de l'avocat général Guido Guasco dans procès Moro ; dans la cache de Rome-Prati de Valerio Morucci, sur la Viale Giulio Cesare, réquisitoire de Guasco ; et pour les grenades à la maison-forte des Brigades Rouges à Rubbiano di Mediglia, voir rapport du juge Bruno Caccia avant le procès G.A.P.-Feltrinelli.

112. Le 4 mai 1979, à Hambourg.

5. Petit guide touristique de la clandestinité

113. Un de ses professeurs, de Dr Michael Naumann de *Die Zeit* me dit cela à Hambourg, en mai 1979.

114. Jillian Becker, *Hitler's Children,* p. 300.

115. *Quick,* 11 août 1977.

116. *Ibid.* Elle est partie pour Aden le 3 mars 1975.

117. Interview, *La Suisse,* 28 juin 1978.

118. L'histoire de Ludwina Janssen est racontée dans *The Terrorists* de Christopher Dobson et Ronald Payne, pp. 72-73 ; un compte rendu détaillé se trouve dans *Rheinplatz,* 24 août 1978.

119. Interview, *Der Spiegel,* 7 août 1978 ; *Lotta Continua,* 5 octobre 1978 ; et dans le livre de Klein, *La Mort mercenaire,* le Seuil, 1980. C.B.S. signale le camp d'entraînement du Sud-Yémen pour les Allemands de l'Ouest, les habitants des Moluques du Sud, et l'I.R.A., voir à ce sujet *Congressional Record,* 26 avril 1978. La présence des habitants des Moluques du Sud est également signalée par *The New York Times* du 26 mai 1977.

120. La déposition de Schmucker devant la cour en 1973 est citée in extenso dans l'*Internationale Terroriste* de Ovid Demaris, p. 286.

121. Michael « Bommi » Baumann, *Come à Cominciata,* p. 93.

122. Interview, *Lotta Continua,* 6 octobre 1978.

123. Le fait que Gabrielle se trouvait en possession de l'argent de la rançon de Palmer (ou de 20 000 dollars) fut publié dans tous les journaux suisses, dont *La Suisse,* 24 décembre 1977. Les deux jeunes Autrichiens, Thomas Gratt et Othmar Kepplinger furent arrêtés en Tessin en novembre 1977.

124. *La Suisse,* 11 juin 1978.

6. Opération Léo

125. *Der Spiegel,* n° 32, 1979. Communiqué de presse du bureau de l'avocat-général à Düsseldorf, résumant les accusations portées contre Norbert Kröcher et son complice Manfred Adomeit dont le procès était iminent, 22 juin 1979.

126. Renseignement confidentiel.

127. *Annual of Power And Conflict,* 1978 — 79, p. 78.

128. *Kristeligt Dagblad,* 15 août 1969.

129. « Sweden's Maoist Subversives », *Conflict Studies,* n° 58, (Londres : Institut pour l'étude des conflits, mai 1975), p. 14.

130. Arrêté en février 1975 et renvoyé par bateau au Japon, Juu Nishikawi fit des aveux complets, déclara une source de la police.

131. Les détails qui suivent sont pour la plupart pris dans *Opération Léo,* une étude laborieuse et complète de Hans Hederberg. Ce livre, que me recommandèrent chaleureusement les autorités Ouest-Allemandes concernées par l'affaire Norbert Kröcher contient des détails que l'on ne trouve nulle part ailleurs.

132. Jillian Becker, *Hitler's Children,* p. 315.

133. Colin Smith, *Carlos : Portrait d'un Terroriste,* p. 194. Smith raconte que Carlos et Moukarbal allèrent en avion de Bruxelles à Stockholm le 20 avril 1975, et qu'ils retournèrent à Paris deux jours plus tard.

134. Becker, *Hitler's Children,* p. 344.

135. Hederberg, *Opération Léo.*

136. John Barron, *K.G.B.,* chapitre 6 « *le Complot pour détruire le Mexique* » *pp., 230-257.*

137. *Annual of Power and Conflict,* 1973-74, p. 41. La version d'Armando se trouve dans Hederberg, *Opération Léo.* Les indications concernant Cuba m'ont été confirmées par trois services de Sécurité occidentaux différents.

138. L'affaire Hunter est décrite dans *le guardian* des 5 et 18 avril 1977 et dans le *Times* du 5 avril 1977.

139. Hederberg, *Opération Léo.* Egalement confirmée par les services de sécurité occidentaux.

140. L'histoire des frères Martinez m'a été racontée par deux hauts fonctionnaires de services de renseignements désireux de ne pas donner leurs noms mais bien placés pour être au courant. Un analyste de la C.I.A. en vacances en Europe de l'Ouest m'a confirmé les indications essentielles.

141. Quand Juan Paillacar fut arrêté, le 9 avril 1979, la presse italienne parla de son entraînement dans les camps de guérilla cubains. J'avais été informée de cela un an auparavant par un haut fonctionnaire du ministère de l'Intérieur Italien, quand tout le groupe Sud-Américain de Paillacar faisait l'objet d'une surveillance étroite de la police, au moment de la chasse pour Aldo Moro. Le rôle « consultatif » de Paillacar dans le complot de Norbert Kröcher à Stockholm me fut dévoilé à ce même moment.

142. Le groupe d'Amérique latine de Paillacar travaillait avec l'Azione Revoluzionaria *voir Repubblica* du 10 avril 1979 et du 15 août 1979 ; *Il Giornale Nuovo* du 6 novembre 1979. Les neuf « professeurs du terrorisme » entraînés à Cuba opéraient en Italie depuis Août 1975, déclara le service militaire de renseignements italiens SISMI. (*Corriere della Sera,* 13 novembre 1979). Plutôt que de les faire passer en jugement, le gouvernement préféra les expulser tous d'Italie (*Corriere della Sera,* 12 novembre 1979).

143. Hederberg, *Opération Léo.*

144. Ibid.

145. Ibid.

146. En 1974, la province Argentine de Tucuman était devenue un centre rural pour la guérilla Trotkiste E.R.P. (*Annual of Power and Conflict,* 1976-77, p. 124). L'E.R.P. y avait une centaine de camps, plusieurs centres de communications, des hôpitaux de campagne, et un centre de renseignements. (*Annual of Power and Conflict,* 1977-78, p. 117). Le contenu des documents découverts en mai 1975 révélant les détails d'un « plan Tucuman » pour une brigade européenne, m'a été communiqué par un des analystes de renseignements, les meilleurs et les mieux informés d'Europe.

147. Le camp d'entraînement de Guanabo est décrit dans l'*Economist Foreign Report,* 23 mars 1977.

148. Ibid.

149. Les sources au sujet de la présence du J.C.R. à Paris et au Portugal sont les mêmes analystes qu'au n° 146 ainsi que l'*Annual of Power and Conflict,* 1976-77. La conférence de presse fut décrite dans *Diario de Noticias,* 4 avril 1975. La seconde conférence de presse tenue à Opporto, Portugal le 4 juin de cette même année fut décrite dans le même journal.

150. « Portugal : *Revolution and Backlash,* » *Conflict Studies,* n° 61, septembre 1975.

151. *Der Spiegel,* n° 32, 1979.

7 — Les Palestiniens en Europe —

152. Vittorio Lojacono — *I Dossier de Settembre Nero,* p. 146.

153. Oriana Fallaci — *Interviste con la Storia,* publié en 1974, contenant des interviews remontant à 1970.

154. Les rencontres entre Feltrinelli et le Prince Borghèse, à Davos, firent l'objet de deux rapports confidentiels des services secrets italiens, à l'automne de 1971 et de nouveau en février 1972. A l'époque, les chefs de la clandestinité rouge et noire étaient les uns et les autres recherchés par la justice italienne. Voir Gianni Moncini, *Il Giornale Nuovo,* 6 février 1980.

155. Mentionné dans *Settembre Nero,* publié par un groupe de journalistes socialistes du Stampa Club italien (p. 67). Egalement cité par *Epoca* (2 novembre 1974) dans un article bien documenté de Sandra Bosanti (dont les articles sur la terreur noire en 1974 lui valurent un procès en diffamation qu'elle n'eut pas de mal à gagner). Dans son *Terrorismo Internazionale* (p. 54) Andrea Jarach donne quelques noms d'instructeurs ex-nazis qui après la conférence allèrent donner un coup de main au Moyen-Orient. Parmi eux se trouvaient entre autres Erich Altern dit « Ali Bella » un ancien chef régional du service des affaires juives de la Gestapo en Galicie, et Willi Berner, autrement dit « Ali ben Keshir », un ancien officier SS du camp de concentration de Mathausen.

156. Il s'agissait de Jean Roberts Debbaudt, ancien officier SS. Mentionné dans *Settembre Nero,* p. 65.

157. La conférence de Munich s'appela le Premier Congrès Européen National de la Jeunesse et fut le plus grand meeting nazi-fasciste européen de l'après-guerre. La police allemande ne fut apparemment mise au courant du meeting que par les prospectus à la gloire de Septembre Noir distribués par les délégués. Plusieurs des délégués italiens qui assistaient à la conférence furent interviewés personnellement par la journaliste Sandra Bonsanti à leur retour à Rome (Publié dans *Epoca* du 2 novembre 1974, et ailleurs).

158. Je possède un exemplaire authentique de l'affiche, imprimée comme il

se doit en rouge et noir. On y voit Sirhan derrière les barreaux de la prison, avec la légende : « Mais le vrai coupable, le Sionisme, est encore en liberté ».

159. La réunion du Hilton a fait l'objet d'un article de Sandra Bonsanti dans *Epoca* du 2 novembre 1974, où elle donna les noms de quelques-uns des trente européens présents. Aldo Gaiba, un des fondateurs de l'association Italie-Libye (en association avec Claudio Mutti — voir chap. 14), rendit visite à Bonsanti le 7 novembre, simplement pour rectifier quelques détails. Il confirma sa propre présence au meeting, où il représentait la néo-fasciste Lotta di Popolo, inextricablement associé au terroriste nazi-maoïste Franco Freda, qui, plus tard, serait condamné à la prison à perpétuité pour la part qu'il avait prise dans l'attentat à la bombe contre la banque de l'Agriculture en 1969. Un autre groupe étroitement associé au sien était *l'Avanguardia Nazionale,* mis plus tard hors la loi. Chacun des trois groupes avait signé le manifeste par lequel s'était terminé le meeting de l'Internationale Noire à Munich en 1972. *Lotto di Popolo* en particulier recevait, on le savait, un subside mensuel du colonel Kadhafi.

160. Le camp de Malga Crown dans la région de Trente, en Italie, était dirigé par l'Avanguardia Nazionale fasciste, dans le but de « forger de jeunes Palestiniens ». Lojacano, *I Dossier di Settembre Nero,* p. 64.

161. Ibid., pp. 144-45, Jarach, *Terrorismo Internazionale,* p. 54.

162. En réalité, et qu'il fut ou non un doux poète, Zwaiter était le représentant de Septembre Noir à Rome. Voir l'article du *Nouvel Observateur* sur l'Orchestre Noir (autrement dit le réseau Terroriste Noir en Europe) cité par *Epoca.* (2 novembre 1974). Pour d'autres avis concernant le soi-disant amour de la paix de Zwaiter, voir David Tinnen et Dag Cristensen, *The Hit Team,* pp. 78-79.

163. Lojacono — *I Dossier di Settembre Nero,* pp. 144-145.

164. Les fondateurs de Septembre Noir, étaient Ghassan Kanafani, Bassan Abu Sharif et Waddi Haddad du F.P.L.P. de George Habash, ainsi que Hassan Salameh, Abu Daoud, Abu Yussef, et Abu Jihad du Fatah d'Arafat. Voir : Jarach, *Terrorismo Internazionale : Settembre Nero* et Lojacono, *I dossier di Settembre Nero,* pp. 41-44.

165. La préparation par Salameh du massacre olympique est décrite dans Tinnen et Cristensen, *The Hit Team,* pp. 46, 96-98 et dans John Laffin, *Fedayin,* p. 149.

166. Lojacono — *I Dossier di Settembre Nero,* p. 119.

167. Ovid Demaris, *l'Internationale Terroriste,* pp. 34-35 ; Christopher Dobson et Ronald Payne, *The Carlos Complex* pp. 28-29, Colin Smith, Carlos : Portrait of a Terrorist, p. 101.

168. François Arnoud fit un procès en Suisse pour demander des droits d'auteur sur un livre tiré des papiers de Martin Borman et une Cour de Cologne confirma en 1956 ses droits sur les œuvres posthumes de Goebbels. Ses relations avec Hassan Salameh sont décrites dans Lojacono, *I Dossier di Settembre Nero,* pp, 58-59. La manière dont Salameh dirigea sur la Suisse les 100 millions de dollars environ de Septembre Noir est décrite dans Laffin, *Fedayin.*

169. Tinnen et Cristensen, *The Hit Team,* p. 46.

170. Hans-Joachim Klein dit que Carlos rencontra pour la première fois les membres du F.P.L.P. à Moscou (*Lotta Continua,* 6 octobre 1978). D'après Demaris, *l'Internazionale Terroriste,* p, 34, c'est à l'université Lumumba que Carlos rencontra Boudia pour la première fois. Dans *Carlos,* Colin Smith dit que Carlos, « vint voir Habash muni d'une recommandation chaleureuse de son représentant à Moscou. » p. 78.

171. Interviews de Arafat et Habash, en mars 1972, dans Fallaci, *Interviste con la Storia*.

172. Le F.P.L.P. se qualifie de « Léniniste » dans Bichara et Khader, *Testi della Rivoluzione Palestinese 1968 — 1976*, p. 236. Habash cité dans Demaris, *l'Internationale Terroriste*, p. 231.

173. La conférence de Baddawi est décrite dans la plupart des livres sérieux sur le terrorisme international. Voir Paul Wilkinson « Terrorism : International Dimension », *Conflict Studies*, n° 113, p. 8 et *l'Avenir n'est écrit nulle part* de l'ancien ministre de L'Intérieur Michel Poniatovski, (p. 202).

174. Smith, *Carlos*, p. 71.

175. Le *Washington Star*, du 20 janvier 1979, écrit que Bassan Abu Sharif, principal porte-parole du F.P.L.P. de Habash avait déclaré que depuis sept ans son groupe « était en contact avec le peuple iranien en lutte ». Il ajoutait que le F.P.L.P. avait entraîné les terroristes iraniens « à tout, depuis la propagande jusqu'au maniement des armes ».

176. Le pacte fut signé le 27 mai 1972 à Dublin. Voir Wilkinson, « *Terrorism International Dimensions* », *Conflict Studies*, p. 8, ainsi que Stefan Possony et Francis Bouchey, *International Terrorism — The Communist Connection*, p. 35. C'est en 1968 que les premiers guérilleros de l'I.R.A. furent vus dans les camps de Jordanie (cf. Congrès des Etats-Unis, document de la commission sur la Sécurité Intérieure, 1er août 1974).

177. Dobson et Payne, *The Carlos Complex*, pp. 187-190 ; Smith, *Carlos*, p. 112.

178. Demaris, *l'Internationale Terroriste*, pp. 39-41 et Dobson et Payne, *The Carlos Complex*, p. 192.

179. *The New York Times*, 18 septembre 1972.

180. Interview, Fallaci, *Interviste Con la Storia*.

181. United Press International, dans un compte rendu en date du 22 janvier 1974, dit que les Palestiniens tinrent secrètement « une série de réunions » à Dublin, et qu'à l'une de celle-ci, en décembre 1973, ils mirent à la disposition des groupes terroristes européens des facilités d'entraînement au Liban et pour 1 million de livres d'armes modernes. La part du lion alla à l'I.R.A. mais une partie dite l'U.P.I. fut également distribuée aux Français, aux Italiens et aux Basques Espagnols. Les services de renseignements confirment la chose.

8 — Carlos —

182. L'Interview était divisée en deux parties, débutant le 1er décembre 1979 ; il fut publié en partie par le *Figaro* (15 décembre 1979).

183. Christopher Dobson et Ronald Payne, *The Carlos Complex*, p. 36, Michel Poniatowski, *l'Avenir n'est écrit nulle part*, p. 203.

184. Michel Poniatowski, *l'Avenir n'est écrit nulle part*, p. 203. *Annual of Power and Conflict*, 1976-77, p. 16.17, dit que Carlos fut recruté en premier lieu par le K.G.B. au Venezuela. Dans *The Carlos Complex*, Dobson et Payne parlent de son instructeur « équatorien », « Antonio Dages Bouvier ». (p. 36). Dans *Carlos : Portrait of Terrorist*, Colin Smith donne des précisions sur le séjour ultérieur de Bouvier en Europe (p. 103).

185. *Annual of Power and Conflict* 1976-77 écrit que c'est vers 1974 que Carlos est retourné à Moscou pour ces quatre cours supérieurs spécialisés (p. 39). Dans *The Carlos Complex*, Dobson et Payne racontent ce que faisait Carlos à ces cours

spécialisés vers 1974 et parlent de ses camarades palestiniens (p. 39). Ces dernières précisions furent données par un terroriste arabe emprisonné en Israël. Il jura qu'il avait vu Carlos dans ce camp près de Moscou.

186. Ovid Demaris, *l'Internationale Terroriste*; Dobson et Payne, *The Carlos Complex*; Smith, *Carlos*, et *Lotta Continua* 6 octobre 1978.

187. Dans *The Carlos Complex*, Dobson et Payne parlent du passage de Carlos à Berlin-Est à son retour de Moscou (p. 40). John Laffin, *Fedayeen*, p. 149, décrit les premières structures d'aides terroristes. Le *Washington Post* écrit (7 septembre 1975) que « le groupe Baader-Meinhof (la Bande à Baader) recevait constamment de l'aide de la police secrète est-allemande. Faux papiers et fausses cartes d'identités, argent, armes, munitions et entraînement constituaient les principales formes d'assistance ». *Annual of Power and Conflict*, 1973-74, p. 8, écrit que le P.L.O. ouvrit un bureau à Berlin-Est le 14 août 1973. Son accord secret avec le Comité Central Communiste Est-Allemand concernant des facilités spéciales est mentionné dans les notes du chapitre seize.

188. Au sujet d' « Antonio Dages Bouvier » et de Nydia de Tobon à Londres, voir Smith, *Carlos*, p. 187 et 158-63; Dobson et Payne, *The Carlos Complex*, pp. 72-74.

189. Dobson et Payne, *The Carlos Complex*, p. 141. L'incident sur la corniche du Liban m'a été raconté par des fonctionnaires des services de renseignements des plus sérieux — mais pas israéliens, comme par hasard.

190. Interview dans *Der Spiegel* du 7 août 1978; *Lotta Continua*, 5-6 octobre 1978; et dans le livre de Klein, La Mort mercenaire. Le Seuil, 1980.

191. Dobson et Payne, *The Carlos Complex*, pp. 83-84.

192. The *New York Times*, 11 juillet 1975.

193. Dans *The Carlos Complex* p. 83, Dobson et Payne assurent que Poniatowski voulait également nommer l'Union Soviétique mais qu'il en fut empêché par le Président Giscard d'Estaing, qui était sur le point de se rendre à Moscou et ne voulait pas embarrasser les Russes, à la veille de cette rencontre. Voir également Smith, *Carlos*, p. 14-15.

194. Smith, *Carlos*, p. 128.

195. Les détails de l'opération de Schönau me furent communiqués par deux membres de la Brigade anti-terroriste autrichienne lors de ma visite à Vienne en mai 1978. L'opération se trouve également décrite dans Smith, *Carlos*, p. 127-138.

196. La présence de cet agent du K.G.B., à un poste de direction, pour une entreprise de terrorisme international d'une telle envergure, m'a été confirmée par les plus hautes autorités. Après le commando de sauvetage israélien, le Ministre israélien de la Défense assura, que « Bouvier » avait la responsabilité de toute l'opération d'Entebbe. Dobson et Payne, *The Carlos Complex*, p. 233.

197. L'histoire complète fut publiée par le *New York Times*, 17 décembre 1976.

198. Dobson et Payne, *The Carlos Complex*, p. 40.

9 — La Guerre la plus longue — l'I.R.A. Provisoire

199. Maria Mc Guire, *To Take Arms*, p. 110.

200. *Contro Informazione*, novembre 1978.

201. Dépêche de l'Associated Press du 27 août 1979 dans *International Herold Tribune*, 28 août 1979.

202. John Barron, K.G.B., p. 255.

203. Mc Guire, *To Take Arms*, p. 71.

204. Voir *To Take Arms*, chap. 4, où toute l'histoire de l'achat des armes tchèques est racontée.

205. Voir Congrès des Etats-Unis, document de la commission sur la sécurité interne, 1er août 1974.

206. *Corriere della Sera*, 29 décembre 1979.

207. Dans *International Terrorism, — The Communist Connection,*p. 35. Stefan Possony et Francis Bouchey se réfèrent aux visites de Victor Louis mentionnées dans le *Daily Telegraph*, juin 1974. Barron, *K.G.B.* parle du rôle du K.G.B., donnant les noms de ses trois premiers agents (pp. 254-55). Le nom du quatrième agent de Dublin se trouve dans Brian Crozier, *Strategy of Survival*, p. 137. La référence au plan opérationnel du D.G.I. est dans Barron, K.G.B., p. 151.

208. Crozier, *Strategy of Survival*, p. 146. *Annual of Power and Conflict* 1974-75.

209. *An Phoblacht*, 26 octobre 1977.

210. Pour les citations de Deulin et de Farell, cf. Ovid Demaris, *l'Internationale Terroriste*, pp. 365-66 et 370.

211. *An Phoblacht*, 12 avril 1977.

212. Signé pendant la visite en Europe de Malachy Mc Gurran, de l'I.R.A., qui avait reçu la mission de superviser les opérations de livraisons d'armes à la conférence de Florence patronnée par Feltrinelli et *Potere Operaio* en octobre 1971.

213. United Press International, dans un article en date du 22 janvier 1974, dit que les Palestiniens tinrent secrètement une série de réunions à Dublin, et qu'à l'une de celles-ci, à Dublin en décembre 1973, ils proposèrent de se charger de l'entraînement au Liban et de fournir pour 1 million de livres d'armes modernes destinées à être distribuées parmi les groupes terroristes européens. La part du lion revint à l'I.R.A., dit l'U.P.I. De multiples services de renseignements de l'Ouest donnent des comptes rendus analogues des réunions de Dublin. Le très sérieux historien basque de gauche, Francisco Ortzi, dans *Historia de Euskadi,*p. 391, fait allusion à un meeting de ce genre, le 1er mai 1972, auquel assistaient l'E.T.A. Basque, l'I.R.A. Provisoire, le Front de Libération Breton, et le F.P.L.P. de Habash. L'hebdomadaire de gauche *Politique Hebdo,* de juin 1972, dit qu'une telle réunion eut en effet lieu quelque part en Irlande au mois d'avril de cette même année. *Die Zeit,* du 7 décembre 1974 parle d'un meeting terroriste « au sommet » tenu à Dublin en décembre 1973 auquel assistaient Septembre Noir, les Brigades Rouges Italiennes, La Fraction Ouest-Allemande de l'Armée Rouge, l'E.T.A. Basque, et le Front de Libération Breton. On y parla d'échange d'armes, de faux documents, de maisons-fortes, et d'itinéraires.

214. Demaris, *L'International Terroriste*, p. 370.

215. *Daily Mail*, 2 avril 1973.

216. *An Phoblacht*, 20 février 1976.

217. Interview avec le correspondant à Washington du *Daily Telegraph,* 3 septembre 1979.

218. *Daily Mirror,* janvier 1975.

219. Les deux itinéraires sont décrits en détail dans Demaris, *l'International Terroriste,* pp. 367-68 qui cite un article du *Daily Mirror* de janvier 1975.

220. Jillian Becker, *Hitler's Children*, p. 199.

221. Jose Maria Portell *Euskadi : Aministia Arrancada*, p. 251. Voir chap. 10 pour un compte rendu plus complet de la position de l'E.T.A.

222. Voir chapitre douze pour la déclaration de l'Armée de Libération du Peuple Turc sur l'incitation à la militarisation.

223. Voir chapitre deux pour la déclaration de Feltrinelli.

224. *Brigate Rosse*, publié par Soccorso Rosso, le groupe d'assistance légale du Secours Rouge.

225. Mc Guire, *To Take Arms*, pp. 7 et 144.

226. *An Phoblacht*, 15 juin 1977.

227. Ibid, 22 juin 1977.

228. Dans *l'Europeo* du 13 septembre 1979, O'Bradaigh repousse l'idée de cette « confédération impossible ». Dans une interview accordée au *Giornale Nuovo* et publiée en première page le 2 septembre 1979, O'Bradaigh expose ses vues sur le démantèlement de la République irlandaise et de l'Ulster.

229. Même interview. *Il Giornale Nuovo*, 2 septembre 1979.

230. *Sunday Independant*, 19 septembre 1976.

231. *An Phoblacht*, 12 avril 1977.

232. *ControInformazione*, novembre 1978.

233. Ibid.

234. Voir les aveux de Patricio Pesi, chapitre onze.

235. Interview dans *La Repubblica*, 24 octobre 1979.

236. *Irish Time*, 21 novembre 1978.

10 — Terreur au Pays Basque

237. Voir chapitre quatre — note 104 — pour la provenance de la dynamite par l'intermédiaire du groupe de Petra Krause.

238. Julen Agirre : *Operation Ogro : The Execution of Admiral Luis Carrero Blanco*.

239. Jose Maria Portell : *Euskadi : Aministia Arrancada*, p. 265.

240. Ibid., p. 70.

241. Ibid., pp. 88-109 et 146-150.

242. Jose Maria Portell, *Los Hombres de E.T.A.*, p. 265.

243. La photocopie de la lettre de « Peixoto » figure dans le livre de Portell : *Euskadi : Aministia Arrancada* p. 192. Pour le « Mois de la Guérilla Urbaine », cf. ibid., p. 218.

244. Ibid., p. 148.

245. Estimation du Consulat des Etats-Unis à Bilbao en 1979. Le même son de cloche m'a été donné par les éditeurs de *Cambio 16*, Madrid.

246. Communiqué du Conseil Général du Pays Basque, 9 janvier 1979.

247. Portell, *Euskadi : Aministia Arrancada*, p. 285.

248. Ibid, p. 251.

249. Portell, *Los Hombres de E.T.A.*, p. 88. Portell dit que ce fait lui a été confirmé en avril 1973 par Jaime Caldevilla, ancien conseiller de Presse à l'Ambassade d'Espagne à la Havane.

250. Après sa cinquième *Asamblea*, dans une déclaration représentant « le bond théorique le plus important de toute l'histoire de l'E.T.A. », dit Francisco Letamendia Ortzi, dans *Historia de Euskadi*, p. 383.

251. Rapports des services secrets espagnols.

252. Ortzi *Historia de Euskadi,* p. 391. Le pacte fut signé à Dublin le 1er mai 1972.

253. Ibid. Voir aussi chapitre neuf, n. 215.

254. Voir chapitre neuf. Références aux documents relatifs à l'organisation de l'Autonomie et à l'Organisation en Italie. Les accusations contre le professeur Antonio Negri, attendant d'être jugé pour subversion organisée en Italie, comprennent les extraits suivants censés avoir été écrits par lui et publiés dans *Processo della Antononia* par son Collège de Défense du 7 avril. « Nous sommes ici pour mettre au point des mécanismes de plus en plus nombreux à la fois du point de vue des principes et de celui de l'action (dans une lettre envoyée " de l'étranger " à Negri, p. 180). » L'ordre du jour communiste doit être imposé à tous ceux qui se battent : Basques, Bretons, Catalans, Irlandais... ont déjà organisé leur défense... le premier pas vers l'unification et la requalification de ces groupes de l'avant-garde révolutionnaire... [exige] un grand effort de récupération en vue du projet Européen (p. 179) « Chers camarades... nous avons atteint un accord sur trois points [dont l'un] est la préparation d'une conférence internationale pour lancer le thème de l'insurrection en Europe, et approfondir les contacts entre les groupes nationaux » (lettre du « Bureau International » de *Potere Operaio* à Zurich, p. 179).

255. Voir chapitre sept, chapitre neuf note 213.

256. *ABC* du 3 août 1978 publiait un long article de Alfredo Semprun sur l'*Asemblea* secrète et l'entraînement subséquent à la guérilla en Algérie. L'information me fut confirmée par les sources les plus autorisées en Espagne et en Amérique.

257. Ibid. (ABC et sources espagnoles et américaines).

258. Résumé d'informations reçues des services de renseignements de l'Ouest sur l'accord Libye-Algérie. Les camps libyens sont décrits au chapitre quatorze.

259. Les attentats bretons bondirent d'à peu près rien à une véritable apothéose quand les membres du mouvement autonomiste déposèrent des bombes dans une aile du Château de Versailles, causant des dégâts considérables. Ceci faisait sans doute partie de leur propagande pour « détruire le capitalisme ». En Corse, les attentats terroristes passèrent de 111 en 1974, à 238 en 1976 (*Annual of Power and Conflict,* 1978-79, p. 31).

260. L'hebdomadaire *l'Espresso* du 10 avril 1980 dans un article de leur expert sur le terrorisme Mario Scialoia.

261. Le Dr Hans Joseph Horchem, du Bureau anti-terroriste de l'Allemagne de l'Ouest pour la Défense de la Constitution, au cours d'une conversation que j'ai eue avec lui à Hambourg.

262. Le Procureur Général Guido Guasco fit état de la réunion en Yougoslavie dans son acte d'accusation de plusieurs dizaines d'Italiens impliqués dans l'affaire Moro, le 13 décembre 1979. Parmi les participants se trouvaient la Fraction Ouest-Allemande de l'Armée Rouge, l'I.R.A., l'Armée Rouge Japonaise, et l'E.T.A. (*Economist, Foreign Report,* 6 décembre 1979.)

263. Ceci m'a été confirmé par les services de renseignements espagnols allemands, italiens et américains.

264. Il s'agissait de Franco Pinna, Orianna Morchionni, Enrico Bianco, et Pierluigi Amadori (tous les journaux italiens du 30 mars 1980).

265. Il s'agissait de Olga Girotto (tous les journaux italiens du 31 mars 1980).

266. *La Stampa* , 1ᵉʳ et 3 avril 1980 ; *Paese Sera*, 1ᵉʳ avril 1980 ; *La Repubblica*, 2 et 3 avril 1980 ; *l'Aurore*, 31 mars 1980 ; *Corriere della Sera*, 3 avril 1980.

267. *International Herald Tribune*, 18 février 1980 ; *Corriere della Sera*, 3 avril 1980.

268. *Annual of Power and Conflict* 1978-79, p. 70 cite, du 24 novembre 1978, des articles dans deux journaux madrilènes *Cambio 16* et *Informaciones* révélant la rencontre du K.G.B. avec « Anchon ». Ces articles étaient évidemment fondés sur des renseignements fournis par les services de sécurité espagnols, qui me confirmèrent également ce rendez-vous.

269. *El Pais*, 23 janvier 1979.

270. Dépêches de l'Associated Press et de l'Agence France-Presse, 12 septembre 1979.

11 — La Solution Ishutin

271. Adam B. Ulam, *In the Name of the People* pp. 154-158.

272. Le long interrogatoire de Fioroni par les magistrats italiens fut publié le 8 janvier 1980 dans *Lotta Continua*, sans doute *in extenso* quoique le rapport — ou Fioroni lui-même — aient sans doute omis certaines choses.

273. Le texte de la réponse de « Saetta » signé « Elio » (l'autre nom de guerre de Piperno) a été publié dans *La Repubblica* le 6 janvier 1980.

274. Le reçu, au nom de Carlo Fioroni, fut découvert en 1975. *Corriere della Sera*, 13 mai 1978. De Vuono venait de purger une peine de trois ans de prison pour vol quand il prit Saronio en otage, dit le *Corriere della Sera*.

275. Lettre de Fioroni du 24 octobre 1978. J'en ai un exemplaire.

276. *Paeso — Sera*, 10 octobre 1978.

277. *La Repubblica*, 9 octobre 1978.

278. Interrogatoire de Fioroni, confirmé par un important témoin, Mauro Borromeo, arrêté à la suite de son témoignage. Borromeo, directeur administratif de l'université Catholique de Milan confirma qu'il avait dîné avec d'autres chefs de l'*Organisation* — et Saronio — le soir du kidnapping. (*La Stampa*, 30 décembre 1979 ; *Corriere della Sera*, 23 décembre 1979.)

279. A la suite des aveux de Fioroni, Marco Boato, le fameux meneur du mouvement national estudiantin de 1968, supplia ses vieux camarades dans *Lotta Continua* du 29 décembre 1979, « de dissiper toute ombre de doute » au sujet de la mort d'Alceste Campanile. Ceci dit-il, serait une réponse politique à la terrifiante faiblesse produite par le terrorisme dans tous les camps de gauche. Dans ce contexte, Boato parla d'un « crime affreux présenté comme la conséquence de l'activisme et des théories révolutionnaires ». L'affaire Campanile, ne fut jamais tirée au clair. Réouverte quelque temps plus tard par le ministère public, elle finit par être classée faute de preuves.

280. Rejet par le juge Gallucci, en date du 7 juillet 1979, d'une demande de mise en liberté provisoire du professeur Negri et d'autres chefs de l'Autonomie se trouvant sous les verrous. Mentionné dans *Autonomy on Trial* publié le 7 avril par le Comité pour la Défense de Negri, p. 278.

281. *Brigate Rosse*, publié par Soccorso Rosso (Secours Rouge), p. 275.

282. Antonio Negri, *Dominio e Sabottagio*, p. 65.

283. Cité dans *Autonomy on Trial*, p. 170.

284. *Dominio e Sabottagio*, p. 43.

285. *L'Europeo,* 1er janvier 1980.

286. *Autonomy on Trial,* pp. 257-58.

287. Ibid. p. 258-59.

288. Ibid., p. 260.

289. Les étapes de la transformation de Première Ligne peuvent être suivies dans *Autonomy on Trial* et les aveux de *Fioroni.* Se trouvant en prison quand la Première Ligne prit sa forme définitive, Fioroni déclara à ses interrogateurs que ses communiqués suffisaient à lui faire comprendre les origines du mouvement (*La Repubblica,* 28 décembre 1979). A l'époque d'autres témoins vinrent confirmer sa transformation, mais je n'ai pas la place de citer leur déposition ici. Les étapes de la transformation de l'*Organisation* en antenne militaire occulte la fit passer du service des travaux illégaux de Potop en 1971, à F.A.R.O. en décembre 1971, puis à Centro-Nord pendant deux ans et enfin à la Première Ligne en 1976.

290. *Il Giornale Nuovo,* 10 juillet 1979 ; *Potere Operaio,* 25 septembre 1971, 25 octobre 1971, novembre 1971 (n° 44) et décembre 1971 (n° 45).

291. *Autonomy on Trial,* p. 162.

292. Ibid., p. 269.

293. Ibid., p. 263.

294. Parmi eux se trouvait Mauro Borromeo, qui confirma que Negri et Curcio s'étaient rencontrés durant l'été de 1974 dans sa maison de campagne à Bellagio (*La Stampa,* 30 décembre 1979).

295. Ibid.

296. C'est après une descente de police dans la maison-forte des Brigades à Robbiano di Mediglia en 1974 que l'on sut que *ControInformazione* était le journal des Brigades Rouges. On y découvrit un document daté de novembre 1973 adressé aux « Camarades de *ControInformazione* » et qui précisait les « conditions de notre collaboration » (celle des Brigades Rouges) après la sortie de la première maquette du journal. « Chaque membre de la rédaction doit prendre l'engagement explicite d'un accord politique » avec les Brigades Rouges, disait la lettre. Les Brigades seraient responsables du financement de la publication à la condition expresse que sa ligne coïncide exactement avec la « stratégie armée » des Brigades. « Aucun autre élément de l'aire démocratique " ne pouvait " être admis au Comité de Rédaction » du journal. En un mot, ControInformazione était financé et *exclusivement rédigé et exploité* par des membres des Brigades Rouges ou d'autres personnes dont les vues « coïncidaient exactement » avec les leurs. (Ce document est cité par le juge d'instruction Bruno Caccia, alors qu'il préparait le premier véritable procès des Brigades Rouges, dans *La Criminalizzazione della Lotta di Classe* p. 326.) Le professeur Negri reconnut n'avoir été entièrement responsable que de la maquette de *ControInformazione.* Plus tard, il admit qu'il avait également collaboré au premier et au second numéro. Le juge Gallucci lui montra ce qu'il considérait comme des preuves de sa collaboration aux numéros 3, 4, 5 et 6 (*Autonomy on Trial* pp. 141, 162, 266-67, et 167).

297. *Autonomy on Trial,* pp. 269 et 162.

298. Ibid., pp. 162 et 268.

299. Ibid. p. 179.

300. Ibid. p. 180.

301. Les arrestations furent faites au Caire le 26 avril. Un des chefs du gang était Sergio Montovani, un citoyen suisse en contact étroit avec Giorgio Bellini, propriétaire de la librairie Eco-Libro, qui avait de temps à autre logé Petra Krause pendant ses séjours à Zurich. Il partageait la direction du groupe avec un

Palestinien du nom de Mohammed Aref al-Moussa, qui avait été auparavant expulsé de l'université de Rome (*Daily Telegraph,* 27 avril 1978). Al-Moussa, qui fit des aveux complets à la police égyptienne, fut assassiné à Madrid un an plus tard. Le complot de la bande est mentionné dans l'acte d'accusation du Procureur général Guido Guasco dans l'affaire Moro, 13 décembre 1979.

302. *Autonomy on Trial,* p. 198 également acte d'accusation du Procureur général Guasco.

303. Le Dr Negri fit une communication sur la Résistance Palestinienne. *La Repubblica,* 29 décembre 1979.

304. *Autonomy on Trial,* p. 198.

305. Morucci était en particulier accusé d'avoir pris livraison d'un stock de ce genre à Zurich le 14 février 1974 (acte d'accusation du Procureur général Guasco). Fioroni, qui affirmait avoir procuré des armes à l'Organisation à l'occasion de ses passages en Suisse en 1973, reçut au moins un chèque de 500 000 lires (environ 800 dollars de l'époque) de Toni Negri, le 4 octobre 1973. Negri reconnut la chose au cours de l'interrogatoire. (*Autonomy on Trial,* pp. 269-70.)

306. Jugement de la cour de Zurich p. 52.

307. Acte d'accusation du Procureur général Guasco, 13 décembre 1979.

308. *Panorama,* 3 décembre 1979.

309. Voir *Il Giornale Nuovo,* 11 janvier 1980, 22 mai 1980 et 18 septembre 1980.

310. Je possède une photocopie de la liste communiquée par le Général Sejna. La voici tel qu'il l'a écrit, erreurs et omissions comprises : Fabrizio Pelli, Franco Troaino, Budio Bianchi, Luciano Ferrari, Ferrucio Gambino, Sermino, Clemente, Biglia, Roberto, Spazzali, Viale, Cesare Capellino, Franceschini.

Renato Curcio, (co-fondateur avec Franceschini) des Brigades Rouges, avait également — selon Richard Burt du *New York Times* — été entraîné en Tchécoslovaquie. L'article de Burt, évidemment fondé sur des informations fournies par de hautes autorités des services de renseignements américains parut dans le *Times* du 26 avril 1978.

311. *Panorama,* 15 septembre 1980.

312. *Il Giornale Nuovo,* 16 avril 1980. Ce journal avait évidemment vu le texte de l'interrogatoire de Peci et l'avait soigneusement paraphrasé afin d'éviter d'être poursuivi pour violation du secret judiciaire. (Un correspondant du *Messaggero* de Rome, qui publia le texte tel quel — mais omettant toutes les références littérales aux attaches internationales des Brigades Rouges — se retrouva en prison ce même mois de mai.) C'était un secret de polichinelle à Rome, que le texte de l'interrogatoire de Peci circulait dans toutes les rédactions italiennes. Apparemment n'importe qui pouvait l'acheter pour 2 millions de lires.

313. *Corriere della Sera,* 16 avril 1980; *La Repubblica,* 16 avril 1980; *La Stampa,* 19 avril 1980.

314. Ibid. (tous les trois).

315. Arrestation de Pifano : tous les journaux italiens, 9 novembre 1979. Sabeh Abu Anseh était depuis 1975 un agent du F.P.L.P. de Habash en Italie. Tous les journaux italiens (9 novembre 1979) *Panorama* (3 décembre 1979), lettre du F.P.L.P. au gouvernement italien et au président de la Cour de Chieti où comparaissait Pifano : tous les journaux italiens, 11 janvier 1980. *I Messaggero,* de cette date, rapporte que la lettre fut délivrée par le député radical Mauro Mellini.

316. Lettre ouverte de Pifano à *Lotta Continua,* 2 mai 1980.

317. *Washington Post,* 2 février 1979.

318. *L'Espresso,* 4 mars 1979.

319. Le cheval s'appelait Carnauba et avait à son heure de gloire été considéré comme le meilleur des « trois ans ». (*L'Unita,* 30 décembre 1979.)

320. *La Repubblica,* 11 décembre 1978. C'était la première prise d'otages réalisée conjointement par la maffia et les Brigades Rouges, le 12 janvier 1979, juste un peu plus d'un an avant le kidnapping de Moro.

321. Ibid. — Casirati, l' « escroc honnête » qui, après Fioroni, raconta tout sur l'Organisation, se plaignait de ce que les rapports de l'Organisation avec les criminels des bas-fonds choquaient d'autres escrocs honnêtes comme lui. D'abord, on en faisait des boucs émissaires en prison à cause de leurs connexions supposées avec les « politiques ». Ensuite les « politiques » eux-mêmes les avaient volés en faisant miroiter à leurs yeux l'utopie d'une société sans prisons ». (*Corriere della Sera,* 29 janvier 1980).

322. Rien que dans la région de Bergame, en Lombardie, on arrêta, cinq membres de l'Organisation de l'Autonomie le 24 avril 1980 ; ils étaient accusés de cinquante actions terroristes associées à la fois à la Première Ligne et aux Brigades Rouges (*Corriere della Sera,* 25 avril 1980).

323. La cour considéra que les actions terroristes commises par les accusés et les armes qu'ils cachaient étaient destinées à « troubler l'ordre public ». (*Corriere della Sera,* 28 juillet 1980).

324. Ibid. —, 5 juillet 1979.

325. Valerio Morucci qui avait débuté comme premier commandant militaire clandestin de Potop et avait fini par devenir le commandant de la colonne romaine des Brigades Rouges, et qui avait aidé à prendre et tuer Aldo Moro, avait quitté le haut commandement stratégique des Brigades après l'affaire Moro. Une longue critique de l'élitisme stalinien des Brigades fut trouvé dans sa « planque » quand on l'arrêta en août 1979. Oreste Scalzone, qui avait débuté au même niveau dans la cellule mère de Potop, fit entendre de prison sa propre protestation en ce même mois d'août ; selon lui les Brigades Rouges étaient « une émanation du K.G.B. Soviétique ». (*La Repubblica,* 20 août 1979).

12 — Turquie : l'Anarchie

326. Le chef de l'O.L.P. était Hani al-Hassan (Voir *Corriere della Sera* du 14 mars 1979). D'après *Il Manifesto* de Rome, il aurait dit : « La Turquie sera la prochaine à faire explosion ».

327. Dépêche de l'Associated Press d'Ankara du 15 mars 1979.

328. *International Herald Tribune,* 24 juillet 1979. *Annual of Power and Conflict,* 1978-79, pp. 108-9, dit que le gouvernement républicain du Premier Ministre Bulent Ecevit prétendit d'abord que les émeutes avaient été organisées contre des « éléments de gauche sans défense », mais reconnut ensuite qu'il y avait également eu provocation de la gauche.

329. *International Herald Tribune,* 24 juillet 1979.

330. *Annual of Power and Conflict,* 1977-78, p. 73.

331. *Financial Times,* 13 octobre 1978.

332. John Barron, *K.G.B.,* pp. 56, 79, 175-76 et 256.

333. Ibid.

334. Jacob M. Landau, *Radical Politics in Modern Turkey,* pp. 41-42, *Ortam* (Istanbul), 19-26 avril 1971. Le rapport annuel de la C.I.A. publié en avril 1976,

dit (p. 14) : « Les camps d'entraînement palestiniens de Syrie ont été mis à la disposition de l'Armée de Libération du Peuple Turc. A titre de réciprocité, les terroristes turcs ont attaqué des objectifs israéliens en Turquie. » Une dépêche A.P. du 1er avril 1972 disait : « L'Armée de Libération du Peuple Turc est principalement entraînée dans les camps arabes en Syrie. L'argent vient d'Allemagne de l'Est et l'armement des Arabes. »

335. Barron, *K.G.B.*, pp., 175-76. Le sénateur turc qui diffusa les faux s'appelait Hadar Tunckanat. Il « sortit » ces documents le 7 juillet 1968, y compris de faux photostats qui étaient sensés démontrer l'intervention des services secrets américains. Le deuxième « document » était une fausse lettre adressée au Colonel Donald Dickson, attaché militaire des Etats-Unis à Ankara. La troisième « preuve » était un communiqué à la presse de source soit-disant officielle.

336. Landau, *Radical Politics in Modern Turkey*, pp. 38-41. Voir également *Annual of Power and Conflict*, 1972-73, p. 28.

337. Landau, *Radical Politics in Modern Turkey*.

338. Barron, *K.G.B.* pp. 56 et 27. L'arme secrète de Dev Genç était l'Armée de Libération du Peuple Turc, fondée en 1971 par Mahir Cayan.

339. L'*Observer* estimait qu'il y avait 300 jeunes dans les camps néo-nazis du Colonel Turkes, le 19 août 1969. En fait de violence, ils s'étaient bornés à casser quelques vitres dans les bâtiments occupés par des étudiants de gauche à Ankara, déclarait l'*Observer*.

340. *International Herald Tribune*, 27 juillet 1980.

341. *Annual of Power and Conflict*, 1973-74, pp. 26-27.

342. Dépêches A.P., Ankara, 27 et 30 mars 1972.

343. *Annual of Power and Conflict*, 1972-73, p. 27. Landau, *Radical Politics in Modern Turkey*, pp. 44-45.

344. Christopher Dobson et Ronald Payne, *The Carlos Complex*, pp. 48-49.

345. Landau, *Radical Politics in Modern Turkey*, p. 43.

346. *Annual of Power and Conflict*, 1977-78, p. 74. *Economist Foreign Report*, 28 septembre 1977.

347. Dans une interview avec *Yanki*, 11 juillet 1978.

348. *Il Giornale Nuovo*, 8 août 1979, et *Corriere della Sera*, 8 août 1979.

349. Ecevit était généralement décrit de cette manière dans la presse européenne. *La Repubblica* de Rome l'appelait l' « Allende du Bosphore », (17 octobre 1979).

350. Dennis Redmont dans un rapport de l'Associated Press d'Ankara, avril 1979.

351. *New York Times*, article reproduit dans *International Herald Tribune*, 8 avril 1980.

13 — Le pôle magnétique I : Cuba

352. John Barron, *K.G.B.*, pp. 150-51. L'histoire a été racontée plus ou moins de la même manière par une douzaine de spécialistes des affaires cubaines.

353. Barron, *K.G.B.*, pp. 25-26. Barron dit que « les Etats-Unis apprirent par une indiscrétion du K.G.B. qu'en 1968, le Comité Central soviétique avait décidé de ne plus traiter les Palestiniens par le mépris, comme auparavant. L'aide soviétique sous forme d'armes et d'entraînement s'accrut dans la mesure où la position de l'U.R.S.S. s'affaiblissait en Egypte ».

Dans .e Rapport Annuel de la C.I.A. d'avril 1976, David Milbank écrit que les Russes « commencèrent à fournir de l'argent, des armes et d'autres formes d'assistance aux Fedayin... en 1969 ». Le Congrès Communiste Arabe de Moscou en juillet 1968 est décrit dans *Fedayeen* de John Laffin, journaliste spécialisé des affaires du Moyen-Orient. P. 36, il écrit : « Les communistes arabes assistant au congrès de Moscou en juillet 1968, avaient pour instruction d'établir des contacts étroits avec les Fedayin. La recherche de renseignements était un objectif important, mais leur mission essentielle était de se rendre compte de la possibilité d'amener les organisations palestiniennes dans leurs zones d'influence. » Laffin ajoute qu' « à partir de 1970, les Fedayin les plus doués étaient envoyés dans des Ecoles Spéciales pour Officiers d'Egypte, d'Algérie, de Syrie, de Libye, d'Irak, de Chine, du Nord-Vietnam et de Cuba. » Ils y suivaient « des cours d'endoctrination politique fondés sur Marx, Engels, Lenine et Staline. »

354. Le Parti National du Zanzibar ouvrit un bureau à La Havane en décembre 1961, où John Okello et un bon nombre de ses adeptes s'entraînaient. D'autres Zanzibariens vinrent rejoindre Okello en août 1962. Voir *Cuba : The Technology of Subversion* d'Alfonso Tarabocchia, enquêteur principal de la Sous-Commission du Sénat des Etats-Unis pour la Sécurité Intérieure (pp. 34-35).

355. Ibid, p. 35.

356. Ibid. Tarabocchia se réfère à des liens avec les révolutionnaires cubains remontant aux années 1870, époque où les insurgés cubains furent exilés à l'île de Fernando Po, au large de la côte de la Guinée Equatoriale Espagnole. Sous ce prétexte, Cuba se mit, à partir de 1962, à envoyer dans l'île des « historiens » qui avaient pour mission de « développer le sentiment anti-espagnol qui devait mener au coup de Nguema en 1969 ».

357. Dans Editorial Research Reports, 20 mai 1977, Richard Schroeder parle de la présence de nombreux « conseillers et techniciens cubains en Guinée Equatoriale ». Jean-François Revel dit qu'à la veille de sa chute, les Cubains donnaient encore des « conseils » à Nguema (*L'Express,* août 1979). Le *Economist Foreign Report* du 30 novembre 1977, assure que cette année-là, il y avait de trois cents à quatre cents Cubains en Guinée Equatoriale dont la moitié étaient des militaires. L'article de Lamb fut repris dans l'*International Herald Tribune* du 28 janvier 1980.

358. Editorial Research Reports, 9 juillet 1967.

359. La déclaration radio-diffusée de Castro du 2 décembre 1961 fit sensation. Jusqu'alors l'on était généralement d'accord pour considérer qu'il n'avait pas de connexion avec les communistes. Voir Editorial Research Reports, 19 juillet 1967.

360. Barron, *K.G.B.,* pp. 150-51.

361. *Time,* 17 septembre 1979.

362. Barron, *K.G.B.,* p. 150 ; déposition de l'ancien agent du D.G.I., Orlando Castro Hidalgo, devant la Sous-Commission du Sénat des Etats-Unis pour la Sécurité Intérieure, 16 octobre 1969.

363. Brian Crozier, « The Surrogate Forces of the Soviet Union », *Conflict Studies* n°. 92 (février 1978).

364. La déposition de Hidalgo devant la Sous-Commission du Sénat, 16 octobre 1969.

365. Suzanne Labin, *La Violence Politique,* p. 130.

366. Tarabocchia, *Cuba : The Technology of Subversion,* p. 16.

367. Le contenu du *Cookbook* m'a été communiqué en dehors du service par un officiel du gouvernement américain des plus ferrés sur les questions cubaines.

368. Stefan Possony et Francis Bouchey, *International Terrorism — The Communist Connection,* p. 47.

369. En août 1976, la C.I.A. estimait que trois cents fedayin s'entraînaient dans des camps cubains (Jacques Kaufmann, *L'internationale Terroriste,* p. 227). Le même chiffre a été donné par le *Christian Science Monitor* le 15 mars 1977. Georges Habash fut reçu par Castro à La Havane le 22 avril 1978 et lui demanda d'entraîner encore cinq cents fedayin du F.P.L.P. Au sujet de ce projet de visite de Habash à Cuba, John Cooley du *Christian Science Monitor* écrivait le 20 avril 1978 : « Le Dr. Habash qui le mois dernier s'est opposé au terrorisme international au cours d'une interview avec moi, se rend pour la première fois à La Havane où il aura des entretiens avec le chef cubain Fidel Castro. »

Arafat dont l'O.L.P. avait un bureau à La Havane depuis 1974, s'engagea durant l'été 1978 à signer un accord militaire avec Castro en septembre de cette même année (*Jerusalem Post,* 27 juillet 1978 ; *Economist Foreign Report,* 28 juin 1978).

Naif Hawatmeh, personnalité pro-soviétique des plus orthodoxes de la résistance palestinienne, se rendit à la tête d'une délégation à La Havane le 4 janvier 1977 (B.B.C.), pour y rencontrer personnellement le Comité Central du Parti communiste cubain.

370. Mémorandum confidentiel d'un membre du personnel de l'Institut pour les Etudes des Conflits, Londres, 1975.

371. Le rôle de Cuba est mentionné dans le *Annual of Power and Conflict,* 1978-79, pp. 375-76. Le quotidien de gauche libanais *al-Liwa* et celui du Koweït *al-Anhaa,* rapportent également ce fait, ainsi que l'arrivée de cinq cents hommes de troupe cubains, venus, par pont aérien, d'Ethiopie pour la bataille (*Il Giornale Nuovo,* 29 avril 1978).

372. Pour une liste plus complète des témoins oculaires de l'entraînement à la guérilla dans le Sud-Yémen, voir chapitre 5, note 118. La révolte de la province de Dhofar dans le sultanat d'Oman et le rôle qu'y ont joué les Cubano-Soviétiques, sont rapportés dans *Annual of Power and Conflict,* 1976-77, pp. 249-51. La première présence cubaine au Sud-Yémen date de 1973, ainsi que le rapporte (entre autres) le *Corriere della Sera* le 13 octobre 1979.

373. Rapport d'Alfredo Semprun dans *A.B.C.,* 3 août 1978.

374. Les nombreux articles parus dans la presse donnaient des estimations analogues. Celle que je donne ici est tirée du *Corriere della Sera* du 22 octobre 1979.

375. Ibid.

376. Cité dans Kaufmann, *L'Internationale Terroriste,* p. 277.

377. Mentionné dans le *International Herald Tribune* du 20 août 1980. Beaufort, au nord de la rivière Litani, devint ultérieurement une base des plus importantes pour le lancement de fusées à plus ou moins grande portée, base destinée aux attaques des implantations israéliennes au-delà de la frontière libanaise par le Front du Refus. Afin de détruire cette base de tir de guérilla, les Israéliens exécutèrent, le 19 août 1980, une importante attaque de commando, en pénétrant pour la première fois sur le territoire libanais par la côte.

378. *Economist Foreign Report,* 23 mars 1977.

379. Ibid.

380. *Corriere della Sera,* 22 octobre 1979.

381. *Annual of Power and Conflict,* 1978-79, p. 5.

382. Ce renseignement m'a été donné personnellement au quartier général de l'O.T.A.N. en mars 1979.

383. Interview à la B.B.C. du 17 juin 1980.

384. Mutti fut expulsé en 1964 du M.S.I. néo-fasciste (Mouvement Social Italien), pour cause d'extrémisme. Au début des années 70, il poursuivit son action par Lotta di Popolo qui recevait à l'époque une allocation mensuelle de Kadhafi. Il fut le premier à publier et à traduire en italien le Livre Vert de Kadhafi et écrivit un ouvrage extatique intitulé *Kadhafi, Templier de l'Islam*. Il fut arrêté le 29 août 1980 pour complicité dans l'attentat de la gare de Bologne qui avait fait 82 morts le 2 août. La création par Mutti de l'Association Italie-Libye en 1973 fut rapportée dans *Paese Sera* du 25 août 1974. Après l'attentat de Bologne, une douzaine de journaux italiens redécouvrirent la chose. Il était également accusé d'avoir pris une part active à l'évasion de son ami intime Franco Freda, condamné à mort pour avoir lancé la bombe qui, en décembre 1969, causa la mort de dix-sept personnes à la Banque de l'Agriculture à Milan.

385. Andrea Jarach, *Terrorismo Internazionale*, p. 144; *Il Giornale Nuovo*, 8 août 1980.

386. Jarach publia une photocopie de cette affiche dans *Terrorismo Internazionale*.

387. La Libye suspendit officiellement ces paiements le 25 janvier 1973. Voir Brian Crozier, « Les Aventures Extérieures de la Lybie », *Conflict Studies*, n°. 41 (décembre 1973).

388. Déposition du sous-secrétaire d'état américain, Newsom, devant une commission du Sénat enquêtant sur les aventures de Billy Carter en Libye; mentionné dans *Il Giornale Nuovo* du 9 août 1980 et dans *Corriere della Sera* du 6 août 1980.

389. *The New York Times*, 13 septembre 1975.

390. *Jeune Afrique*, 13 février 1980.

391. Ibid. et *L'Europeo*, 1er avril 1980.

392. *La Stampa*, 5 février 1980; *Il Giornale Nuovo*, 5 mai 1980; *La Repubblica*, 18 février 1980; *Panorama*, 5 mai 1980; *L'Europeo*, 1er avril 1980; *Le Nouvel Observateur*, février 1980; *Jeune Afrique*, 13 février 1980.

393. Christopher Dobson et Ronald Payne, *The Terrorists*, p. 71.

394. *Jeune Afrique*, 13 février 1980.

395. *International Herald Tribune*, 13 octobre 1979.

396. *Neue Zürcher Zeitung*, 22 juin 1979.

397. Interview clandestine donnée par Hans-Joachim Klein à *Lotta Continua*, 5 octobre 1978.

398. Archimedes Doxi, un gauchiste grec qui demanda l'asile politique à la Suède en mars 1975, dit qu'il avait travaillé pour le F.P.L.P. à Paris (réseau de Carlos) et avait apporté les deux fusées Strela à Rome pour l'attentat manqué de 1973 (information de l'ensemble des services secrets de l'Ouest).

399. Vittorio Lojacono, *I Dossier di Settembre Nero*, pp. 365-69.

400. Jarach, *Terrorismo Internazionale*.

401. Lettres d'Aldo Moro écrites dans une prison des Brigades Rouges, en particulier celles adressées au chef des Chrétiens Démocrates, Flaminio Piccoli, à l'ancien sous-secrétaire d'Etat à la Justice, Erminio Pennachini, et au sous-secrétaire d'état à la Justice, Renato dell'Andro. Publiées dans *Corriere della Sera* du 13 septembre 1978.

402. *International Herald Tribune,* 13 octobre 1979.

403. *al-Akhbar* du Caire, cité dans *Miami Herald,* 24 avril 1977.

404. *Washington Post,* 25 mai 1976 ; *Christian Science Monitor,* 21 juin 1977 ; *Corriere della Sera,* 31 mars 1979 et 21 juillet 1980 ; *L'Espresso,* 1ᵉʳ juin 1980.

405. *The New York Times,* 12 janvier 1979.

406. Brian Crozier « The Surrogate Forces of the Soviet Union », *Conflict Studies,* n°. 92 (février 1978), p. 4 ; *Annual Power and Conflict,* 1976-77, p. 14 ; *L'Espresso,* 1ᵉʳ juin 1980.

407. *The New York Times,* 29 mai 1975.

408. *Ibid.,* 20 juin 1978.

409. *Newsweek,* 18 juin 1979.

410. *Washington Post,* 28 juin 1977.

411. B.B.C. Monitoring Service (service d'écoute de la B.B.C.), 4 février 1979.

412. Je possède les textes complets des débats du Congrès de Lisbonne, datés du 2 au 6 novembre 1979.

413. *Corriere della Sera,* 20 mai 1980.

414. Maurizio Chierici, *I Guerriglieri della Speranza,* p. 80.

15 — Le Pole magnétique II : la résistance palestinienne

415. John Barron, *K.G.B.,* p. 57, parle de l'envoi de trente Palestiniens en Union Soviétique au cours de l'été 1970, « afin d'en faire des agents sous contrôle et les entraîner en même temps à la guerre de guérilla ».

416. John Laffin, *Fedayeen,* p. 79. La préparation à Sofia de l'attentat des Jeux Olympiques, fut révélée au monde sur les antennes de la télévision jordanienne par le chef du mouvement septembre Noir, Abu Daoud, qui, lors de son arrestation en Jordanie, le 20 février 1973, révéla qu'à l'époque il se trouvait dans la capitale bulgare. Il était là « pour acheter des armes », dit-il, et avait prêté son passeport à un Palestinien envoyé à Munich pour explorer le terrain (*I Guerriglieri della Speranza* de Maurizio Chierici du *Corriere della Sera,* p. 120-21).

417. Le rôle joué par la Bulgarie dans le stockage des armements russes, est également mis en évidence par les envois réguliers d'armes à la clandestinité turque depuis le port de Varna en Bulgarie (cf. chapitre 12). Quand les chefs de l'Armée de Libération du Peuple Turc s'enfuirent de Turquie et gagnèrent Paris avec, à leur tête, la veuve du fondateur de cette armée, Mahir Cayan, ils firent halte en Bulgarie pour charger une importante quantité d'armes et d'explosifs dont ils pensaient avoir besoin plus tard à Paris. Dans leur fuite vers l'ouest, ils furent arrêtés à Modane, à la frontière italo-française, sur indication du Mossad israélien. Leurs aveux permirent à la police française de faire une descente dans leur principale maison-forte, à Villiers-sur-Marne, non loin de Paris, qu'ils partageaient avec Carlos. Voir Christopher Dobson et Ronald Payne, *The Carlos Complex,* pp. 48-49.

418. Laffin, *Fedayeen,* pp. 50-51.

419. Vittorio Lojacono, *I Dossier di Settembre Nero,* pp. 149-51.

420. Ibid.

421. L'attaque eut lieu le 20 mai 1970, aux abords de la frontière israélo-libanaise, non loin du kibboutz Moshov Avivim.

422. Ceci se passa au cours de la visite d'Arafat, le 24 juillet 1978

(cf. *Economist Foreign Report*, 6 septembre 1978). L'hebdomadaire libanais al-Sayif (13 août 1978) dit qu'Arafat « avait obtenu de la Russie l'engagement de ne pas abandonner l'O.L.P. »

423. L'interview avec Zehdi Labib Terzi de l'O.L.P. fut faite par Marilyn Berger du Public Broadcasting Service et fut diffusée le 25 août 1979. Terzi ajouta : « Oui, l'Union Soviétique et tous les pays socialistes... nous donnent leur appui total — diplomatique, moral, éducatif, et ils ouvrent même leurs écoles militaires à certains de nos combattants pour la paix. »

424. *Die Welt*, 31 janvier 1978. *Al-Azmal* de Beyrouth rapporte le 9 février 1978 que « ces chargements contiennent des armes soviétiques sophistiquées comprenant des fusées anti-aériennes et des missiles sol-sol. » *Al-Manaar*, périodique arabe publié à Londres, écrit le 12 février 1978 : « A la fin de la semaine dernière, de grosses quantités d'armes soviétiques sont arrivées dans les organisations palestiniennes... transportées sous les auspices et la protection de l'escadre soviétique en Méditerranée... Les terroristes reçurent de l'U.R.S.S. des fusées d'un modèle nouveau, et plusieurs experts arrivèrent au Sud-Liban pour enseigner leur maniement aux Palestiniens.

425. Discours au Congrès de Jérusalem sur le Terrorisme International, du 2 au 5 juillet 1979.

426. Il s'agit ici d'une description composite rédigée à partir des aveux de plusieurs douzaines de Fedayins arrêtés en Israël au cours d'attaques effectuées à l'issue de leur entraînement dans des camps soviétiques. Les faits mentionnés sont confirmés en qrande partie par les interviews de trois de ces Fedayins, accordées à Herbert Krasney pour la Canadian Broadcasting Corporation. Ses vues furent présentées par le Public Broadcasting Service et publiées in extenso par *New York* le 24 juillet 1979.

427. Cette liste a été intégralement communiquée par deux services de renseignement différents et s'est trouvée confirmée entre 1978 et 1980 par des mentions dans un certain nombre de bulletins de nouvelles. Le *Christian Science Monitor* p.e., écrivit le 28 juillet 1978 que, selon le journal de gauche du Caire, *al-Ahali*, trente-deux pilotes palestiniens et soixante techniciens venaient de terminer leur entraînement en Union Soviétique, en Allemagne de l'Est et en Tchécoslovaquie. Voir également Christopher Dobson et Ronald Payne, *The Terrorists*, p. 77.

428. Même que 426, ci-dessus.

429. *Jerusalem Post*, articles analoques dans tous les journaux israéliens.

430. *Annual of Power and Conflict*, 1978-79, estimait que l'ensemble des forces de guerilla palestiniennes comprenait 14 000 hommes en 1978. A la fin de 1974, ces forces étaient estimées à 7 000.

431. *Annual of Power and Conflict*, 1978-79, p. 348.

432. *The New York Times*, 9 juin 1980.

433. Dépêche de l'Associated Press du 25 avril 1980.

434. *New York Times*, 21 février 1979. Cette critique fut exprimée par Saleh Khalef, connu sous le nom de « Abu Iyad », main droite d'Arafat. « Nous déclarons ouvertement que nous sommes aux côtés du Vietnam contre l'invasion des Chinois. »

435. L'agence de presse bulgare, B.T.A., dit que Khaddumi fit cette déclaration à un banquet officiel donné en son honneur à Sofia (*Il Giornale Nuovo*, 14 janvier 1980).

436. *International Herald Tribune*, dans une dépêche de U.P.I. du 21 mars 1980, dit que c'est de cette façon que le Président Bani-Sadr avait annoncé à l'Ayatollah Khomeyni la nouvelle donnée par Arafat sur l'invasion soviétique en

Afghanistan. *La Repubblica* du 12 mars 1980 dit qu'Arafat assura que la présence soviétique en Afghanistan serait « absolument temporaire ».

437. *International Herald Tribune*, 7 juin 1980 ; *Il Giornale Nuovo*, 14 juin 1980 (d'une dépêche du correspondant à Beyrouth du *New York Times*).

438. *International Herald Tribune*, 9 juin 1980.

439. *France Soir*, 29 mai 1980 ; *Corriere della Sera*, 6 juin 1980 ; *La Repubblica*, 29 mai 1980.

440. *Panorama*, 16 juin 1980.

441. Rapport confidentiel de DIGOS, la police civile de sécurité italienne, destiné au juge Ferdinando Imposimato, à l'occasion de l'enquête sur l'affaire Aldo Moro. Le rapport faisait état d'un comité de liaison permanent entre les Brigades Rouges et Bassam Abu Sharif du F.L.P., créé à Bagdad à la fin du mois de juillet 1978, après des contacts antérieurs entre les deux groupes à Bagdad et à Tripoli (*La Repubblica*, 2 février 1980).

442. *Panorama*, 16 juin 1980.

16 Le bénéficiaire

443. Déclaration au Congrès de Jérusalem sur le Terrorisme International, du 2 au 5 juillet 1979.

444. Interview avec Roberto Gervaso, *Corriere della Sera*, 25 août 1979.

445. *Annual of Power and Conflict*, 1978-79, p. 13.

446. « Les membres de la Bande à Baader bénéficiaient constamment du concours de la police secrète est-allemande. De faux papiers, de fausses cartes d'identité, argent, armes, munitions, et entraînement au terrorisme, étaient les principales formes que prenait ce concours. » (*Washington Post*, 7 septembre 1975). « L'assistance des membres du Pacte de Varsovie aux terroristes a commencé à Pankow (Allemagne de l'Est) et à Prague », dit la C.I.A. dans « International and Transnational Terrorism », avril 1976, p. 21 du Rapport Annuel de la C.I.A. « Des diplomates nord-coréens aident à coordonner les activités des terroristes en Europe par l'intermédiaire d'un de leurs agents en Allemagne de l'Est », dit le *Christian Science Monitor*, 5 mars 1977. Au cours d'une visite à Berlin-Est, Arafat remercia les Allemands de l'Est de leur aide à la résistance palestinienne : « Vous aussi, chers camarades de la République Démocratique Allemande (êtes) nos véritables amis dans le camp Socialiste », dit-il dans *al-Anwar* de Beyrouth, 9 avril 1978.

447. Des arrangements furent faits après la visite d'Arafat à Moscou en juillet 1972. Dorénavant c'était l'Allemagne de l'Est qui allait être le centre de l'assistance aux guerilleros palestiniens opérant à l'étranger. Afin de mettre au point cette collaboration, Arafat lui-même rencontra à Berlin-Est une délégation dirigée par le Camarade Kromirek du Politburo du Parti en Février 1973 (Septembre Noir, co-dirigé par le Fatah d'Arafat, était alors au sommet de sa puissance en Europe. L'attentat des Jeux Olympiques dont il était responsable, venait en effet juste d'avoir lieu.)

Les Allemands de l'Est autorisèrent l'O.L.P. à ouvrir un bureau à Berlin-Est « pour renforcer la collaboration entre le peuple palestinien et le peuple allemand dans leurs luttes communes contre le sionisme et l'impérialisme ». L'accord faisait état d'une aide politique, militaire et civile de l'Allemagne de l'Est. Le bureau de l'O.L.P. fut installé à Fischerinsel 6 et placé sous la direction de Nabil Qalailat. (Information de l'ensemble des observateurs au Moyen Orient des services de renseignements occidentaux.)

448. *Le Point,* 12 mai 1980; *Le Matin* et *Il Giornale Nuovo,* 7 mai 1980.

449. *L'Espresso,* 8 juin 1980.

450. Le Général Miceli souleva la question à la Chambre des Députés, le 19 mai 1978.

451. *L'Espresso,* 8 juin 1980.

452. *Panorama,* à qui le message fut adressé le 9 juin 1980.

453. *The New York Times,* 28 avril 1978, dans un rapport de Richard Burt.

454. Giorgio Bocca, *Il Terrorismo Italiano 1970-80.*

455. *The New York Times,* 28 avril 1978.

456. Cité par *Il Giornale Nuovo.* Autant que je sache, aucun autre journal italien ne fit mention de ceci.

457. Volker Speitel dans *Der Spiegel,* 28 juillet 1980.

458. C'est au cours d'une visite à Rome que Jukov, vice-président du « Comité Soviétique pour la Paix » donna cette assurance à l'ancien premier ministre Andreotti (*Il Giornale Nuovo,* 30 mai 1980).

Epilogue

459. *Brigate Rosse,* publié par Soccorso Rosso (Secours Rouge).

460. *Corriere della Sera,* 1er décembre 1978.

461. *Panorama,* 3 juin 1980.

462. *Lotta Continua,* juin 1980.

463. *ControInformazione,* 18 juin 1980.

464. *La Repubblica,* 30 juin 1980.

465. *Panorama,* 30 juin 1980.

466. Ibid.

467. *Panorama,* 9 juin 1980.

468. *ControInformazione,* 18 juin 1980.

469. Ibid.

470. *Washington Post,* 9 mars 1980.

BIBLIOGRAPHIE

L'*Affare Feltrinelli.* Con testimonianza di Carlo Ripa di Meana. Milan : Stampa Club, 1972.

Agirre, Julen. *Operation Ogro : The Execution of Admiral Luis Carrero Blanco.* New York : Times Books, 1974.

Alexander, Yonah. *Terrorism in Italy.* New York : Crane, Russak, 1979.

Almanac, Turkey, 1978. Ankara : Turkish Daily News, 1978.

The Anarchists' Cookbook. Secaucus, N.J. : Lyle Stuart, 1978.

Annual of Power and Conflict 1972-73, 1973-74, 1974-75, 1975-76, 1976-77, 1977-78, 1978-79. Londres. Institute for the Study of Conflict.

Bakunin, Michele. *Lettera ai Compagni d'Italia.* Publié à compte d'auteur en Italie.

Barron, John. *K.G.B.* New York : Reader's Digest Press, 1974.

Bassiouni, Cherif. *International Terrorism and Political Crimes.* Springfield, III. : Charles Thomas, 1975.

Baumann, Michael " Bommi. " *Come è Cominciata.* Milan : La Pietra, 1975.

Becker, Jillian. *Hitler's Children.* Londres : Panther Books, 1978.

Bell, J. Bowyer. *The Secret Army : The Ira 1916-1974.* Cambridge, Mass. : M.I.T. Press, 1970.

Beltza. *Del Carlismo al Nacionalismo Burgués.* San Sebastián : Editorial Txertoa, 1978.

————. *Nacionalismo Vasco y Clases Sociales.* San Sebastián : Editorial Txertoa, 1976.

Bichara and Khader, eds. *Testi della Rivoluzione Palestinese 1968-1976.* Verona : Bertani, 1976.

Bocca, Giorgio. *Il Terrorismo Italiano 1970-80.* Milan : Rizzoli, 1978.

Boulton, David. *The Making of Tania : The Patty Hearst Story.* Londres. New English Library, 1975.

Bruni, Luigi. *E.T.A.* Edizioni Filorosso.

Burgos : Juicio a un Pueblo. Zarauz, Espagne : Hordago, 1978.

Cantore, Romano; Rosella, Carlo; and Valentini, Chiara. *Dall'Interne della Guerriglia.* Milan : Arnoldo Mondalori, 1978.

Chaliand, Gerard. *The Palestinian Resistance.* Londres : Penguin (en association avec Cedric Chivers), 1972.

Chierci, Maurizio. *I Guerriglieri della Speranza.* Milan : Arnoldo Mondadori, 1978.

C.I.A. Annual Report 1976, 1978, 1979. Washington.

Cleaver, Eldridge. *Post-Prison Writings and Speeches.* Londres : Jonathan Cape, 1969; New York : Vintage, 1969.

Conflict Studies nos. 28, 33, 41, 46, 58, 61, 63, 65, 92, 113, 120. Londres : Institute for the Study of Conflict.

Conrad, Joseph. *The Secret Agent.* Londres : Pan, 1907; Paris : Le Seuil.

Contemporary Terrorism. Selected Readers. Gaithersburg, Md : International Association of Police Chiefs, 1978.

Criminalizzazione della Lotta di Classe. A cura di Guiso, Bonomi, Tommei. Verona : Bertani, 1975.

Crozier, Brian. *Strategy of Survival.* New Rochelle, N.Y. : Arlington House, 1978.

Demaris, Ovid. *L'Internationale Terroriste.* Paris : Olivier Orban, 1978.

Dobson, Christopher, and Payne, Ronald. *The Carlos Complex.* Londres : Coronet Books/Hodder & Stoughton, 1977.

———. *The Terrorists.* New York : Facts on File, 1979.

Dostoievski, Feodor. *Les Possédés.* Paris : Gallimard.

Editorial Research Reports. Washington : Congressional Quarterly.

Fallaci, Oriana. *Interviste con la Storia.* Milan : Rizzoli, 1974.

Faré, Ida, and Spirito, Franca. *Mara e le Altre.* Milan : Feltrinelli, 1979.

Feltrinelli, il Guerrigliero Impotente. Rome : Edizioni " Documenti ".

Finetti, Ugo. *Il Dissenso nel P.C.I.* Milan : Sugar Co., 1978.

Forest, Eva. *Diario y Cartas Desde La Cárcel.* Zarauz, Espagne : Hordago, 1978. Paris : Editions des Femmes.

———. *Testimonios de Lucha y Resistencia.* Zarauz, Espagne : Hordago, 1979.

Formare l'Armata Rossa. Ouvrage collectif R.A.F., Baader-Meinhof Gang. Verona : Bertani, 1972.

Guiso, Giannino. *La Condanna di Aldo Moro.* Milan : Sugar Co., 1979.

Hallier, Jean-Edern. *Chaque matin qui se lève est une leçon de courage.* Paris : Editions Libres-Hallier, 1978.

Halpern, Ernst. *Terrorism in Latin America.* The Washington Papers, no. 33. Londres and Beverly Hills, Calif. : Sage Publications, 1976.

Hederberg, Hans. *Operation Leo.* Stockholm : Raben and Sjogren Bokvorlag AB.

Ibarzabal, Eugenio. *50 Años de Nacionalismo Vasco.* San Sebastián : Ediciones Vascas, 1978.

Isman, Fabios, *I Forzati dell'Ordine.* Venise : Marsilio, 1977.

Jarach, Andrea. *Terrorismo Internazionale.* Florence : Vallecchi, 1979.

Kaufmann, Jacques. *L'Internationale Terroriste.* Paris : Librairie Plon, 1976.

Khaled, Leila. *The Autobiography of Leila Khaled.* Londres : Hodder & Stoughton, 1973.

Klein, Hans-Joachim. *Rüekkehr in die Menschlichkeit.* Hamburg : Rowohlt, 1979. Paris : Seuil, 1980.

Kubeissi, B. al-. *Storia del Movimento dei Nazionalisti Arabi.* Milan : Jaca Book, 1977.

Labin, Suzanne. *La Violence Politique.* Paris : France-Empire, 1978.

Laffin, John. *Fedayeen.* Londres : Cassell, 1978.

Landau, Jacob M. *Radical Politics in Modern Turkey*. Leiden, Pays-Bas : E. J. Brill, 1974.

Laqueur, Walter. *Terrorism*. Londres : Weidenfeld and Nicolson, 1977.

Lenin, Vladimir. *Scritti sulla Violenze*. Verbani, Italie : M.O.B., n.d.

Levergeois, Pierre. *J'ai choisi la D.S.T.* Paris Flammarion, 1978.

Lewis, Geoffrey. *Turkey*. Londres : Ernest Benn, 1955.

Lojacono, Vittorio. *I Dossier di Settembre Nero*. Milan : Bietti, 1974.

Manzini, Giorgio. *Indagine su un Brigatista Rosso*. Turin : Giulio Einaudi, 1978.

Marighella, Carlos. *Piccolo Manuale del Guerrigliero Urbano* (Mini-Manuel pour la guerre nucléaire.)

McGuire, Maria. *To Take Arms*. Londres : Macmillan, 1973.

Montaldo, Jean. *Les Secrets de la Banque Sovietique en France*. Paris : Albin Michel, 1979.

La Morte di Ulrike Meinhof. Rapporto Commissione Internazionale d'Inchiesta. Naples : Libreria Tullio Pironti, 1979.

Moss, Robert. *Urban Guerrilla Warfare*. Adelphi Papers, no. 79. Londres : International Institute for Strategic Studies.

Mucchielli, Roger. *La Subversion*. Paris : C.L.C., 1976.

Negri, Antonio. *Crisis e Organizzazione Operaia*. (Milan : Feltrinelli, September 1974.)

. *Dominio e Sabotaggio*. Milan : Feltrinelli, janvier 1978.

. *Proletari e Stato*. Milan : Feltrinelli, Mars and December 1976.

Nortarnicola, Sante. *L'Evasione Impossibile*. Milan : Feltrinelli, 1972.

O'Brien, Conor Cruise. *States of Ireland*. Londres : Hutchinson, 1972.

Orlando, Federico. *P 38*. Milan : Editoriale Nuova, 1978.

Ortzi, Francisco Letamendia. *Historia de Euskadi*. Barcelone : Ruedo Ibérico, 1978.

Pansa, Giampaolo. *Storie Italiane di Violenza e Terrorismo*. Bari, Italie : Laterza, 1980.

Poniatowski, Michel. *L'Avenir n'est écrit nulle part*.

Portell, José Maria. *Euskadi : Amnistia Arrancada*. Barcelone : Dopesa, 1977.

. *Los Hombres de E.T.A.* Barcelone : Dopesa, 1974.

Possony, Stefan, and Bouchey, Francis. *International Terrorism — The Communist Connection*. Washington : American Council for World Freedom, 1978.

Potere Operaio. Numéro spécial, 26 mars, 1972.

Processo all'Autonomia A cura del Comitato 7 Aprile. Viterbo, Italie : Lerici, 1979.

Red Army Fraction. *La Guerriglia nella Metropoli*. Verona : Bertani, 1979.

Ricci, Aldo. *I Giovani non Sono Piante*. Milan : Sugar Co., 1978.

Röhl, Klaus Rainer. *Fünf Finger sind Keine Faust*. Hambourg : Kiepenheuer & Witsch, 1977.

Ronchey, Albero. *Libro Bianco sull'Ultima Generazione*. Milan : Garzanti, 1978.

Sale, Kirkpatrick. *S.D.S.* New York : Vintage, 1974.

Salvi, Sergio. *Patria e Matria*. Florence : Vallecchi, 1978.

Secchia, Pietro. *Chi Sono I Comunisti*. Milan : Gabriele Mazzotta, 1977.

. *La Resistenza Accusa*. Milan : Gabriele Mazzotta, 1973.

Settembre Nero. A cura di Bergamaschi, Laurora, Salvatori e Trovatore. Milan : Stampa Club, 1972.

Silj, Alessandro. *Mai Piu Senza Fucile!* Florence : Vallecchi, 1977.

Smith, Colin. *Carlos : Portrait of a Terrorist*. Londres : Sphere Books, 1976; New York : Holt, Rinehart and Winston, 1977.

Snow, Peter, and Phillips, David. *Leila's Hijack War*. Londres : Pan, 1970.

Soccorso Rosso, eds. *Brigate Rosse*. Milan : Feltrinelli, 1976.

Sterling, Claire. " Italy : The Feltrinelli Case. " *Atlantic Monthly,* juillet 1972.

Stevenson, William. *Ninety Minutes at Entebbe*. New York : Bantam, 1976.

Tarabocchia, Alfonso. *Cuba : The Technology of Subversion*. Gaithersburg, Md. : International Association of Police Chiefs, 1976.

Terrorismo y Justicia en España. Madrid : Centro Español de Documentación, 1975.

Tessandori, Vincenzo. *Br—Imputazione : Banda Armata* Milan : Garzanti, 1977.

Tinnen, David, and Cristensen, Dag. *The Hit Team*. New York : Dell, 1977.

Transnational Terror. Palo Alto, Calif. : Hoover Institution on War, Revolution, and Peace, 1975.

Ulam, Adam B. *In the Name of the People*. New York : Viking, 1977.

Wilkinson, Paul. *Terrorism and the Liberal State*. Londres : Macmillan, 1977.

TABLE DES MATIÈRES

Achevé d'imprimer le 26 février 1981
sur presse CAMERON,
dans les ateliers de la S.E.P.C.
à Saint-Amand-Montrond (Cher)

— N° d'édit. 81035. — N° d'imp. 441-245. —
Dépôt légal : 1er trimestre 1981.